마음
작용하는
공부

대종경
요훈품
설교집

마음 작용하는 공부

박덕희
지음

Dong Nam
동남풍P∥∥g

여는 글

"교무님은 설교하실 때 가장 멋지고 행복해 보이세요."

어느 교도님이 저에게 건네주신 말씀입니다. 저 역시 설교를 연마하고 준비하며 단상에 서는 시간이 정말로 행복합니다. 특히 제 설교를 경청하며 법열을 느끼시는 교도님들의 모습을 볼 때, 설교자로서 더없는 보람을 느낍니다.

그러나 설교자는 항상 아쉬움이 남는 법입니다. 나의 부족한 법력이 안타깝고, 대중에게 죄송한 마음을 떨칠 수 없습니다. 매주 법문과 씨름하고, 억지로 설교안을 짜내는 고역을 치르기도 합니다. 어쩔 수 없는 설교자의 숙명입니다. 꽃이 피어나듯 설법이 피어나야 하는데, 언제쯤 그 경지에 오를 수 있을까요? 연마하고 또 연마할 뿐입니다.

〈요훈품〉 설교집 『마음 작용하는 공부』는 원기102년(2017) 이문교당에서 했던 설교를 정리한 책입니다. 당시 이문교당은 교당 신축을 위한 천일기도와 신축공사가 진행되던 시기였습니다. 설교 곳곳에 신축 관련 내용들이 자주 등장하는 이유입니다. 바쁘고 힘든 과정에서도 설교만큼은 소홀히 하지 않고 정성을 다해 준비했습니다. 6년 동안 함께 희로애락을 나누었던 이문교당 교도님들께 깊은 감사의 인사를 전합니다.

〈요훈품〉은 소태산 대종사님의 간결하면서도 핵심적인 가르침을 담은 법설法說입니다. 대부분 경구警句 형태로 되어 있어 그 말씀이 매우 강렬합니다. 그만큼 마음에 깊이 새길 만하고, 실천에 강한 동기를 불러일으킵니다. 『대종경』 법문 중 맨 먼저 〈요훈품〉을 설교 주제로 택한 이유입니다.

원불교 공부는 '마음 작용하는 공부', 즉 용심법用心法으로 귀결됩니다. 〈요훈품〉 전체를 관통하는 마음공부의 핵심입니다. 지혜롭고 복된 삶은 결국 마음을 어떻게 쓰느냐에 달려 있습니다. '마음을 알고, 마음을 지키고, 마음을 잘 쓰는 것' 이것이 그 순서입니다.

저에겐 출가한 동생 대신 집안의 크고 작은 일들을 도맡아 준 누나가 있습니다. 특히 정성을 다해 어머니를 가까이에서 봉양한 효심은 외아들인 저에게 미안함과 고마운 마음으로 남아 있습니다. 이런 누나가 2025년을 마지막으로 35년간의 직장생활을 마무리하고 영예로운 정년퇴임을 맞게 됩니다. 이 책에는 누나 박영미[영타원, 모현교당]님께 드리는 축하와 감사의 마음이 오롯이 담겨 있습니다.

어떻게 살아야 행복할까요? 결국 답은 마음에 있습니다. 저는 평소

제 마음을 살피기 위한 자경문自警文이 있습니다. '마음을 멈추고 감사하면 행복하다.'입니다. 멈추면 마음이 청정해지고, 맑고 깨끗한 눈으로 바라보면 은혜 아님이 없습니다. 행복은 그 가운데 있습니다.

"최고의 행복은 마음의 행복입니다."

이 책이 당신을 행복의 길로 인도하는 데 작은 도움이 되길 기도합니다.

원기110년 12월 1일
전산 박덕희 교무 합장

차례

004   여는 글

하나

- 014   마음 작용하는 공부 - 요훈품 1장
- 025   마음의 자유 - 요훈품 2장
- 035   생사를 초월하자 - 요훈품 2장
- 045   죄복의 자유 - 요훈품 2장
- 055   마음은 모든 선악의 근본 - 요훈품 3장
- 064   마음이 바른 뒤에야 - 요훈품 4장
- 074   작은 것에 얽매이지 말라 - 요훈품 5장
- 082   어리석은 사람, 지혜 있는 사람 - 요훈품 6장
- 089   참 지혜 참 재주 - 요훈품 7장
- 097   용맹과 재주를 과신하지 마라 - 요훈품 8장
- 106   어리석은 사람의 근심과 걱정 - 요훈품 9장
- 115   큰 도에 발원한 사람은 - 요훈품 10장

둘

126 자포자기와 자존자대 - 요훈품 11장
135 희망, 불보살의 희망 - 요훈품 12장
145 여의보주如意寶珠 - 요훈품 13장
154 먼저 내가 은혜를 베풀라 - 요훈품 14장
164 자기를 능히 이기는 사람 - 요훈품 15장
174 두 가지 어리석은 사람 - 요훈품 16장
183 도로써 구하라 - 요훈품 17장
192 군자와 소인 - 요훈품 18장
197 화복禍福의 근원 - 요훈품 19장
206 행복한 사람 – 혜시·안분·만족 - 요훈품 20장
216 어리석은 불보살 - 요훈품 21장
226 거짓 없이 그 일에만 충실하라 - 요훈품 22장

셋

238	달도 차면 기운다	- 요훈품 23장
248	은선양악隱善揚惡	- 요훈품 24장
258	음조陰助하는 덕, 음해陰害하는 죄	- 요훈품 25장
267	선 가운데 악, 악 가운데 선	- 요훈품 26장
277	공것 좋아하지 마라	- 요훈품 27장
286	진인眞人과 성인聖人	- 요훈품 28장
295	빈말의 죄업	- 요훈품 29장
304	악한 기운, 독한 기운을 풀어라	- 요훈품 30장
313	상극의 마음과 상생의 마음	- 요훈품 31장
323	그 앞길이 광명하게 열릴 것이요	- 요훈품 32장
332	중생과 도인의 원망과 감사	- 요훈품 33장
340	선인과 악인이 세상을 가르치는 법	- 요훈품 34장

넷

350 이용하는 법을 알면 - 요훈품 35장
360 말과 글로 짓는 죄복 - 요훈품 36장
368 바른 신심을 일으켜서 - 요훈품 37장
377 세 가지 제도하기 어려운 사람 - 요훈품 38장
385 대중 생활의 도 - 요훈품 39장
394 대종사님이 인정한 특별한 인물 - 요훈품 40장
404 도가의 명맥命脈 - 요훈품 41장
414 참 자유와 큰 이익 - 요훈품 42장
424 중생과 불보살의 복전 - 요훈품 43장
433 육도와 사생의 세계 - 요훈품 44장
443 시방 삼계를 소유하는 사람 - 요훈품 45장

원불교는 '마음공부' 하는 곳입니다.
마음공부야말로 가장 근본 되는 공부이고, 내 삶에 가장 실질적인 공부입니다.
우리 인생에서 찾는 성공과 행복은 바로 마음공부를 통해 얻을 수 있습니다.

하나

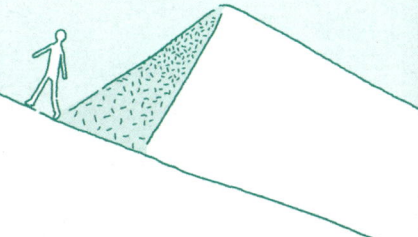

마음 작용하는 공부

"모든 학술을 공부하되 쓰는 데에 들어가서는 끊임이 있으나, 마음 작용하는 공부를 하여 놓으면 일분 일각도 끊임이 없이 활용되나니, 그러므로 마음공부는 모든 공부의 근본이 되나니라."

〈요훈품〉 1장

"원불교는 무엇 하는 종교입니까?"라고 물으면 어떻게 대답하시겠습니까? 여러 가지 답을 할 수 있겠지만 많은 사람이 "원불교는 마음공부 하는 곳입니다."라고 말할 것 같아요.

원불교는 '마음공부' 하는 곳입니다. 마음공부야말로 가장 근본 되는 공부이고, 내 삶에 가장 실질적인 공부입니다. 우리 인생에서 찾는 성공과 행복은 바로 마음공부를 통해 얻을 수 있습니다.

학술 공부의 한계

우리는 학술을 공부하죠. 학술은 학문과 기술을 말합니다. 인류 문명의 발전은 이 학문과 기술을 통해서 이루어졌습니다. 우리는 학교 교육을 통해 학문과 기술을 배우고 익힙니다. 세상에서 우리가 배워야 할 것이 왜 이렇게 많은지 모르겠습니다. 학창 시절을 돌아보면 국어, 영어, 수학, 과학, 역사, 철학, 음악, 미술 ……. 대학으로 가면 세부적으로 배워야 할 것들이 더 많아지죠. 그런데 이 학문과 기술은 어느 누군가에겐 필요한 공부이겠지만 모두에게 꼭 필요한 공부는 아닙니다.

저는 학교 다닐 때 수학 공부가 참 힘들었습니다. 문과생이라 더 그런 것 같은데요. 세상을 이롭게 하는 데는 수학이 꼭 필요한 학문이죠. 하지만 개인이 세상을 살아가는 데는 덧셈, 뺄셈, 곱셈, 나눗셈만 잘하면 크게 불편함 없이 살아갑니다. 굳이 고차원 방정식을 풀지 못해도 세상살이에는 큰 문제가 없습니다. 학술의 영역 하나하나를 따져보면 다 그렇습니다.

이 학술 공부라는 것이 분명한 한계가 있어요. 그 한계는 첫째, 배우는 때가 정해져 있다는 것이고, 둘째, 활용하는 때와 장소가 정해져 있다는 것이고, 셋째, 각 학술 간에 서로 잘 통하지 않는다는 것입니다.

극단적인 표현일 수 있지만, 사실 영어와 수학 몰라도 됩니다. 세상살이에 아무런 불편 없습니다. 그런데 마음 하나가 꼬이면 어떻습니까? 지옥이 따로 없습니다. 마음 하나가 잘못되면 극단적으로는 자살까지 하게 됩니다. 반대로, 마음 하나 행복하면 돈이 좀 없어도,

세상 지식이 좀 부족해도 아무런 문제가 되지 않습니다. 마음이 우리의 행복과 불행을 결정합니다. 마음이 성공과 실패를 좌우합니다.

그런데, 학교에서 배우는 학술도 미래에는 지금처럼 배우지 않아도 될 것이라는 전망을 하고 있습니다. 이스라엘 히브리대 역사학과에 '유발 하라리'라는 교수가 있는데요. 이 교수는 세계적인 베스트셀러 『사피엔스』를 쓴 사람입니다. 우리나라에도 2015년도에 번역되어 약 20만 부가 팔릴 정도로 유명하죠.

유발 하라리가 이런 주장을 했어요. 지금 학교에서 가르치는 내용 대부분은 2050년엔 쓸모가 없어진다고. 왜 그러냐 하면, AI 인공지능으로 세상이 혁명적으로 바뀌게 되고, 현재의 교육 시스템도 완전히 바뀐다는 것입니다.

유발 하라리는 불교 명상을 하는데, 지난 10년간 매년 연말이 되면 명상 센터에 들어가서 30일에서 60일간 수련을 한다고 합니다. 그러면서 이 사람이 이렇게 말합니다.

"명상 수행을 통해 나는 객관적으로 마음을 읽는 수련을 하고 있다. 명상은 지금껏 접한 어떤 기술이나 스마트폰, 컴퓨터보다 내 행복과 마음의 평화에 기여했다."

애플의 창업자인 '스티브 잡스'가 명상에 심취했던 사람이란 건 누구나 아는 사실입니다. 누구보다도 빠른 판단력, 세상에 존재하지 않았던 제품을 창조하는 창의성과 직관력이 명상 덕분이라고 말했습니다. 명상이 주는 긍정적 영향을 십분 활용한 리더가 스티브 잡스였습니다.

소태산 대종사님은 이렇게 말씀하십니다. "이 모든 학술 공부에 근본 되는 공부가 있다. 그것은 마음공부다." 유발 하라리, 스티브 잡스가 말하는 명상이 자기 마음을 보고, 마음의 평화를 얻는, 즉 마음공부라 말할 수 있습니다. 그런데 세상의 학술은 우리에게 행복을 가져다주기도 하지만 재앙을 가져다주기도 합니다. 결국 모든 학술은 '어떤 마음으로 쓰느냐'에 따라 달라진다고 볼 수 있습니다.

소태산 대종사님 말씀의 요지는 과연 뭘까요? 학술 공부가 필요 없다는 걸까요? 아니죠. 학술 공부가 필요하다는 겁니다. 그런데 모든 학술 공부의 근본 되는 공부가 있는데 그 공부가 바로 마음공부라는 것입니다.

마음공부! 너무나 자주 들어봤고 익숙할 겁니다. 우리는 줄곧 "나는 마음공부 한다."라고 말합니다. 그런데 정작 마음공부가 뭐고, 어떻게 하느냐고 묻는다면 쉽게 대답하질 못합니다.

자, 마음공부가 무엇입니까? 간단하게 말하면 자기 마음을 잘 알아서, 잘 사용하는 공부죠. 과거에는 마음공부의 핵심이 뭐였을까요? 모든 것은 마음이 짓는 것, '일체유심조'에 있었어요. 그런데 소태산 대종사님은 한 단계 더 업그레이드하여 용심법, 마음을 잘 쓰는 법이 중요하다고 말씀하셨습니다.

마음 잘 쓰는 법

그렇다면 마음 잘 쓰는 법, 마음 작용법은 무엇일까요?

『대종경』〈교의품〉 29장에는 소태산 대종사님과 제자들의 문답이 나옵니다. 대종사님이 제자들에게 묻습니다.

"그대들은 여기서 무엇을 배우느냐고 묻는 이가 있다면 어떻게 대답하겠는가." 한 제자는 "삼대력 공부한다고 하겠나이다." 또 다른 제자는 "인생의 요도를 배운다고 하겠나이다." 이렇게 대답해요. 틀린 말은 아니죠.

교도님들은 어떻게 대답하시겠습니까? 교당에서는 무엇을 가르치고, 무엇을 배운다고 말씀하시겠습니까?

소태산 대종사님은 "나는 모든 사람의 마음 작용하는 법을 가르친다고 할 것이다."라고 말씀하셨습니다. 모든 사람의 마음 작용하는 법! 제가 교당에서 무엇을 가르치겠습니까? 마음 작용하는 법을 가르치는 겁니다. 거기에 다시 대종사님이 친절하게 말씀하십니다.

"지식 있는 사람에게는 지식 사용하는 방식을, 권리 있는 사람에게는 권리 사용하는 방식을, 물질 있는 사람에게는 물질 사용하는 방식을, 원망 생활하는 사람에게는 감사 생활하는 방식을, 복 없는 사람에게는 복 짓는 방식을, 타력 생활하는 사람에게는 자력 생활하는 방식을, 배울 줄 모르는 사람에게는 배우는 방식을, 가르칠 줄 모르는 사람에게는 가르치는 방식을, 공익심 없는 사람에게는 공익심이 생겨나는 방식을 가르쳐 준다고 하겠노니 ……."

많이 들어본 내용이죠. 어디서 들어보셨어요? 〈일상 수행의 요법〉에 나오죠. 그리고 마지막에, "모든 재주와 모든 물질과 모든 환경을 오직 바른 도로 이용하도록 가르친다고 함이니라."라고 마무리하십니다.

마음 작용하는 공부 _ 하나

마음 작용하는 법

"나는 모든 사람의 마음 작용하는 법을 가르친다고 할 것이다." 여기서 소태산 대종사님은 분명히 '마음 작용하는 법'이라고 하셨어요. 마음 작용법은 마음 쓰는 법, 마음 사용하는 법이죠.

작용이라는 단어가 참 의미 있는 표현입니다. 국어사전을 보면 '어떤 현상을 일으키거나 영향을 미침'이라고 나와 있는데요. 그러면 마음 작용은 어떤 뜻일까요? 마음 작용이란 내가 이 마음을 이렇게 쓰면 어떻게 될 것인가, 무슨 일이 생기는가, 어떤 영향이 있는가를 생각해서 마음을 쓰라는 말씀입니다.

무턱대고, 성질대로, 습관대로 마음을 쓰는 것이 아닙니다.

내가 마음을 쓸 때, 어떻게 하면 은혜가 나오게 할 것인가?

내가 마음을 쓸 때, 인과를 생각하는 것입니다.

내가 마음을 쓸 때, 대종사님의 가르침대로 쓰는 것입니다.

내가 이 마음을 쓰면 행복할까?

내가 이 마음을 쓰면 이 세상에 낙원 세상이 건설될까?

마음 작용하는 법을 밝히고 있는 『대종경』〈교의품〉 29장은 결국 우리의 교법을 실천하는 방법인 것입니다.

모든 재주와 모든 물질과 모든 환경을 다른 세상의 지식을 빌려와서 쓰는 것이 아니라 우리의 교법대로 사용하라는 것입니다. 재주와 물질과 환경을 무엇이 움직이게 할까요? 그 또한 마음이 움직이는 것이고, 그 표준을 교법에 바탕을 둬서 오직 바른 도로 이용하도록 가르치는 것이 원불교의 마음 작용법입니다.

다시 말하면, 인생의 요도인 사은사요, 공부의 요도인 삼학팔조를 실천하는 것이 원불교의 마음 작용법입니다. 일상 수행의 요법을 실천하는 것이 원불교의 마음 잘 쓰는 법입니다.

마음공부는 왜 해야 하는가

교도님들! 우리는 왜 마음을 공부해야 할까요? 답은 간단합니다. 잘 살기 위해서, 행복하기 위해서 마음공부 합니다. 우리가 원하는 성공과 행복은 돈이나 권력이나 명예에 있지 않습니다. 모든 것은 마음에 달려 있습니다.

'모든 것은 마음에 달려 있다.' 이 말에 우리 교도님들 동의하시죠? 정산 종사님은 『정산종사법어』 〈무본편〉 2장에서 "마음의 본말을 알고, 마음 닦는 법을 알고, 마음 쓰는 법을 잘 아는 것이 모든 지혜 중에 제일 근본 되는 지혜가 된다."라고 말씀하셨습니다.

우리 교도님들! 마음의 본말을 잘 알고 계세요?

마음 닦는 법을 잘 알고 계세요?

마음 쓰는 법을 잘 알고 계세요?

우리가 마음공부 한다고 하고 수년간, 또는 수십 년간 공부한다고 하지만, 마음의 본말과 마음 닦는 법, 마음 쓰는 법에 대해 잘 모를 수 있습니다. 세상 사람들보다야 낫지만 내가 확실히 알고, 마음을 잘 쓴다고 자신 있게 말하기는 어렵습니다. 특히 머리로 알고, 입으로 말할 수 있을지라도, 일상생활에서 마음 작용법을 제대로 실천하기란 쉽지 않습니다.

그래, 그럴 수도 있지, 뭐

제가 어느 교당에 있을 때입니다. 직장생활에 꽤 스트레스를 받는 젊은 교도 한 사람이 저를 찾아왔어요. 이젠 도저히 못 참겠다고 하소연합니다. 처음엔 '내가 좀 참아야지' 하며 다녔는데 시간이 지날수록 그 '참음'이 계속 쌓이는 거죠. 이렇게 스트레스를 계속 쌓아만 두는 자기 모습을 보고 너무 힘들어했습니다. 젊어서 직장을 관둘 수도 없죠. 그렇다고 업무상 함께 부딪쳐야 하는 사람을 피할 수도 없습니다. 일에서 오는 스트레스도 있지만, 사람에게서 오는 스트레스가 훨씬 크죠.

이럴 땐 어떻게 해야 할까요? 저 사람이 꼴도 보기 싫어요. 눈도 마주치기도 싫어요. 옆에 지나가는 것도 싫어요. 교도님들은 어떻게 답을 주시겠습니까? 어떻게 마음을 작용하라고 할까요? 직장을 그만두라고 할까요? 그냥 참고 살라고 할까요? 그냥 무시하라고 할까요?

이 사람에게는 다른 어떤 일보다도 이것이 가장 급하고, 큰 일입니다. 얼마나 괴롭겠습니까? 보기 싫은 사람하고 온종일 얼굴을 마주하고 일을 한다는 건 참 괴로운 겁니다. 제가 그 젊은 교도님께 이렇게 얘기해 줬습니다. 내 생각을 고집하지 말고, 상대방과 일에 대해서 '그래, 그럴 수도 있지, 뭐'라고 이해하고 수용하는 마음을 가지면 좋겠다고 이렇게 먼저 얘기를 했어요.

그랬더니 그 친구가 하는 말, "교무님. 저도 처음엔 그럴 수도 있다고 생각했는데 이젠, '도대체 저 사람 왜 저러지'라는 생각만 들어요."라고 합니다. 참 난감한 문제입니다. 우리가 싫어하는 사람을 이해하고, 나쁜 상황을 평상심으로 돌린다고 하는 것은 어려운 일입니다. 직장에서 일어난 상황을 말했지만, 가족 중에, 이웃 중에, 친구 중에 그런 사람이 있다고 생각해 보세요.

이럴 때 내 마음 작용을 어떻게 하면 좋을까요? 그 사람을 가르치거나 바꿀 수 있을까요? 사람을 바꾸는 것은 무척 어렵습니다. 하늘이 두 쪽 나도 바뀌기 어려운 상대가 있습니다. 이럴 땐 뭐가 중요할까요? 그 사람보다 먼저 내 마음을 살피는 것입니다. 내가 괴롭고 힘들면, 먼저 나 자신에게 '그래, 그럴 수도 있지. 뭐'라고 위로의 말을 던지는 겁니다. 그리고 상대방과 그 일에 대해 긍정의 여유를 갖는 것입니다.

우리가 아직 성인군자가 아니기에 미운 마음, 원망하는 마음이 안 일어날 수가 없습니다. 그런데 이 마음이 일어날 때, '내가 이래서는 안 되는데', '내가 왜 저 사람을 미워하지', '원불교를 다니는 사람이 그래서는 안 되는데'라며 자기 자신을 강박관념으로 눌러 버립니다. 나 자신에게 먼저 여유를 줘야 합니다. '그래. 내 마음에도 미운 마음이 나올 수 있어. 원망하는 마음이 나올 수 있어.' 이렇게 내 마음을 이해하고 수용할 수 있어야 합니다.

그런데, 알고 보면 불편한 마음, 힘들어하는 마음, 짜증이 나는 마음도 내 마음입니다. '이러한 마음이 일어나서는 안 돼.'라는 강박증으로 내 마음을 억압하지 말고, '이럴 수도 있고, 저럴 수도 있다.'라고 생각해 보는 겁니다.

그러면서 나의 기준에 상대방을 꿰맞추려 하고, 내가 좋아하는 것을 상대방에게 강요하고, 내가 싫다는 것으로 상대방을 억압하지는 않았는지 자기 자신을 살피는 것입니다. 혹시 내가 색안경을 끼고 상대방을 바라보고, 세상을 바라보진 않았는지 살펴봐야 합니다. 자기가 자기 그림자에 갇히면 잘 안 보입니다.

나의 주관과 아상我相에 가려버리면 진실을 보지 못합니다. 다른 사람들은 다 괜찮은데, 나만 그렇게 밉고 원망하는 마음이 나온다면 나에게 문제가 있습니다. 객관적으로 나에게 문제가 없고, 저 사람에게 문제가 있을 수 있어요. 그런데 그 사람이 바뀌기만 바라고, 내 마음의 미움과 원망하는 기운이 계속 그 사람에게 전달된다면 결코 해결점을 찾을 수 없습니다.

그래도 도통 이해가 안 될 경우 이렇다 저렇다, 옳다 그르다 따지려 하지 말고 모든 분별을 놓아야 합니다. 나의 판단과 주관을 정지해야 합니다. 그리고 본래 없는 그 자리로 돌아가야 합니다.

그러면, 맑고 깨끗한 마음에서 나도 모르게 지혜의 밝은 빛이 나옵니다. 그 지혜의 빛으로 나와 상대방에 일어난 현상을 바라보면, 미워하고 원망하는 나 자신도 이해하고, 상대방이 그럴 수밖에 없는 이유도 이해할 수 있습니다. 그리고 그 일이 생긴 이유에 대해서도 내가 정확하게 읽을 수 있게 되는 거죠. 이런 연습을 계속하다 보면 나의 삶이, 우리의 삶이 좀 더 행복해질 것입니다.

설교를 마무리하겠습니다. 마음공부는 모든 공부의 근본이라고 말씀하셨습니다. 어디에 힘쓰시겠습니까? 근본에 힘써야 합니다. 다른 어떤 공부보다도 소중하고 근본이 되는 마음공부를 소홀히 할 수 없습니다.

마음 작용하는 법은 결국 '일상 수행의 요법'을 실천하는 것입니다. 모든 재주와 물질과 환경을 올바르게 사용할 줄 아는 사람이 마음 작용을 잘하는 사람입니다.

마음 작용하는 공부를 일분 일각도 끊임없이 활용해야 합니다. 활용은 살려 쓰는 겁니다. 내가 배우고 아는 것을 나의 일상생활에서 살려 쓰는 겁니다.

우리 교도님들! 끊임없이 잘 활용하고 계십니까? 우리는 활용하는 사람이 되어야 합니다. 잘 활용해 생활을 빛내서 행복한 삶을 살아야 합니다.

원기102.03.19.

마음의 자유

> "수도인이 구하는 바는, 마음을 알아서 마음의 자유를 얻자는 것이며, 생사의 원리를 알아서 생사를 초월하자는 것이며, 죄복의 이치를 알아서 죄복을 임의로 하자는 것이니라." 〈요훈품〉 2장

〈요훈품〉 2장은 세 가지 자유를 말하고 있습니다. 마음의 자유, 생사의 자유, 죄복의 자유. 오늘은 이 가운데 첫 번째인 '마음의 자유'에 대해 함께 공부해 보겠습니다.

우리는 원불교의 수도인

법문의 시작에 '수도인이 구하는 바'라고 했는데요. 먼저 수도인에 대해 잠깐 생각해 보겠습니다.

우리 교도님들은 수도인입니까, 아닙니까?

수도인修道人! 한문 그대로 해석하면 도를 닦는 사람이라는 뜻입니다. 수도인은 도를 품고, 도를 생각하고, 도를 닦는 사람입니다. 도를 닦는다는 것은 도를 알고 행하는 것을 말합니다. '나는 그냥 교도할래요. 수도인, 나에겐 너무 어려운 일이에요.' 이렇게 생각하시는 분, 있나요? 없으시죠?

'저 사람, 참 수도인 같아.'

'저 교도님은 수도하는 향기가 나.'

이런 말을 들어야 합니다. 우리는 지식인에 머물 것이 아니라 수도인이 되어야 합니다. 종교인이면서 수도인의 풍모를 갖추어야 합니다. 원불교의 수도인은 신앙과 수행을 함께 갖춘 사람입니다.

수도인이 가장 먼저 구해야 할 것은 마음을 알아 마음의 자유를 얻는 것입니다. 마음의 자유가 최종 목적이지만, 그 길은 먼저 마음을 아는 데서 시작합니다. 단순히 머리로만 아는 것이 아니라 마음으로 깨달아 알았을 때 제대로 아는 것입니다.

교도님들! 다들 마음 있죠? 그런데 정작 나는 내 마음을 잘 알고 있을까요? 마음이란 무엇인가요? 여러 방면으로 설명할 수 있겠지만, 오늘은 본래 마음과 경계 따라 일어나는 마음으로 말씀드리겠습니다. 크게 보면 본래 마음과 경계 따라 일어난 마음이 다 같은 한 마음이고, 내 마음입니다. 그렇죠?

마음은 참 복잡하고 미묘합니다. 가만있는 게 아니라 왔다 갔다 합니다. 이 마음이 났다, 저 마음이 났다 합니다. 어떤 마음이 본래 마음이고, 경계 따라 일어나는 마음인지 헷갈릴 수 있습니다.

마음 작용하는 공부 _ 하나

본래 마음이란 어떤 마음인가

마음은 마음인데, 앞에 본래라는 말이 붙었어요. 맑고 고요한, 어떤 분별도 없는 그 마음 있죠? 어떨 때 우리가 그 마음을 찾을 수 있나요? 지금, 이 순간에도 우리는 맑고 고요한 마음에 머물 수 있습니다. 그리고 이 마음을 가장 정확하게 찾을 수 있는 순간이 바로 좌선할 때입니다. 좌선할 때는 모든 분별이 끊어지고, 맑고 고요한 마음 상태가 됩니다.

그 마음을 정신이라고 해도 틀리지 않습니다. 원불교『정전』〈정신수양〉에서는 정신을 "마음이 두렷하고 고요하여 분별성과 주착심이 없는 경지"라고 설명합니다. 곧 두렷하고 고요한 마음 상태가 우리의 정신이며, 본래 마음에 가장 가까운 모습입니다. 그리고 그 정신의 뿌리를 우리는 성품이라고 부릅니다.

정산 종사님은『정산종사법어』〈원리편〉12장에서 "정신은 성품과 대동하나 영령한 감이 있는 것이며, 정신에서 분별이 나타날 때가 마음"이라고 하셨습니다. 즉, 이거다, 저거다 분별하는 것이 마음이고, 그 이전의 두렷하고 고요한 상태가 정신입니다. 이 정신이 우리의 본래 마음이며, 우리 각자에게는 이 본래 마음이 있습니다. 우리가 이 본래 마음을 찾을 때 비로소 마음의 안정과 평화를 얻을 수 있습니다.

경계 따라 일어나는 마음

다음은 경계 따라 일어나는 마음입니다. 마음이 정하면 맑고 고요하지만, 동할 때는 수없이 많은 모양으로 일어납니다. 지금, 이 순간에도 마음이 일어납니다. 그렇지 않습니까?

어떤 마음들이 일어납니까? 보통 경계 따라 일어난 마음을 감정이라고 말합니다. 인간에게는 일곱 가지 감정이 있습니다. 희·노·애·락·애·오·욕. 기쁨·성냄·슬픔·즐거움·사랑·미움·욕심. 우리는 일상에서 이러한 감정들을 느끼며 살아갑니다. 그런데 이 감정을 내 본래 마음인 양 착각하고, 이 감정에 속고 사는 것이 우리 중생의 모습입니다.

소태산 대종사님은 분명히 말씀하십니다. 심지는 원래 요란함도, 어리석음도, 그름도 없건마는 경계를 따라 생긴다고 하셨습니다. 요란함·어리석음·그름은 경계 따라 일어나는 마음이지, 본래 마음이 아닙니다. 우리가 눈·귀·코·입·몸·마음을 통해 그러한 경계들을 받아들일 때, 마음 작용과 감정이 일어납니다.

그런데, 경계 따라 일어나는 그 마음은 한순간 스쳐 지나가는 바람과 같습니다. 바람이 멈추면 파도는 잔잔해지죠. 경계가 사라지면 일어난 그 마음 또한 없어집니다. 그런데 문제는 우리가 그 감정의 그림자를 마음의 실체로 알고 붙들고 있다는 것입니다.

우리의 마음은 '진공묘유眞空妙有'입니다. 진공묘유는 진리의 실체이자 마음의 참모습입니다. '진공'이란 참으로 텅 비어 있다는 뜻이며, '묘유'란 그 텅 빈 가운데 묘하게 일어나는 작용을 말합니다. 우리의 마음은 거두어들이면 텅 비고, 내면 묘하게 드러납니다. 없는 것 같으면서 있는 것이 우리의 마음입니다.

마음 작용하는 공부 _ 하나

우리가 마음을 공부하는 데 있어 '진공묘유'는 매우 중요한 표현입니다. 이 진공묘유를 계속 화두로 삼아 연마하다 보면 마음의 실체를 깨달아 알 수 있을 것입니다.

마음의 자유란 무엇인가

이제 마음의 자유에 대해 말씀드리겠습니다. 우리 교도님들! 마음의 자유 얻고 싶으시죠? 수도하는 목적이 이 마음의 자유 얻는 것입니다. 유교의 경서인 『논어論語』에서 공자님은 "종심소욕불유구 從心所欲不踰矩; 나이 칠십이 되었을 때, 비로소 마음이 하고 싶은 대로 하여도 법도를 어기지 않았다."라고 말씀하십니다.

마음의 자유란 무엇인가요? 마음의 자유란 제멋대로 하고 싶은 대로 내버려두는 것이 아닙니다. 방종은 자유가 아닙니다. 마음의 자유란 마음을 법도에 맞게 마음대로 사용할 수 있는 능력입니다. 자신을 돌아봅니다. 나는 내 마음을 마음대로 쓸 수 있는가? 우리의 삶은 구속에서 벗어나기 어렵습니다. 우리 교도님들은 어떻습니까? 어디에 구속되던가요?

우리는 몸에 구속되고, 인연에 구속되고, 물질에 구속되고, 환경에 구속됩니다. 몸만 생각해 보더라도 몸이 따라주지 않으면 마음대로 할 수 없죠. 건강을 잃으면 가고 싶은 곳도 갈 수 없고, 먹고 싶은 것도 못 먹고, 하고 싶은 일도 할 수 없습니다. 몸이 아프면 마음 또한 아프게 됩니다. 이와 같이 몸과 인연, 물질과 환경 모두 마음의 자유를 구속하는 요인이 됩니다.

그러나 우리 마음의 자유를 구속하는 가장 큰 원인은 몸, 인연, 물질, 환경이 아닙니다. 결국 마음이 마음을 구속합니다. 눈에 보이는 구속보다 더 크고 강력한 구속이 바로 마음의 구속입니다.

그렇다면 마음의 구속이란 무엇인가요? 마음의 구속은 마음에서 일어나는 탐심, 진심, 치심입니다. 탐욕스러운 마음, 화내고 성내는 마음, 어리석은 마음. 이 마음에 걸리면 쇠사슬에 묶인 것보다 더 단단히 묶여서 꼼짝달싹 못 하게 됩니다. 그래서 내 마음인데도 내 마음대로 할 수 없는 겁니다.

이 마음 구속이 원인이 되어 몸, 인연, 물질, 환경의 구속을 당하게 됩니다. 모든 구속의 원인인 마음 구속을 해결하면 자연히 몸, 인연, 물질, 환경에서도 어느 정도 자유를 얻을 수 있습니다.

자, 그렇다면 마음의 자유란 무엇인가요? 어떤 상태일 때 마음의 자유를 얻었다고 할 수 있는가요?

첫째, 잡고 놓는 것을 자유 하는 겁니다

물건을 잡고 놓는 것일까요? 마음을 잡고 놓는 것입니다. 우리의 마음은 잡을 수도 있어야 하고, 놓을 수도 있어야 합니다. 달리 말하면 유념할 자리에는 유념할 줄 알아야 하고, 무념할 자리에는 무념할 수 있어야 합니다. 그런데 우리 어리석은 중생은 반대로 하죠. 잡아야 할 때 놓아버리고, 놓아야 할 때 오히려 잡고 삽니다.

생각해 보세요. 우리가 유념해야 할 일이 얼마나 많습니까? 대표적으로 감사심을 챙겨야죠. 내가 은혜 입었는데 감사할 줄 모르면 안 되겠지요. 우리는 늘 감사하고 보은하는 마음을 챙기고 살아야 합니다. 반대로 놓아야 할 마음도 많습니다. 대표적으로 번뇌 망상과 집착심을 놓아야 합니다. 은혜를 베풀고 나서 베풀었다는 상도 놓아야 합니다. 그때는 무념해야 합니다. 그런데 우리는 무념하지 못하고, '내가 뭣 좀 했는데'라는 마음의 상을 꽉 붙잡고 살아갑니다.

이렇게 잡고 놓는 공부가 마음처럼 쉽게 되지 않습니다. 잡아야 할 때 잡고, 놓아야 할 때 놓을 수 있어야 마음의 자유를 얻은 사람입니다. 치닫는 욕심도 놓아야 하고, 들끓는 번뇌 망상도 놓아야 합니다. 멈출 줄 알고, 쉴 줄 알고, 놓을 줄 알아야만 내 삶에 평화와 행복을 얻을 수 있습니다. 잡아야 할 때 못 잡고, 놓아야 할 때 못 놓기 때문에 괴로운 겁니다.

둘째, 하고 싶은 것과 하기 싫은 것에 자유 하는 겁니다

소태산 대종사님은 『대종경』〈요훈품〉 13장에서 "여의보주如意寶珠가 따로 없나니, 마음에 욕심을 떼고, 하고 싶은 것과 하기 싫은 것에 자유자재하고 보면 그것이 곧 여의보주니라."라고 말씀하십니다.

여의보주란 '뜻대로 이루어지는 보배스러운 구슬'을 말합니다. 부처님은 이 여의보주를 갖고 계시기에 하고 싶은 것과 하기 싫은 일에 자유자재하십니다. 우리가 마음의 자유자재를 얻으려면 이 여의보주를 가지고 있어야 합니다.

우리에게는 하고 싶은 것과 하기 싫은 것이 있습니다. 교도님들은 어떤 것을 하고 싶고, 또 어떤 것을 하기 싫어하시나요? 그런데 아이러니하게도 우리가 하고 싶은 것 중에도 하지 말아야 할 게 많고, 반대로 하기 싫은 것 중에도 꼭 해야 하는 일이 많습니다.

제가 1년 전에 체중조절을 했습니다. 다이어트라고 하죠. 열심히 하니 두 달 만에 약 5㎏ 정도가 빠졌습니다. 그런데 다이어트를 하면 덜 먹거나, 안 먹어야 할 음식들이 있죠. 먹고 싶은데 먹을 수 없다는 것이 얼마나 괴로운 일인지 모릅니다. 처음 한 달 정도는 굳게 마음을 먹고 꾹 참을 수 있었는데, 한 달 정도 지나니 위기가 찾아왔어요. 그 위기란 뭐냐? 먹고 싶은 것이 너무 많다는 거죠.

제가 산책을 학교 운동장으로도 가고, 인근 배봉산 쪽으로도 갑니다. 그런데 이상하게도 제 눈에는 먹을 것만 들어옵니다. 제가 있는 이문교당이 대학가 주변이라 그런지, 교당 주변에는 먹을 것들이 정말 많습니다. 호떡도 먹고 싶고, 붕어빵도 먹고 싶고, 튀김도 먹고 싶고. 마구마구 저를 유혹합니다. 이럴 때마다 저는 마음 보기에 바쁩니다. 내 마음을 빼앗겼는지, 안 빼앗겼는지 끊임없이 살핍니다.

우리 삶이 그렇습니다. 꼭 해야 할 것은 안 하고, 진짜 하지 말아야 할 일은 하려고 하는 어리석음이 있습니다. 알고는 있지만 실행이 잘 안됩니다. 내 마음인데도 마음을 자유롭게 쓸 수가 없습니다.

붕어빵, 호떡, 튀김. 안 먹으면 어떻고 먹으면 또 어떻습니까? 이런 것들은 마음의 자유라고 말할 수 없습니다. 그런데 이런 작은 일들이 마음의 큰 누수가 되죠.

우리 삶을 결정짓는 중요한 순간들이 있습니다. 이 일을 하느냐,

하지 않느냐에 따라 내 인생이 달라질 수 있습니다. 이때 옳은 일을 죽기로써 실행할 수 있는 마음의 힘, 마음의 자유를 갖추었는지가 중요합니다.

그런데 마음의 자유를 얻는 데 있어 가장 중요한 핵심이 있습니다. 바로 내 안에 자리 잡은 욕심과 욕망을 스스로 볼 수 있어야 하고, 또 그것을 놓을 수 있어야 한다는 것입니다.

『대종경』〈요훈품〉 13장 법문은 "마음에 욕심을 떼고"라는 문장으로 시작합니다. 마음에 욕심을 떼었을 때 비로소 하고 싶은 것과 하기 싫은 일에 자유로울 수 있습니다. 마음에 욕심을 떼었을 때 집착도 사라지고, 그 집착으로 인한 번뇌 망상도 사라집니다. 번뇌 망상과 집착의 근원이 욕심이며, 이 욕심을 놓고 조금씩 줄여나갈 때 마음의 자유가 가능해집니다.

소태산 대종사님은 『정전』〈무시선법〉에서 "아무리 욕심나는 경계를 대할지라도 끝까지 싸우는 정신을 놓지 아니하고 힘써 행한즉 마음이 차차 조숙 되어 마음을 마음대로 하는 지경에 이르나니……."라고 말씀하십니다.

'마음을 마음대로 하는 지경', 마음의 자유를 말합니다. 마음의 자유를 얻기 위해서는 욕심나는 경계와 끝까지 싸우는 정신을 잃지 않고 힘써 행해야 합니다. 그렇게 하다 보면 마음이 점차 자라나고 익어갑니다. 결국 욕심을 극복했을 때 비로소 마음의 자유가 옵니다.

욕심을 뗀다는 것이 쉬운 일은 아닙니다. 물질, 사람, 하고 싶은 것, 되고 싶은 것 등 욕심에서 모든 괴로움이 시작됩니다. 진정한 마음의 자유란 욕심을 떼는 것에서 출발합니다. 욕심을 떼었을 때 우리가 원하는 마음의 평화와 행복을 얻을 수 있습니다.

✦

　우리 교도님들! 마음의 자유를 얻고 싶으십니까? 그러면 먼저 마음을 알아야 합니다. 우리의 마음은 본래 마음과 경계 따라 일어나는 마음이 있습니다. 최고의 자유는 아무런 걸림이 없는 본래 자리, 본래 청정한 자성 자리에 합일하는 것입니다. 자성이야말로 자유의 극치입니다.
　이 자리에 바탕을 둬서 경계 따라 일어나는 마음을 올바르게 사용해야 합니다. 마음을 잡고 놓는 것에 자유를 얻고, 하고 싶은 것과 하기 싫은 것에 자유를 얻어야 합니다. 마음의 자유를 얻는 핵심은 나를 구속하는 욕심을 놓는 것입니다.
　욕심을 놓으면 마음에 걸리는 바가 사라집니다. 걸리는 바 없는 마음은 한가로워지고, 그 속에서 안정과 평화를 얻을 수 있습니다. 그곳에 기쁨과 행복이 함께 합니다.

원기102.03.26.

생사를 초월하자

> "수도인이 구하는 바는, 마음을 알아서 마음의 자유를 얻자는 것이며, 생사의 원리를 알아서 생사를 초월하자는 것이며, 죄복의 이치를 알아서 죄복을 임의로 하자는 것이니라." 〈요훈품〉 2장

생사의 원리

먼저 생사의 원리에 대해 생각해 보겠습니다. 생사, 곧 나고 죽음에 원리가 있다는 것입니다. 생사에 어떤 원리가 있을까요?

'원리'란 '사물의 근본이 되는 이치'를 말합니다. 수학을 세계인의 공통언어라고 말하죠. 어느 나라, 어느 사람에게나 1+1은 2입니다. 원리는 모든 사물에 적용되는 공통 분모와 같으며, 생사의 원리 또한 마찬가지입니다. 사람뿐만이 아니라 생명을 지닌 모든 존재, 일체 만물에 똑같이 적용되죠.

생사의 원리란 무엇일까요?

첫째는 태어나면 반드시 죽는다는 것입니다. 이것을 부정할 사람은 아무도 없습니다. 인간이 최고로 오래 살아야 120살 정도입니다. 인간뿐만 아니라 모든 생명체는 수명의 길고 짧음만 다를 뿐, 태어나면 반드시 죽는다는 엄연한 진리에 벗어날 수 없습니다.

둘째는 죽으면 다시 태어난다는 것입니다. 이에 대해서는 누구든지 쉽게 확신하기 어려울 것입니다. 종교마다 죽음 이후 내세에 대한 설명이 다르며, 다시 태어난다는 것도 인간의 희망 사항일 뿐, 과학적으로 증명하기 어려운 영역입니다.

태어남이 있으면 반드시 죽음이 있습니다. 한 개체의 생명만을 바라보면 죽음이 곧 끝인 것처럼 보이지만, 전체 생명의 관점에서 보면 죽음은 아주 없어지는 것이 아니라 또 다른 곳에서 태어남으로 이어집니다.

태어나면 죽습니다. 죽으면 또다시 태어납니다. 생사는 이렇게 끊임없이 변화합니다. 소태산 대종사님은 생사는 가고 오는 것이며, 옷을 갈아입는 것과 같고, 해가 뜨고 지는 것과 같다고 하셨습니다. 인간의 생사는 단지 변화의 과정일 뿐입니다.

소태산 대종사님은 생로병사의 이치가 춘하추동 변화의 이치와 같다고 말씀하셨습니다. 계절은 변화하여 봄이 오면 여름이 오고, 여름이 오면 가을이 오고, 가을이 오면 겨울이 오고, 겨울이 지나면 반드시 봄이 옵니다. 이것이 자연의 순리입니다.

만물의 생사는 사계절을 통해서 분명히 확인할 수 있습니다. 봄이 되면 벚꽃이 만발하게 피어나지만, 시간이 지나면 곧 집니다. 그렇다고 이 벚꽃이 한 번으로 끝나나요? 내년 봄이 되면 또다시 꽃을 피워내죠. 작년에도 피고 졌듯이 올해도, 내년에도 꽃은 피고 질 겁니다. 꽃이 피고 지는 것은 자연의 변화이며, 그 속에서 우리는 변치 않는 진리를 발견할 수 있습니다. 그 진리는 모든 것은 변한다는 것, 그리고 그 변화 속에서 생명은 이어진다는 사실입니다.

우리 교도님들 중 이런 의문을 제기할 수 있습니다. "교무님, 해마다 벚꽃이 피고 지는 것에는 어떠한 의심이 없습니다. 그런데, 그 벚나무도 언젠가는 수명을 다할 것 아닙니까? 벚나무가 천년만년 사는 것은 아니지 않습니까?" 그렇죠. 벚나무도 수명이 있습니다. 500년, 1000년을 사는 나무도 있지만 몇천 년을 사는 나무는 드뭅니다.

자, 어떻습니까? 벚나무가 고목이 되어 썩어 쓰러진다면 그 벚나무의 생명은 완전히 사라진 것일까요? 그때 그 벚나무가 똑같은 이름과 모양으로 존재하는 것은 아닙니다. 나 자신을 보더라도 오늘의 나는 어제의 나와 같다고 볼 수 없죠. 몸도 생각도 끊임없이 변화합니다. 변하지 않는 것은 오직 모든 것이 변한다는 사실입니다. 그러나 변화 속에서도 변치 않는, 영원불멸한 무엇이 있습니다.

천지는 영원불멸한 도를 체 받아 그 생명을 보전합니다. 우리의 본래 성품도 천지와 같이 긴 생명을 보전하여 새로운 인연을 만나 새로운 모습으로 다시 태어납니다. 『대종경』, 〈천도품〉 15장 법문을 함께 봉독하도록 하겠습니다.

소태산 대종사님 말씀하시기를 "세상의 유정有情 무정無情이 다 생의 요소가 있으며 하나도 아주 없어지는 것은 없고 다만 그 형상을 변해 갈 따름이니, 예를 들면 사람의 시체가 땅에서 썩은즉 그 땅이 비옥하여 그 근방의 풀이 무성하여질 것이요, 그 풀을 베어다가 거름을 한즉 곡식이 잘될 것이며, 그 곡식을 사람이 먹은즉 피도 되고 살도 되어 생명을 유지하며 활동을 하게 될 것이니, 이처럼 본다면 우주 만물이 모두 다 영원히 죽어 없어지지 아니하고 저 지푸라기 하나까지도 백억 화신을 내어 갖은 조화와 능력을 발휘하느니라. 그러므로, 그대들은 이러한 이치를 깊이 연구하여 우주 만유가 다 같이 생멸 없는 진리 가운데 한량없는 생을 누리는 것을 깨쳐 얻으라."

벚나무라는 하나의 생명체는 여러 모습을 가지고 있습니다. 꽃이 지면 그 자리에 싹이 나고 열매가 생기죠. 푸르게 자란 나뭇잎은 가을이 되면 노랑, 빨강 단풍으로 물들다가 떨어집니다. 그렇게 떨어진 낙엽은 거름이 되어 다시 뿌리로 돌아가 나무에 에너지를 공급해 줍니다.

이처럼 하나의 생명은 여러 모습으로 변화합니다. 그러나 우리는 어리석게도 그 가운데 하나의 모습만을 보고 없어졌다고 말합니다. 변화의 관점에서 보면 무언가를 고정하여 말할 수 없습니다. 그래서 〈천도법문〉에서는 "성품이라 하는 것은 한 이름도 없고, 한 형상도 없고, 가고 오는 것도 없고, 죽고 나는 것도 없고, 없다 하는 말도 또한 없는 것"이라고 했습니다.

한마디로 생사의 원리는 태어남이 있으면 반드시 죽고, 죽으면 다시 태어난다는 것입니다. 그리고 우리는 그 변하는 가운데 변하지 않는 본래 성품을 깨쳐야 합니다.

교도님들 중 이런 의문을 가질 수 있습니다. '어떻게 다시 태어날까?' 생사 거래는 진리에 맡겨버리면 됩니다. 〈천도법문〉에서도 "무위이화 자동적으로 생겨난다."라고 했습니다. 〈일원상의 진리〉에서도 "공적 영지의 광명을 따라" 생겨난다고 했습니다.

다시 오는 길은 스스로 어찌할 수 있는 일이 아닙니다. 죽은 영가가 해야 할 일은 오직 성불제중의 서원을 세우고 청정 일념으로 진리에 합일하는 것입니다.

생사의 초월

생사 초월은 과연 어떤 경지일까요? 초월이란 묶이지 않고 뛰어넘는다는 뜻입니다. 생사 초월은 생도 초월하고 사도 초월한다는 것이죠. 죽음을 초월한다는 것은 대략 알겠는데, 왜 생도 초월해야 할까요? 생을 초월한다는 것은 단순히 태어남을 넘어선다는 것이 아니라, 생에 대한 욕구를 초월한다는 것입니다.

"참호 속에 무신론자는 없다."라는 말이 있습니다. 총알이 빗발치는 참호는 언제 죽을지 모르는 긴박한 상황입니다. 이런 상황에서는 누구나 신을 찾아 기도하게 됩니다. 특정 종교에 속하지 않더라도 죽음을 앞둔 인간은 무언가에 의지하며 구원과 해탈을 바랍니다. 인간을 '종교적 인간'이라 부르는 이유입니다.

죽음을 미리 준비할 수 있는 것도 어쩌면 큰 복입니다. 언젠가는 마쳐야 할 생이지만 그 시점이 정해져 있는 건 아닙니다. 진리적으로는 정해져 있을지 모르지만 범부 중생은 알지 못하죠. 그래서 가는 길을 아름답게 마무리하는 것이 매우 중요합니다. 미리 유언을 준비하고, 가까운 인연들과 마지막 인사를 나누는 거죠. 그리고 거연히 열반을 맞이하는 겁니다.

　자기가 언제 죽을지 알고 준비해 맞이한 죽음은 행복한 죽음에 해당합니다. 만약 불의의 사고로 황망하게 죽음을 맞이하게 되면 어떨까요? 치매에 걸려 아무 정신도 없이 죽음을 맞는 경우는 또 어떤가요? 준비 없는 죽음을 맞이한 사람이 저승길을 제대로 갈 수 있으며, 천도를 제대로 받을 수 있을까요?

　이제 생사를 초월한다는 의미를 생각해 보겠습니다. 생사를 초월한다는 것은 생에 대한 집착에서 벗어나고, 죽음에 대한 두려움과 공포에서 벗어나는 것을 말합니다. 먼저, 생에 대한 집착에서 벗어나는 것입니다. 한 90세 정도 되면 생에 대한 집착이 떨어질까요? 건강이 안 좋으면 '빨리 죽는 게 낫겠다'라고 생각할 수 있겠지만, 아직 팔팔하고 삶에 아무런 걱정거리가 없는데도 '이젠, 죽어야지'라고 할까요?

　제 나이도 벌써 오십을 훌쩍 넘었습니다. 소태산 대종사님은 나이 40이 넘으면 죽음의 보따리를 챙겨야 한다고 하셨죠. 저는 죽음의 보따리를 챙겨야 할 나이가 훨씬 지났습니다. 그런데 저의 바람은 건강하게 팔구십 세까지 사는 겁니다. 이것이 생에 대한 욕심일까요?

생에 대한 집착을 놓으라는 것은, 좀 더 정확하게 말하면 탐착과 애착을 놓으라는 것입니다. 몇 년 더 살아야겠다는 수명 연장의 욕심이 아니라, 살아있음으로 인해 갖는 탐욕과 애욕을 놓을 수 있어야 한다는 것입니다. 살다 보면 탐착 애착할 일들이 참 많습니다. 한 번 거기에 딱 달라붙으면 떨어지기가 쉽지 않습니다.

생을 초월하라는 말은 죽음의 순간이 다가왔을 때 이 욕망을 놓을 수 있느냐는 물음입니다. 그런데 많이 가지고 있는 사람은 놓기 어렵습니다. 벌어놓은 재산이 많은 사람, 사랑하는 가족이 있는 사람, 높은 지위와 명예를 가지고 있는 사람은 있는 만큼, 가진 만큼 내려놓기 어렵습니다. 생에 대한 욕망을 내려놓았을 때, 죽음에 대한 두려움도 사라지게 됩니다. 그리고 이생뿐만 아니라 다음 생이 있다는 믿음이 확실하다면 생에 대한 욕망을 놓을 수 있고, 죽음에 대한 두려움에서 벗어날 수 있습니다.

생사 초월은 떠나는 자의 숙제이기도 하지만 보내는 자의 큰일이기도 합니다. 잘 보낼 수 있어야 잘 떠날 수 있습니다. 남은 가족들도 생사 초월의 공부를 해야 잘 보낼 수 있습니다. 잘 보낼 때 잘 갈 수 있고, 잘 갔을 때 다시 잘 올 수 있는 것이 생사 거래의 밝은 지혜입니다.

떠나려고 하는데 계속 잡으면 어떻게 될까요? 마음이 안타깝고 미안해서 마음이 묶여버릴 수 있죠. 떠나는 사람이 착심이 남아 못 떠나기도 하지만, 보내는 사람이 착심이 있어 못 보내는 일도 있습니다. 그러기에 우리는 평소 생사 연마 공부를 하고, 생사 초월 공부를 해서 잘 떠날 수도, 잘 보낼 수도 있어야 합니다.

생사의 자유

우리의 최종 목표는 생사 자유입니다. 생사 초월과 생사 자유. 어느 쪽이 더 높은 경지일까요? 초월이 묶이지 않는 경지라면 자유는 말 그대로 자유자재의 경지입니다. 초월이 집착과 두려움에서 벗어난 것이라면 생사 자유는 생사를 내가 선택할 수 있는 것입니다. 이 경지는 태어나고 싶은 곳에 태어나고, 죽음의 시간과 장소까지도 선택할 수 있습니다. 그런데 불보살의 법력을 갖추지 않으면 생사 자유는 어렵습니다.

어느 교무님이 마지막 병마와 싸우면서 이렇게 말씀하셨다고 들었습니다. "생사에 집착은 없는데, 가는 것에 자유롭기가 참 어렵다." 육체의 고통으로 인해 영을 날리고 싶어도 마음대로 되지 않죠. 육신에 대한 업장이 남아 있기 때문입니다.

어느 교도님 한 분이 있었습니다. 이분은 조석 심고, 염불, 좌선, 법회 출석 등 하나도 빠짐없이 공부길을 밟으시던 분이었습니다. 그런데 급성 간암으로 20여 일 만에 열반을 맞이하였습니다. 아직 연세도 젊으시고, 자녀들도 전부 교당에 다니고, 그야말로 남부러운 것 없는 분이었습니다. 열반하기엔 너무나 안타까운 분이었습니다. 그런데 이분은 열반을 앞두고 정신이 오락가락하는 중에도 초조한 기색을 보이지 않고, 그 짧은 시간에 재산, 마음, 인연 등을 정리하셨다고 합니다.

그리고 자녀들에게 "생사가 둘이 아니다. 갔다 와서 이 공부를 마저 하련다. 이 법 만났을 때 공부 열심히 해라."라고 당부의 유언을 하면서 편안하게 가셨다고 합니다. 이분은 이 법 만나 이 공부를 했기에 죽음에 초연할 수 있었습니다. 죽음을 변화로 알고 다음 생을 잘 준비한 거죠. 이런 분은 생사에 끌려가는 것이 아니라 초월한 것으로 볼 수 있습니다. 그저 생각으로만 아는 것이 아니라, 억지로 끌려가지 않고 초연하게 갈 수 있다면 그것이 바로 생사 초월입니다.

그렇다면 생사를 초월하고 자유를 얻는 방법으로 무엇이 있을까요? 소태산 대종사님은 좌선과 염불의 공덕에서, 염불과 좌선을 오래 하여 그 힘을 얻고 보면 생사의 자유를 얻는다고 말씀하시며 그 답을 밝히셨습니다. 깊은 수양을 하지 않고는 생사의 자유를 얻을 수 없다는 말씀입니다.

생사의 원리는 간단합니다. 태어남이 있으면 죽음이 있고, 죽음은 끝이 아닌 다시 태어남이라는 것입니다. 변화하는 생사의 원리를 알면 생에도 사에도 집착할 필요가 없습니다. 생에 대한 욕망과 죽음에 대한 두려움에서 벗어날 수 있습니다.

생사 초월은 생사라는 거대한 변화를 그대로 받아들이는 것입니다. 생사 자유는 마음의 힘을 얻은 불보살들이 가는 길입니다. 누구나 태어나면 반드시 죽음을 맞이합니다. 죽음은 싫다고 해서 피해지는 것이 아닙니다. 오는 순서는 있지만 가는 순서는 정해지지 않습니다.

　준비하는 사람은 죽음에 다다랐을 때, 초연히 받아들일 수 있습니다. 생사에 초월하고, 생사에 자유 하는 우리 공부인들 되시길 염원합니다.

원기102.04.16.

죄복의 자유

> "수도인이 구하는 바는, 마음을 알아서 마음의 자유를 얻자는 것이며, 생사의 원리를 알아서 생사를 초월하자는 것이며, 죄복의 이치를 알아서 죄복을 임의로 하자는 것이니라." 〈요훈품〉 2장

소태산 대종사님은 〈요훈품〉 2장에서 죄복을 임의로 하자고 했는데요. 임의란 하고 싶은 대로, 뜻대로 하는 것이죠. 죄복이 내 뜻대로만 되면 얼마나 좋겠어요. 그런데 우리 세상살이가 뜻대로 되지 않습니다. 죄는 피하고 복만 받으면 좋겠는데, 그게 뜻대로 되지 않아요. 어쩌면 복을 받기는 원하나 죄지을 일을 더 많이 하는 것 같습니다.

죄복의 이치를 알면

먼저, 죄복의 이치를 알아보겠습니다. 이치를 알면 그대로 행하

면 됩니다. 그 이치를 제대로 모르면 왜 나만 이런 벌을 받는지, 또 내가 선업을 지었는데 왜 복을 받지 못하는지, 인과에 대한 불신과 원망을 하기 쉽습니다.

죄복의 이치 첫 번째, 내가 짓고 내가 받습니다. 우리 원불교인들은 '내가 짓고 내가 받는다.'라는 이 말에 조금도 의심이 없죠. 벌받기를 좋아할 사람은 아무도 없습니다. 누구나 복 받기를 원할 것입니다. 그런데 죄와 복은 누가 내려줍니까? 하나님이나 부처님이 죄복을 내려주는 것이 아니라 내가 짓고 내가 받습니다. 죄를 지으면 그에 따라 벌을 받아 괴로움을 당하고, 복을 지으면 그에 따라 복을 받아 즐거운 생활을 하게 됩니다. 현재의 괴로움과 즐거움은 다 내가 짓고 받습니다.

고락은 지어서 받는 고락이 있고, 우연히 받는 고락이 있습니다. 그런데 우연히 받는 고락은 내가 모를 뿐이지 결국 내가 지어서 받는 고락입니다. 성가 〈고락의 노래〉에 이렇게 나와 있습니다.

우연히 받는 고락 어디 있으랴.
알고 보면 지어 받는 고락이니라.

'내가 짓고 내가 받는다.' 이것이 인과의 제1 원칙입니다. 변할 수 없는 철칙입니다. 소태산 대종사님은 『대종경』 〈인과품〉 7장에서 "남이 지은 죄복을 제가 대신 받아 올 수도 없고, 제가 지은 죄복을 남이 대신 받아 갈 수도 없나니라."라고 말씀하십니다. 내가 짓고 받는다는 인과의 진리를 확실히 믿는다면 다른 사람이나 세상을 원망할 일이 없습니다.

죄복의 이치 두 번째, 콩 심은 데 콩 나고 팥 심은 데 팥 납니다. 선을 심은 밭에서는 선의 열매가, 악을 심은 밭에서는 악의 열매가 맺습니다. 선업은 즐거움으로, 악업은 괴로움으로 그 결과가 옵니다. 콩을 심었는데 팥 나기를 기대하는 것은 어리석은 일입니다. 죄를 지어놓고 복을 바라는 것은 참으로 어리석은 중생의 모습입니다. 우리가 죄복을 지을 때, 어떤 색깔로 지었느냐에 따라 받는 것도 그 색깔로 받게 됩니다. 아픈 사람을 많이 도와준 사람은 어떻게 받을까요? 건강한 몸을 유지할 수 있겠죠. 가난한 사람을 도와주었을 때도 그에 상응하는 복을 받게 됩니다.

죄복의 이치 세 번째, 사은 당처에 죄복을 구하여야 합니다. 『정전』〈불공하는 법〉에서 "천지에게 당한 죄복은 천지에게, 부모에게 당한 죄복은 부모에게, 동포에게 당한 죄복은 동포에게, 법률에게 당한 죄복은 법률에게 비는 것이 사실적인 동시에 반드시 성공하는 불공법이 될 것이니라."라고 분명히 밝히고 있죠.

내가 죄복을 어디에 지었느냐에 따라, 받는 것도 역시 그곳에서 받게 됩니다. 과거에는 무조건 부처님에게만 빌었지만, 원불교에서 말하는 죄복의 출처는 천지·부모·동포·법률의 사은 당처입니다.

죄복의 이치 넷째, 악업을 짓지 않고 선업을 계속 쌓아야 합니다. 우리의 공부는 생각해 보면 아주 간단합니다. 하지 말아야 할 것 하지 않고, 해야 할 것 하면 됩니다. 악업은 짓지 않아야 하고, 선업은 계속 쌓아야 합니다. 더 이상 죄를 짓지 않고 무궁한 선업을 쌓아가다 보면 무궁한 복락을 수용할 수 있습니다.

죄복의 이치 다섯째, 죄복이 변하는 이치를 알아야 합니다. 죄와 복이 변하다니요? 우리 교도님들은 어떻게 생각하십니까? 죄가 복으로, 복이 죄로 변할 수 있습니까? 죄를 지었어도 진심으로 참회하면 그것이 씨앗이 되어 복으로 전환될 수 있습니다. 복을 지었어도 마음에 상이 남아 있으면 그것이 죄업을 짓는 씨앗이 됩니다.

죄복을 임의로 하는 방법

이제 죄복의 이치를 알아, 현실의 삶에서 어떻게 죄복을 내 뜻대로 할 수 있는지 공부해 보겠습니다. 이치를 알았다고 해서 바로 죄복을 내 맘대로 할 수 있나요? 죄복의 이치대로 실행했을 때 가능한 일입니다. 실행하는 데는 적공의 시간이 필요하고, 인내의 기다림이 필요합니다.

자, 이제 죄는 멀리하고 복된 생활을 할 수 있는 묘법 몇 가지를 알아보겠습니다.

첫째, 달게 받고 갚지 않는 것입니다. 보통 사람들의 소원은 축복된 생활을 누리는 것보다 현재 괴로움의 생활에서 벗어나는 것입니다. 괴로움의 씨앗은 거슬러 올라가 보면 결국 내가 뿌린 씨앗입니다. 따라서 현재의 괴로움을 불평하거나 원망하지 않아야 합니다. 내가 뿌린 씨는 내가 거둔다는 심경으로 달게 받는 지혜가 필요합니다.

'달게 받고 갚지 않는다.' 현생에 내가 지은 바를 알 경우, 나의 잘못을 받아들이는 것은 그래도 할 수 있는 일입니다. 그러나 내 잘못이 전혀 없는데, 내가 당하는 괴로움이 있습니다. 이러면 속이 뒤집히죠. 그리고 원망합니다. 때로는 너무나 억울해서 원망에 그치지 않고 보복하려고 합니다.

그런데 이때가 중요합니다. 멈추고 받아들여야 합니다. 왜냐하면, 그것도 내가 지었기 때문입니다. 우리는 죄를 알고도 짓고 모르고도 짓습니다. 내가 지은 죄업에 대해 알고 있는 것도 있지만, 모르고 지은 죄업도 얼마나 많습니까? 나는 모르는데 상대방은 나에게 원수의 마음을 품을 수 있죠.

내가 받는 모든 것을 달게 받고 절대로 갚지 않아야 합니다. 오른뺨을 맞으면 왼뺨을 내놓을 수 있는 겸허함이 있어야 합니다. 이것이 인과를 수용하는 사람의 자세입니다. 그렇다고 우리가 나약한 인간이 되자는 것은 아닙니다. 인과의 진리를 그만큼 믿고 따라야 한다는 것입니다.

죄업은 받는 자의 자세에 따라 가벼워지기도 하고 무거워지기도 합니다. 우리가 일할 때도 마찬가지입니다. 큰일이라도 기쁘게 하면 조금도 힘들지 않습니다. 그런데 작은 일도 마지못해 짜증으로 하게 되면 그것같이 큰 고역이 없습니다.

똑같은 죄업을 받는데 달게 받느냐, 억지로 몸을 비틀면서 할 수 없이 받느냐의 차이가 있습니다. 이왕 받아야 할 죄업이라면 진리가 주신 참회의 기회요, 진급의 기회로 받아들이자는 것입니다.

죄복을 임의로 한다는 것은 복뿐만 아니라 죄 또한 내 뜻대로 한다는 것입니다. 죄를 임의로 한다고 스스로 죄를 지어서 벌을 더 받으려고 하는 것은 결코 아닙니다. 과거에 지은 죄라도 줄여서 받거나, 원하는 때에 받을 수도 있고, 복으로 전환할 수도 있어야 합니다. 죄복의 이치를 깨달아 알고, 마음의 힘을 갖추면 가능합니다.

두 번째, 더 이상 죄가 아닌 복을 짓는 것입니다. 죄업은 다시 짓지 않으면 받을 일도 없습니다. 반대로, 복을 짓지 않았는데 복 받기를 바라는 것은 도둑놈 심보죠.

소태산 대종사님 같은 성인도 "나는 평생 죄짓지 않고 복 짓기 위해 노력할 뿐이다."라고 말씀하십니다. 이것이 성자의 인과 실천법입니다. 여러분, 성현들도 복 짓기 위해 노력하십니다.

보통 중생들은 복 지을 때를 당하면 머뭇거립니다. 이리저리 재고, 이해를 따집니다. 내가 이렇게 하면 어떤 이익이 있을지 기대합니다. 복을 지어도 생색내고, 이름을 드러내려 하고, 그 보답을 바랍니다. 이러면 자기 마음에 복을 지었다는 상이 나옵니다. 이 상이 곧 또 다른 죄업의 씨앗이 됩니다.

복 짓는 데는 욕심이 필요합니다. 복 짓는 걸 남에게 양보할 수 있겠지만, 인과적으로 보면 어떻습니까? 복은 그 사람이 짓는 것이고, 받는 것도 그 사람이 받는 거죠. 본인은 양보하는 복 정도만 받겠죠? 그것도 공덕이라고 말할 순 있지만, 그 공덕이 복 짓는 공덕에 비할 수 있겠습니까?

복은 남들이 힘들어하는 일, 잘 하려고 하지 않는 일을 할 때 더 크고 의미가 있습니다. 남들이 흔히 하는 일을 하면 보통의 복이지만, 남들이 꺼리는 일을 하면 특별한 복덕이 됩니다. 그리고 내가 어려움에 부닥쳤을 때, 그 복으로 헤쳐 나갈 수 있습니다. 편안하고 좋을 때 받는 복은 그다지 소중하게 느껴지지 않습니다. 그러나 정말로 힘들고 어려울 때, 내가 지어놓은 복을 받게 된다면 그것만큼 반갑고 고마운 일이 없습니다. 그렇다면 그런 복은 어디서 올까요? 어렵고 힘든 일을 감수하며 복을 지었을 때 오는 것입니다. 이것이 바로 인과의 이치입니다.

서울의 어느 교당에 A라는 교도님이 있는데요. 이분은 원불교에 온 지 1년밖에 안 된 50대 중반의 남자 교도입니다. 이분이 원불교에 와서 가장 감명받은 교리가 '일상 수행의 요법 5조', "원망 생활을 감사 생활로 돌리자"입니다.

이분은 법회에 나오면서 자신이 상상할 수 없을 정도로 변했다고 합니다. 전보다 모든 일에 겸손해지고 신중해지고 부지런해졌다고 합니다. 사람들과 언쟁을 벌일 일이 없어지고, 신세를 한탄하는 게으른 사람들과 멀어지고, 쓸데없는 낭비를 하지 않고, 집 안을 깨끗하게 청소하기 시작했습니다.

이렇게 변화된 자신을 보니 행복해서 그냥 있을 수 없겠더랍니다. 그래서 교당을 위해 뭔가를 해야겠다고 다짐합니다. 생각해 보니 일요법회 때 점심 공양 설거지를 하면 될 것 같아 본인이 자진해서 하게 되었습니다. 원래 그 교당 설거지는 남자단과 여자단이 합동으로 합니다. 그런데 다들 이 설거지를 힘들어합니다. 일당을 주고 사람을 사서 쓰자고 할 정도로 이 설거지가 큰일이었습니다.

그런데 이분이 매주 법회 때마다 설거지를 자청해서 하기로 했습니다. 물론 교화단에서도 설거지 당번이 있지만, 준비부터 마무리까지 도맡아서 하는 사람이 있으면 일도 수월하고 다른 사람들도 편해지죠. 이분은 법회를 빠지려야 빠질 수가 없습니다. 설거지해야 하니까요.

이렇게 설거지가 되었건, 교당 청소가 되었건 공중을 위해서, 대중을 위해서 복을 짓는 것이 무척 중요합니다. 다른 사람들이 하기 힘들어하고 어려워하는 일에 복을 지어야 큰 복이 됩니다. 그리고 중요한 것은 보상이나, 남이 알아주기를 바라는 게 아니라 그냥 묵묵히 하는 것입니다. 복 받기를 바라고 해서는 안 됩니다.

우리는 천지·부모·동포·법률 사은으로부터 무한한 은혜를 입으며 살아갑니다. 내가 복을 짓는 일 또한 결국 사은님의 은혜에 감사하고 보은하는 것이지요. 내가 복을 짓는다는 생각도 오만이고 착각일 수 있습니다. 어쩌면 그것은 빚을 갚는 일이자, 전생에 지은 잘못을 참회하는 길이기도 합니다.

셋째, 참회 수도하는 것입니다. 제가 근무하는 이문교당에서는 지난해 천일기도를 하면서 매일 아침 〈참회문〉을 독경했습니다. 부임하고 나서 처음에는 참회문을 하는 것이 참 힘들더라고요. '참회게' 정도만 해도 되지 왜 참회문을 할까, 시간이 한 10분 이상 걸리거든요. 전임 교무님이 그렇게 해왔으니까 하며 마지못해서 했는데요. 제가 독경하면서 깨친 것이 있습니다. 그것은 참회문에 죄복을 자유 할 수 있는 놀라운 비법이 있다는 것입니다.

〈참회문〉에 이런 구절이 나와 있습니다. "영원히 참회 개과하는 사람은 능히 상생상극의 업력을 벗어나서 죄복을 자유로 할 수 있나니 ······."

어떻습니까? 죄복을 자유 할 수 있는 방법은 참회 개과하는 것입니다. 죄복에 자유롭고 싶은 사람은 참회문을 열심히 외우고 실천해야 합니다.

보통 우리는 참회를 죄업을 청정하게 하는 것으로만 알고 있습니다. 맞습니다. 과거에 지은 잘못을 참회하면 그 죄업이 청정해지고, 잘못을 용서받을 수 있습니다. 한때의 잘못으로 죄업에 발목 잡혀 버리면 모든 일이 꼬입니다. 죄를 지었다는 그 마음에 묶여버리면 큰 고통에 빠지게 됩니다.

그래서 소태산 대종사님은 "참회는 옛 생활을 벗어나 새 생활을 개척하는 첫걸음이고, 악도를 놓고 선도에 들어오는 처음 문"이라고 하셨습니다. 이러한 위대한 참회가 이루어진다면 원하는 복 또한 받을 수 있습니다.

그러나 복을 자유 하려면 지난 잘못을 참회하는 것만으로는 안 됩니다. 밖으로 널리 선업을 계속 수행하는 동시에 안으로 자신의 탐·진·치를 제거해야 합니다. 『정전』〈참회문〉을 보면, 참회의 방법을 '끓는 물을 차갑게 만드는 것'으로 비유하고 있습니다.

끓는 물을 차갑게 만들 수 있는 가장 빠른 방법은 위에다 냉수를 많이 붓고 밑에서 타는 불을 끄는 것이죠. 어느 한쪽만 해서는 물을 빨리 차갑게 할 수 없습니다. 위에다 찬물을 계속 붓는 것이 선업을 계속 쌓는 것이라면, 밑에서 타는 불을 꺼버리는 것은 죄업의 근본인 탐·진·치를 제거하는 것입니다.

　선업을 쌓는 것도 중요하지만, 근본적으로 탐·진·치를 제거해야 문제가 해결됩니다. 죄복을 자유로 할 수 있는 방법은 바로 참회 수도에 있습니다. 앞으로 우리 교도님들도 참회문을 많이 독송하시고 실천하시기를 바랍니다. 왜냐하면 죄복 자유의 길이 여기에 있기 때문입니다.

　죄복을 자유 하는 방법은 어렵지 않습니다. 죄는 참회하고 복은 열심히 지어야 합니다. 진정한 참회는 죄업의 근원인 탐욕과 성냄과 어리석은 마음을 제거하는 것입니다. 참다운 복은 내가 복을 지었다는 흔적이 남지 않아야 합니다.

　죄복을 임의로 하기 위해서는 죄복의 이치를 알기도 해야 하지만, 결국 마음의 힘을 얻어야 합니다. 그리고 생사의 이치를 깨쳐 삼세 인과를 알아야 합니다. 더 근원적으로는 마음을 알아서 마음의 자유를 얻어야 합니다.

　마음의 자유, 생사의 자유, 죄복의 자유가 결국 하나로 통한다는 것을 우리는 알 수 있습니다. 세 가지 자유를 얻으셔서 큰 도인 되시고, 큰 행복자 되시길 염원합니다.

원기102.04.23.

마음은 모든 선악의 근본

> "한 마음이 선하면 모든 선이 이에 따라 일어나고, 한 마음이 악하면 모든 악이 이에 따라 일어나나니, 그러므로 마음은 모든 선악의 근본이 되나니라." 〈요훈품〉 3장

우리 원불교인은 인과에 대한 확실한 믿음을 가지고 있습니다. 선의 씨앗을 심으면 선의 열매를 맺고, 악의 씨앗을 심으면 악의 열매를 맺는다는 인과의 철칙을 우리는 믿습니다.

우리가 삶을 행복하게 살아갈 수 있는 비결은 죄를 짓지 않고 널리 선을 행하는 것입니다. 그런데 어리석은 중생은 벌을 받기는 싫어하지만, 죄는 더 많이 짓습니다. 복을 받기는 좋아하지만, 복을 짓는 데는 게으릅니다.

마음은 모든 선악의 근본입니다. 소태산 대종사님은 인간 선악의

문제를 성품의 동정으로 설명하십니다. 『대종경』〈성리품〉 2장에서 "성품이 정한즉 선도 없고 악도 없으며, 동한즉 능히 선하고 능히 악하다."라고 하셨습니다.

이 말씀은 본래 성품 자리는 선도 없고 악도 없는 지선의 자리이지만, 우리가 마음을 사용할 때는 선도 될 수 있고, 악도 될 수 있다는 말입니다. 그 설명이야 어찌 되었든 간에 모든 선악의 근본은 마음이고, 선악을 만들어내는 주체입니다. 마음을 어떻게 쓰느냐에 따라 선행이 되기도 하고 악행이 되기도 합니다.

그런데 〈요훈품〉 3장 법문에서 좀 어렵게 느껴지는 부분이 있습니다. 그것은 "한 마음이 선하면 모든 선이 이에 따라 일어나고, 한 마음이 악하면 모든 악이 이에 따라 일어난다."라는 부분입니다. 이 말씀은 인과의 세부적인 내용에 대한 설명인데요. 그 의미가 무엇인지 구체적으로 함께 공부해 보겠습니다.

첫 번째, 선은 선을 친구로 삼고, 악은 악을 친구로 삼는다

선과 악은 각각 에너지를 갖고 있습니다. 그래서 선은 선을 끌어당기고, 악은 악을 끌어당깁니다. 우리가 보통 유유상종이라는 말을 쓰는데요. 쉽게 말하면 끼리끼리 뭉치는 겁니다. 비슷한 것은 비슷한 것끼리 모이는 거죠. 선은 선으로 모이는 성질이 있고, 악은 악으로 모이는 성질이 있다는 것입니다. 다 그렇다고 볼 수는 없지만, 그 사람의 친구를 보면 그 사람을 대체로 알 수 있습니다. 자식을 보면 부모를 알 수 있고, 부모를 보면 자식을 대강 알 수 있습니다.

마치 자석이 자력으로 철을 끌어당기듯이 선은 선을 끌어당기고, 악은 악을 끌어당기게 됩니다. 선의 종자에는 선의 기운이 있어서 선의 연을 만나려는 성질을 가지고 있고, 악의 종자에는 악의 기운이 있어서 악의 연을 만나려는 성질을 가지고 있습니다.

인연과 법칙으로 보면 더 분명해집니다. 선의 종자가 선의 연을 만나면 당연히 선의 결과를 낳게 되죠. 그 선의 결과는 또 다른 선의 종자가 되고 또다시 선의 연을 만나서 선의 결과로 이어집니다. 한 마음이 선하면 그 선함으로 인해 계속하여 선의 연을 만나고 선의 결과를 만들어냅니다.

선순환이라는 말이 있는데요. 좋은 일이 끊임없이 되풀이되는 것을 뜻합니다. 한 번 옳게 시작된 일은 그다음에도 좋은 일을 만들고, 그 결과가 또 더 좋은 결과로 이어집니다.

선순환의 반대는 악순환이겠죠. 악순환은 나쁜 현상이 끊임없이 되풀이되는 것을 말합니다. 미국의 경제학자 너크시(Nurkse, R.)는 '빈곤의 악순환'을 주장했는데요. 후진국에서는 가난하여서 자본이 형성되지 않고, 자본이 형성되지 않기 때문에 생산력을 높일 수가 없어서 빈곤이 악순환한다는 이론입니다.

'선은 선을 친구로 삼고, 악은 악을 친구로 삼는다.' 우리가 계문을 점검하다 보면 느낄 수 있는데요. 예를 들어 법마상전급 계문 가운데 '탐심을 내지 말며', '진심을 내지 말며', '치심을 내지 말며'가 있습니다. 그런데 이 세 가지 계문 중 어느 하나를 범하면 나머지도 함께 범하게 되는 경우가 있습니다.

욕심이 채워지지 않으면 화가 나고, 화가 나면 어리석은 일을 행할 수 있습니다. 연고 없이 때아닌 때 잠자게 되면 '나태하지 말며'를 범하게 되죠. 이처럼 계문에서도 이런 악순환의 구조가 이어지는 경우가 많습니다.

 '눈덩이 효과'라고 들어보셨나요? 처음에는 작은 눈덩이로 시작되지만 굴러가면서 보다 더 큰 눈덩이가 되죠. 이와 마찬가지로 처음에는 작은 선의 씨앗이 커지고 커져 커다란 선의 결과를 낳고, 반대로 작은 악의 씨앗이 커지고 커져 커다란 악의 결과로 나타납니다.

두 번째, 첫 마음이 중요하다

 아침을 기분 좋게 시작하면 하루 종일 일이 순조로운 경우가 많습니다. 반대로 아침부터 기분이 안 좋으면 온종일 일이 안 풀리기도 합니다. 아침의 첫 기분은 하루 전체 생활에 큰 영향을 줍니다. 이렇게 첫 마음은 매우 중요하기에, 반드시 선한 마음이어야 합니다.

 그런데 첫 마음이 끝까지 이어지기가 참 어렵습니다. 처음의 한 생각이 선했는데, 상황에 따라 변하기도 하죠. 곳곳에 악마의 유혹이 도사리고 있습니다. 욕심이 생기고, 본인의 선한 행동을 남이 알아주길 원합니다. 알아주지 않을 때 원망심이 나옵니다. 아상我相이 불쑥 튀어나옵니다.

 우리가 선으로 갈 것인가, 악으로 갈 것인가, 정의를 선택할 것인가, 불의를 선택할 것인가. 그 갈림길에서 처음 마음이 정말 중요합니다. 내가 선을 선택했을 경우 처음 마음을 항상 챙겨야 합니다. 그래서 선을 키워나가야 하고, 악마의 유혹이 손길을 뻗칠 때는 과감히 끊어내야 합니다.

그렇다면 반대로, 나의 첫 마음을 악심으로 시작하면 어떻게 될까요? 악은 또 다른 악을 불러옵니다. 그러나 진리는 묘하게도 우리를 악으로만 치닫게 내버려두지 않습니다. 오히려 선심으로 회복할 기회를 줍니다. 내가 지금 하는 행동이 악행임을 깨닫는 순간, 즉시 그 악을 끊어내야 합니다. 그리고 진실한 참회를 해야 합니다. 그러면 악행이 선행으로 전환될 수 있습니다. 이전의 악행이 오히려 더 큰 선행을 할 수 있는 자극제가 됩니다.

세 번째, 한 사람의 선행과 악행의 중요성을 알아야 한다

한 사람의 선한 행동은 또 다른 사람에게 선한 행동을 불러옵니다. 반대로 한 사람의 악한 행동은 또 다른 사람에게 악한 행동을 일으킵니다. 우리는 서로를 보고 배우고, 자연스레 따라 합니다. 좋은 것은 좋은 대로, 나쁜 것은 나쁜 대로 전해지는 거죠.

얼마 전에 '선행 바이러스'라는 짧은 동영상을 봤습니다. 선행은 선행을 낳는다는 것인데요. 선행은 특별한 내용이 있거나, 특별한 사람만이 할 수 있는 것이 아닙니다. 우리 일상에서 누구나 할 수 있는 작은 배려와 친절이 바로 선행입니다.

킥보드 타다가 넘어진 아이를 어느 공사장 인부가 친절히 일으켜 세워줍니다. 그 아이는 길을 걷다가 잔뜩 짐을 안고 있는 할머니의 짐을 나눠 옮겨 줍니다. 그 할머니는 전화기 앞에서 동전을 열심히 찾고 있는 아가씨에게 동전을 건네줍니다. 그 아가씨는 손수건을 떨어뜨린 신사의 손수건을 집어줍니다. 그 신사는 트렁크에서 큰 짐을 내리고 있는 택시 기사를 도와주고, 그 택시 기사는 햄버거와 물을 사서 길가 노숙인에게 전해줍니다. 이렇게 그 선행이 이어지고 이어져 마지막은, 처음의 공사장 인부에게 시원한 물 한 잔이 건네지는 것으로 끝나게 됩니다.

그림이 그려지시죠? 아름다운 선행 릴레이죠. 선행 바이러스는 끊임없이 다른 사람에게 전달되고, 결국은 주는 사람이 받게 됩니다.

방금 선행 바이러스에 대해 말씀드렸는데요. 어쩌면 반대의 경우도 존재하겠죠. 악이 악을 낳는 구조 말입니다. 만약에 악행 바이러스가 전염된다면 생각하기도 싫은 끔찍한 일들이 벌어지게 될 겁니다.

2017년 5월 22일, 영국 맨체스터 아레나에서 자살 폭탄테러가 있었습니다. 22명이 사망하고 수십 명이 다쳤습니다. 아랍인의 소행이었고, 그 배후엔 IS가 있다고 보았죠. 또 얼마 지나지 않아 6월 19일, 영국 런던 이슬람 모스크 앞에서 하얀색 승용차 1대가 보행자들에게 돌진해 1명이 사망하고 8명이 다치는 사건이 발생했습니다. 용의자는 백인 남성이었는데, '무슬림을 다 죽이겠다.'라고 했답니다. 길게 설명할 수는 없지만, 악이 또 다른 악을 낳은 것입니다. 불행이 또 다른 불행을 만들고 있습니다.

'모방범죄'라는 것이 있죠. 이미 일어난 범죄를 보고 그대로 따라 하는 겁니다. 겉으로는 이렇게 해서는 안 된다는 경각심을 줄 수도 있지만, 동시에 저렇게 하면 되겠다고 하는 모방심리를 자극하기도 합니다. 그렇게 범죄가 또 다른 범죄를 낳게 되죠.

세상에는 험악하고 끔찍한 일들이 많습니다. 사람으로서는 도저히 할 수 없는 악행을 저지르는 사람도 있습니다. 그런데도 우리가 희망을 품는 이유는 그런 악행자보다는 선행자가 이 세상에 훨씬 더 많기 때문입니다. 선행자들이 많아지면 많아질수록 우리가 사는 세상이 아름다워집니다.

제가 좋아하는 시 중에 조동화 시인의 '나 하나 꽃 피어'라는 작품이 있습니다.

> 나 하나 꽃피어 풀밭이 달라지겠냐고 말하지 말아라.
> 네가 꽃피고 나도 꽃피면 결국 풀밭이 온통
> 꽃밭이 되는 것 아니겠느냐?
>
> 나 하나 물들어 산이 달라지겠냐고도 말하지 말아라.
> 네가 물들고 나도 물들면 결국 온 산이 활활
> 타오르는 것 아니겠느냐?

어떤 조직에서든 샘물 같은 한 사람이 있으면, 그 조직은 맑은 생수같이 살아납니다. 한 사람에게는 집단의 분위기를 바꾸는 힘이 있습니다. 분위기를 살리는 사람이 있는가 하면, 반대로 분위기를 가라앉히는 사람도 있습니다. 그래서 한 사람은 절대 작지 않습니다. 그 한 사람이 둘을 만들고, 셋을 만들 수 있습니다. 네가 꽃피고 나도 꽃피면, 네가 물들고 나도 물들면 세상은 변화합니다. 아름다운 세상, 우리가 모두 바라는 낙원 세상이 될 수 있습니다. 그 낙원 세상으로 변화시키는 한 사람이 바로 나이고, 우리입니다.

네 번째, 인과를 깨달은 한 마음을 생각해 본다

제가 처음 이 법문을 보고 연마할 당시에는 논리적으로 문제가 있다고 봤습니다. "한 마음이 선하면 모든 선이 이에 따라 일어나고", 이 말은 한 번 착한 행동을 한 사람은 영원히 착한 행동만 하고, 반대로 한 번 악한 행동을 한 사람은 영원히 악한 행동만 하는 사람이 된다는 말처럼 느껴졌습니다.

그런데 세상은 그렇지 않습니다. 항상 선행만 하거나, 악행만 하지 않습니다. 우리 교도님들은 어떻습니까? 대체로 보통 사람들은 선행을 주로 하지만 가끔 잘못을 저지르기도 하죠.

그렇다면 이 법문의 참뜻은 무엇일까요? 그 한 마음은 한 번의 마음이 아닙니다. 그 한 마음은 처음 시작하는 마음이 아닙니다. 그 한 마음은 한 번의 선행을 하는 마음이 아닙니다. 그 한 마음은 우리의 근본 마음입니다. 내가 인생을 살아가면서 선택의 순간이 왔을 때, 그 판단의 기준이 무엇인가는 매우 중요합니다. 어떤 가치관을 갖느냐에 따라 행동은 달라집니다.

저는 그 한 마음이 인과를 믿고 깨달은 마음이라고 생각합니다. 한 마음이 선한 마음은 인과를 철저히 믿는 마음이고, 한 마음이 악한 마음은 인과를 믿지 않고 무시하는 마음입니다. 그래서 인과를 철저히 믿는 한 마음을 가진 사람은 모든 일이 선행이 되도록 노력합니다. 반대로 인과를 믿지 않는 한 마음을 가진 사람은 모든 일이 악행으로 흐를 가능성이 크죠.

한번 예쁘게 본 사람은 모든 게 예뻐 보입니다. 한번 밉게 본 사람은 모든 게 미워 보입니다. 따라서 우리에게는 바른 가치관과 바르게 보는 눈이 정말 중요합니다. 한 마음에 어떤 가치관을 담고 있느냐에 따라 모든 일이 선행이 될 수도, 악행이 될 수도 있습니다. 따라서 그 한 마음은 인과를 깨달은 마음, 청정한 자성에서 발하는 마음이어야 합니다.

누구 탓을 할 필요가 없습니다. 모든 선악은 마음에서 비롯되고, 내 마음이 바로 모든 선악의 근본입니다. 우리의 한 마음을 선의 의지로 가득 채워야 합니다. 악을 행하지 않는 노력도 중요하지만, 오로지 선만을 생각하고 행동하는 노력을 하다 보면 자연스럽게 악행과는 멀어질 것입니다.

나의 한 마음이 나를 변화시키고 세상을 변화시킬 수 있습니다. 상황에 따라 변하는 선과 악이 아니라, 언제 어디서 어떠한 경계에 서도, 인과를 깨달은 그 한 마음으로 선을 행하는 진정한 공부인이 되시길 기원합니다.

원기102.06.25.

마음이 바른 뒤에야

"마음이 바르지 못한 사람이 돈이나 지식이나 권리가 많으면 그것이 도리어 죄를 짓게 하는 근본이 되나니, 마음이 바른 뒤에야 돈과 지식과 권리가 다 영원한 복으로 화하나니라."

〈요훈품〉 4장

세상을 움직이는 힘

교도님들! 세상을 움직이는 힘이 무엇이라고 생각하십니까? 세상을 살아가면서 무엇을 얻고 싶으십니까?

돈·지식·권력 셋 중 하나를 선택하라면 무엇을 선택하시겠습니까? 이 세 가지는 세상을 살아가는 데 꼭 필요한 것은 아니지만, 매우 유용한 것들이죠. 있으면 있을수록 더 좋다고 생각합니다.

돈·지식·권력은 서로 상관관계를 가지고 있습니다. 권력을 통해 돈과 지식을 독점하기도 하고, 돈으로 권력을 얻고 지식을 사기도 합니다. 또한 지식 하나로 권력을 창출하고 돈을 만들어내기도 합니다. 물론 반대의 경우도 있습니다. 어느 하나가 무너지면 연쇄적으로 타락하는 것이 돈·지식·권력이 지닌 속성입니다.

돈·지식·권력 사용의 나쁜 예

돈, 지식, 권력을 잘 사용하면 복이 되지만, 잘못 사용하면 오히려 큰 죄를 짓게 됩니다. 자신도 큰 화를 당할 수 있습니다. 죄가 되느냐, 복이 되느냐는 무엇에 달려 있습니까? 결국 마음에 달려 있습니다.

장관이나 고위공직자 임명을 위해서는 국회에서 인사청문회를 해야 합니다. 그 청문회 과정을 보면서 드는 몇 가지 생각이 있습니다. 개중에는 장관을 하는 목적이 무엇인지 의구심을 갖게 하는 인물들이 있어요. 장관이 된다는 것은 대단한 명예입니다. 장관 자리가 돈은 몰라도, 상당한 명예와 권력이 따라오죠. 그런데 그 자리를 얻고자 하는 목적이 과연 무엇일까요? 국가를 위해서? 자신의 명예·돈·권력을 위해서? 당연히 국가를 위해서 일하는 자리여야 합니다.

그런데 인사 검증 과정을 통해 그 사람의 일생이 낱낱이 파헤쳐집니다. 지금까지 가지고 있었던 명예가 실추되고 그 사람의 인격이 땅에 떨어지는 경우를 보게 됩니다. 권력을 좇다가 오히려 모욕과 수치를 당합니다. 이뿐 아니죠. 돈 많은 사람 중에 막말 파문으로 인생을 망치는 사람도 있고, 갑질 논란으로 구속된 사람도 있습니다.

정치인들이나 고위공직자들이 인사차 중앙총부 종법실을 다녀갑니다. 그때 종법사님께서 항상 해주시는 법문이 있습니다. 바로 '무아봉공無我奉公'입니다. '내 욕심 채우지 말고 세상을 위해 일하라'는 말씀입니다.

'노블레스 오블리주'라는 말을 들어보셨을 겁니다. 높은 사회적 신분에 상응하는 도덕적 의무를 뜻하는 말입니다. 돈·지식·권력을 가진 사람들은 그만큼 사회적 책임도 따릅니다. 세상은 그들에게 도덕적 책무를 지고 솔선수범하는 모습을 보이라고 요구합니다.

과거에는 어두운 세상이어서 개인적 비리가 있어도 감춰졌지만, 지금은 모든 것이 환히 밝혀지는 시대입니다. 사실인지 거짓인지 감추려야 감출 수가 없습니다. 그만큼 돈·지식·권력을 가진 사람은 높은 도덕성을 요구받죠.

이처럼 앞으로는 바른 마음을 가진 사람이 환영과 대우를 받고 출세도 하는 세상이 될 것입니다. 한마디로 돈·지식·권력이 많은 사람은 양심과 도덕, 바른 마음을 갖지 않으면 안 된다는 것이죠.

갑질 논란

요즘 우리 사회가 예전에는 없던 '갑질'이라는 단어로 떠들썩합니다. 갑질 논란으로 어느 기업 회장이 구속되는 사건도 있었습니다. 갑질이라는 단어는 우리나라에만 있는 독특한 표현인데요. 갑질이란 사전적 의미로 "권력의 우위에 있는 갑이 권리관계에서 약자인 을에게 하는 부당 행위를 통칭하는 개념"이라고 합니다. 쉽게 말하자면, 갑의 위치에서 을을 착취, 또는 억압하는 거죠.

소태산 대종사님은 『정전』〈동포 보은의 조목〉에서 이렇게 말씀하십니다. "장사하는 사람은 천만 물질을 교환할 때에 항상 공정한 자리에서 자리이타로 할 것이요." 이 말씀은 갑의 위치에서 그 권력을 가지고 을을 착취해서는 안 된다는 뜻입니다. 자리이타의 상생이 곧 동포 보은입니다. 그런데 아직 우리 사회를 공정사회라고 자신 있게 말하기엔 좀 부끄러운 부분들이 있습니다. 상대방에게는 해를 입히고 자신은 이익을 취하려는 갑질이 사회 이곳저곳에서 횡행하고 있습니다.

교도님들! 돈·지식·권력이 나쁩니까? 아니죠. 돈·지식·권력은 칼과도 같아 어떻게 쓰느냐가 중요합니다. 칼은 세상에서 유익하게 쓰일 수도 있지만, 때로 세상을 어지럽히기도 하고, 그 칼로 인해 자신이 큰 상처를 입기도 합니다. 이것은 마치 칼끝에 꿀이 발라져 있는 것과 같습니다. 잘못하면 달콤한 꿀만 좇다가 그 뒤의 날카로운 칼끝을 놓쳐 화의 구렁텅이에 빠질 수 있습니다.

돈, 지식, 권력에는 수많은 유혹이 따릅니다. 많이 배우고 좋은 재능을 가진 사람들이 돈과 권력에 눈이 멀어 명예롭지 못한 선택을 하기도 합니다. 처음에는 그렇지 않았을 겁니다. 처음에는 나라, 국가, 세상을 위해 좋은 일을 하려 했을 겁니다. 그런데, 시간이 지남에 따라 돈의 맛, 권력의 맛에 빠져들게 됩니다. 오만해지고 기고만장해지고 안하무인이 됩니다. 그러면서 악마의 유혹에 빠져들게 되죠.

마음이 바르게 서야 제대로 활용할 수 있다

　돈·지식·권력이 제대로 활용되기 위해서는 마음이 바르게 서야 합니다. 꼭 많은 돈과 지식, 권력을 가지지 않더라도 마음이 바른 사람과 그렇지 않은 사람은 행복과 불행의 모습에서 확연히 다릅니다. 이 법문과 관련된 원불교 인물로 구타원 이공주 종사님을 소개합니다. 웬만한 원불교인들은 구타원님에 대해 다 아실 겁니다.

　구타원님은 1896년에 태어나시어 1991년, 96세로 열반하셨습니다. 구타원님은 대한제국 황실에서 시독侍讀을 지내셨고, 경성여보[현 경기여고]를 졸업하신 분으로서, 여성으로서는 드물게 신·구학문을 두루 겸비한 당대의 지식인이었습니다. 사별한 남편으로부터 큰 재산을 물려받은 재력가이기도 했습니다. 한마디로 여성으로서 돈과 지식, 어느 정도 사회적 지위까지 갖춘 분이셨죠.

　원불교 교단에 끼친 구타원님의 공덕은 이루 말할 수 없지만, 대표적으로 교단 초기 영산 방언답의 빚을 청산하는데 크게 일조하셨습니다. 그 이후에도 교단 곳곳에 구타원님의 손길이 미치지 않은 곳이 없을 정도입니다. 서울만 보더라도 서울회관, 서울수도원, 서울보화당 등 구타원님의 재력을 통해 교단 발전을 이끌고 난관을 헤쳐 나간 일이 한둘이 아닙니다.

　구타원님은 출가 전에 이미 결혼하셨고, 자식도 있었습니다. 그 당시로는 배울 만큼 배우셨고, 돈도 아쉽지 않을 정도로 있었죠. 출가 전 구타원님은 김활란 박사처럼 여권신장을 위해 활동하는 지식인이 되고자 했습니다. 그러나 소태산 대종사님을 만나 도덕 박사가 되는 길을 선택하셨고, 이름 그대로 세상이 함께 보는 구슬, 공주共珠로서 새 회상 건설에 본인의 돈·지식·권력을 모두 사용하셨습니다.

많은 돈과 높은 지식, 큰 권력이 있다고 해도 그것을 어떻게 쓰느냐가 중요합니다. 얼마만큼 뜻있게, 의미 있게, 가치 있게, 세상에 유익 되게 쓰느냐가 중요한 거죠. 잘못 쓰면 졸부가 되고, 지식 장사가 되고, 세상을 어지럽히는 사람이 됩니다.

전통적으로 종교가에서는 돈·지식·권력을 멀리하라고 말합니다. 초연하고, 초탈해야 한다고 합니다. 특히 출가자와 수도자, 수행자는 청빈의 삶을 지향합니다. 그러나 세상의 가치인 돈·지식·권력을 배척한다는 뜻은 아닙니다. 있는 것은 세상을 위해 잘 활용하는 것이 원불교 정신입니다.

잘 사용하기 위해서는 마음이 반듯해야 합니다. 마음이 바른 사람이라야 돈·지식·권력을 복되게 사용할 수 있습니다. 돈·지식·권력을 복되게 사용하면 자신에게도 복이 되지만, 이런 사람이 많으면 많을수록 세상이 아름답게 됩니다. 반대로 마음이 바르지 못한 사람이 돈·지식·권력을 사용하다 보면 죄를 짓게 됩니다. 다른 사람과 세상에 해를 끼치고, 혼란스럽게 하고, 자기 자신까지도 해를 입게 됩니다.

우리 같은 보통 사람, 소시민들도 돈·지식·권력을 잘 사용해야 하지만, 우리 사는 세상이 좀 더 나은 세상, 더 아름다운 세상이 되기 위해서는 돈 많고, 많이 배우고, 권력을 가진 사람들이 잘해야 합니다. 바른 마음으로 돈·지식·권력을 사용해야지, 그렇지 않으면 우리 모두 괴롭습니다. 이런 점에서 돈·지식·권력을 가진 사람들이 더 마음공부를 해야 합니다. 그만큼 영향력이 크기 때문입니다.

마음이 바른 사람은 어떤 사람일까

돈·지식·권력에 대하여 마음이 바른 사람은 어떤 사람일까요? 먼저 바르다는 것이 어떤 의미일까요? 저는 법회 때가 되면 법복을 다림질하는데요. 다림질은 구겨진 것을 바로 펴는 거죠. 우리 마음도 때가 묻고 구겨지기도 합니다. 그럴 때는 어떻게 해야 할까요? 깨끗이 빨고 바르게 다림질해야 합니다. 마음이 바른 사람을 짧게 두 가지로 말씀드리겠습니다.

첫째, 정의로운 사람입니다. 정당한 방법으로 돈과 지식, 권력을 얻고, 사용해야 합니다. 세상은 돈, 지식, 권력에 정직한 사람을 뽑으려 합니다. 그러나 그러한 사람들을 찾기가 어렵죠. 청문회를 하면 걸리지 않는 데가 없어요. 위장전입, 논문표절, 부당이익. 다 정당치 못한 방법이죠. 정의가 아니라 불의죠. 마음이 바른 사람은 정의로운 사람입니다.

둘째, 다른 사람과 세상에 유익을 주는 사람입니다. 다른 사람과 세상에 유익을 주는 삶은 내가 손해를 보는 게 아니라, 오히려 나를 위하는 것입니다. 나누는 삶 속에서 행복과 기쁨을 찾아야 합니다. 부를 나누고, 지식을 나누며, 권리와 권력을 정당하게 사용해 나의 행복과 더 아름다운 세상을 만들어야 합니다. 세상이 혼란스러운 이유는 자기가 더 가져가려는 욕심 때문입니다.

내가 가진 돈·지식·권력을 어떻게 쓸 것인가

"교무님! 저도 있으면 나누고 싶어요. 다른 사람과 세상을 위해 일하고 싶습니다. 그런데 가진 게 없잖아요." 이런 생각하시는 분 계시나요? 나는 돈도 없고, 배운 것도 모자라고, 권력은 언감생심이라고.

그러나 가진 것이 적어도 얼마든지 나눌 수 있습니다. 내가 할 수 있는 만큼 실천하면 됩니다. 어떤 할머니는 평생 김밥 장사를 해서 대학에 장학금을 냈죠. 폐품 팔아서 이웃을 위해 쓰는 사람도 있습니다. 우리 교도님들도 나름대로 각자의 처지와 재능에 맞춰 이웃과 사회를 위해 봉사하십니다. 바른 마음을 가졌기에 이렇게 할 수 있는 것입니다.

권력이 뭐 특별한 건가요? 권력의 다른 이름은 권한이죠. 가정에서는 아버지, 어머니의 권한이 있습니다. 그 권한을 잘못 사용하면 어떻습니까? 가정이 불행합니다. 선생님의 권한을 잘못 사용하면 어떻습니까? 학생들이 힘듭니다. 직장에서 상사가 권한을 잘못 사용하면 어떻습니까? 아랫사람들이 괴롭습니다.

권력은 대통령이나 높은 자리에 있는 사람들만 갖는 힘이 아닙니다. 그 위치에서 내가 할 수 있는 역할을 잘하면 권력을 잘 사용하는 것입니다. 이것을 잘못 사용해서 패가망신하는 일이 얼마나 많습니까?

돈으로 인해 형제가 갈라서고 친구도 잃습니다. 지식은 평생 다른 사람의 종노릇 하는 데 그칠 수 있습니다. 다른 사람을 잘못 인도하기도 합니다. 권력은 좇으면 좇을수록 허망하고 무상합니다.

우리가 돈·지식·권력을 갖춰 세상을 위해 큰일을 하는 것도 중요합니다. 하지만 마음공부 하는 우리에게는 돈보다는 좋은 인연이 더 중요하고, 지식보다는 지혜를 얻는 것이 더 소중하고, 권력보다는 법력이 더 중요합니다.

돈은 많은데 항상 걱정하고 외로워하는 것보다는, 인연복을 잘 지어서 내 주위에 좋은 인연들이 많아 어딜 가든지 환영받는 것이 더 행복합니다. 지식으로 머리를 가득 채우는 것보다 인생의 참된 지혜를 밝히는 것이 나도 행복하고, 다른 사람도 행복하게 만들어줄 수 있습니다. 도가에서 권력은 법력法力입니다. 법력을 갖추어야 모든 사람이 떠받들고 존경하며 따릅니다. 결국 어떤 위치가 그 사람의 인격을 보장해 주지는 않습니다.

소태산 대종사님은 천지 만물이 각각 죄복을 줄 권능을 가지고 있다고 하셨습니다. 당연히 돈·지식·권력 또한 죄복을 줄 수 있는 권능을 가지고 있습니다. 이렇게 보면 돈도 부처님, 지식도 부처님, 권력도 부처님입니다. 그것들이 복이 될지, 죄가 될지는 내 마음이 바른가, 바르지 않은가에 달려 있습니다.

돈·지식·권력이 세상을 이끌고 지배하고 있습니다. 수많은 사람이 욕망으로 돈·지식·권력을 탐닉하면서 살아갑니다. 때때로 돈·지식·권력을 위해 자신을 망가뜨리고 세상을 혼란스럽게도 합니다.

마음공부를 하는 우리는 세상을 움직이는 건 돈·지식·권력이 아닌, 진리임을 믿어야 합니다. 그 진리를 운전하는 사람이 세상을 움직인다는 사실을 깨달아야 합니다.

마음이 바르지 못하면 돈·지식·권력으로 큰 죄를 짓게 되지만, 마음이 바르면 돈·지식·권력은 나에게 행복을 가져다주고 세상에 유익을 주는 영원한 복이 될 수 있습니다. 마음이 바르고 나서야 이 모든 것이 가능합니다.

원기102.07.16.

작은 것에 얽매이지 말라

> "선이 좋은 것이나, 작은 선에 얽매이면 큰 선을 방해하고, 지혜가 좋은 것이나, 작은 지혜에 얽매이면 큰 지혜를 방해하나니, 그 작은 것에 얽매이지 아니하는 공부를 하여야 능히 큰 것을 얻으리라."
>
> 〈요훈품〉 5장

누구나 행복한 삶을 원합니다. 행복의 기준은 각자 다를 수 있지만, 대부분 사람이 행복을 꿈꾸고, 가꾸기 위해 노력합니다.

소태산 대종사님은 '행복'보다 '혜복慧福'이라는 표현을 많이 쓰셨습니다. 인생에서 구해야 할 것이 지혜와 복, 두 가지라는 것이죠. 지혜롭고 복된 삶이 될 때 완전한 행복을 갖출 수 있다고 보신 것입니다.

지혜가 아무리 밝아도 복을 짓지 않으면 받을 수 없습니다. 복이 많아도 지혜롭지 못하면 그 복이 오래가지 못합니다. 원불교인의 표준은 지혜와 복을 아울러 갖추는 것입니다. 지혜를 밝힌 만큼 복을 불러오고, 또 복을 지으면서 지혜를 밝힐 수 있습니다.

작은 선과 큰 선

"작은 선에 얽매이면 큰 선을 방해한다." 작은 선과 큰 선. 어떤 것이 작은 선이고, 어떤 것이 큰 선일까요? 한 사람에게 선을 행하는 것과 다섯 사람에게 선을 행하는 것, 어느 것이 큰 선입니까? 당연히 다섯 사람에게 행하는 선이 큰 선이겠죠. 이러한 평가는 선에 대한 양적인 평가입니다.

질적으로도 선은 크고 작음이 있습니다. 불경 『사십이장경』에는 "범상한 사람 백 명을 공양하는 것이 착한 사람 하나를 공양하는 것만 같지 못하고, 착한 사람 천을 공양하는 것이 다섯 가지 계행을 지키는 사람 하나를 공양하는 것만 같지 못하다."라는 법문이 있습니다. 범상한 사람 10만 명을 공양하는 것보다 계행을 지키는 수행자 한 명을 공양하는 값어치가 오히려 더 크다고 한 것입니다. 숫자상으로는 말이 안 되죠. 10만보다 1이 크다는 것 아닙니까. 이 법문은 양이 아닌 질로 볼 때 어느 것이 더 의미가 있느냐는 말씀입니다.

이제, 본 내용으로 돌아가서 작은 선에 얽매이면 큰 선을 방해한다는 것이 무슨 뜻일까요?

물고기를 잡아 주는 쪽과 물고기 잡는 법을 가르쳐 주는 쪽. 어느 쪽의 선이 더 클까요? 구걸하는 자에게 적선하는 것과 그 사람이 자력을 얻도록 도와주는 것, 어느 쪽이 더 큰 선일까요?

물고기를 잡아 주고, 적선하는 것은 분명히 선입니다. 그러나 이보다도 물고기 잡는 법을 가르쳐 주고, 자력을 얻도록 도와주는 것이 더 큰 선이 됩니다. 작은 선에 머물고, 그것을 전부라 생각하면 더 큰 선을 행할 수 없습니다. 물고기를 잡아 주는 것과 적선하는 것도 선이지만, 이런 작은 선이 오히려 큰 선을 짓는 데 방해될 수 있습니다.

작은 선은 눈앞에 드러나는 선으로, 소수의 사람에게만 공덕이 미칩니다. 반면 큰 선은 먼 미래를 내다보고 행하며, 수많은 사람을 위해 베푸는 것입니다. 작은 선은 적은 시간과 노력이 들어가지만, 큰 선은 많은 시간과 노력이 필요합니다.

현실에서는 선의 크고 작음이 있지만, 본질에서는 구분이 없습니다. 선을 행하는 마음에 있어 크고 작음이 있을 뿐입니다. 대소유무의 분별이 없는 그 자리에서 보면 모두 착한 마음이 담긴 선행입니다.

우리는 작은 선행에도 감동할 때가 많습니다. 반대로 큰 선행을 한답시고 눈살을 찌푸리게 만드는 경우도 있죠. 선의 크고 작음을 가르는 기준은 그 선행에 진심을 담았는지, 아무런 사심 없이 행했는지에 있습니다.

우리가 선행을 할 때 주의할 점이 있습니다. '나는 선행을 했어', '체면치레는 했어', 이러한 마음이 더 큰 선을 방해합니다. 선을 행하고 복을 지을 기회가 왔는데 자칫 스스로 차버릴 수 있죠. 교도님들에게 질문을 하나 드리겠습니다. 내가 복을 짓는 것보다 다른 사람이 복을 짓도록 양보하는 것이 더 큰 선행일까요?

원남교당에 유타원 김남훈옥님이 계십니다. 이분은 열반하신 신타원 김혜성 종사님의 사촌 동생입니다. 신타원님이 언니이고 유타원님이 동생입니다. 사촌간이고 한 교당을 다니니까 얼마나 친하겠어요.

제가 동생인 유타원님에게 들은 이야기인데요. 신타원님이 자주 "복 지을 때를 당해서 게을리하거나 남에게 양보하려고 하지 마라. 아끼지 말고 복을 지어라."라고 말씀하시며 강조하셨다고 합니다. 그렇게 크고 많은 복을 지었던 분도 복 지을 때를 당하면 또 부지런히 복을 짓는다는 것입니다.

또 하나 우리가 주의할 것이 있습니다. 선을 지을 때 무상으로 하면 그 선은 큰 선이 됩니다. 상을 내면 그 상으로 인해 서운함이나 원망이 나와 앞으로의 선행을 스스로 차단하는 결과로 이어질 수 있습니다. 그러나 아무런 상 없이 행한 선은 그 무상의 마음이 앞으로의 선행에도 계속 이어질 수 있으므로, 그 선을 큰 선이라 할 수 있습니다.

작은 지혜와 큰 지혜

"작은 지혜에 얽매이면 큰 지혜를 방해한다." 이 법문에 대해 생각해 보겠습니다.

소태산 대종사님은 깨달음에도 천각千覺 만각萬覺이 있다고 하셨습니다. 지혜도 마찬가지입니다. 공부하다 보면 한 번에 그치지 않고 수없이 많은 지혜가 나타납니다. 그런데 대종사님은 작은 지혜에 얽매이면 큰 지혜를 얻을 수 없다고 하셨습니다.

저는 작은 지혜에 얽매인다는 것을 '작은 지혜에 만족하면 큰 지혜를 얻을 수 없다.'라고 생각했습니다. 공부를 좀 해서 뭔가 드러나면 사람들이 알아주고 인정해 주죠. 그러면 거기에 들뜨고 자만할 수 있습니다. 이렇게 되면 진리는 그 사람의 지혜 샘을 막아 버립니다. 작은 지혜에 머무는 만족은 오히려 큰 지혜를 얻는 데 걸림이 됩니다.

지혜를 구하는 것은 우물을 파는 것과 같습니다. 우물을 파다 보면 중간에 물이 나올 수 있습니다. 이것은 작은 물줄기죠. 여기서 멈추지 않고 더 깊게 팠을 때 마르지 않는, 맑고 깨끗한 물이 나옵니다. 영원히 마르지 않는 지혜의 샘물을 얻으려면 작은 지혜에 만족해서는 안 됩니다.

큰 지혜는 학습과 경험을 통해 얻을 수 있는 게 아닙니다. 가장 큰 지혜는 진리를 깨달아 얻는 지혜이며, 자기 성품을 깨달아 솟아나는 지혜입니다. 현실로는 지혜의 작고 큼이 있을 수 있습니다. 지혜는 빛과 같습니다. 그 빛이 몇 사람을 비출 수 있느냐, 어느 곳까지 비출 수 있느냐에 따라 작은 지혜와 큰 지혜로 나눌 수 있을 것 같습니다.

개인을 위한 것이 아니라 공중에게 이익을 주는 지혜가 큰 지혜입니다. 눈앞의 것만 밝히는 게 아니라 먼 미래까지 밝히는 지혜가 큰 지혜입니다. 겉만 아는 것이 아니라 깊은 속까지 환히 비출 수 있는 지혜가 큰 지혜입니다.

반딧불 같은 작은 지혜를 얻어놓고 만족하며 세상에 과시한다면 그 정도 지혜밖에 활용하지 못하는 거죠. 작은 지혜에 만족하고 더 이상 지혜 단련을 하지 않으면 태양과 같은 지혜 광명이 나타나지 않습니다. 오히려 작은 지혜가 큰 지혜를 방해하고, 대중을 잘못 인도할 수 있습니다.

지혜는 개인의 지혜도 있지만, 대중의 지혜도 있습니다. 한 집단에서 작은 지혜를 가진 사람이 그걸 우기고 독단으로 나아가면 집단이 큰 지혜를 얻을 수 없습니다. 작은 지혜가 큰 지혜를 방해하는 것이죠. 결국 지혜라는 것도 빈 마음, 나를 놓는 무아에서 나온다는 것을 우리는 알아야 합니다.

작은 것에 얽매이지 아니하는 공부

작은 것에 얽매이지 말라는 뜻은 작은 것이 아무런 소용과 의미가 없다는 게 아닙니다. 작은 것을 붙잡고 있으면 큰 것을 놓치게 된다는 거죠. 잘못하면 나무만 보다가 큰 숲을 보지 못할 수 있습니다.

마찬가지로 작은 선과 지혜도 소중합니다. 작은 선이 큰 선을 이루고, 작은 지혜가 쌓여 큰 지혜가 됩니다. 작은 것에 얽매이지 말라는 것은 놓을 줄 알아야 한다는 뜻입니다. 놓았을 때 더 큰 세계가 열리고, 부족함을 알 때 더 채울 수 있습니다.

작은 나를 놓았을 때 큰 나를 발견할 수 있습니다. 내 집이라는 작은 울타리를 놓으면 천하라는 큰 집이 보이고. 우리 단이나 교당이라는 집착을 놓으면 교당 전체와 원불교 교단이 보입니다. 내 가족과 친구라는 인연을 놓으면 모든 사람이 내 가족이자 친구가 됩니다. 관건은 작은 것에 얽매였느냐, 놓았느냐에 달려 있습니다.

또 하나, 우리는 작고 큼이 둘이 아닌 것을 알아야 합니다. 작고 큼은 상대적 평가입니다. 그것보다 작고 그것보다 클 뿐입니다. 대소유무의 분별이 없는 자리에서 보면 크다 작다는 분별이 없습니다. 그래서 우리는 작은 것을 통해 큰 것을 보고, 큰 것을 통해 작은 것을 볼 줄 알아야 합니다. 크고 작음이 둘이 아닙니다. 먼지 하나에 우주가 들어있고, 우주에서 보면 지구도 한 티끌에 불과합니다.

선이든 지혜든 간에 그것의 작고 큼은 결국 마음의 크기에 비례합니다. 작은 마음이면 작은 선과 지혜가 되는 것이고, 큰마음이면 큰 선과 지혜가 됩니다. 마음의 크기만큼 선과 지혜의 크기도 달라진다는 것을 우리는 명심해야겠습니다.

꼭 선과 지혜가 아니더라도 우리는 작은 것에 얽매이지 않아야 합니다. 사소한 것에 목숨 걸 필요는 없습니다. 사실 별것 아닌 것 가지고 서로 다투는 경우가 많습니다. 내가 좀 양보하면 될 것을, 그 작은 것 하나 때문에 죽기 살기로 덤비는 것만큼 어리석은 것도 없습니다.

생각해 봅시다. 내가 어떤 작은 것에 얽매여 있지는 않은지. 그 작은 것은 나의 가치관일 수도 있고, 습관일 수도 있고, 소유물일 수도 있고, 인연일 수도 있습니다. 작은 것을 놓아버리고 얽매이지 마시기를 바랍니다.

마음 작용하는 공부 _ 하나

이 세상에서 가장 큰 선과 지혜는 무엇일까요? 가장 큰 선은 상相 없이 지은 선입니다. 가장 큰 지혜는 인과보응의 이치와 불생불멸의 이치를 깨달은 지혜입니다.

소태산 대종사님 말씀하시기를 "선이 좋은 것이나, 작은 선에 얽매이면 큰 선을 방해하고, 지혜가 좋은 것이나, 작은 지혜에 얽매이면 큰 지혜를 방해하나니, 그 작은 것에 얽매이지 아니하는 공부를 하여야 능히 큰 것을 얻으리라."라고 하셨습니다.

"작은 것에 얽매이지 마라." 큰 선을 행하고, 큰 지혜를 얻기 위해서는 작은 선에 얽매이지 말고, 작은 지혜에 만족하지 말라고 하십니다. 선을 행할 때, 지혜를 닦을 때 우리는 항상 명심해야 합니다. '내가 지금 작은 것에 얽매여 있지는 않은지.'

작은 것을 놓아야 더 큰 것을 얻을 수 있습니다.

원기 102.07.23.

어리석은 사람, 지혜 있는 사람

"자기가 어리석은 줄을 알면, 어리석은 사람이라도 지혜를 얻을 것이요, 자기가 지혜 있는 줄만 알고 없는 것을 발견하지 못하면, 지혜 있는 사람이라도 점점 어리석은 데로 떨어지나니라."

〈요훈품〉 6장

누구나 지혜로운 삶을 원합니다. 하지만 지혜롭게 삶을 살아가는 사람은 드물고, 어리석은 중생의 삶은 반복됩니다. 그래서 고통이 끊임없습니다. 어리석지 않음이 바로 지혜로움으로 변하는 것은 아닙니다. 지혜를 밝히고, 지혜로운 삶이 되기 위해 노력해야 합니다. 어리석음은 고통과 불행을, 지혜로움은 즐거움과 행복을 줍니다. 지혜로운 자만이 마음의 행복과 물질적 행복을 모두 얻을 수 있습니다.

소크라테스는 '너 자신을 알라.'라는 명언을 남겼죠. 무지無知의 자각自覺이라고 하는데요. 지혜는 내가 모른다는 것을 아는 것에서 시작됩니다. 모르면서 아는 체하는 사람, 자신이 모른다는 것조차 모르는 것이야말로 진짜 어리석은 자의 모습입니다. 적어도 '나' 자신에 대해서는 알아야 하는데, 이것조차 쉽지 않습니다.

지혜로울 때와 어리석을 때

"자기가 어리석은 줄을 알면, 어리석은 사람이라도 지혜를 얻을 것이요."라는 말씀은 내가 어리석다는 것을 아는 데서 지혜가 출발합니다. 어리석음을 안다는 것 자체가 이미 지혜로움입니다. 그러나 많은 사람이 자신이 어리석다는 사실을 모른 채, 오히려 잘 났다고, 똑똑하다고, 많이 안다고 여깁니다. 알고 있는 지식을 자랑하는 사람들도 많습니다.

자신의 어리석음을 아는 것은 부족함을 아는 것이고, 잘못 알고 있음을 아는 것이지요. 부족하면 채울 수 있고, 잘못 알고 있음을 알면 바로 잡을 수 있습니다. 스스로 어리석은 줄을 알면 지혜를 얻을 수 있다는 말이 이 뜻입니다.

"자기가 지혜 있는 줄만 알고 없는 것을 발견하지 못하면, 지혜 있는 사람이라도 점점 어리석은 데로 떨어지나니라."

지혜를 순도로 측정할 수 있을까요? 100%짜리 지혜와 20%의 지혜, 이런 구분이 가능할까요? 어렵겠지만 어느 한 사람을 놓고 볼 때, 지혜로울 때와 어리석을 때는 분명히 있는 것 같습니다. 항상 지혜로운 사람, 항상 어리석은 사람은 불가능하겠지만, 대체로 지혜로운 사람과 대체로 어리석은 사람의 구분은 가능할 것입니다. 이런 관점에서 보면, 지혜로운 사람이 어리석게 되기도 하고, 반대로 어리석은 사람이 지혜로운 사람으로 변하기도 합니다.

그런데 과연 지혜 있는 사람이 자기가 어리석은 줄을 발견하지 못할까요? 만약 발견하지 못한다면 이 사람이 지혜 있는 사람이라고는 말할 수 없을 것입니다. 지혜와 관련하여 어리석은 사람은 자기의 지혜에 만족하는 사람입니다. 객관적으로 보면 덜 갖춰졌고, 조금 채워진 지혜인데, 거기에 만족하게 되면 더 이상 지혜를 구하지 않게 됩니다. 이런 사람이 어리석은 사람입니다.

스스로 부족하다고 생각하는 사람은 채우려 합니다. 지혜와 지식에 대해 겸손한 사람은 배움을 놓지 않습니다. 빈 그릇은 채울 수 있지만, 다 찼다고 여기면 더 채울 수 없습니다. 충분하다는 생각, 다 채웠다는 상에 잡혀 있는 것이 어리석음입니다.

어리석은 사람과 지혜로운 사람은 현실에서 분명하게 드러납니다. 어리석은 사람은 어리석은 생각과 행동을 하고, 지혜로운 사람은 지혜로운 생각과 행동을 합니다. 그 생각과 행동을 보면 어리석음과 지혜로움을 판별할 수 있죠. 그런데, 어리석은 사람은 본인의 어리석음을 잘 모릅니다. 스스로 어리석은 게 아니라 지혜롭다는 착각 속에 빠져 있는 경우가 많습니다.

지식이 지혜를 창출할 수는 있습니다. 그러나 지식이 많다고 해서 지혜롭다고 할 수는 없습니다. 지식이 없어도 지혜는 갖출 수 있습니다. 특히 삶의 지혜는 농익은 인생의 경험을 통해 발현됩니다.

우리는 이성을 통해 지식을 탐구하고 지혜를 쌓습니다. 그런데 지혜는 무엇으로 얻을 수 있을까요? 지식은 시간과 공간에 한정되지만, 지혜는 원천과 같아 언제 어디서나 통합니다.

지혜를 구하는 곳

그렇다면 지혜는 어디에서 구할 수 있을까요?

첫째, 천지자연입니다. 보통 자연의 이치라고 하는데요. 대표적으로 '천지 팔도'가 있습니다. 천지의 도는 밝고, 정성스럽고, 공정하고, 순리자연하고, 광대무량하고, 영원불멸하고, 길흉이 없고, 응용무념하죠. 눈을 크게 뜨고 귀를 기울이면 천지자연이 보여 주는 지혜를 발견할 수 있습니다.

둘째, 인생의 경험을 통해 지혜를 얻을 수 있습니다. 일 하나를 지나면 한 가지 지혜를 얻는다고 하죠. 인생 경험이 풍부한 사람은 그만큼 지혜를 축적하고 있습니다. 특히 어려운 일을 헤쳐 온 사람은 누구도 쉽게 얻기 힘든 삶의 지혜를 터득했을 것입니다. 그래서 인생 경험이 풍부한 노인의 지혜는 젊은이들에게 큰 가르침이 됩니다.

셋째, 경전을 통한 방법입니다. 경전은 지혜의 보고입니다. 성자와 철인이 깨달은 우주와 인생의 진리가 담겨 있으며, 우주의 대소유무 이치와 인간의 시비이해 일을 밝히고 있습니다. 또한 불생불멸의 이치와 인과보응의 이치를 현실 생활 속에서 발견할 수 있게 합니다. 따라서 경전의 가르침은 모든 상황과 모든 일에 적용할 수 있습니다.

지혜 얻는 습관 세 가지

다음은 실제로 지혜 얻는 방법에 대해 알아보겠습니다. 가부좌 틀고 그냥 앉아 있으면 지혜를 얻을 수 있을까요? 그것도 한 방법이 될 수 있겠지만, 누구나 할 수 있는 것은 아닙니다. 지혜 얻는 습관 세 가지를 구체적으로 말씀드리겠습니다.

첫 번째, 자세히 봐라. 제가 현관문을 잠그려 했는데 잘 잠기지 않아 여러 방법을 시도했지만 소용없었습니다. 답답하고 짜증이 났죠. 그러다 무작정 하지 않고 자세히 관찰했습니다. 구멍이 좁아서일까, 막대가 부풀었나 하고 살펴보니 잠금장치의 수평이 틀어져 있었습니다. 구멍 속 내려가는 부분이 약간 틀어져 있어 문이 잠기지 않았던 것입니다. '아, 이래서 잠기지 않았구나.' 하고 망치를 가져와서 각도를 약간 조정했더니 바로 잠겼습니다. 이런 일에는 특별한 지식이 필요한 게 아니라, 그저 자세히 보다 보면 된다는 걸 알게 되었죠.

서둘지 말고 자세히 관찰하다 보면 해결점이 보입니다. 그러나 우리는 대충 보고 빨리 포기해 버리는 경우가 많습니다. 자세히 보려면 여유가 있어야 하죠. 유교의 수양 방법 중 '거경궁리居敬窮理'가 있는데요. 거경은 멈추어 고요해짐을, 궁리는 이치를 연마함을 말합니다. 멈추어 고요할 때 이치를 깨달을 수 있다는 가르침입니다. 자세히 보려면 여유가 있어야 합니다.

두 번째, 모든 것을 다 놓아라. 지혜는 모든 것을 놓았을 때 얻을 수 있습니다. 붙잡고 있으면 해결책을 얻기 힘듭니다. 한발 물러나서 전체를 바라보면 해결의 실마리를 찾을 수 있습니다. 놓는다는 것은 빈 마음에서 바라본다는 뜻입니다. 편착偏着 하지 않고, 상相에 집착하지 않는 마음으로 바라보면 지혜가 발현됩니다.

많은 사람이 본인의 입장, 경험, 지식의 잣대로 판단하려 합니다. 거기에 묶여버리면 다른 방법이나 해결점을 찾지 못합니다. 우리가 하나의 큰 지혜를 얻기 위해서는 분별과 차별이 없는 경지에서 바라봐야 합니다.

세 번째, 모든 것은 변한다. 소태산 대종사님은 게송偈頌에서 변화의 양태를 "유는 무로, 무는 유로 돌고 돌아"라고 하셨습니다. 세상에 변하지 않는 것은 없습니다. 변하는 이치를 알면 집착하지 않게 됩니다. 육신과 생각에 집착하지 않을 때 더 넓은 세계가 열리게 됩니다.

제가 아는 분이 있습니다. 좋은 대학과 직장을 다니며 나름 성공했고, 자부심도 대단한 분입니다. 많이 알고 경험도 풍부하지만, 이분을 만나면 피곤해집니다. 말이 많고 자기의 지식을 자랑하느라 바쁘기 때문입니다.

저는 그분을 보면서 '지식에 갇혀 있는 사람'이라는 인상을 받았습니다. 지식이 오히려 자신의 인격적 성숙을 방해하는 것이죠. 지식에 갇혀 있으면 오히려 어리석음에 떨어집니다.

세상에 지식은 필요합니다. 그러나 지식 자랑은 한계가 있습니다. 우리는 지식을 넘어 지혜를 추구해야 합니다. 언제 어디서나 행복할 수 있고, 다른 사람에게 존경받을 수 있는 자격은 지식이 아니라 지혜에서 나옵니다.

원기102.08.27.

참 지혜 참 재주

"큰 도를 닦는 사람은 정과 혜를 같이 운전하되, 정 위에 혜를 세워 참 지혜를 얻고, 큰 사업을 하는 사람은 덕德과 재才를 같이 진행하되, 덕 위에 재를 써서 참 재주를 삼나니라."

〈요훈품〉 7장

참 지혜 얻는 법

교도님들! 지혜로운 사람이 되길 원하시죠? 우리가 왜 지혜로워야 할까요? 많이 안다고 해서 지혜롭다고 볼 수는 없습니다. 지식이 소용없다는 것은 아닙니다. 지식이 쌓이면 지혜가 되기도 합니다. 경험도 마찬가지입니다.

원불교에서 말하는 지혜는 일과 이치를 궁구함으로써 얻는 지혜를 말합니다. 원불교에서는 지혜 단련하는 공부를 '사리연구'라 말합니다.

　소태산 대종사님은 "우리가 일과 이치 간에 지혜가 없이 산다면 고통이 한이 없고, 고락의 원인도 모를 것이며, 생로병사와 인과보응의 이치도 모를 것이며, 사실과 허위를 분간하지 못하여 항상 허망하고 요행한데 떨어져 결국은 패가망신의 지경에 이르게 된다."라고 하셨습니다.

　'패가망신한다.' 집안과 자기 몸까지 망친다는 거죠. 지혜롭지 못하면 모든 것을 잃게 됩니다. 반대로 지혜로우면 집안을 일으키고, 자신 또한 성공할 수 있습니다.

　소태산 대종사님은 정定과 혜慧를 같이 운전하되 정 위에 혜를 써서 참 지혜를 얻으라고 했습니다. 이 말씀에 의하면 참 지혜는 정 위에 얻을 수 있습니다. 참 지혜는 생각이나 책, 경험을 통해 얻을 수 있는 것이 아닙니다. 정, 깊은 고요와 침묵 속에서 솟아나는 지혜가 참 지혜입니다. 지혜는 샘물처럼 솟아나야지, 만들어 내는 것이 아닙니다.

　왜 정 위에 혜를 세워야 할까요? 정과 혜는 원래 한 몸이기 때문입니다. 우리의 자성은 두 가지 성격이 있는데요. 바로 고요함과 성성함입니다. 고요함은 정이 되고, 성성함은 혜가 됩니다. 이를 합하여 '적적성성寂寂惺惺'이라 말합니다. 우리가 하는 좌선은 적적성성함을 유지하는 것입니다. 좌선은 고요한 가운데 성성해야 합니다. 실제로 좌선하다 보면 마음이 맑고 고요한 가운데 초롱초롱한 성성함을 느낄 때가 있습니다. 이 경지는 생각으로 아는 것이 아니라 기운으로 느끼는 것입니다.

또 다른 설명은 '공적영지空寂靈知'입니다. 공적영지는 우리 자성을 가장 정확하게 설명한 표현인데요. 텅 비어 고요한 가운데 신령스럽게 안다는 것입니다. 정혜를 대입해 보면 공적은 정이 되고 영지는 혜가 되죠. 영지가 발현되기 위해서는 공적이 전제되어야 합니다. 텅 비어 고요했을 때 신령스러운 지혜가 나올 수 있습니다.

적적성성, 공적영지는 우리의 자성과 성품의 모습입니다. 이것을 그대로 발현시켜 내는 방법이 바로 수양입니다. 원불교에서는 아침에 좌선할 때 50분 정도 입정을 한 후 5분간 반드시 의두 연마를 하게 합니다. 입정을 통해 마음이 맑고 고요해졌을 때, 의두 연마를 통해 지혜를 밝히는 것입니다.

그렇다면 정에 바탕을 두지 않고 지혜를 구하면 어떻게 될까요? 당장 눈앞의 것만을 생각하는 근시안적 지혜가 되기 쉽습니다. 좀 더 적나라하게 말하면 잔머리에서 나오는 얄팍한 지혜가 될 수 있습니다. 깊은 정 공부가 바탕이 되었을 때 통찰력과 혜안이 생겨난다는 것을 우리는 명심해야 합니다.

소태산 대종사님의 대각 과정을 보더라도 정 위에 혜를 구하는 것이 올바른 길임을 알 수 있습니다. 대종사님이 대각 이전에 어떤 과정을 거치셨습니까? 대입정大入定을 거치시죠.

저도 지혜가 필요할 때 억지로 짜내려 하기보다 일단 멈추고, 비우고, 가라앉히는 시간을 가지려 합니다. 어려운 문제가 닥쳤을 때 매달려 아등바등하는 것은 어리석은 일입니다. 오히려 문제에서 떨어져 멈추고, 비우고, 가라앉히는 시간을 갖는 것이 더 나은 해결 방법입니다. 이렇게 하다 보면 문제가 선명하게 보이고, 핵심이 무엇인지, 어떻게 이 일을 풀어가야 할지가 떠오르게 됩니다.

내 마음이 안정이 안 되고 산란한데 어떻게 지혜가 샘솟을 수 있겠습니까? 크게 비우면 지혜 광명도 크게 솟습니다. 큰 지혜를 얻으려면 큰 정력이 필요합니다. 비우고 비우다 보면 그 순간 지혜 광명이 열립니다. 마음을 비우지 않고, 사심과 잡념이 동하는 가운데 발현되는 단촉하고 편협한 지혜는 오히려 나와 남을 해치는 결과를 초래합니다. 요란하게 동하는 마음은 나 자신을 해치고 남을 힘들게 합니다.

참 재주 얻는 법

재주가 많으면 세상살이가 참 편하죠. 할 수 있는 일도 많고 얻을 수 있는 것도 많습니다. 재주도 다양해서, 직업·사람·일 등 다양한 분야에서 필요합니다. 특히 큰 사업을 하는 사람에게는 많은 재주가 요구되고, 그것이 곧 큰 사업의 밑바탕이 됩니다.

소태산 대종사님은 "큰 사업을 하는 사람은 덕德과 재才를 같이 병진하되 덕 위에 재를 써서 참 재주로 삼는다."라고 하셨습니다. 참 재주가 되기 위해서는 덕이 밑바탕 되어야 한다는 뜻입니다. 덕뿐만이 아니라 재주도 함께 갖추어야 한다고 말씀하십니다. 덕과 재를 병진한다는 것은 덕과 재를 겸비하라는 것입니다. 본과 말을 굳이 따진다면 덕이 뿌리가 되고, 재가 가지와 잎이 되겠죠.

사업하는 사람에게 덕은 됨됨이와 인격을 말하고, 재는 사업 능력[수단]을 말합니다. 그런데 이 둘을 아울러 갖추는 건 매우 어렵습니다. 특히 덕 위에 재를 갖추는 것은 절대 쉬운 일이 아닙니다. 덕과 재 중 어떤 것이 더 중요할까요? 재가 크고 덕이 작은 것보다, 덕이 크고 재가 작은 것이 더 낫습니다. 최고는 덕 위에 재를 갖춰 겸비한 사람일 것입니다.

사업에서 덕이 중요한 이유는, 사업은 결국 사람이 하는 것이기 때문입니다. 따라서 그 성패가 사람을 잘 쓰는 데 있습니다. 사람을 쓰려면 곧 그 사람 마음을 움직여야 하는데, 사람의 마음은 강제로 움직일 수 있는 게 아닙니다. 스스로 움직이게 하는 감화, 감동의 힘이 필요하며, 그 힘이 바로 덕입니다.

덕을 좀 더 쉽게 표현하는 말은 감화, 감동의 힘이 아닐까요? 덕은 사랑에서 나오고 은혜로 꽃핍니다. 덕은 심덕心德, 언덕言德, 행덕行德이 있는데요. 이 중 가장 기본이 심덕입니다. 마음이 따뜻하고 편안한 사람, 함께 하고 싶은 사람을 보통 덕 있는 사람이라고 말합니다. 심덕이 바탕이 되면 말의 덕, 언덕이 나오고, 행덕도 자연스럽게 드러납니다. 언덕도 중요하죠. 따뜻한 덕담 한마디가 누군가를 살리고, 용기를 주기도 합니다. 행덕도 중요합니다. 작은 선행 하나가 어려운 사람에게는 큰 힘이 됩니다.

만약 재주는 많은데 덕이 적으면 어떻게 될까요? 그 재주로 인해 오히려 해를 입을 수 있습니다. 재주가 나쁘게 쓰일 가능성도 있습니다. 또 자신의 재주만 믿다가 제 꾀에 빠지는 경우도 있죠. 사업을 할 때는 자신이 모든 재주를 갖출 필요가 없습니다. 재주가 많으면 오히려 오만해져 다른 사람의 재주를 인정하지 않으려 하고, 결국 다른 사람의 재주를 쓸 줄 모르게 됩니다.

사업의 핵심은 재주를 가진 사람, 인재를 적재적소에 잘 쓰는 데 있습니다. 결국 사업은 사람이 하는 일이기 때문입니다. 인재를 알아보고 적재적소에 잘 쓸 수 있다면, 그것이 곧 그 사람이 가진 재주라 할 수 있습니다.

소태산 대종사님은 『대종경』〈인도품〉 13장에서 "큰 재주 있는 사람은 남의 재주를 자기 재주 삼을 줄 아는 사람"이라고 했습니다. 그런 사람이 가정에 있으면 가정을 흥하게 하고, 나라에 있으면 나라를 흥하게 하고, 천하에 있으면 천하를 흥하게 합니다. 결국 남의 재주를 내 재주 삼으려면 덕이 있어야 합니다.

덕인을 오늘날 말로 하면 은혜를 베푸는 사람입니다. 제 법명에도 '덕' 자가 들어가서인지 저는 '덕' 자를 좋아합니다. 은혜 '은' 자도 좋아합니다. 저는 덕스러운 사람이 되고자 인격의 표준을 세우고 있습니다. 이미 그렇다는 뜻이 아니라, 부족하기에 더욱 그런 사람이 되려고 하는 다짐입니다.

예전엔 제가 좀 차갑다, 인정이 없다는 말들을 들었습니다. 제가 생각해도 그런 면이 있습니다. 저의 정토가 결혼 초기에 그런 말을 한 적이 있어요. 얼굴 마주 볼 때는 안 그러는데, 제가 혼자 있을 때 인상을 보면 굉장히 차갑고 무섭게 느껴진다고.

그때 그 말이 저에겐 굉장히 충격적으로 들렸었는데요. 성직자라는 사람이 차갑고 무섭게 느껴진다는 것은 공부를 제대로 못 하고 있다는 것이죠. 그때부터 제 나름대로 따뜻한 사람, 다정한 사람, 넉넉한 사람, 감싸주고 포용해주는 사람, 베푸는 사람이 되려고 노력하고 있는데 쉽지 않습니다.

우리 교도님들은 어떻습니까? 덕도 마음의 여유에서 나옵니다. 경제적 여유에서 나오기도 하지만, 경제적 여유가 있다고 해서 마냥 덕 있는 사람은 아닙니다. 제 잇속만 챙기는 깍쟁이 같은 사람, 스크루지 같은 사람들이 있습니다.

결국 마음이 넓은 사람이 제일입니다. 덕이 있으면 사람들이 모이고, 따르게 됩니다. 덕은 사람을 끌어당기는 힘이 있습니다. 단지 마음만 유순해서는 덕인이라 말할 수 없습니다.

『삼국지』를 보면 유비, 관우, 장비가 나오죠. 이 걸출한 영웅들을 성격에 따라 분류하면, 유비는 덕장이고, 관우는 지장이고, 장비는 용장이라 말할 수 있습니다. 이 셋 가운데 유비가 형이 되고, 왕이 될 수 있었던 이유는, 유비가 한나라 황족의 후손이기도 했지만, 큰 덕을 갖췄기 때문입니다. 덕을 갖췄기 때문에 사람들이 모이고 따르게 되었죠. 제갈공명이 아무리 지략이 뛰어나다고 해도, 덕의 감화를 갖춘 유비를 주군으로 모셨습니다.

정산 종사님은 『한울안 한이치에』서 이렇게 말씀하십니다.

"덕德 자를 큰 덕이라 하였으니 무슨 뜻인가? 이 덕은 개인주의나 가족주의를 떠나 일체 생령을 한 몸으로 알고 포용하기 때문이다. 사람의 이목구비와 수족은 다 각각 재주가 있어서 활동하나 몸에 의지해야 사는 것이요, 설혹 이 가운데 한둘이 없어져도 살 수 있으나 몸이 없으면 살 수 없다. 이목구비는 재주와 같고 몸은 덕과 같은 것이니 이 말을 두고두고 명심하여 큰 덕을 갖춘 인물이 돼라."

✳

소태산 대종사님 말씀하시기를 "큰 도를 닦는 사람은 정과 혜를 같이 운전하되, 정 위에 혜를 세워 참 지혜를 얻고, 큰 사업을 하는 사람은 덕德과 재才를 같이 진행하되, 덕 위에 재를 써서 참 재주를 삼나니라."

교도님들! 그 사람 머리가 좋고 똑똑하다는 말보다는, 참 지혜롭다는 말을 들어야 합니다. 더 좋은 말은 그 사람은 참 지혜로우면서 믿음이 간다는 말입니다.

교도님들! 그 사람은 재주와 능력 있다는 말보다는, 덕이 있고 존경할 만하다는 말을 들어야 합니다. 더 좋은 말은 그 사람은 인품과 함께 능력까지 갖추었다는 말입니다.

참 지혜는 정 위에 혜를 닦아야 하고, 참 재주는 덕 위에 재를 써야 한다고 했습니다. 그 지혜가 얄팍해서는 안 되고, 그 재주가 겉만 번지르르해서는 안 됩니다. 우리 모두 참 지혜와 참 재주를 아울러 갖춰 공부와 사업 다 성공하고 세상에 유익 주는 공도자 되길 염원합니다.

원기102.11.19.

용맹과 재주를 과신하지 마라

> "용맹 있는 사람이 강적 만나기 쉽고, 재주 있는 사람이 일 그르치기 쉽나니라."
> 〈요훈품〉 8장

　용맹 있는 사람과 재주 있는 사람, 이러한 사람들은 자신의 용맹과 재주를 과신하기 쉽죠. 과신하게 되면 오히려 그것으로 인해 결과가 재앙으로 나타나게 되니 미리 주의하라는 경계의 말씀입니다.
　먼저 용맹에 대해 생각해 보겠습니다. 용맹에는 '용감하고 사나움'이라는 뜻이 있는데요. 동물로 치면 사자나 호랑이, 인물로는 삼국지의 장비나, 초한지의 항우 등이 떠오릅니다.
　용맹과 관련하여 초나라 항우에 대해 잠시 말씀드리고자 합니다. 보통 힘이 센 사람을 '항우장사'라고 합니다. 천하장사 항우를 빗대어 '역발산기개세'라고 하는데요. 힘은 산을 뽑을 만하고, 기개는 세상을 덮을만하다는 뜻입니다. 항우는 그만큼 힘이 센 용장이었습니다.
 초나라의 항우와 한나라의 유방이 천하의 패권을 걸고 싸우죠. 이것이 『초한지』인데요. 결국 누가 이깁니까? 유방이 천하의 패권을 차지하게 됩니다. 항우는 싸움에서는 상대가 없었어요. 하지만 정치적 결단이 필요한 순간에는 늘 머뭇거리다 뒤로 물러났습니다. 무엇보다 항우는 유방을 자기 적수가 아니라며 깔보았습니다. 결국 전세가 역전되었고, 천하의 패권이 한나라 유방에게 넘어가게 됩니다. 하지만 항우는 마지막 순간까지도 자신의 실수와 실책을 인정하지 않았습니다.
 강태공은 이렇게 말합니다. "자신을 귀하게 생각하여 남을 천하게 생각하지 말고, 스스로 크다고 하여 남의 작음을 비웃지 말며, 용맹만을 믿고 적을 가볍게 여기지 말라." 자신의 힘과 용맹을 과신해서는 안 된다는 거죠.

우리에게 필요한 용맹

 교도님들! 세상에 용맹함은 필요하죠. 그러나 그 용맹함을 과신한다면 재앙을 맞을 수 있습니다. 과거 영웅의 시대에는 전쟁터에서 용맹이 필요했습니다. 그러나 지금은 칼과 창을 가지고 싸우는 시대가 아닙니다. 그렇다면 현대를 살아가는 우리는 이 법문을 어떻게 받아들여야 할까요?
 용맹 있는 사람이 강적 만나기 쉽다고 했습니다. 강적은 나를 이길 수 있을 만큼 힘을 가진 사람입니다. 그런데 강적은 밖이 아닌 내 안에 있습니다. 용맹 있는 사람의 강적은 과신과 자만입니다. 두려워할 줄 모르고, 신중할 줄 모르는 마음, 겸손할 줄 모르는 마음입니다. 과신과 자만은 결국 패배와 실패로 나타납니다.

소태산 대종사님은 '용맹'에 대해 강조하셨습니다. 작업취사에서는 "모든 일을 응용할 때에 정의는 용맹 있게 취하고, 불의는 용맹 있게 버리는 실행의 힘을 얻어 결국 취사력을 얻을 것"이라고 하셨습니다. 〈솔성요론〉에서는 "정의어든 어떤 일을 막론하고 죽기로써 하라"고 하셨고, "불의어든 어떤 일을 막론하고 죽기로써 하지 말라"고 하셨습니다.

정산 종사님은 『정산종사법어』 〈법훈편〉 68장에서 용맹에 세 가지가 있다고 말씀하십니다. "일의 선후를 알지 못하고 완력만 주장하는 것은 만용蠻勇이요, 정의를 세우기 위하여 불의를 치는 것은 의용義勇이요, 외유내강으로 정당한 뜻을 굽히지 않고 꾸준히 정진하는 것은 도용道勇이니라." 우리에게 필요한 용맹은 만용이 아니라, 정의를 실천하는 의용이고, 외유내강으로 꾸준히 정진하는 도용입니다.

용맹과 관련하여 강과 유에 비교해 생각해 보겠습니다. 용맹하다는 것은 강에 해당합니다. 그런데 세상을 강만으로 살아가고 성공할 수 있을까요? 너무 강하면 부러집니다.

소태산 대종사님이 신년을 당하여 난세를 살아갈 이들에게 전하는 선현先賢의 시 한 편을 써 주십니다.

처세에는 유한 것이 제일 귀하고[處世柔爲貴]
강강함은 재앙의 근본이니라.[剛强是禍基]

부드러움이 강함을 이긴다고 했습니다. 부드러움의 상징으로 물이 떠오르죠. 물은 세상 만물을 기르면서도 스스로 낮은 곳으로 흘러갑니다. 물은 우리에게 낮은 곳으로 흐르는 겸손, 막히면 돌아가는 지혜, 구정물까지도 받아주는 포용력을 가르쳐 줍니다. 또한 물은 어떤 그릇에도 담길 수 있는 융통성, 바위도 뚫는 인내와 끈기, 폭포처럼 떨어지는 용기, 유유히 흘러 바다를 이루는 대의를 보여 줍니다.

과거에는 힘과 강함이 지배하는 세상이었습니다. 지금은 부드러움이 더 중요합니다. 주먹, 가위가 아닌 보자기의 시대, 포용의 시대입니다. 어머니의 품처럼 넓게 감싸안는 마음이 결국 이기고 성공합니다.

강하거나 센 사람은 적이 많습니다. 세상은 강하거나 센 사람을 싫어합니다. 용맹은 돈과 권력에서 나오기도 합니다. 그런데 어떻습니까? 돈과 권력을 선용하면 복과 은혜가 되지만, 악용하면 재앙과 화가 됩니다. 그런데 아무리 그것을 선용하려 해도 그 속성이 만용을 부릴 위험성이 큽니다. 많으면 많을수록 위험은 더 커집니다.

그런데 어떻습니까? 돈과 권력, 지위를 가지고 강자 노릇하고, 갑질하는 사람들이 있습니다. 이런 사람들은 세상이 가만 놔두지 않습니다. 민심이 심판하는 세상이 되었습니다. 돈과 권력, 지위를 이용한 용맹함이 결국 큰 강적을 만난 것입니다. 가지면 가질수록, 높으면 높을수록, 있으면 있을수록 더 잘해야죠. 조심하고 조심해야 합니다. 자기가 가지고 있는 것을 절대 과신하거나 남용해서는 안 됩니다.

과거에는 장수가 칼과 창을 가지고 싸움터에 나가 자신의 용맹함을 발휘했다면, 지금은 싸움터가 어디입니까? 적이 어디에 있습니까? 나의 마음 나라가 전쟁터입니다.

큰 경계가 왔을 때, 적은 밖이 아니라 내 안에 있습니다. 나의 욕망, 허영을 누를 수 있느냐가 관건입니다. 그러한 강적을 만났을 때 진검승부가 시작되죠. 도심이 이기느냐, 인심이 이기느냐, 정의가 이기느냐, 불의가 이기느냐, 이때 용맹이 필요합니다. 도심과 정의를 위해 죽기로써 하는 마음, 이것이 진정한 용맹입니다.

재주와 관련하여

다음은 재주에 관해 생각해 보겠습니다. "재주 있는 사람이 일 그르치기 쉽다."라고 했습니다. 세상을 살아가는 데 재주는 필요합니다. 재주 있는 사람이 일 그르치기 쉽다는 것은 자기 재주만 믿고 날뛰다 큰코다친다는 뜻이겠죠. 원숭이도 나무에서 떨어진다는 이야기가 있는데요. 나무 타는 재주는 원숭이가 일등이라면 일등입니다. 그런데 그 원숭이도 나무에서 떨어질 때가 있습니다. 아무리 재주가 뛰어나더라도 과신하지 말고 항상 조심하고 조심하라는 경계의 말씀입니다.

일반적으로 재주를 '무엇을 잘할 수 있는 타고난 능력과 슬기'라고 말하는데요. '그 사람, 그 방면에 재주가 있어. 재주가 많아.'라고 하면 그 방면 일을 잘한다는 거죠. 손재주가 있다는 것은 손으로 뭔가를 잘 만든다는 거죠. 말하는 재주, 음식 만드는 재주, 운동하는 재주 등 여러 재주가 있습니다. 그런데 재주는 뉘앙스에 따라 '어떤 일에 대처하는 방도나 꾀'를 의미하기도 합니다. 보통 재주가 많다는 것을 머리가 좋다고도 말합니다. 약간 부정적으로는 '잔재주, 잔머리'라고도 표현합니다. '머리가 잘 돌아가'라고 말할 때는 술수라고 해석됩니다.

그렇다면 대종사님은 왜 재주 있는 사람이 일 그르치기 쉽다고 했을까요?

첫째, 자신의 재주를 과신하면 실수한다는 의미입니다. 둘째, 재주만 있고, 그 재주를 빛나게 해줄 덕이 없기 때문입니다. 소태산 대종사님은 〈요훈품〉 7장에서 덕 위에 재를 써서 참 재주로 삼아야 한다고 하셨습니다. 또한 큰 재주 있는 사람은 남의 재주를 자기 재주 삼을 줄 안다고 했습니다. 남의 재주를 자신의 재주로 삼는데 덕이 바탕 되지 않으면 불가능합니다.

재주 있는 사람의 약점은 무엇일까요? 재주 있는 사람은 무엇이 부족할까요? 자신의 재주를 자랑하고, 재주 없는 다른 사람을 업신여기는 마음입니다. 또, 재주를 부정당한 데 써서 세상을 혼란케 할 수 있습니다. 이렇게 되면 오히려 재주가 있어 일을 그르치게 되고, 재주 없는 사람보다 더 큰 죄를 짓게 됩니다. 높은 위치에 있거나 많이 가진 사람이 재주를 잘못 이용하면 어떻습니까? 세상이 혼란스럽고 수많은 사람이 불행하게 됩니다.

재주있는 사람, 신성있는 사람

재주와 관련하여 우리는 소태산 대종사님이 말씀하신 도가의 '신성'을 생각해 봅니다. 신성은 믿을 신信, 정성 성誠 자로, 단순히 믿음과 정성이라는 개별적인 뜻의 나열이라기보다 믿음에 대한 정성심이라고 해석해야 합니다. 다시 말하면 믿음이 얼마나 정성스럽냐는 물음이죠. 그래서 『대종경』에는 〈신성품〉이 있고, 우리 이문교당에는 '신성단'이 있습니다.

소태산 대종사님은 『대종경』〈신성품〉 6장에서 "여러 사람 가운데에는 나와 사제의 분의分義는 맺었으나 그 신을 오롯하게 하지 못하고 제 재주나 주견에 집착하여 제 뜻대로 하려는 사람이 없지 아니하나니, 나를 만난 보람이 어디 있으리요. 공부인이 큰 서원과 신성을 발하여 전적으로 나에게 마음을 바쳤다면 내가 무슨 말을 하고 어떠한 일을 맡겨도 의심과 트집이 없을 것이니, 이리된 뒤에야 내 마음과 제 마음이 서로 연하여 나의 공들인 것과 저의 공들인 것이 헛되지 아니하리라."라고 말씀하십니다.

도가에서 재주 있는 사람이 중요합니까, 신성 있는 사람이 중요합니까? 소태산 대종사님은 위의 법문에서, 도가에서는 좀 능력은 부족하고, 재주는 없고, 못난 사람이라도 오롯한 신성을 가진 사람이 필요하다고 하셨습니다.

소태산 대종사님은 대각을 이루신 후 처음 교화를 시작하실 때 진실하고 신심 굳은 아홉 제자를 먼저 선정해서 회상창립의 표준 제자로 삼으셨습니다. 재산이나 재능보다 진실하고 신심 있는 사람이라야 법을 받을 수 있고 성심성의가 일관되기 때문입니다. 두 마음 없이, 계교 사량 없이 오롯하게 바치는 마음. 이것이 신성입니다.

우리 교도님들! 만고신의萬古信義의 표준이 되는 분이 누구십니까? 바로 정산 종사님이죠. 정산 종사님은 소태산 스승님의 "불경을 보지 말라"는 말씀에 경상까지 외면하셨고, "전주에는 들르지 말라"는 말씀에 그쪽을 쳐다보지도 않고 만덕산으로 향하셨습니다. 이러한 신성 때문에 소태산 대종사님으로부터 오롯하게 법을 받을 수 있었고, 후계 종법사가 되실 수 있었던 겁니다.

대산 종사님은 『대산종사법어』〈신심편〉 6장에서 "사람이 재주가 늘고 힘이 생기면 스승을 자기 잣대로 재고 사사로운 마음으로 대하기 쉬운지라 그러하면 법맥이 끊어지고 큰사람이 되기는 어려우니라."라고 말씀하십니다.

살다 보면 견문과 재주가 늘어 살아가는 데 유익이 될 때가 있습니다. 하지만 그 재주만 믿으면 경망해지고 꾸준한 노력을 하지 않습니다. 결국 큰 인격을 이루는 데 오히려 방해가 됩니다. 스승님들은 이 공부의 과정에서 초발심으로 여래위까지 뛰어오를 수도 있지만, 대체로 중근기에서 헤어 나오지 못하는 경우가 많음을 매우 경계하고 염려하셨습니다.

우리가 도가道家에서 구하는 서원이 무엇입니까? 성불제중成佛濟衆 아닙니까? 이 서원을 이루어가는 데 있어 가장 중요한 것이 신심·공심·공부심입니다. 아무리 재주가 많고, 박학다식하고, 지위나 재물이 많다 해도, 그것은 오히려 성불제중의 서원을 이루는 데 방해가 된다고 했습니다.

『대종경』〈교단품〉 32장에서 소태산 대종사님은 "큰 회상을 일어내는 데에는 재주와 지식과 물질이 풍부한 사람을 만나는 것도 물론 필요하나 그것만으로는 오직 울타리가 될 뿐이요, 설혹 둔하고 무식한 사람이라도 혈심血心 가진 참사람을 만나는 것이 더욱 중요하나니, 그가 참으로 알뜰한 주인이 될 것이며 모든 일에 대성을 보나니라."라고 말씀하십니다. 이 법문을 받들면서 우리는 스스로 이런 질문을 던져보아야 합니다.

'나는 혈심을 가진 참사람인가?'

용맹이 지나치면 만용이 되고, 재주가 지나치면 술수가 됩니다. 사리를 분간하지 못하고 함부로 날뛰면 만용이 되고, 괴이한 재주로 일시적 방편이나 성공만을 도모하면 술수가 됩니다.

과신하면 일을 그르칩니다. 젊었을 때는 용맹과 재주로 세상을 살아가려 합니다. 그러나 나이가 들어갈수록 용맹은 지혜로 바뀌어야 하고, 재주 가운데 최고의 재주는 마음을 잘 쓰는 것입니다.

만고에 변하지 않는 신성을 바탕으로, 안으로는 자신의 마음을 살피고, 밖으로는 상대를 공경하고 겸손한 하심下心을 가져야 합니다. 그렇게 해서 좋은 인연을 만나고, 일마다 성공하는 교도님들 되시기를 염원합니다.

원기|103.04.15.

어리석은 사람의 근심과 걱정

"어리석은 사람은 근심과 걱정이 있을 때에는 없애기에 노력하지마는, 없을 때에는 다시 장만하기에 분주하나니, 그러므로 그 생활에 근심과 걱정이 다할 날이 없나니라." 〈요훈품〉 9장

적당한 근심과 걱정은 필요하다

근심 걱정 하나 없이 사는 사람이 있을까요? 누구나 한두 가지의 근심 걱정은 안고 살아갑니다. 근심 걱정 있는 것은 오히려 우리 삶에 당연한 일입니다.

저는 적당한 근심과 걱정은 필요하다고 생각합니다. 근심 걱정 없이 어떻게 일을 이룰 수 있겠습니까? 근심 걱정이 있다는 것은 관심을 둔다는 것이고, 그 일을 해결하기 위해 노력한다는 것이죠.

집에 일이 있을 때 옆에서 함께 걱정해 주는 사람이 있으면 위안이

되고 용기를 얻죠. 근심 걱정이 없다는 것은 무사태평해 보이지만, 어쩌면 무관심한 거고, 그런 사람에게 미운 마음이 나기도 합니다. 아이가 집을 나가 돌아오지 않으면 부모로서 당연히 근심 걱정이 앞섭니다. 집에 오랫동안 아픈 환자가 있으면 얼마나 근심 걱정이 크겠습니까?

그런데 꼭 해야 할 근심 걱정도 있지만, 쓸데없는 근심 걱정도 있습니다. 걱정한다고 해서 다 해결되는 것은 아닙니다. 그리고 적당히 근심 걱정해야 하는데, 지나치게 해서 애를 태우기도 하죠. 어떤 사람은 작은 근심 걱정도 크게 만들기도 하고, 또 큰 근심 걱정도 작고 가볍게 만들어 쉽게 해결하는 현명한 사람도 있습니다.

티베트 속담에 이런 말이 있습니다. "해결될 문제라면 걱정할 필요가 없고, 해결 안 될 문제라면 걱정해도 소용없다."

어디에 근심하고 어떤 걱정을 하는가

우리 교도님들은 어디에 근심하고 어떤 걱정들을 하십니까? 우리 교도님 대부분은 가족과 관련된 근심 걱정이 많으실 것 같습니다. 아이 대학에 가는 것이 걱정이고, 취업하는 것이 걱정이고, 무사히 군 복무를 마치는 것이 걱정이고, 자녀 결혼시키는 일이 걱정이고······. 이렇게 우리 삶에 근심 걱정이 한도 끝도 없습니다.

저도 결혼해서 살아보니 '자식 키우는 게 쉬운 일이 아니구나.'라는 사실을 절감합니다. 산 넘어서 산입니다. 이 산 하나 넘으면 또 큰 산이 나타납니다. 그런데 부모만 걱정하는 것이 아니에요. 자식도 부모 걱정을 합니다. 나이 들어가는 부모님을 걱정합니다. 어디 아프시지는 않은지. 밥은 잘 챙겨 드시는지. 보이스 피싱에 속지는 않는지 …….

그리고 또 어떤 근심 걱정이 있을까요? 자식이나 가족에 대한 근심 걱정도 크겠지만, 자신에 대한 근심 걱정도 많을 겁니다. 퇴직을 앞둔 사람은 퇴직 이후 어떻게 살 것인지 걱정할 것이고, 건강이나 사업 문제 등 발등의 불처럼 시급한 것은 남보다 나에 관한 것들이죠.

예전에 TV에서 봤던 보험 CF 내용입니다. '마음'이라는 로봇이 할아버지에게 질문합니다.

"할아버지. 요즘 제일 걱정되는 게 뭐예요?"

"내 걱정."

"너무 이기적이시다."

"내가 별일 없어야 애들도 잘 살거든."

"나를 걱정하는 마음이 가족을 위한 마음이 될 수도 있구나."

이렇게 끝맺습니다. 저는 이 대답이 정답이라고 생각합니다. 대부분 사람은 남의 걱정을 많이 합니다. 사실 중요한 것은 나 자신입니다. 내 문제가 해결되지 않으면 모든 것이 헛것입니다. 내가 근심 걱정을 한다고 남의 문제가 해결되지는 않습니다. 오히려 가족이나 주변 사람들이 내 걱정을 안 하도록 하는 것이 더 중요한 일입니다.

소태산 대종사님은 송규 형제를 보시고 "내가 송규 형제를 만난 후 그들로 인하여 크게 걱정해 본 일이 없었노라."라고 말씀하셨습니다. 소태산 대종사님이 정산 종사와 주산 종사를 얼마나 든든하게 여기셨으면 이런 말씀을 하셨을까요?

우리가 자식들을 봐도 그렇잖아요? 늘 걱정되는 자식이 있고, 또 항상 든든하고 믿음직한 자식이 있어요. 내가 누군가에게 근심 걱정 끼쳐주는 사람이 아니라, 항상 든든하고 의지하고 싶은 사람이 되어야 합니다.

그런데 개인이나 가정을 넘어, 우리는 사회와 국가, 전 인류를 위해 근심 걱정을 해야 합니다. 기아와 빈곤, 환경, 인권, 불평등, 평화 등 전 세계적인 문제에 관심을 가지고 걱정할 때, 이 문제들이 해결될 가능성도 커집니다.

우리 교도님들은 어떤 걱정이 가장 크고, 많습니까? 저는 건강입니다. 돈 좀 없으면 어떻습니까? 건강에 문제가 생기면 모든 게 무너집니다. 개인뿐만 아니라 가정도 무너집니다. 건강 문제로 남 걱정 끼치지 않아야 할 텐데, 이것이 큰 고민입니다.

그리고 교무로서 교화도 근심 걱정이 됩니다. 코로나19로 인해 교화 상황이 매우 어렵습니다. 법회도 마음 놓고 보지 못합니다. 만나기도 어렵습니다. 연세 드신 교도님들의 경우, 건강상 법회에 나오지 못하십니다.

공부위주工夫爲主 교화종敎化從이라고 했는데요. 저는 공부를 열심히 하면 교화는 자동으로 잘 될 것으로 생각했어요. 그런데, 잘 안 돼요. 공부방도 해보고, '원만이의 편지'도 보내보고, 여러 가지 다 해봅니다. 공부가 그 무엇보다 중요하다는 것에는 확신합니다. 그런데 현실적으로 그것이 교화로 잘 연결되지 않는 게 고민입니다. 여러 가지 요인이 있겠죠. 교화가 잘 되려면 어떻게 해야 하는지, 저만이 아닌 우리 모두의 근심 걱정이 되어, 끝내 이 문제의 해결책을 찾게 되면 좋겠습니다.

근심과 걱정을 없애기 위해서는 어떻게 노력해야 할까요? 가만히 있으면 근심 걱정이 사라지나요? 근심 걱정을 없애고, 해결해야죠. 그렇다면 '나는 근심과 걱정을 없애기 위해 어떻게 노력하는가?' 스스로 질문을 던져보고, 답을 찾아보시기를 바랍니다.

근심 걱정을 없애는 방법

첫째, 내가 그 일에 근심 걱정하는 게 타당한 이유가 있는지, 아니면 쓸데없는 걱정인지 정확히 알아야 합니다. 우리가 '별걱정을 다 한다'라는 말을 하죠. 걱정할 것이 없다는 뜻이죠. 우리는 쓸데없는 데 근심 걱정으로 시간을 낭비하고, 힘을 빼고, 돈을 들이는 경우가 많습니다. 지나간 일에 대해, 또 오지 않은 미래에 대해서 걱정합니다. 쓸데없는 근심 걱정인지 아닌지 단정하기는 어렵습니다. 사람과 상황에 따라 다르기 때문입니다. 다만 최소한, 근심 걱정이 생기면 스스로에게 꼭 물어봐야 합니다. '이것이 정말 근심 걱정할 거리인가?' 하고 말이죠.

둘째, 근심과 걱정을 없애는 실질적인 노력을 해야 합니다. 그렇다면 어떻게 근심 걱정을 없앨 수 있을까요? 우선, 근심 걱정의 원인을 제거해야죠. 나의 욕심 때문인지, 집착 때문인지, 노력 부족인지, 그 원인을 정확하게 알면 문제를 해결할 방법도 생깁니다.

원불교에는 진리불공과 실지불공이 있습니다. 근심 걱정이 생겼을 때 우리가 가장 먼저 해야 할 일은 기도입니다. 기도하면 마음이 안정되고 편안해집니다. 법신불 사은님의 무한한 은혜와 위력을 믿으면 근심 걱정이 묘하게 줄어듭니다. 완전히 없어지진 않더라도 그 무게가 확실히 가벼워짐을 느낄 수 있습니다. 그리고 그 기도가 깊어지면 근심과 걱정이 마침내 사라지는 마법 같은 체험도 가능합니다.

근심과 걱정거리가 있을 때는 기도를 권합니다. 또 근심 걱정이 너무 크고 무거우면 교당에 와서 기도해 보세요. 확실히 도움 되고 어느 정도 해결될 수도 있습니다. 교당은 언제나 열려 있습니다.

기도하면 법신불 사은님이 편히 쉬게 해주십니다. 어떤 일로 근심 걱정하여 마음이 무겁고 수고로울 때, 기도는 나에게 안심과 안식을 줍니다.

기도와 더불어 중요한 것은 근심 걱정을 덜고 나누는 겁니다. 기쁨은 나누면 배가 되고, 슬픔은 나누면 반이 된다고 했습니다. 근심 걱정도 나누면 반이 됩니다. 근심 걱정이 있을 때 스승과 동지, 가족과 함께 나누면 가벼워집니다. 능히 감당할 만한 무게로 줄어듭니다. 근심과 걱정도 나눌 줄 알아야 현명한 사람입니다.

"없을 때에는 근심과 걱정을 다시 장만하기에 분주하다."라는 뜻은 무엇일까

근심 걱정을 원할 사람은 없습니다. 없으면 좋겠지만, 우리 인생에서 근심 걱정은 없애지 못하는 그림자와도 같습니다. 그런데 없으면 없는 것이지, 없을 때는 다시 장만하기에 분주하다는 것은 무슨 뜻일까요? 이 말씀의 뜻은 어리석음으로 근심 걱정을 만들지 말라는 것이죠. 분주하게 근심 걱정을 장만하지 말라는 겁니다.

운동하는 사람이 운동을 안 하면 몸이 근질근질하다고 해요. 그런데 마음도 그렇습니다. 세상에 유혹이 얼마나 많습니까? 나무가 흔들리지 않고 싶어도 바람이 그냥 놔두지 않듯, 우리도 근심 걱정 없이 편안하게 살고 싶은데 유혹의 경계들이 가만두지 않습니다.

'이거 하자. 저거 하자.' 마수의 손길을 뻗칩니다. '이것 하면 돈 벌어. 이것 하면 괜찮아. 이것 하면 성공해.'라며 유혹합니다. 결국 우리는 그 유혹에 넘어가 근심과 걱정거리를 다시 장만하죠.

결국 근심 걱정은 왜, 어떻게 생기는가요? 욕심이 근심 걱정을 생기게 합니다. 더 많이 가지려 하고, 차지하려 하면 거기에서 근심 걱정이 따릅니다. 넘치면 빼앗길까 걱정, 모자라면 그만큼 채우기 위해 안절부절못하죠. 욕심이 꼭 물질적 탐욕만을 의미하진 않습니다. 사랑하는 마음이 강하면 거기에도 근심 걱정이 자연스레 따르게 됩니다.

집착이 근심과 걱정을 만듭니다. 크게 신경 쓰지 않아도 될 일에 마음 쓰게 만들죠. 자식·돈·명예에 대한 집착도 결국 욕심이 만들어 낸 마음의 부산물입니다.

어리석음이 근심 걱정을 생기게 합니다. 잘못 판단하여 일을 그르쳐 보세요. 뒷감당하려면 근심 걱정이 당연히 따를 수밖에 없죠. 어리석음에서 비롯된 잘못된 판단은 잘못된 실행을 낳고, 잘못된 실행은 결국 악인악과(惡因惡果)로 괴로움을 불러옵니다. 그로 인해 근심 걱정이 끊임없이 생길 수밖에 없습니다.

근심 걱정의 첫 출발은 어리석음입니다. 그 어리석음은 옳고 그름, 곧 인과를 모르는 데서 비롯됩니다. 마음은 편안히 살길 바라면서도 행동이 어리석으면 다시 근심 걱정의 풍랑 속으로 빠져들게 됩니다.

수도인[공부인]의 근심 걱정

『정산종사법어』〈기연편〉 9장에서 정산 종사님의 근심 걱정은 이러하셨습니다. "나는 8, 9세 때부터 보통 인간의 길을 벗어나 모든 것을 다 알고 살 수는 없을 것인가 하고 마음 고통이 심하여, 혹은 집을 뛰쳐나와 이인을 찾기도 하고 혹은 하늘에 축원도 하여 9년간을 여기저기 방황하다가, 다행히 대종사를 뵈온 그날부터는 그 모든 고통이 일소되고, 다만 나의 심리 작용이 추호라도 사에 끌리어 허공같이 되지 못하는가 걱정이요 삼대력이 부족하고 공심이 널리 미치지 못하는가 근심이 될 뿐, 학문이나 기술이나 명리 등에는 조금도 끌리거나 부러운 바가 없었노라."

우리 공부인이 진정으로 걱정해야 할 것은 무엇일까요? 신심·공심·공부심·자비심의 부족함을 걱정해야 합니다. 수양력·연구력·취사력, 이 삼대력의 부족함을 걱정해야 합니다. 신분의성의 부족함을 걱정해야 합니다. 나의 기도와 불공, 보은의 부족함을 걱정해야 합니다.

어리석은 중생은 정작 근심 걱정해야 할 것은 제쳐 두고 쓸데없는 근심 걱정을 합니다. 지나친 근심 걱정으로 마음을 태우며 괴롭게 살아갑니다. 욕심과 집착은 근심 걱정을 키우고, 어리석음은 그것을 깊게 합니다.

무엇보다 중요한 것은 근심 걱정이 더 이상 생기지 않도록 하는 것입니다. 만약 근심 걱정이 생기더라도 선정으로 내려놓고, 기도로 평안과 안식을 얻을 수 있습니다. 근심 걱정이 아니라 기쁨과 은혜가 충만한 삶 되시길 기원합니다.

원기103.04.22.

큰 도에 발원한 사람은

"큰 도에 발원한 사람은 짧은 시일에 속히 이루기를 바라지 말라. 잦은걸음으로는 먼 길을 걷지 못하고, 조급한 마음으로는 큰 도를 이루기 어렵나니, 저 큰 나무도 작은 싹이 썩지 않고 여러 해 큰 결과요, 불보살도 처음 발원을 퇴전退轉하지 않고 오래오래 공을 쌓은 결과이니라." 〈요훈품〉 10장

〈요훈품〉 10장 법문은 어떤 큰일을 할 때는 속히 이루기를 바라지 말고, 오래오래 공을 쌓음으로써 그 목적한 바를 이루라는 내용입니다. 큰 도에 발원한 사람, 큰 공부를 하는 사람, 큰 사업을 하는 사람, 큰 뜻을 품은 사람, 모두에 해당하는 법문입니다.

우리 속담에 '천 리 길도 한 걸음부터'라는 말이 있는데요. 한 걸음 한 걸음이 모여 천 리 길을 가듯이 작은 것으로 큰 것을 이룬다는

이소성대의 원칙은 모든 공부와 사업에 적용됩니다. 한 계단 한 계단 차근차근 올라가야지, 갑자기 훌쩍 뛰어넘을 수는 없습니다. 그렇게 욕심을 내거나 무리하면 공부도 사업도 다 허사가 될 수 있습니다.

법문의 의미를 순서대로 살펴보겠습니다.

첫째, 큰 도에 발원한 사람

큰 도란 무엇일까요? 생멸 없는 도와 인과보응의 이치야말로 가장 큰 도이죠. 다시 말해 일원대도一圓大道입니다. 우리 원불교인들은 일원대도를 깨달아 이 땅에 실천하는 사람들입니다. 소태산 대종사님은 파란 고해의 일체 생령을 광대 무량한 낙원으로 인도하는 사람이 되라고 했는데, 우리는 그 서원을 가지고 모인 사람들입니다.

'발원發願'이 참 중요합니다. 발원은 한문 그대로 '원을 일으킨다.'라고 해석할 수 있는데요. 꼭 이루고자 하는 마음입니다. 그런데 이루고자 한다고 해서 아무거나 다 발원이라고 하지 않습니다. 『원불교 대사전』에는 발원을 이렇게 설명하고 있습니다. '부처나 보살이 중생을 구제하고자 다짐하는 맹세, 또는 부처나 보살에게 소원을 비는 것.'

수행자로서 우리의 발원은 부처가 되어 중생을 건지겠다는 성불제중의 서원이어야 하며, 일원의 위력을 얻고 일원의 체성에 합하고자 하는 일원상 서원이어야 합니다. 큰 도에 발원한 사람은 당연히 성불제중의 서원을 세운 사람입니다.

인생 삼난三難이라고 했는데요. 인생에서 세 가지 어려운 일이 있다고 했습니다. 『원불교 성가』 98장 가사에도 있죠.

사람 되기 어려운데 이미 되었고, 불법 듣기 어려운데 이미 듣나니, 이 내 몸을 이생에 제도 못 하면 어느 생을 기다려서 제도하리오.

우리 교도님들도 공감하십니까? 우리는 불법을 만났습니다. 그것도 새 시대의 새 부처님의 법인 일원대도 정법을 만났습니다. 교도님들! 어떻게 하시겠습니까? 이 내 몸 제도하는 것을 다음 생으로 미루시겠습니까? 발원하고 그 발원을 이루기 위해 우리는 공을 쌓아야 합니다.

원불교에서는 교도가 되는 입교식을 할 때 법신불 사은전에 발원문을 올립니다. 그 발원문 기억나시나요? 우리가 처음 입교해서 어떤 발원을 했는지, 그 〈발원문〉을 제가 읽어드리겠습니다.

"오늘 법신불 사은의 은덕으로 대도에 발심하와 거룩하온 이 회상에 들게 되었나이다. 길이 부처님의 공부와 사업에 힘쓰기로 맹세하오니, 늘 거룩하신 은혜로써 보호하여 주시옵소서."

이렇게 발원문을 올리고 '득도得道의 노래'를 부르죠.

이 몸이 보살 되고 부처 되도록 나아갈 뿐 물러서지 말게 하소서.

부처님의 공부와 사업에 힘쓰기로 맹세했습니다. 이 몸이 보살 되고 부처 되도록 나아간다고 했습니다. 이렇게 우리는 발원했고, 지금도 그렇게 하고 계시리라 믿습니다.

둘째, 짧은 시일에 속히 이루기를 바라지 말라

우리는 어리석게도 단기적인 성과와 성공에 매달립니다. 진득하고 끈기 있게 나아가지 못하고, 또 기다려주지도 않습니다. 뭔가를 빨리 이루려고만 합니다. 그런데 뭔가 빨리 이루려고 하면 분명 탈이 납니다. 모래 위에 집을 지을 수는 없습니다. 빨리 세울 수 있지만, 곧 무너집니다.

토끼보다 거북이가 처음에는 걸음이 늦습니다. 하지만 꾀부리지 않고 끝까지 목적지에 도달하는 것은 느린 거북이입니다. 사업하는 사람이 가장 경계해야 게 속히 이루려는 마음입니다. 빨리 성공하고 싶은 마음에 방편과 술수를 쓰지만, 그런 것은 곧 들켜 사람들에게 외면당할 수 있죠. 잔머리보다 우직한 정공법이야말로 반드시 성공하는 길입니다.

너무 빨리 이루려는 마음을 '욕속심欲速心'이라 합니다. 모든 일에 있어 욕속심을 주의해야 합니다. 특히 부처를 이루고자 마음공부를 하는 우리에게 있어 욕속심은 매우 위험합니다. 소태산 대종사님도 욕속심을 경계하셨는데요. 『대종경』〈교단품〉 30장에 그 내용이 나옵니다.

"우리가 이 회상을 창립 발전시키는 데에도 이소성대의 정신으로 사심 없는 노력을 계속한다면 결국 무위이화無爲而化의 큰 성과를 보게 될 것이요, 또는 공부를 하는 데에도 급속한 마음을 두지 말고 스승의 지도에 복종하여 순서를 밟아 진행하고 보면 마침내 성공의 지경에 이를 것이나, 만일 그렇지 아니하고 어떠한 권도權道로 일시적 교세의 확장을 꾀한다든지 한때의 편벽된 수행으로 짧은 시일에 큰 도력을 얻고자 한다면 이는 한갓 어리석은 욕심이요 역리逆理의 일이라, 아무리 애를 쓰되 헛되이 세월만 보내게 되리라. 그런즉, 그대들은 공부나 사업이나 기타 무슨 일이든지 허영심과 욕속심欲速心에 끌리지 말고 위에 말한 이소성대의 원칙에 따라 바라는 바 목적을 어김없이 성취하기 바라노라."

　욕속심과 이소성대는 서로 반대됩니다. 욕속심은 빨리, 역리, 실패의 길이라면 이소성대는 천천히, 순리, 성공의 길입니다. "짧은 시일에 속히 이루기를 바라지 말라." 이 말씀은 긴 시간, 여유를 두고 천천히 공부하다 보면 반드시 이룰 날이 온다는 것입니다.

　잦은걸음이라고 했는데요. 잦은걸음은 '바쁘게 총총거리며 걷는 걸음'을 말합니다. 이런 걸음으로는 먼 길을 가기 어렵습니다. 급히 먹으면 체합니다. 조급한 마음, 빨리 이루려 하는 마음으로는 큰 도를 성취하기 어렵습니다.

　제가 출가한 지도 벌써 30년이 넘었는데요. 30년 전으로 돌아가 원불교학과에 막 들어갔을 때를 생각해 봤어요. 그때 공부를 좀 하니까 제 딴에는 금세 도를 이룰 것 같더라고요. 제 주위에도 그런 학생들이 다수 있었습니다.

　4학년쯤 되면 뭐가 된 것처럼, 한복에 흰 고무신 신고, 손에는 염주 하나 굴리며 팔자걸음 걷고, 무게 좀 잡는 선배들이 있었습니다. 저도 그런 흉내를 내보기도 했는데, 지나고 보니 철없던 시절이었습니다. 몇 년 공부했다고 무게를 잡는 것이 우스운 거죠. 작은 소견으로 작은 것을 보고 마치 큰 것을 이룬 듯 착각하며 공부하던 때였습니다.

때로는 좌선에 공을 들이다 몸과 마음에 병을 얻기도 하고, 밤새 독서를 하기도 했습니다. 또 한편으로는 편벽된 수행을 하기도 했죠. 지나고 보니 '이런 것들이 다 욕속심이었구나.' 하는 생각이 들었습니다. 부처가 된다는 것이 1, 2년 만에 되는 것이 아님을 한참 뒤에야 깨달았습니다. 그 이후로 큰 욕심 부리지 않고 꾸준히만 하자고 다짐했습니다.

제가 학생 시절, 기숙사 사감이었던 전산 이정택 교무님이 저희에게 특히 강조하신 말씀이 있습니다. "급히 말고, 쉬지 말고." 천천히 꾸준히만 하라는 것이죠. 다른 것과 달리 도 이루고 부처 되는 공부는 하루아침, 번갯불에 콩 볶아 먹는 식으로 안 된다는 것입니다.

그리고 선진님들이 자주 해주신 말씀이 있는데요. 그것은 "나가지만 말고 살아라."입니다. "열심히 공부해라, 열심히 공부해서 성불해라."가 아니라 "나가지만 말고 살아라."라고 말씀하셨죠. 참 우습죠. 그런데 시간이 지나고 보니 그 말씀이 맞아요. 10년 지나고, 20년 지나고, 30년 지나고 보니 그 속에서 내가 진급의 길로 가고 있고, 성불의 길로 가고 있구나 확신이 드는 거죠.

100년 된 나무에는 100개의 나이테가 있습니다. 겹겹이 촘촘하게 박힌 나이테는 나무가 살아온 역사입니다. 그런데 나이테가 50개에서 100개로 한 번에 뛰어넘을 수 있습니까? 50개 다음에는 51이 시작되어야 합니다. 51, 52, 53, …… 하나하나 나이테를 만들어갑니다.

우리 교도님들! 원불교 교도로서의 나이테는 얼마입니까? 30년, 40년 원불교 교도로서 열심히 신앙하고 수행해 왔다면 분명 그 지낸 세월만큼 나이테를 가지고 있을 것입니다. 앞으로 얼마를 더 채워야 할지는 모릅니다. 하지만 우리는 꾸준히 정성스럽게 그 성불의 나이테를 만들어가고 채워갈 겁니다. 겹겹이 채우고 채워서 성불의 큰 나무가 되시길 기원합니다.

쉽게 말씀드리겠습니다. "우리 교도님들! 쉬지만 말고 교당에 나오시면 됩니다. 성불하려 애쓰지 말고 그냥 교당에만 빠지지 말고 오세요."

생각해 보세요. 10년, 20년, 30년 전 나의 모습과 지금 나의 모습을 비교했을 때 하나도 변한 게 없나요? 10년, 20년, 30년 전에 나의 마음 사진과 지금의 마음 사진을 비교해 보면 엄청나게 변해있을 겁니다. 중생의 모습에서 부처의 모습으로 하나하나 변하고 있는 거죠. 확실히 우리는 부처가 되어가고 있습니다. 원래 부처인 본래 모습을 회복하고 있는 겁니다.

셋째, 불보살도 처음 발원을 퇴전하지 않고 오래오래 공을 쌓은 결과이다

불보살은 처음부터 불보살이 아닙니다. 처음 발원을 퇴전하지 않고 오래오래 공을 쌓았기에 불보살이 될 수 있습니다. 처음에는 누구나 잘해보려는 성의를 내고, 원불교를 만나 마음공부를 하며 '나도 부처가 되어보자'라고 다짐합니다.

그런데 왜 처음 발원이 퇴전하게 될까요? 그것은 발원이 확실하지 않거나, 중간에 다른 욕심이 생기기 때문입니다. 공부에 진전이 없으면 다른 곳에 한눈팔게 되고, 그렇게 되면 처음 세운 발원은 어디론가 사라지고 맙니다.

그래서 도가의 공부는 스승이 중요합니다. 혼자 하려면 힘이 들고 지치게 됩니다. 가장 빠르고 바른 공부 길은 스승을 모시는 것입니다. 스승 없이 하는 공부는 겉넘고, 제멋대로 되기 쉽습니다. 길을 몰라 헤매고 있을 때 올바른 길을 안내해 주는 스승이 꼭 필요합니다.

공부에 진전이 없을 때, 무엇을 점검해야 할까요? 다른 것보다 지금 자신의 신심을 점검하는 것이 가장 빠릅니다.

'지금 나는 확실한 신심이 서 있는가?'

'지금 나는 스승으로부터 지도를 받고 있는가?'

소태산 대종사님은 『정전』〈법위등급〉특신급에서 이렇게 말씀하십니다. "모든 사업이나 생각이나 신앙이나 정성이 다른 세상에 흐르지 않는 사람의 급." 이것이 특신급이라고 하셨습니다. 신심의 뿌리가 땅에 깊이 박혔을 때, 퇴전하지 않고 오래오래 공을 쌓을 수 있습니다. 나 혼자 한다는 생각을 버리고 스승을 모시고 법 동지들과 함께 할 때, 우리는 올바른 길로 갈 수 있고 쉽게 성불의 길로 나아갈 수 있습니다.

정말 중요한 것은 법에 대한 확고한 믿음을 갖는 것입니다. 사람에 따라 이리저리 흔들리는 것은 참다운 신심이 아닙니다. 그래서 소태산 대종사님은 〈솔성요론〉 1조에서 "사람만 믿지 말고 그 법을 믿으라."라고 하셨습니다. 부처님도 열반을 앞두시고 제자들에게 "법등명法燈明 자등명自燈明하라."라고 당부하셨죠. 법의 등불을 밝히고, 자신의 등불을 밝히라는 말씀입니다.

우리의 발원은 '성불제중 제생의세'입니다. 그 발원을 이루기 위해서는 욕속심이 아닌 이소성대로 나아가야 합니다. 대산 종사님은 "적공, 적공, 대적공하라."라고 하셨습니다. 대적공하지 않고는 성불의 길이 열리지 않습니다.

큰 도에 발원한 우리 모두, 공부든 사업이든 빨리 이루려는 욕심을 버리고, 한 걸음 한 걸음 정성을 다해 성불제중 서원의 길로 나아가기를 기원합니다.

원기103.07.08.

용맹 있는 사람이 강적 만나기 쉽다고 했습니다.
강적은 나를 이길 수 있을 만큼 힘을 가진 사람입니다.
그런데 강적은 밖이 아닌 내 안에 있습니다.
용맹 있는 사람의 강적은 교신과 자만입니다.

둘

자포자기와 자존자대

"큰 공부를 방해하는 두 마장이 있나니, 하나는 제 근기를 스스로 무시하고 자포자기하여 향상을 끊음이요, 둘은 작은 지견에 스스로 만족하고 자존자대하여 향상을 끊음이니, 이 두 마장을 벗어나지 못하고는 큰 공부를 이루지 못하나니라."

〈요훈품〉 11장

　우리가 하는 큰 공부는 부처 되는 '성불' 공부이고, 우리가 하는 큰 사업은 중생을 건지는 '제중' 사업입니다. 은혜의 세상, 낙원의 세상을 만드는 공부와 사업을 우리는 하고 있습니다.
　'성불제중'이라는 숭고한 공부와 사업뿐 아니라 모든 공부와 사업에는 조심해야 할 두 가지의 마장이 있습니다. 그것을 소태산 대종사님은 '자포자기하는 마음'과 '자존자대하는 마음'이라고 하셨습니다. 마장이란 단순한 방해가 아니라 마귀가 가로막는 것이기에, 아무리 원해도 마장이 있으면 이루기 어렵습니다.

첫 번째 마장은 '자포자기의 마음'

자포자기란 스스로 포기하는 것이죠. '나는 못 해', '나는 안 돼.' 하고 낙담하면서 희망의 끈을 놓는 것입니다. 진짜 할 수 없어서 포기하는 경우도 있지만, 할 수 있는데도 해보지 않고 일찍 포기하는 사람이 있습니다. 이것은 자기 근기를 스스로 낮춰 잡는 것이며, 그러면 결국 할 수 있는데도 못 하게 됩니다.

사람은 처음부터 자포자기하지 않습니다. 처음에는 누구나 잘해보려고 하지만, 해보다가 안 되면 자포자기하게 되죠. 마음공부도 그렇고, 일도 그렇고, 사람에도 그렇습니다.

교도님들! 언제 자포자기하게 되던가요? 공부가 어려워서, 남들이 알아주지 않아서, 해봐도 별 진전이 없어서, 큰 경계에 부딪혀서일 수도 있겠죠. 상황이나 사람에 따라 그 이유는 제각각일 것입니다.

작은 공부에는 적은 시간과 노력이 들지만, 큰 공부에는 많은 시간과 노력이 필요합니다. 큰 도에 발원한 사람은 짧은 시일에 빨리 이루기를 바라지 말라고 하셨습니다. 조급한 마음으로는 큰 공부를 하기 어렵습니다.

교당에 몇 번 나오고는 원불교가 재미없다며 나오기 싫다고 합니다. 무슨 말인지 이해되지 않는다며 나오기 싫다고도 합니다. 이런 경우는 대체로 처음 원불교를 접할 때 보이는 반응인데, 이렇게 시작부터 자포자기하는 일도 있습니다.

 이 부분에 대해 '그냥 좀 다녀봐.'라고 하기 전에 신입 교도님들과 젊은 교도님들이 원불교를 쉽게 이해하고 교당 분위기에 자연스럽게 적응할 수 있는 프로그램이 필요하다고 생각합니다. 저 역시 설교를 어렵지 않게 하려고 하고, 석 달에 한 번은 '영화설교'를 통해 쉽고도 감동 있는 설교를 전하려 노력하고 있습니다.

 겸손한 것과 자기 근기를 스스로 무시하고 깎아내리는 것은 다릅니다. '나는 못 해, 나는 부족해.'라는 생각은 곧 자신을 스스로 무시하는 것입니다. 내가 나를 무시하면 다른 사람도 나를 무시하게 됩니다. 내가 나를 존중하면 다른 사람도 나를 존중합니다.

 내가 나를 무시하는 것을 '자기 비하'라고 합니다. '나는 부족하고 못났다'라는 생각은 스스로를 계속 위축시키죠. 다른 사람이 볼 때는 참 괜찮은 사람인데 본인은 자신을 낮게 봅니다. 그런 울안에 갇히면 더 이상 발전하기가 참 어렵습니다.

 공부에 있어 자포자기하는 마음을 현애상懸崖相이라고 합니다. 현애는 위험한 낭떠러지를 말하는데요. 현애상은 중근기에 있는 수행자가 걸리기 쉬운 중근병中根病 중 하나입니다. 낭떠러지를 아래에서 올려다보면 까마득해 도저히 오를 수 없을 것처럼 보이듯, 도 이루는 일을 너무 높고, 어렵게만 생각하는 거죠. 나 같은 어리석은 중생이 언제 성불할 것인가 하고 스스로 과소평가하거나, 너무 어렵게만 생각하는 것이 현애상입니다.

 현애상과 관련하여 우리 공부인은 비교하는 마음을 갖지 말아야 합니다. 다른 사람이 잘하는 것을 본받되, 남과 비교하며 나는 못 하겠다고 하는 것은 어리석은 생각입니다. 늦게 원불교에 입문하신 분들이 있으시죠. 와서 보니까 같은 나이대인데 이미 법호를 받고 법사위에 오른 분들이 있습니다.

'아이고, 나는 아무리 열심히 해도 법호도 못 받겠네.'라고 생각할 수 있죠. 법호를 받고 법사위에 오른다는 것은 몇 년 공부했다고 되는 쉬운 일이 아닙니다. 그만큼 꾸준히 적공積功을 했기에 얻은 명예이며 존경이죠. 그러나 자신을 남과 비교하며 '나는 못 한다'라는 마음을 갖는 것은 바람직하지 않습니다.

우리 원불교의 교리 중 진행 사조인 신·분·의·성이 있죠. 그 가운데 분발심은 '용장한 전진심'을 뜻합니다. 공부해서 깨치면 중생도 부처가 될 수 있다는 마음이 바로 분발심입니다. 큰 공부는 법호를 받고 법사위에 오르는 것이 아니라, 진짜 부처가 되는 것입니다.

그 공부의 기한은 나이나 세월에 있는 것이 아닙니다. 내 나이가 60이 되고, 70이 되었다고 해서 깨달음을 얻지 못하고, 부처가 되지 못하리라는 법은 없습니다. 소태산 대종사님은 남녀노소 선악 귀천을 막론하고 이 법대로만 공부하면 누구나 성불할 수 있다고 말씀하셨습니다. 중요한 것은 하느냐, 안 하느냐입니다.

이제 우리 삶에서 자포자기하는 마음에 관해 이야기해 보겠습니다. 이문교당의 피아니스트, 청타원님은 어깨와 목 통증이 심해 늘 '죽겠다'라는 말을 입에 달고 사십니다. 이 병원, 저 병원을 가도 뚜렷한 해결책이 보이지 않아, 지푸라기 잡는 심경으로 해볼 수 있는 것은 다 해보셨다죠. 그러다 저에게 이런 말씀을 하세요. "교무님, 이제 자포자기하니까 마음이 편안해졌어요." 제가 이렇게 말씀드렸습니다. "청타원님! 그건 자포자기가 아니라 마음을 비웠기 때문에 편안해지신 겁니다."

자포자기와 마음을 비우는 것에는 큰 차이가 있습니다. 마음을 비운다는 것은 치료를 포기하는 것이 아니라, '죽겠네', '내가 무슨 죄를 지어서 이렇게 몸이 고생하나.' 같은 부정적인 마음을 놓는 것입니다.

요즘 세상에는 포기하는 일들이 많습니다. 젊은 세대를 두고 '오포 세대'라고 부르는데, 연애·결혼·출산·집·경력 등 다섯 가지를 포기한다는 뜻입니다. 최근에는 여기에 희망과 취미까지 더해 '7포 세대'라고도 합니다. 참 안타까운 현실이죠.

젊은 사람들만 그렇겠습니까. 나이 든 분들도 많은 것들을 포기했을 겁니다. 대표적으로 자식과 함께 사는 것이 있겠죠. 일찌감치 미련 없이 포기하는 게 편안할 수 있습니다.

또 하나 말씀드릴 것은 인연에 대한 자포자기입니다. 속 썩이는 자식이나, 보기도 싫은 남편이 있어도 가족이라는 소중한 인연을 쉽게 포기하지는 않습니다. 자식이 아무리 잘못을 저질렀어도 '내가 죽을죄를 지었다.'라고 말하는 것이 부모의 마음입니다. 부모는 자녀를 포기하지 않고, 끝까지 책임지려 합니다.

인연이 아니라고 느껴질 때는 어떻게 하겠습니까? 빚 받으러 온 인연이라면 감수해야죠. 인연 관계에서는 자포자기하지 마시고 마음을 비우는 게 중요합니다. 소태산 대종사님은 불화하는 부부가 내 생에 서로 만나지 않을 방법에 대해 이렇게 말씀하시죠. "미워하는 마음도 사랑하는 마음도 놓아야 다음 생에 인연을 맺지 않는다." 이 말씀은 자포자기가 아니라 마음을 비우라는 뜻입니다.

세상을 살다 보면 경계가 나를 시험하기도 합니다. 이러한 상황에서 자포자기하는 마음으로 공부와 사업, 인연에 향상을 끊는 일이 없길 바랍니다. 할 수 있다는 믿음과 분발심이 필요합니다. 나도 부처가 될 수 있다, 성공할 수 있다, 행복할 수 있다는 마음으로 희망을 품기 바랍니다.

두 번째 마장은 '자존자대의 마음'

공부하다 보면 작은 지견이 생깁니다. 알면 아는 체도 하고 싶고, 인정받고 싶어 합니다. 하지만 그것을 전부라고 여기고 더 이상 향상하려는 노력을 멈추는 경우가 있습니다.

'자존자대'는 자신을 스스로 높이고 대우받고자 하는 마음입니다. 다른 사람의 눈에는 부족해 보이는데 정작 본인은 스스로 높고 크게 생각하죠. 마치 작은 그릇에 물이 가득 차 있는 상황과 같습니다. 이런 사람이 더 공부하려고 하겠습니까?

자존자대와 관련하여 '관문상慣聞相'을 생각해 보겠습니다. 관문상은 자주 들어서 쉽다고 생각하는 마음입니다. 자기가 다 안다고 안이한 생각을 하는 것입니다. 우리 교도님들도 20년, 30년 다니다 보니 귀는 부처님이 다 되셨다는 듯, '또 그 말 하네.' 하며 법문을 소홀히 여기는 경우가 있습니다.

　법문을 많이 들어보신 교도님들은 교무가 설교하면, '어, 그다음엔 이 말 하겠구먼', '이럴 때는 이런 예화를 하겠구먼' 하며 내용을 다 안다고 합니다. 그래서 '나는 다 알아요' 하며 지레짐작으로 단정하고서 빈 마음으로 듣지 않습니다. 마치 보화를 얻을 듯 법문을 듣는 것이 아니라, 이미 내 마음의 그릇을 꽉 채우고 있는 거죠. 그러면 아무리 좋은 법문도 받아들여 채워지지 못하고 넘쳐버리고 말죠.

　소태산 대종사님 당대에도 관문상에 사로잡힌 못된 제자들이 있었습니다. '대종사님, 또 그 말씀하시네.' 했다고 하죠. 그 말씀이 인생의 요도 사은사요, 공부의 요도 삼학팔조입니다. 그 제자는 대종사님이 뭔가 신비하고 특별한 법문을 해 주시리라 생각했는지도 모르죠. 그런데 아주 평범한 법문을 하시고, 이전에 했던 말씀을 또 하시니까 성에 차지 않았던 겁니다. 그런데 어떻습니까? 원불교의 가르침이 사은사요 삼학팔조에서 벗어날 수 있나요?

　생각을 비우고 설교를 듣다 보면 마음속에 꽂히듯이 감동이 밀려올 때가 있습니다. 가슴을 울리고 정신에 스파크가 일어납니다. 예전에 들었던 똑같은 설교라도 듣고 들으며 새기다 보면 어느 순간 새롭게 알게 되고 크게 감동하게 됩니다.

　우리가 읽는 법문도 마찬가지입니다. 예전에 읽어 다 안다고 생각했던 법문도, 내 마음과 생활, 경계에 대조해 읽으면 새로운 의미로 다가옵니다. 한 번 알았다고 해서 그게 전부가 아닙니다. 글로만 아는 것이 아니라, 삶 속에서 체험하며 발견한 법문이 진정 살아 있는 법문입니다.

벼는 익을수록 고개를 숙입니다. 교만한 마음으로는 복덕을 더할 수 없습니다. 아만심과 교만으로 가득 찬 사람은 세상 사람들이 싫어하고 멀리 피하려 합니다. 부족한 줄 알아야 합니다. 부족한 줄 알아야 채워집니다. 그저 작은 욕심에 만족할 것이 아니라 더 큰 욕심을 가지는 것이 현명합니다.

자존감과 자만심은 다릅니다. 자신의 존재에 대해 소중하게 생각하고, 자신감을 느끼는 것은 매우 중요합니다. 그러나 자존심이 너무 세거나, 자만심으로 더 이상 향상의 노력을 하지 않고, 다른 사람을 업신여기는 마음으로는 사람이 클 수 없습니다. "작은 지견에 스스로 만족하고 자존자대하여 향상을 끊는다." 이 법문에서 우리는 또 하나 중요한 내용을 살펴보아야 합니다. 우리에게 큰 공부는 무엇이죠? 부처 되는 공부입니다.

법위등급으로 보면 우리 공부의 최종 목표는 '대각여래위'입니다. 특신급은 법마상전급보다는 작은 지견이고, 법마상전급은 법강항마위보다, 법강항마위는 출가위보다 작은 지견입니다. 우리 교도님들! 법호를 받았으면, 법사위에 올랐으면 공부가 다 끝난 건가요? 그것에 스스로 만족하십니까? 교당의 원로교도님 한 분이 저에게 이런 말씀을 하세요. "교무님, 저는 이제 공부 못해요." 여기서 공부는 교리 공부를 말합니다. 그런데 교리 공부보다 더 중요한 공부가 있습니다. 바로 생사 해탈 공부, 놓는 공부, 비우는 공부를 해야 합니다. 이것이 큰 공부입니다.

예전에 제가 이런 말씀을 드린 적이 있는데요. 저는 이왕 출가했으니 출가위를 목표로 공부해야겠다고 말씀드리면서, 우리 교도님들은 최소한 법강항마위를 1차 목표로 삼고 공부하시는 것이 좋겠다고 했습니다. 그다음은 당연히 출가위 심법을 목표로 하셔야죠. 우리의 최종 목표는 대각여래위입니다. '나는 못 해. 이만하면 됐어.' 하는 마음을 놓고 끝까지 가보는 겁니다. 어디까지? 대각여래위까지!

마장은 어떤 무시무시한 마구니와 같은, 외적인 힘이 아니라 내가 스스로 만들어 낸 것입니다. 제 근기를 스스로 무시하며 자포자기하는 마음, 작은 지견에 만족하며 자존자대하는 마음. 이 마음이 바로 마장입니다. 이러한 마음으로는 큰 공부, 큰 사업을 할 수 없습니다.

나는 할 수 있다는 분발심, 부족하니 채워야 한다는 겸양심. 이 두 마음이 나의 공부와 사업을 향상시킵니다. 자포자기하는 마음 대신 자신감을, 자존자대하는 마음 대신 겸양심과 더 큰 분발심을 키우는 우리가 되길 기원합니다.

원기|103.07.15.

희망, 불보살의 희망

"희망이 끊어진 사람은 육신은 살아있으나 마음은 죽은 사람이니 살·도·음을 행한 악인이라도 마음만 한 번 돌리면 불보살이 될 수도 있지마는, 희망이 끊어진 사람은 그 마음이 살아나기 전에는 어찌할 능력이 없나니라. 그러므로 불보살들은 모든 중생에게 큰 희망을 열어 주실 원력을 세우시고, 세세 생생 끊임없이 노력하시나니라." 〈요훈품〉 12장

희망이 끊어진 사람, 희망이 끊어진 세상이 아니라 희망이 가득한 사람, 희망이 이루어지는 세상을 꿈꿉니다.

희망이라는 단어만큼 가슴을 설레게 하는 단어가 있을까 생각해봅니다. 지금 당장은 이루어지지 않더라도 희망을 품고 노래한다는 것은 가슴 벅차고 행복한 일입니다. 희망의 다른 이름으로 소원, 소

망, 꿈 등이 있는데요. 이 단어들 또한 현재보다는 미래를 담고 있습니다. 미래에 대한 꿈과 소원, 소망, 희망이 있기에 현재가 행복할 수 있습니다. 지금은 어렵고 힘들지라도 미래에 대한 희망은 포기할 수 없습니다. 희망은 미래에 이루어질 일이지만, 현재에서 그 씨앗을 뿌리고 가꾸어야 합니다.

희망이 끊어진 사람, 희망으로 사는 사람

희망으로 사는 사람과 희망이 끊어진 사람! 정반대의 모습이죠. 가는 길 또한 정반대입니다. 희망으로 사는 사람은 기쁨으로 살아갑니다. 지금은 좀 힘들고 어렵더라도 미래에 대한 꿈으로 현실을 이겨내고, 고통도 참아낼 수 있습니다. 반면 희망이 끊어진 사람은 포기와 절망, 고통의 삶을 살 수밖에 없습니다. 희망이 없다면 인생에 무슨 의미가 있겠습니까?

그렇다면 우리는 어떤 희망을 품고, 어떻게 현실로 만들어가야 할까요? 희망은 크게 세속적 희망과 불보살의 희망으로 나뉩니다. 세속적 희망은 인간의 오욕을 충족시키기 위한 것으로, 육신의 의식주를 풍족하게 하는 희망이죠. 돈·명예·권력·건강·수명 같은 것들이죠. 불보살의 희망은 불보살이 되는 희망으로 정신의 의식주와 관련이 있습니다. 도인이 되고, 불보살이 될 수 있는 능력과 자격을 갖추어 이 세상을 낙원으로 만드는 희망입니다.

세속적 희망이 나쁘다고만 볼 수는 없습니다. 세속적 희망이 없다면 세상을 무슨 낙으로 살겠습니까? 대부분의 사람은 이런 세속적 희망을 품고, 그것을 이루기 위해 노력합니다. 좋은 대학에 들어가고, 좋은 직장에 취직하고, 좋은 사람을 만나고, 남부럽지 않게 살고자 하는 것이 인간이 갖는 희망입니다. 욕망일 수도 있지만, 대부분의 사람이 갖는 소시민적 희망이기도 합니다.

요즘 희망이 끊어진 사회에서 사는 사람들이 얼마나 많습니까? 희망이라곤 거의 찾아볼 수 없는 절망적인 상태에 있는 사람들이 우리 주변에 많습니다. 그러나 힘들고 어려운 상황 속에서도 희망의 끈을 놓지 않고, 자신이 가진 희망의 퍼센티지를 조금씩 높여, 그 희망이 현실이 되는 세상을 꿈꿔 봅니다.

개그맨 이영자 씨 다 아시죠. 요즘 먹방으로 뜬 사람인데요. 제가 얼마 전 '전지적 참견 시점'이라는 프로그램에서 이영자 씨의 과거 어려운 시절 이야기를 봤습니다. 이영자 씨는 개그맨 시험에 8번이나 떨어지고, 9번 만에 합격했다고 합니다. 방송국에서 오라는 연락을 받았는데, 합격했다고 누군가한테 말하면 그 기회가 달아날까 봐 아무한테도 말하지 않았다고 합니다. 그만큼 개그맨 시험 합격이 절실했고, 8전 9기로 합격한 것이 감격스러웠다는 것이죠.

그런데 이영자 씨가 말하길, 개그맨 시험에 계속 떨어질 때도 대학교 교수님이 '넌 최고가 될 거야.'라고 격려와 희망의 말을 해주었다고 합니다. 그 어려움을 이겨낸 이영자 씨도 대단하지만, 저는 이 교수님이 바로 불보살의 심법을 가진 분이라고 생각합니다. 실의에 빠진 제자에게 큰 희망을 열어 주셨기 때문입니다.

혹시 우리 교도님들 중에서도 지금 힘들어하고 있는 분이 있다면, 저 또한 이렇게 말씀드리고 싶습니다. "교도님! 힘내세요. 잘될 겁니다. 잘 풀릴 겁니다. 쨍하고 해가 뜰 겁니다."

살·도·음을 행한 악인이라도

소태산 대종사님은 희망이 끊어진 사람은 육신은 살아 있으나 마음은 죽은 사람이라고 단언하셨습니다. 삶의 아무런 가치나 의미가 없다는 말씀이죠.

하지만 소태산 대종사님이 말씀하신 희망은 우리가 보통 생각하는 그런 희망이 아닙니다. 좋은 대학에 들어가게 해주세요, 좋은 직장에 취직하게 해주세요, 돈을 많이 벌게 해주세요, 좋은 집을 갖게 해주세요, 아프지 않게 해주세요. 이와 같은 희망이 아니라, 불보살이 될 수 있다는 희망입니다. 과연 세상 사람 중 이런 희망으로 살아가는 사람들이 얼마나 있을까요?

이 도문道門에 들어온 사람, 즉 원불교인들은 어떤 희망으로 살아가야 할까요? 바로 불보살의 꿈과 희망을 품고 살아가야 합니다. 부처 되고 중생 건지겠다는 성불제중의 서원, 고통의 바다에서 헤매는 중생을 건지고 병든 세상을 치료하는 제생의세濟生醫世의 서원이 우리의 희망입니다. 원불교인이라면 누구나 다 가져야 할 불보살의 희망입니다.

소태산 대종사님은 최악의 상황에서도 불보살의 희망을 버리면 안 된다고 하셨습니다. "살·도·음을 행한 악인이라도" 말입니다. 살생·도둑질·간음. 이 세 가지는 인간이 범하지 말아야 할 가장 큰 중

죄입니다. 그러면서 이런 살·도·음을 행한 사람을 악인이라고 하죠. 불보살과 가장 먼 곳에 있는 사람은 바로 살·도·음을 행한 악인입니다. 그런 사람에게도 희망이 있다고 하십니다. 불보살이 될 수 있다고 하십니다. 그 길은 매우 간단하며, '마음만 한 번 돌리면 된다.'라고 하십니다. 참회하고 선업 쌓는 등 특별한 과제가 있는 것이 아니라 '마음만 한 번 돌리면 된다.'라고 하십니다.

이렇게 소태산 대종사님은 희망을 주십니다. 잘난 사람, 잘 공부하는 사람, 잘 수행하는 사람에게만 희망이 있는 것이 아니라, 살·도·음을 행한 악인이라도 마음만 한 번 돌리면 불보살이 될 수 있다는 희망의 메시지를 전하신 것입니다.

일반적으로 살·도·음을 행한 사람은 희망이 있다고 생각하기 어렵습니다. 스스로 지옥으로 떨어질 것이라고 하며 포기하고 절망하기 쉽죠. '나 같은 죄인이 어떻게 불보살이 될 수 있어' 하며, 불보살은 자신에게 너무나 먼 아득한 모습이라 생각할 겁니다. 살·도·음을 행한 악인이라도 마음만 한 번 돌리면 불보살이 될 수 있다는 이 법문은, 극단적이고 최저의 삶에 처한 사람이라도 희망을 포기하지 말고 희망의 빛을 보라는 가르침입니다.

희망은 마음이 살아 있느냐, 죽었느냐에 달려 있습니다. 마음이 살아 있으면 희망이 있고, 마음이 죽었으면 희망이 끊어집니다. 결국 희망은 마음을 살려내는 데에 있습니다. 누군가가 희망을 줄 수도 있지만, 그것은 외적 조건이 아니라 그 사람의 마음을 살려내는 것이며, 결국 자기 마음이 살아나야 합니다.

불보살은 희망을 전해주는 분

불보살은 만 중생에게 희망을 선물하는 분입니다. 불보살은 죽어 있는 마음, 가라앉은 마음을 살려내는 분입니다. 소태산 대종사님은 우리에게 희망을 선물하신 성자이십니다. 며느리를 부처라고 하셨고, 농기구를 메고 들어오는 산업부원들을 향해 '저들이 우리 집 부처'라고 하셨습니다.

'내가 부처다', '신이 부처다'라는 이 선언이야말로 얼마나 큰 희망의 메시지입니까? 못난 사람, 죄 많은 사람, 볼품없는 사람, 형편 없는 사람, 보잘것없는 사람이 아니라, '당신이 부처입니다. 당신은 훌륭한 사람입니다. 당신은 최고입니다.' 하고 희망의 말을 건네주는 사람이 바로 불보살입니다.

길고 구체적으로 말할 수는 없지만, 교단 초기 여성 제자들의 면모는 어떻습니까? 그분들 모두 학식 있고, 교양을 갖추고, 많은 부를 가진 게 아니었습니다. 바느질하는 침모도 있었고, 행상하는 사람도 있었고, 남편과 사별하여 과부가 된 사람도 있었고, 후실인 사람도 있었습니다. 이런 제자들에게 소태산 대종사님은 말씀하십니다. "직업에 차별이 없고, 사람에 고하가 있는 것이 아니다. 불성에는 차별이 없다. 너희가 모두 다 부처다."

소태산 대종사님은 세상에도 희망을 전해주셨습니다. 일제 강점기라는 희망이라곤 전혀 찾아볼 수 없는 상황에서, "금강이 현세계 現世界하니 조선이 갱조선更朝鮮하고, 장차 이 나라가 정신의 지도국, 도덕의 부모국이 된다"는 전망을 통해 우리 민족에게 희망을 전해

주셨습니다. 물질이 개벽되니 정신을 개벽하여 광대무량한 낙원을 건설하자는 희망을 우리 인류에게 주셨습니다.

결국 마음 한번 돌리는 것이 중요하다

마음을 살려내는 일, 희망을 다시 살려내는 일은 마음을 한번 돌리면 됩니다. 우리의 마음은 참으로 미묘합니다. 마음을 어떻게 먹고, 어떻게 돌리느냐에 따라 희망이 되기도 하고, 절망이 되기도 합니다. 결국 그 마음을 어떻게 하느냐가 중요합니다.

원불교 공부는 돌리는 공부입니다. 그 돌리는 공부를 가장 잘 나타낸 것이 〈일상 수행의 요법〉이죠. 원망 생활을 감사 생활로 돌리고, 타력 생활을 자력 생활로 돌리고, 배울 줄 모르는 사람을 잘 배우는 사람으로 돌리고, 가르칠 줄 모르는 사람을 잘 가르치는 사람으로 돌리고, 공익심 없는 사람을 공익심 있는 사람으로 돌리자는 겁니다.

원불교 공부는 잘 돌리는 공부이고, 잘 돌릴 수 있는 이유는 신앙하는 대상과 수행하는 표준이 바로 일원상이기 때문입니다. 동그라미이니 잘 돌아가는 거지, 세모나 네모가 잘 돌아갈까요. 모가 나면 잘 돌아가지 않고, 주변에 상처를 주게 됩니다.

우리의 마음도 동그라미 일원상이기 때문에 잘 돌아갈 수 있습니다. 우리의 원래 마음이 둥글둥글하기에 원망심도, 타력 생활도, 배울 줄 모르는 사람도, 가르칠 줄 모르는 사람도, 공익심 없는 사람도 잘 돌릴 수 있습니다.

낙담하고 절망하던 사람도 희망으로 돌릴 수 있습니다. 중생을 부처로, 번뇌를 보리로, 악인을 선인으로 돌릴 수 있습니다. 결국 한 마음 잘 돌리는 것이 중요합니다.

나는 어떤 희망을 줄 수 있을까

우리는 어떤 희망을 품어야 할까요? 공부인은 부처가 될 수 있다는 희망을 품어야 합니다. '나 같은 중생이'라며 자신을 낮게 바라보는 마음이 아니라, 나도 공부해서 깨치면 부처가 될 수 있다는 원대한 희망을 품어야 합니다.

우리는 고통을 즐거움으로, 불행을 행복으로 바꿀 수 있다는 희망을 품어야 합니다. 조금은 힘들고 어려워도 이 고통이 변해서 즐거움이 되고, 현재의 불행이 미래의 행복으로 변할 수 있다는 희망으로 살아가야 합니다.

박노해 시인의 '다시'라는 시는 사람이라는 희망을 노래하고 있습니다.

> 희망찬 사람은
> 그 자신이 희망이다
>
> 길 찾는 사람은
> 그 자신이 새길이다

참 좋은 사람은
그 자신이 이미 좋은 세상이다

사람 속에 들어 있다
사람에서 시작된다

다시
사람만이 희망이다

우리에게 중요한 것은 '나는 다른 사람들에게 어떤 희망을 주고 있는가, 나는 어떤 희망을 주어야 하는가?' 생각해 보는 것입니다. 나 자신이 희망을 품는 것도 중요하지만, 동시에 누군가의 희망이 되어야 합니다. 가족에게, 직장 동료에게, 이웃에게 희망이 되고, 더 나아가 사회와 국가에도 희망이 되어야 합니다.

저는 우리 교도님들에게 묻고 싶습니다.

"당신은 가족과 주위 사람들에게 희망입니까?"

누군가를 나의 희망으로 삼지 않고, 내가 누군가의 희망이 되어야 합니다. 너는 나의 희망이 되고, 나는 너의 희망이 되어 모두가 서로의 희망이 될 때, 모든 사람이 불보살이 되고, 불보살들이 사는 불국토가 옵니다.

사람만이 희망입니다. 내가 희망입니다. 원불교가 세상의 희망입니다. 그 희망은 우리의 마음을 한번 돌리면서 시작됩니다. 희망의 말, 희망의 눈빛, 희망의 손길. 우리는 이런 희망이 있어 살아갈 힘을 얻습니다. 희망을 품은 사람들이 희망의 텃밭을 가꾸기에, 우리 사회는 건강하고 장래가 밝습니다.

기도로 희망의 빛을 이어가면 좋겠습니다. 소태산 대종사님과 아홉 분 선진님들은 일체 생령에게 희망의 빛이 되고자 하늘에 기도를 올리셨습니다.

우리 이문교당에서는 내일부터 일주일간 법인절 특별기도를 올립니다. 이번 기도는 개인과 가정의 복을 비는 기도가 아닙니다. 이번 기도는 거듭남의 기도, 다시 살리는 기도, 이웃과 세상을 위한 기도입니다. 나의 희망, 우리의 희망, 세상의 희망이 되는 소중한 법인기도에 다 함께해주실 것을 부탁드립니다.

원기103.08.12.

여의보주如意寶珠

> "여의보주如意寶珠가 따로 없나니, 마음에 욕심을 떼고, 하고 싶은 것과 하기 싫은 것에 자유자재하고 보면 그것이 곧 여의보주니라."
>
> 〈요훈품〉 13장

이 세상 최고의 보석

여의보주는 불교에서 모든 소원과 희망을 성취해 주는 구슬을 말합니다. 보통 여의주라고도 하죠. 한자어로 여의如意란 '뜻과 같이', 보주寶珠는 '보배로운 구슬'을 뜻합니다. 즉 여의보주는 무엇이든 원하는 대로 이루게 해주는 보배로운 구슬을 말합니다.

교도님들! 이 '여의보주' 하나만 있으면 얼마나 좋을까요? 실제로는 이런 구슬을 본 사람도, 가진 사람도 없다는 것을 우리는 알고 있습니다. 여의보주는 상상 속의 구슬이죠. 그런 구슬이 있었으면

하는 희망이자 염원입니다.

　그렇다면 참다운 여의보주는 무엇일까요? 그런 귀한 보물을 어디서 구할 수 있을까요? 〈요훈품〉 13장 법문의 순서는 ① 여의보주 ② 욕심을 떼고 ③ 자유자재 이렇게 되어 있습니다. 여의보주는 욕심을 떼고 마음의 자유자재를 얻는 것입니다. 순서를 약간 바꿔 보면, 마음의 자유를 얻는 여의보주는 욕심을 떼었을 때 가능하다고 해석할 수 있습니다.

하고 싶은 것과 하기 싫은 것에 자유자재

　소태산 대종사님은 마음의 자유를 쉽게 말씀하십니다. 하고 싶은 것과 하기 싫은 것에 자유자재하는 것. 이렇게만 되면 내 뜻대로, 내가 원하는 대로 이루는 셈이 됩니다. 그런데 말은 쉽지만 실지에 있어서는 쉽지 않습니다.

　우리 교도님들! 하고 싶은 것을 마음대로 할 수 있나요? 하기 싫은 것을 마음대로 안 할 수 있나요? 어렵습니다. 하고 싶은 것이 뜻대로 되지 않을 때, 하기 싫은 것이 마음대로 되지 않을 때, 괴로움이 따릅니다.

　내가 하고 싶은 것에는 세 가지 필요조건이 있습니다. 하고 싶어 하는 것이, 내가 좋아하는 일이어야 하고, 정당한 일이어야 하며, 복된 일이어야 한다는 것입니다. 그러나 이 조건들을 다 갖추기가 쉽지 않습니다. 하고 싶은 일이 좋아하지 않는 일일 수도 있고, 부정당한 일일 수도 있고, 복과 은혜가 나오지 않는 일일 수도 있습니다.

내가 하기 싫어하는 일도 마찬가지입니다. 내가 좋아하지 않거나, 부정당하거나, 은혜가 없는 일이라면 하기 싫은 것이 당연합니다. 그러나 하기 싫어하는 일이 반드시 해야 할 일이고, 정당하며, 지금 당장은 아니더라도 나중에 은혜가 될 일일 수도 있습니다.

하고 싶은 일을 잘하는 것은 당연하고, 하기 싫은 일을 안 하는 것도 쉽습니다. 진짜 어려운 것은 내가 하고 싶은 일에 진리적으로 하지 말아야 할 일이 있고, 내가 하기 싫은 일에 진리적으로 꼭 해야 할 일이 있다는 것입니다.

그런데 우리는 습관적으로 하고 싶은 것과 하기 싫은 것에 길들어져 있습니다. 그 안에는 욕심이 자리하고 있고, 그 강도에 따라 습관도 굳어집니다. 습관을 벗어나려면 역류, 즉 거꾸로 거슬러 올라가는 노력이 필요합니다. 연어가 죽음을 각오하고 강을 거슬러 올라가는 이유도 같습니다. 알을 낳기 위해, 수많은 생명을 이어가기 위한 몸부림이자 처절한 사투인 것입니다.

그래서 우리가 얻고자 하는 마음의 자유에도 욕심 경계와 싸우는 처절한 사투가 필요합니다. 『정전』〈무시선법〉에서는 "아무리 욕심나는 경계를 대할지라도 끝까지 싸우는 정신을 놓지 아니하고 힘써 행한즉 마음이 차차 조숙 되어 마음을 마음대로 하는 지경에 이른다."라고 밝히고 있습니다.

'마음을 마음대로 하는 지경', 즉 마음의 자유를 말하는 것이지요. 마음의 자유를 얻기 위해서는 욕심나는 경계와 끝까지 싸우고, 힘써 행해야 합니다. 결국 욕심을 극복했을 때 마음의 자유가 옵니다.

마음의 욕심을 떼라

〈요훈품〉법문에 의하면, 하고 싶은 것과 하기 싫은 것에 자유, 즉 여의보주를 얻기 위해서는 마음에서 욕심을 떼야 한다고 말씀하십니다. 마음에 욕심을 떼지 않고는 결코 마음의 자유를 얻지 못한다는 뜻입니다. 이제부터 마음의 자유와 욕심의 관계에 대해 생각해 보겠습니다.

인간의 욕심과 관련하여, 소태산 대종사님은 〈삼학〉 중 정신수양의 목적에서 그 위험성을 매우 사실적으로 경고하십니다. "최령한 인간은 예의염치와 공정한 법칙은 생각할 여유도 없이 자기에게 있는 권리와 기능과 무력을 다하여 욕심만 채우려 하다가 결국은 가패신망도 하며, 번민 망상과 분심 초려로 자포자기의 염세증도 나며, 혹은 신경 쇠약자도 되며, 혹은 실진자도 되며, 혹은 극도에 들어가 자살하는 사람까지도 있게 되나니, 그런고로 천지 만엽으로 벌여가는 이 욕심을 제거하고 온전한 정신을 얻어 자주력을 양성하기 위하여 수양을 하자는 것이니라."

욕심은 마음의 자유를 얻지 못하게 하는 방해꾼입니다. 또한 가패신망, 자포자기, 신경쇠약자, 실진자, 자살에 이르게 하는 원인입니다. 모든 불행의 원인이 바로 욕심입니다.

일반적으로 욕심은 '분수에 넘치게 무엇을 탐내거나 누리고자 하는 마음'입니다. 인간인 이상 생존을 위해서든, 가치 실현을 위해서든 욕심이 없이 살 수는 없습니다. 잘 입고, 잘 먹고, 잘 살기 위해서는 욕심이 필요하죠. 그런데 문제는 인간의 욕심은 한이 없고, 지나치다는 것입니다. 욕심은 욕망이 되고, 탐욕이 됩니다.

예로부터 모든 종교는 죄업의 근원을 욕심에서 찾았습니다. 기독교의 원죄설도 인간의 욕심에서 비롯하며, 불교에서도 탐·진·치 삼독심 가운데 탐심, 즉 욕심을 죄업의 시작으로 봅니다. 보통급 십계문 중 1, 2, 3조인 살생, 도둑질, 간음만 보더라도 인간의 욕심이 자리하고 있습니다. 나머지 계문들도 마찬가지로 욕심에서 근원하여 죄업으로 이어집니다.

소태산 대종사님은 마음공부 하는 데 있어 가장 어려운 경계를 욕심이라고 하셨습니다. 욕심은 마치 불과 같아 모든 것을 태워버리기 때문입니다. 사람의 본성을 가장 크게 흔드는 경계가 욕심입니다. 욕심이 가득하면 마음이 산란해지고, 어두워지고, 그르게 됩니다.

이제 욕심을 뗀다는 것의 의미를 살펴보겠습니다. 욕심으로는 마음의 자유를 얻을 수 없습니다. 그렇다면 욕심을 놓고, 욕심을 떼어야 하는데, 과연 가능할까요? 만약 가능하다면, 어떻게 해야 욕심을 뗄 수 있는지 함께 생각해 봐야겠지요.

첫 번째는 금욕禁慾입니다. 욕심을 금하는 것으로, 모든 것을 다 끊는 것이죠. 인간의 욕심에는 다섯 가지가 있는데, 식욕, 색욕, 재물욕, 명예욕, 수면욕입니다. 금욕은 이러한 욕심을 완전히 끊어버리는 것입니다. 금욕 난행하는 철저한 수행자들이 추구하는 길입니다. 예를 들어, 석가모니 부처님도 수행하실 때 이 금욕 수행을 하셨습니다.

두 번째는 과욕寡慾입니다. 이때의 과욕은 줄일 과, 욕심 욕, 욕심을 줄이는 것입니다. 맹자님은 이 욕심을 줄이는 과욕을 말씀하셨습니다. 어쩌면 현실적인 대안입니다. 출가 수행자가 아닌 보통 사람들의 경우, 지나치지 않는 적당한 욕심으로 사는 것이 현명합니다. 욕심을 절제한다는 절욕節慾도 여기에 해당합니다.

다음은 무욕無慾인데요. 무욕은 욕심이 없다는 것입니다. 금욕과 무욕은 의미가 약간 다릅니다. 금욕이 욕심을 완전히 차단하는 것이라면 무욕은 욕심 없음, 욕심이 없는 마음입니다.

〈휴휴암좌선문〉에 '재욕무욕在慾無慾'이라는 표현이 나오는데, 욕심 경계에 있되 욕심에 물들지 않는다는 뜻입니다. 이는 즉 욕심 경계에 끌려가지 않는 경지를 말합니다. 밥을 먹되 밥의 노예가 되지 않고, 돈을 아끼되 돈의 노예가 되지 않는 세계가 재욕무욕입니다. 경계를 피하는 것이 금욕이라면, 경계 속에서 욕심에 물들지 않는 것이 무욕입니다.

마지막으로는 대욕大慾이 있는데요. 큰 욕심입니다. 일반적으로 대욕은 사전에 없습니다. 대욕의 반대는 작은 욕심인데, 대욕을 품었을 때 작은 욕심들은 사라집니다. 우리가 오욕 경계를 벗어난다는 것은 그 오욕을 없애려고 애쓴다는 것이 아니라, 더 큰 욕심을 갖게 되면 그러한 작은 욕심들이 알아서 물러서게 된다는 뜻입니다. 『대종경』〈수행품〉 6장에서도 "사자나 호랑이를 잡으러 나선 포수는 여우나 토끼를 보고는 총을 쏘지 않는다."라고 했습니다.

인간의 욕심은 절제할 수 없는 것일까요? 인간의 욕심은 뗄 수 없는 것일까요? 어려운 일이지만 금욕할 수 있고, 절욕할 수 있고, 무욕할 수 있고, 대욕할 수 있습니다. 출가 수행자뿐만 아니라 공부인이고, 수도인이라면 욕심을 떼는 공부를 해야 합니다. 왜냐하면 그 공부로 마음의 자유를 얻을 수 있고, 마음의 자유를 얻었을 때 우리는 행복할 수 있기 때문입니다.

지나친 과욕으로는 절대 행복할 수 없습니다. 욕심은 더 큰 욕심을 부르게 되죠. 당장 눈앞의 욕심을 채우면 행복하다고 말하는 사람도 있겠지만, 그것은 일시적인 행복에 불과합니다. 그리고 지나친 욕심, 분수에 넘치는 욕심은 결국 화근이 되어 나의 삶을 불행의 구렁텅이에 몰아넣습니다.

욕심과 관련해 우리는 '욕심을 떼라'라고 배웁니다. 그 방법으로 금욕, 절욕, 무욕, 대욕을 말씀드렸는데요. 사실 이런 수행은 보통 사람들이 실천하기 쉽지 않습니다. 우리는 돈과 명예, 권력, 갖고 싶은 것과 하고 싶은 것들 속에서 살아가고 있습니다. 욕심을 아예 없애라는 말은 현실 속에서 공허한 주문처럼 들릴 수 있습니다. 그래서 저는 우리가 실제 삶에서 충분히 실천할 방법을 말씀드리고자 합니다.

만족할 줄 아는 마음, 감사할 줄 아는 마음, 베풀 줄 아는 마음. 이 세 가지 실천으로 욕심 경계와 맞서 마음의 자유를 얻으시길 바랍니다. 과한 욕심을 내기보다, 지금의 모습과 가진 것에 만족해야 합니다. 내가 노력한 만큼 얻은 결과에 감사해야 합니다. 일하지 않고, 땀 흘리지 않고 얻은 소득이 아니라 정당한 노력으로 얻은 것을 감사하게 받아들이는 것입니다. 그러면서 내 능력이 닿는 한, 넘치게 은혜를 받았다면 다시 세상에 베풀어야 합니다.

이것이야말로 욕심을 덜어내는 길입니다. 이렇게 실천적인 방향으로 욕심 경계를 운전해 간다면 우리는 욕심의 노예로 사는 것이 아니라 욕심을 이겨내고, 나아가 그 욕심을 잘 활용해서 더 큰 복을 지을 수 있는 사람이 될 수 있습니다. 어떻습니까? '금욕하라, 무욕하라' 하는 것보다 '만족하라, 감사하라, 베풀어라' 하는 길이 좀 더 쉽고, 누구나 실천할 방법이라고 생각되지 않으십니까?

독일의 종교개혁자 마틴 루터는 이렇게 말합니다. "새가 머리 위를 날아가는 것은 막을 수 없을지라도, 내 머리 위에 둥지를 틀지 않게는 할 수 있다." 인간의 삶에서 적당한 욕심은 피할 수 없습니다. 새가 머리 위를 날아가는 것을 막을 수 없듯이 말이죠. 그러나 욕심, 욕망이 내 삶을 지배하고, 삶 전체를 욕망으로 채우는 위험은 피할 수 있습니다. 새가 내 머리 위에 둥지를 틀지 않게 할 수는 있다는 것이지요.

자성과 여의보주

우리는 만사가 뜻대로 되기를 소원합니다. 그런데 그렇게 되기 위해서는 내 마음과 통해야 합니다. 그래서 "만사여의 아심통"입니다. 내 마음과 통한다는 것은, 결국 여의보주가 따로 있는 것이 아니라 바로 내 마음이라는 뜻입니다. 소태산 대종사님은 『대종경』〈성리품〉 22장에서 "용龍은 여의주를 얻어야 조화가 나고 수도인은 성품을 보아서 단련할 줄 알아야 능력이 난다."라고 하셨습니다.

정산 종사님은 『한울안 한이치에』 마음공부 24절에서 이렇게 말씀하십니다.

"도깨비는 부자 방망이를 가지고 있다고 하는데 그 부자 방망이는 다른 것이 아니라 곧 여러분 각자의 마음이다. 우리가 이 마음만 잘 찾아 이용하고 보면 곧 부자 방망이를 얻은 것보다 낫기 때문이다. 모든 성현은 이 마음을 잘 찾아 잘 이용하였으므로 여의주를 얻었다고 하는 것이다. 그러니, 우리도 마음을 잘 찾아서 잘 이용하자. 그러면, 바로 부자 방망이를 얻은 것이 될 것이다."

여의보주가 무엇입니까? 바로 우리의 마음입니다. 하고 싶은 것과 하기 싫은 것에 자유 하는 것. 잡아야 할 때 능히 잡을 수 있고, 놓아야 할 때 능히 놓을 줄 아는 것. 이것이 마음의 자유입니다.

마음의 자유를 방해하는 것은 욕심입니다. 욕심이 앞서면, 욕심에 물들면, 욕심에 빠지면 자유를 얻을 수 없습니다. 마음에 욕심을 떼야 합니다. 욕심을 떼었을 때 마음의 평화와 행복을 얻을 수 있습니다. 욕심의 경계를 당해서는 싸우는 정신을 놓지 않고 힘써 행해야 합니다. 욕심을 떼었을 때 비로소 하고 싶은 것과 하기 싫은 것에 자유를 얻을 수 있습니다. 그리고 주어진 삶에 만족하고, 감사하고, 베풀 줄 아는 사람이 지혜로운 사람이고, 마음에 어느 정도 자유를 얻은 사람입니다.

하고 싶은 것과 하기 싫은 것에 자유를 얻는 우리 교도님들 되시길 기원합니다.

원기103.09.16.

먼저 내가 은혜를 베풀라

"다른 사람을 바루고자 하거든 먼저 나를 바루고, 다른 사람을 가르치고자 하거든 먼저 내가 배우고, 다른 사람의 은혜를 받고자 하거든 먼저 내가 은혜를 베풀라. 그러하면, 나의 구하는 바를 다 이루는 동시에 자타가 고루 화함을 얻으리라."

〈요훈품〉 14장

먼저 내가 실행하면 어떻게 될까

교도님들! 이 법문에서 가장 중요한 단어는 무엇일까요? 저는 '먼저 내가'라고 생각합니다. '바루다. 배우고, 은혜를 베풀라.'는 구체적인 실천 방안이지만, 그것을 실행하는 주체는 '나'입니다. 그리고 '먼저'라는 강조가 붙죠. 한마디로 '먼저 내가 실천하자.'라는 것입니다.

'먼저'라는 부사는 '시간적으로나 순서상으로 앞서서'라는 뜻입니다. 이 법문에서 '먼저 내가'의 의미는 다른 사람이 아닌 바로 내가 앞서서 한다는 말이죠. 예전에 라면 CF에서 '형님 먼저, 아우 먼저'라는 유행어가 있었습니다. 또 다른 CF에서 어떤 대통령은 '사람이 먼저다'라는 말을 했습니다.

'먼저'라는 부사는 흔히 '무엇보다도 먼저'라는 표현으로 쓰입니다. 그 어떤 것보다도 우선한다는 뜻이지요. 따라서 '먼저 내가'라는 표현은 다른 사람과의 관계에 중요한 시사점을 줍니다. 이제 그 관계에 대해 좀 더 살펴보겠습니다.

나 혼자만 잘한다고 될까요? 다른 사람만 잘한다고 될까요? 결국 나와 남, 남과 내가 함께 잘해야 하죠. 우리의 궁극적인 목적도 모두가 함께 행복하게 잘 사는 것입니다.

우리 인간은 혼자서 살아갈 수 없습니다. 사회적 동물이라는 말이 없어도 우리는 함께 어울려 살아가야 합니다. 사회의 최소 단위인 가정에서부터 학교, 직장, 각종 단체까지, 우리는 서로 의지하고 배우며 도움을 주고받습니다. 우리는 홀로 존재하는 게 아닌, 관계 속에서 살아가는 존재입니다.

우리는 수많은 관계를 맺고 있지만, 크게 보면 모두 나와 남의 관계입니다. 우리가 상대하는 수많은 남도 결국 나와 남, 둘로 나뉩니다. 한문으로는 '자타自他'라고 하죠. 나 아닌 다른 사람의 처지에서 보면, 나 또한 그 사람에게는 남입니다.

이렇게 우리는 수많은 자타 관계를 맺고 살아갑니다. 중요한 것은 이 관계가 상생되느냐, 상극되느냐는 겁니다. 우리의 목표는 상생의 관계를 맺어 모두가 행복한 낙원 세상을 만드는 데 있습니다.

나와 남은 각자 독립적인 존재이지만 상대할 때는 서로 의존적 관계를 형성합니다. 서로 주고받으며 영향을 끼치지요. 소태산 대종사님이 우리가 주고받는 것의 핵심으로 세 가지를 말씀하셨습니다. 바로 바루는 것, 가르치는 것, 은혜입니다. 나와 남은 서로 배우고, 가르치고, 은혜를 주고받습니다. 배우고, 가르치고, 은혜를 주고받는 이유는 서로 발전하고 행복하기 위해서입니다.

그런데 이렇게 주고받는 관계에서 중요한 점은 남에게 하라고 시키기 이전에 먼저 내가 실천해야 한다는 것입니다. 내가 먼저 하지 않고 남에게 요구한다면 제대로 이루어질까요? 먼저 깨달은 사람, 마음이 열린 사람, 마음공부를 잘한 사람은 남에게 요구하기 전에 먼저 스스로 실행하며 모범을 보입니다.

이제, 소태산 대종사님이 말씀하신 상생상화相生相和하는 방법에 대해 구체적으로 말씀드리겠습니다.

첫 번째, 다른 사람을 바루고자 하거든 먼저 나를 바루라

'바루다.' 자주 쓰는 표현은 아니죠. 뜻은 '비뚤어지거나 구부러지지 않도록 바르게 하다.'입니다. 편하게 '바르게'라는 말로 많이 쓰이죠. 어릴 적 글씨를 배울 때 부모님이 '비뚤비뚤 쓰지 말고 바르게 써라.'라고 말씀하시곤 했습니다. 걸을 때도 비틀비틀 걷지 말고 똑바로 걸으라고 하셨죠.

'바루다'라는 말은 누구를 대상으로 할까요? 이 법문에서는 폭넓게 다른 사람이라고 했지만, 특히 가족이나 친밀한 사이에서 더 자주 쓰일 겁니다. 부모는 자식들이 비뚤어지지 않길 바라며 정성을 다해 키웁니다. '어른보다 먼저 밥숟가락을 들어서는 안 된다.', '문지방을 밟아서는 안 된다.' 등 어릴 때부터 밥 먹는 습관, 걷는 모습, 글씨 쓰는 법까지 모든 말과 행동을 바르게 가르치려고 하죠.

어릴 때부터 우리는 해야 할 일과 하지 말아야 할 일을 분명히 배워 왔습니다. 바루기 위해서는 먼저 시범을 보여야죠. 글씨는 이렇게 써야 해, 숟가락은 이렇게 잡고, 젓가락질을 이렇게 하는 거야 하며 몸소 보여줍니다. 이렇게 우리는 가정에서 예의범절, 사람으로서 행해야 할 도리를 배우고 익혀 왔습니다.

중요한 점은, 다른 사람을 올바르게 이끌기 위해서는 먼저 내가 올바름을 실천해야 한다는 것입니다. 자식은 부모의 그림자를 따라갑니다. 학교에서 학생은 선생님의 모습을 보고 배웁니다. 그래서 가정에서는 부모의 모범이, 학교에서는 선생님의 모범이 중요합니다.

다른 사람을 바르게 하려고 했지만 잘 안될 때는 어떻게 해야 할까요? 나무라고 원망해야 할까요? 저 인간은 부처님이 다시 와도, 공자님이 다시 와도 안 변할 사람이라며 포기해야 할까요? 이럴 때 우리가 챙겨야 할 법문이 〈솔성요론〉 9조 "무슨 일이든지 잘못된 일이 있고 보면 남을 원망하지 말고 자기를 살필 것이요."입니다.

자기를 살피는 것은 곧 나를 바루는 첫 시작입니다. 나에게 잘못된 점은 없었는지 살펴야 합니다. 아무리 의도가 좋아도 방법에 문제가 있으면 안 됩니다. 부모의 엄한 가르침이 때로는 아이를 힘들게 하고, 망쳐놓기도 합니다. 부모 마음은 자식들이 올바르게 커나가길 바라죠. 그러나 방법이 잘못되면 오히려 더 비뚤어지게 만들 수 있다는 것을 명심해야 합니다. 그래서 잘못된 일이 있고 보면 남을 원망하지 말고 자기를 먼저 살필 줄 아는 사람이 되자는 것입니다.

두 번째, 다른 사람을 가르치고자 하거든 먼저 내가 배우라

우리 삶에서 가르치고 배우는 일은 참으로 다양합니다. 학문, 기술, 도덕 등 태어나서부터 죽을 때까지 우리는 끊임없이 배우고 가르치며 살아갑니다. 인간다운 삶, 행복한 삶을 살기 위해서 가르치고 배우는 과정은 결코 멈출 수 없습니다.

원불교 교리에서도 〈사요〉 중 지자본위는 잘 배우자는 것이고, 타자녀교육은 잘 가르치자는 것입니다. 〈일상 수행의 요법〉에서도 배울 줄 모르는 사람을 잘 배우는 사람으로 돌리고, 가르칠 줄 모르는 사람을 잘 가르치는 사람으로 돌리자고 했습니다.

그렇다면 가르치는 것과 배우는 것, 어느 것이 먼저일까요? 당연히 잘 배워야 잘 가르칠 수 있겠죠. 어떻게 배움 없이 가르칠 수 있겠습니까. 그래서 이 법문에서도 다른 사람을 가르치고자 하거든 먼저 내가 배우라고 하신 겁니다.

가르치고자 하는 목적은 무엇일까요? 그 사람을 위하고 사랑하는 마음이 없으면 굳이 가르치려고 할까요? 그런데 인간 사이에서는 가르치려고만 하는 사람이 있습니다. 가르친다는 것은 좋은 일이지만, 가르침 받는 사람이 받으려 하지 않고 기분 나빠하거나, 자존심이 상하거나, 그것을 배울 필요성을 느끼지 못할 수도 있습니다.

그래서 가르치기 위해서 무엇보다 중요한 것은 내가 먼저 배우는 것입니다. 배우더라도 정확하게 배우는 것이 중요합니다. 그래야 정확하게 가르칠 수 있습니다. 우리가 배우는 이유는 배움의 즐거움도 있지만, 배움을 통해 나의 성장과 발전에 밑거름을 삼을 수 있고, 내가 가진 능력을 나눌 수 있기 때문입니다. 배우기 때문에 가르칠 수 있고, 가르치기 때문에 나와 남, 우리가 함께 지식 평등을 이룰 수 있습니다.

세 번째, 다른 사람의 은혜를 받고자 하거든 먼저 내가 은혜를 베풀라

너무나 당연한 말씀이고, 우리 원불교 교도님들은 그 누구보다도 잘 실천하고 있다고 생각합니다. 인과적으로도 명확한 법문이죠. 먼저 내가 바루고, 배우는 것도 중요하지만, 무엇보다 우리 삶에서 은혜를 주고받는 것만큼 중요한 것은 없다고 생각합니다.

교도님들! 우리 교당 입구에 걸려있는 큼지막한 현수막에 법문이 적혀있는데 어떤 법문인지 아시나요? 바로 "다른 사람의 은혜를 받고자 하거든 먼저 내가 은혜를 베풀라."입니다. 언제 어떤 교무님 때에 이 법문을 걸었는지는 모르지만, 큰 뜻이 있었겠다고 생각합니다.

교도님들! 은혜받고 싶으시죠? 저 역시 늘 은혜받고 싶습니다.

은혜받는다는 것은 나와 함께하는 동포님들로부터 받는 은혜를 의미합니다. 이 은혜는 현실적이며, 당장 나에게 이익이 됩니다. 은혜의 모습은 다양하겠죠. 물건이 될 수도, 돈이 될 수도, 따뜻한 말이 될 수도, 도움이나 힘이 될 수도 있습니다.

누구나 그런 은혜를 받고자 합니다. 그런데 그 은혜를 받기 위해서는 어떻게 해야 할까요? 먼저 내가 은혜를 베풀어야 합니다. 정신, 육신, 물질로 은혜를 베풀어야 합니다. 은혜의 관계는 일방적으로 주거나 받을 수 없습니다. 주면 받고, 받으면 주는 것이 인과를 실천하는 길이고, 이렇게 할 때 상생의 은혜가 계속 연결될 수 있습니다.

저희 어머니가 익산에 계시는데요. 앞집 아주머니와 매우 친하게 지내십니다. 저희 어머니보다 10살 정도 아래인데, '형님, 형님' 하면서 사이좋게 지냅니다. 저희 어머니 말씀이 먹을 거나, 뭐 좋은 것이 있으면 갖다주신대요. 이게 이웃 간에 나누는 정이겠죠. 그런데 앞집 아주머니는 주면 꼭 뭔가를 가져오신대요. 그러시면서 저희 어머니가 그분을 평하시길, '그 사람 참 경우가 있다.'라고 하십니다.

주면 받고, 베풀면 받는 이치는 어려운 게 아닙니다. 생각해 보십시오. 내가 받았으니 주는 것과, 내가 먼저 주는 것 중 어떤 마음이 더 클까요? 어떤 것이 더 복이 될까요? 받으면 주는 것은 경우가 있지만, 먼저 내가 줄 수 있는지가 관건입니다.

저도 빚지기 싫어 누구에게 밥을 얻어먹으면, 다음엔 꼭 밥을 사려 합니다. 그런데 빚지지 않으려는 노력도 중요하지만, 먼저 내가

마음 작용하는 공부 _ 둘

밥을 사는 건 더 어렵습니다. 받으면 갚는 게 당연하지만, 그보다 먼저 베푸는 것이 무엇보다 중요합니다.

먼저 은혜를 베풀어야 합니다. 은혜를 베푸는 것은 꼭 받기 위해서가 아닙니다. 내가 베푼 은혜에 대해 보답을 기대해서는 안 됩니다. 원불교의 은혜는 보답을 바라고 베푸는 것이 아니라, 법신불 사은으로부터 받은 무한한 은혜에 보은하는 것이기 때문입니다. 만약 바라는 마음이 있다면, 그것이 충족될 때는 문제가 없지만, 상대방이 보답하지 않으면 중생의 마음은 쉽게 원망으로 흐릅니다. 이에 대한 좋은 예가 있는데요.『대종경』〈인도품〉17장 법문을 함께 봉독하겠습니다.

이공주李共珠 사뢰기를 "제가 저번에 이웃집 가난한 사람에게 약간의 보시를 하였삽더니 그가 그 후로는 저의 집 일에 몸을 아끼지 아니하오니 복은 지을 것이옵고 지으면 받는 것이 그와 같이 역력함을 알았나이다." 대종사 말씀하시기를 "그대가 복을 지으면 받아지는 이치는 알았으나 잘못하면 그 복이 죄로 화하는 이치도 아는가." 공주 사뢰기를 "복이 어찌 죄로 화하겠나이까." 대종사 말씀하시기를 "지어 놓은 그 복이 죄가 되는 것이 아니라 복을 지은 그 마음이 죄를 짓는 마음으로 변하기도 한다고 함이니, 범상한 사람들은 남에게 약간의 은혜를 베풀어 놓고는 그 관념과 상을 놓지 못하므로 저 은혜 입은 사람이 혹 그 은혜를 몰라 주거나 배은망덕背恩忘德을 할 때에는 그 미워하고 원망하는 마음이 몇 배나 더하여 지극히 사랑하는 데에서 도리어 지극한 미움을 일어내고, 작은 은혜로 도리어 큰 원수를 맺으므로, 선을 닦는다는 것이 그 선을 믿을 수 없고 복을 짓는다는 것이 죄를 만드는 수가 허다하나니, 그러므로 달마達磨께서는 '응용 무념應用無念을 덕이라 한다.' 하셨고, 노자老子께서는 '상덕上德은 덕이라는 상이 없다.' 하셨으니, 공부하는 사람이 이 도리를 알고 이 마음을 응용하여야 은혜가 영원한 은혜가 되고 복이 영원한 복이 되어 천지로 더불어 그 덕을 합하게 될 것이니, 그대는 그 상 없는 덕과 변함없는 복을 짓기에 더욱 꾸준히 힘쓸지어다."

우리는 짓고 받는 인과의 이치에 대해서 어느 정도 눈을 떴습니다. 내가 지으면 받는다는 이치를 압니다. 내가 베풀면 은혜가 돌아온다는 것을 압니다. 그런데 유의할 것은 내가 받기 위해서 베풀 경우, 온전한 인과가 아니게 된다는 것입니다. 베풀되 그 대가를 바라지 않는 무상, 무념의 공덕이 필요합니다. 그렇게 될 때, 내가 생각지도 못한 은혜가 오고, 당사자로부터 직접 은혜와 복이 오지 않더라도 법신불 사은의 무한한 은혜와 위력이 함께하게 됩니다.

법문의 마지막은 이렇습니다. 먼저 나를 바루고, 먼저 내가 배우고, 먼저 내가 은혜를 베풀면 "나의 구하는 바를 다 이루는 동시에 자타가 고루 화함을 얻으리라."

내가 구하는 바가 무엇입니까? 다른 사람을 바루고, 다른 사람을 가르치고, 다른 사람으로부터 은혜를 받는 것입니다. 내가 먼저 바루면 다른 사람이 따라 바루게 되고, 내가 먼저 배우면 다른 사람 또한 올바르게 배울 것입니다. 내가 먼저 은혜를 베풀면 그 사람도 은혜를 베풀 것입니다.

　나뿐만 아니라 상대방도 '먼저 내가' 실행하면 어떻게 될까요? 누가 먼저 할 것 없이 서로서로 위하고, 배려하고, 존중하여 나와 남이 고루 화할 수밖에 없을 것입니다. 따라서 우리의 최종 목표는 나만 잘되자는 것도 아니고, 남만 잘되자는 것도 아닙니다. 바로 우리가 모두 함께 잘 되어, 함께 성공하고, 함께 행복해지는 것입니다.

　다른 사람이 하기를 바라지 말고 먼저 내가 해야 합니다. 먼저 내가 바루고, 배우고, 은혜를 베풀어야 합니다. 이것이 인과의 이치이고, 상생의 원리입니다.

　'너나 잘하세요.'가 아니라 '내가 먼저 잘해'야 합니다. 서로 배우고, 가르치고, 은혜를 주고받는 상생의 관계가 우리 사회를 아름답고 행복하게 만듭니다. '먼저 내가' 우리 솔성의 표준이 되었으면 좋겠습니다.

원기 103.09.30.

자기를 능히 이기는 사람

"다른 사람을 이기는 것이 그 힘이 세다 하겠으나, 자기를 이기는 것은 그 힘이 더하다 하리니, 자기를 능히 이기는 사람은 천하 사람이라도 능히 이길 힘이 생기나니라." 〈요훈품〉 15장

원기103년(2018) 경산 종법사님 신년 법문은 "내가 나를 이기자, 보은의 길로 가자, 낙원을 개척하자."입니다. 이 가운데 첫 번째인 '내가 나를 이기자'가 이 법문과 직접 관련이 있는데요. 오늘은 조금 다른 방향에서 나를 이기는 극기 공부에 대해 말씀드리고자 합니다.

법문을 보면 이겨야 할 대상이 셋 나옵니다. 다른 사람, 천하 사람, 그리고 자기입니다. 다른 사람을 이기고, 천하 사람을 이기는 데 있어 가장 기본이 되는 것은 먼저 나를 이기는 것입니다. 그런데 나를 이기는 것은 당연하게도 매우 어렵습니다. 그것도 애써서 이기는

것이 아니라 능히 이겨야 합니다.

 과거 영웅시대처럼 힘으로 세상을 지배하고, 다른 사람을 굴복시키는 시대가 아닙니다. 이제는 완력이 아니라, 지식과 지혜의 힘이 세상을 이끌고, 다른 사람을 이길 수 있는 무기가 되는 세상입니다.

 법문에서는 이길 수 있는 원천을 '힘'으로 표현했는데요. 우리 수도인이 갖추어야 할 힘은 세 가지입니다. 수양력, 연구력, 취사력입니다. 원불교에서는 이 세 가지 힘을 삼대력三大力이라 말합니다. 이 삼대력을 갖추었을 때 내가 나를 능히 이길 뿐만 아니라, 다른 사람과의 경쟁에서도 능히 이길 수 있습니다. 극기의 원천은 바로 수양·연구·취사의 힘이고, 이를 달리 표현하면 일심·지혜·실행의 위력이라고 할 수 있습니다.

 내가 나를 이긴다는 것은 법과 마가 싸워 법이 이기는 것과 같습니다. 범위를 넓혀보면 삼십 계문을 철저히 지키는 것이야말로 내가 나를 이기는 방법입니다. 내가 나를 이기는 방법은 크게 두 가지입니다. 욕심을 이기는 것과 습관을 이기는 것입니다.

첫째, 욕심을 이겨야 한다

 인간의 모든 불행은 욕심에서 비롯됩니다. 삼독심三毒心인 탐심·진심·치심 중에서 탐심, 즉 욕심을 중심으로 생각해 봅시다. 욕심이 채워지지 않으면 진심이 일어나고, 탐심과 진심이 일어날 때 치심도 함께 일어나게 됩니다.

 참는다는 것과 이긴다는 것은 동일하게 볼 수 있습니다. 욕심을 참는다는 것은 곧 욕심을 이긴다는 말과 같습니다. 아무리 먹고 싶은 것, 사고 싶은 것, 가지고 싶은 것이더라도 정당하지 않다면 참아야 합니다. 우리는 수많은 외적 경계의 유혹에 둘러싸여 있습니다. 그 유혹이 강하면 강할수록 이를 이겨내야 하는 마음도 힘이 듭니다.

〈솔성요론〉에서는 "탐한 욕심이 나거든 사자와 같이 무서워할 것이요."라고 했습니다. 사자보다 욕심이 더 무섭습니다. 물질적 탐욕이나, 인연에서 사랑하고 미워하는 마음이 강하게 일어날 때, 우리는 그 마음을 끊어내고 참아내며 이겨내야 합니다.

둘째, 습관을 이겨야 한다

자기를 능히 이기는 힘은 바로 의지력과 실천력입니다. 옳은 일을 해야 함을 알지만 잘 안되고, 잘하려 해도 잘되지 않는 이유가 무엇일까요? 습관 때문입니다. 지금까지 익혀 온 습관을 고치는 것은 매우 어려운 일입니다.

계문 중 "연고 없이 술을 마시지 말며", "연고 없이 담배를 피우지 말며"가 있는데요. 술을 끊고, 담배 끊는 것은 결코 쉬운 일이 아닙니다. 죽기 살기로 해야 할 수 있습니다. 자기 자신과 부단한 싸움입니다. 습관은 무수히 많은 시간 동안 반복되어 굳어진 것입니다. 똘똘 뭉쳐서 단단해진 그 습관을 한방에 깨뜨릴 수 있을까요?

하나씩 하나씩 실행하다 보면 실천력이 길러집니다. 쉬운 일부터 하다 보면 어려운 일도 해낼 수 있습니다. 하나를 해내면 여러 개도 해낼 수 있습니다. 우리가 상대해야 하는 일이 많아도 결국 상대해야 할 대상은 하나, 바로 자신입니다. 자신을 이기는 것입니다. 독일의 문호 괴테는 "누구든지 자기 자신을 통제할 수 없다면, 영원히 자기 자신의 노예가 된다."라고 했습니다.

『대종경』에는 "자기를 능히 이기는 사람은 천하 사람이라도 능히 이길 힘이 생긴다."라는 법문이 있습니다. 여기서 천하 사람을 능히 이긴다는 것은 단순히 힘으로 굴복시키는 것이 아니라, 모든 사람을 지도하고 교화시킬 수 있다는 의미입니다. 즉, 힘이 아닌 마음으로 감동을 주고 감화시킬 수 있다는 말씀입니다.

자기 자신도 이기지 못하는 사람이 어떻게 다른 사람을 지도하고 교화할 수 있겠습니까? 자신의 감정 하나 조절 못 하는 사람, 말만 내세우고 실천이 따르지 못하는 사람, 이런 사람이 다른 사람을 가르치고 교화한다는 건 말이 안 되는 소리죠.

습관과 관련해서 작지만 중요한 한 가지를 말씀드리겠습니다. "말할 때 참자." 마음공부 하는 우리는 말의 습관과 인격에서 품격을 높일 필요가 있습니다. 함부로 내뱉는 말이 아니라, 신중하고 정중하며 복되게 말하는 습관을 들여야 합니다.

저는 말하는 습관 가운데서도 특히, 다른 사람의 말을 함부로 해서는 안 된다는 말씀을 드리고 싶습니다. 내가 누군가에 대해 뭔가 알고 있을 때, 그 사실을 나만 알고 있으면 될 텐데 괜히 입이 근질거립니다. 심지어 전화를 걸어 일부러 그 말을 하고 싶어 안달하기도 합니다. 그러면서 이렇게 말을 시작하죠. '이 말, 안 하려고 했는데', '이런 말, 해도 될지 몰라', '이것 비밀이야. 너만 알고 있어.' 안 하려고 했으면 하지 말아야 합니다. 비밀은 지켜줘야죠. 터키에는 '네 혀를 입안의 죄수처럼 간수하라.'라는 속담도 있습니다.

어떻습니까? 우리 교도님들 중에는 이런 분이 한 분도 없으시겠죠. 그런데 사람은 결국 말로 실수하기 쉽습니다. 쏟아진 물을 다시 담을 수 없듯이 한 번 뱉은 말은 주워 담을 수 없습니다. 그런 상황이 왔을 때는 꾹 참는 겁니다. 마치 입에 지퍼를 꽉 채우듯이 말입니다. 일단 멈춰서 이 말이 꼭 해야 할 말인가, 하지 말아야 할 말인가 살피고 바르게 생각해야 합니다. 안 해야 할 말인데 하고 싶은 마음이 일어나면, 바로 그 마음과 싸워 이겨내야 하죠.

나를 이기는 데 있어 중요한 것은 자신의 한계점을 극복하는 것입니다. 지금까지 잘해왔던 것을 계속 잘하는 것은 당연한 일입니다. 쉽게 할 수 있는 일을 해내는 것도 그리 어렵지 않습니다. 그러나 진짜 힘들고 어려운 것은 지금까지 해보지 못했던, 잘 안되던 일을 해내는 것입니다. 나를 이긴다는 것은 나를 넘어선다는 뜻입니다. 예를 들어 운동선수는 자신의 기록을 넘어서는 것이 매우 중요하죠.

한계는 본인이 스스로 만들어 놓은 굴레입니다. '내 능력은 여기까지야. 그것은 내 능력 밖이야.'라며 자신의 한계를 설정하고 그 안에서 맴도는 것입니다. 극복하려고 하지 않고, 벗어나려고 하지 않습니다. 그러면서 스스로 자기 능력을 규정짓죠.

나를 이긴다는 것은 곧 자신의 한계를 극복하는 것입니다. 체력의 한계, 능력의 한계에 맞서 그것을 돌파하려는 과정이 바로 극기입니다. 그 극기의 과정을 통해 한계를 극복했을 때의 기쁨은 어떨까요? 운동선수는 값진 메달을 딸 것이고, 수험생은 합격의 영광을 얻을 것입니다. 사업하는 사람은 성공의 기쁨을 맛볼 것이고, 수도인은 진리의 무한한 은혜와 위력을 체험하고 극락을 수용할 것입니다.

제가 대학교 3학년 때 나름대로 의미 있는 일을 했습니다. 심장병 어린이 돕기 '새 생명 국토순례대행진'에 참여했는데요. 30년 전만 해도 심장병은 죽고 사는 문제였고, 수술 비용도 많이 드는 큰 병이었습니다.

새 생명 국토순례는 32박 33일 동안 전국을 자전거로 순례하면서 모금 운동을 하는 일이었는데요. 여름방학을 이용해 약 3,200㎞를 달리는 강행군이었습니다. 이를 위해 1학기 내내 체력 훈련을 하고, 매일 기도를 올리고, 떠나기 전날에는 혹시 모를 일을 대비해 유서까지 써 두었습니다.

순례를 돌며 하루에 약 100㎞를 자전거로 달리고, 목적한 도시에 도착하면 가장 번화한 거리에서 풍물을 치며 약 1시간 반에서 2시간 정도 거리 모금을 했습니다. 각 교당, 기관들의 성금과 가두모금으로 1억 원이 넘는 성금을 모았고, 그 결과 수백 명의 어린이가 새 생명을 얻을 수 있었습니다. 이 순례는 9회까지 이어졌으나, 너무 위험하다는 교단 어른들의 만류로 중단되었죠.

한번 생각해 보세요. 7월 아스팔트 온도는 40도가 넘습니다. 차들은 옆에서 쌩쌩 달립니다. 그 상황에서 100㎞ 정도 자전거를 타고, 도착해서는 장구를 메고 도시의 가장 번화한 곳에서 모금 운동을 합니다. 그리고 저녁에 모금 통을 털어 계산을 마쳐야 하루가 끝이 납니다. 온몸이 녹초가 되어 잠자리에 눕습니다. 아무리 20대 청년이더라도 근육 경련이 일어나 중간에 잠이 깰 정도죠. 그리고 그다음 날 다시 다음 도시를 향해 떠나는 겁니다.

이 33일의 순례 기간 중 가장 힘들었던 순간은 서울·춘천·홍천을 지나 강원도 태백으로 향하는 길이었습니다. 순례에 나선 지 약 일주일쯤 되니 다리에 근육 경련이 오고, 아킬레스건이 심하게 아팠습니다. 강원도는 산도 많고, 구불구불 오르막길이 계속 이어져 특히 고되었죠.

태백 밑에 도계라는 곳이 있습니다. 도계에서 태백까지 가려면 큰 산 하나를 넘어야 하는데, 한 10㎞ 정도 달려야 합니다. 겨우겨우 도계에 도착했는데, 눈앞에 큰 산 하나가 딱 버티고 있는 거예요. 굽이굽이 고갯길을 올라가야만 했습니다.

밑에서 고민했습니다. 저 고개를 올라가야 하나, 여기서 포기하고 자동차로 올라가야 하나. 결국 결심했습니다. 죽기 살기로 올라가 보자 다짐하며 페달을 밟기 시작했습니다. 앞을 보면 더 지치고 포기하고 싶은 마음이 일어날까 봐 무조건 땅만 보고 계속 페달을 밟았습니다. 오로지 페달에만 집중하고 천천히 천천히 달렸습니다.

중간에 한 번도 쉬지 않고 드디어 태백 고개 정상에 도착했습니다. 그때의 기분은 말로 다할 수 없습니다. 자전거에서 내리기가 싫더라고요. 이후 에스코트하던 봉고차에 기대어 한참 동안 그 감격을 음미했던 기억이 납니다.

제 몸의 한계, 의지의 한계를 극복하고 나니 뭐든지 할 수 있겠다는 자신감이 생기더라고요. 그 이후로 힘은 들었지만 아무런 사고 없이 32박 33일의 일정을 마칠 수 있었습니다.

내가 나를 이긴다는 것

우리의 수행, 마음공부도 그렇습니다. 한 번 자신의 한계를 극복하면 그 이후는 수월합니다. 싸움에도 단기전과 장기전이 있고, 작은 싸움과 큰 싸움이 있듯이, 나 자신과의 싸움도 마찬가지입니다. 짧고 작은 싸움은 이기기 쉽고, 져도 큰 충격이 없습니다. 그러나 길고 큰 싸움, 나의 인생과 명운이 걸린 싸움에서는 자신을 능히 이길 수 있느냐에 따라 행복과 불행이 갈립니다.

절체절명의 순간, 백척간두에서 진일보할 수 있는 용기가 필요합니다. 그 순간을 뛰어넘느냐, 주저앉느냐에 따라 결과는 천지 차이죠. 자신의 한계, 임계치를 넘어야만 새로운 세계가 열리고, 나 자신도 한 단계 진급할 수 있습니다.

자기 자신을 능히 이길 수 있으려면 어떻게 해야 할까요? 욕심을 떼고, 습관에 벗어나서 마음의 힘을 길러야죠. 대부분 보통 사람은 이렇게 하려고 노력합니다. 그런데, 우리 공부인이 놓쳐서는 안 될 아주 중요한 부분이 있습니다.

자기를 능히 이기려면 욕심과 습관을 만드는 '나'라는 존재를 없애야 합니다. 이 나를 없애는 공부가 바로 '무아' 공부입니다. 범부 중생은 내가 원인이 되어 죄를 짓습니다. 삼십 계문을 보더라도 모두 내가 있으므로 생기는 계문들입니다. 내가 무아가 될 때, 비로소 그 계문들에 의해 묶이지 않는다는 사실을 우리는 깨달아야 합니다.

　도가의 책, 『장자』에서는 '오상아吾喪我'라는 표현이 나옵니다. 나 오, 죽을 상, 나 아. 풀이하면 '내가 나를 죽인다.'라는 뜻입니다. 나를 죽인다는 것은 곧 나를 없앤다는 것이며, 이는 바로 '무아'를 말합니다. 내가 죽어야 내가 삽니다.

　내가 나를 이기고, 나를 넘어서야 합니다. 무아란 무엇에도 걸림 없고, 머무르지 않는다는 것입니다. 이 경지에 이를 때 비로소 내 마음을 마음대로 쓸 수 있는 능심能心에 도달할 수 있습니다. 무념無念, 무상無相, 무주無住이자, 곧 무아無我이고, 무심無心입니다. 이것이야 말로 참다운 자아의 완성이고, 자아 성취라 할 수 있습니다.

　다시 돌아와서, 우리는 끊임없이 자기 자신과 싸웁니다. 삶의 온갖 유혹과 경계와의 전투에서 끝까지 싸워 승리해야 합니다. 그런데 이게 끝이 아닙니다. 정산 종사님은 다음을 주의하라고 말씀하셨습니다.

　"당장에는 이겼다 할지라도 교만하고 방심하면 다음에는 질 것이요, 당장에는 졌다 할지라도 겸손하며 분발하면 다음에는 이기리라." 『정산종사법어』〈법훈편〉 55장 말씀입니다.

우리 교도님들! 나는 나의 어떤 모습을 이겨야 하는지 생각해 보시기 바랍니다. 제가 어느 분께 물었습니다. "당신은 당신의 모습 중 무엇을 이겨내야 한다고 생각하십니까?" '게으름'이라고 답하더군요. 이처럼 저마다 각자 이기고 싶은 자기 모습이 있을 겁니다.

간디는 사람의 진정한 적 여섯 가지가 있다고 했습니다. 그것은 색욕, 화, 집착, 큰 것을 취하려는 마음, 자만, 비탄이라 했습니다. 이 적들을 이겨내면 다른 것 정복하기는 훨씬 더 쉬워진다고 말했죠.

자기를 능히 이기기 위해서는 가장 큰 힘이 필요합니다. 그래서 우리 공부인은 삼대력인 수양력·연구력·취사력을 통해 극기해야 합니다. 욕심의 경계가 왔을 때 능히 이겨내고, 철석같이 굳은 나쁜 습관도 하나씩 하나씩 제거해야 합니다. 스스로 한계를 정하지 말고, 그 한계를 넘어서야 진급할 수 있습니다.

때로는 나를 내던지고 모든 것을 걸어야 하는 순간이 있습니다. 그때 나를 놓고 비워 무심, 무아의 경지에 이를 수 있도록 수행해야 합니다. 자기를 능히 이겼을 때 비로소 천하 사람도 이끌고 감화시킬 수 있습니다.

원기103.10.21.

두 가지 어리석은 사람

"세상에 두 가지 어리석은 사람이 있나니, 하나는 제 마음도 마음대로 쓰지 못하면서 남의 마음을 제 마음대로 쓰려는 사람이요, 둘은 제 일 하나도 제대로 처리하지 못하면서 남의 일까지 간섭하다가 시비 가운데 들어서 고통받는 사람이니라."

〈요훈품〉 16장

모든 사람은 지혜롭게 살기를 원합니다. 그러나 중생은 어리석은 삶을 살죠. 부처가 지혜로운 사람이라면, 중생은 어리석은 사람을 말합니다.

먼저 어리석음에 대해 알아보겠습니다. 어리석다는 것은 '슬기롭지 못하고 둔하다'라는 뜻으로, 반대말은 당연히 '지혜롭다'이죠. 옛말로는 '어리다'인데, 역시 모자란다는 의미를 갖습니다. 그래서 바보스럽고 멍청한 모습을 '어리바리하다'라고 말하기도 합니다.

원불교 『정전』에서 명확하게 어리석음이 드러난 부분은 〈일상수행의 요법〉 제2조입니다. "심지는 원래 어리석음이 없건마는 경계를 따라 있어지나니, 그 어리석음을 없게 하는 것으로써 자성의 혜를 세우자."라고 하셨죠.

심지心地, 우리의 마음 바탕은 원래 어리석음이 없습니다. 그러나 경계, 즉 생활 속에서 몸과 마음을 쓰다 보면 어리석음이 생기죠. 잘못된 생각이나 판단을 할 때, 우리는 어리석다고 합니다. 그리고 어리석은 생각과 판단이 행동으로 나타나면 어리석은 행동이 되죠.

어리석음은 한문으로 '우愚'와 '치痴'로 표현됩니다. '우'는 사연사조의 마지막 부분, "우라 함은 대소 유무와 시비 이해를 전연 알지 못하고 자행자지함을 이름이니라."에서 나오고, '치'는 〈법마상전급〉 10계문 중 마지막에 "치심을 내지 말며"에서 나옵니다.

정산 종사님은 『정산종사법어』 〈경의편〉 21장에서 '우'와 '치'의 차이점을 분명히 말씀해 주셨습니다.

학인이 묻기를 "우愚와 치痴가 어떻게 다르나이까?" 답하시기를 "우는 시비를 모르는 어린 마음이요, 치는 알기는 하나 염치없고 예의 없는 마음이니라. 하근기에 우자가 많고 중근기에 치자가 많나니 우와 치를 벗어나야 상근기가 되나니라. 일기할 때에 헛 치사에 좋아했거든 치심에 끌린 것으로 기록하라. 치심의 병근은 명예욕이며, 천치와 우는 비슷하나니라."

우리의 공부는 중생의 우치한 마음을 돌려 부처의 지혜로운 마음으로 만들고 가꾸어 가는 것입니다. 이제,『대종경』〈요훈품〉 16장 법문을 구체적으로 공부해 보겠습니다.

첫 번째 어리석은 사람은, "제 마음도 마음대로 쓰지 못하면서 남의 마음을 제 마음대로 쓰려는 사람입니다."

우리 교도님들! 내 마음을 마음대로 잘 쓸 수 있나요? 쉽지 않죠. 누구나 자기 마음을 마음대로 쓰고 싶어 합니다. 여기서 '마음대로'는 제멋대로 쓴다는 것이 아닙니다. 마음의 자유를 얻은 사람이 진리대로, 법대로 쓰는 마음을 뜻합니다.

그렇다면 자기 마음도 마음대로 쓰지 못하는 이유는 무엇일까요? 먼저 자기 마음을 제대로 알지 못하기 때문이고, 마음을 알더라도 습관과 업력으로 인해 마음대로 쓸 수 없기 때문입니다. 자기 마음을 마음대로 쓰지 못하는 사람들이 세상에 너무나 많습니다. 마음공부를 하는 사람이더라도 이게 참 어렵죠. 이 법문을 통해 소태산 대종사님이 주고자 하셨던 가르침은 무엇일까요?

첫째, 자기의 마음을 제대로 알고 제대로 마음을 쓸 수 있어야 한다는 것이고, 둘째, 남의 마음을 함부로 이래라저래라 하지 말라는 것입니다. 반대로 생각해 보면, 자기 마음을 마음대로 쓸 수 있는 사람만이 남의 마음도 마음대로 쓸 수 있다는 말이죠.

그런데, 남의 마음을 자기 마음대로 쓸 수 있을까요? 어렵죠. 그런데 억지로 쓰려는 사람이 있습니다. 자기 뜻대로 하기 위해, 때로는 강요하고 억압하여 남의 마음을 자기 마음대로 쓰려고 하는 사람들이 있습니다. 요즘 사회 문제로 대두된 갑질도 이 부류에 속한다고 봅니다. 갑의 위치에서 을에게 힘을 행사하죠. 상대방이 하기 싫어도 강요합니다. 을의 처지에선 마지못해 하기도 하고, 하기 싫어도 반항할 수 없는 경우도 있습니다.

자기 마음도 마음대로 쓰지 못하면서 남의 마음을 제 마음대로 해서는 안 됩니다. 만약 계속 그렇게 하려고 한다면 해줄 적당한 말이 있습니다. '너나 잘하세요.' 더 정확하게는 '남의 마음 함부로 하려고 하지 말고, 당신 마음이나 잘 쓰세요.' 남에게 관심을 두다 보면 정작 자신에게는 소홀해질 수 있습니다. 남의 마음 살피느라 정작 자신의 마음을 살피지 못할 수 있습니다. 자기 마음조차 제대로 쓰지 못하면서 남의 마음을 자기 마음대로 하려는 사람은 어리석은 사람입니다.

남의 마음을 자기 마음대로 쓰려는 사람은 왜 그럴까요? 대체로 이런 사람은 권력, 지식, 돈 등 가진 위치에 있습니다. 부모가 자녀를 자기 뜻대로 하려는 경우가 그렇습니다. 부모가 자식에게 바라는 장래 희망이 있습니다. 자식은 화가가 되고 싶은데, 부모는 의사가 되길 원합니다. 부모의 마음으로 자식의 마음마저 함부로 쓰려고 하면 어떻게 될까요? 결국 불행한 결말을 맞게 됩니다. 시간만 허비하고 나중에 후회하게 되죠. 심지어 부모와 자식 사이에 돌이킬 수 없는 간격이 생기기도 합니다.

다른 사람의 마음을 함부로 쓰지 않는다는 것은 상대방을 존중한다는 뜻이기도 합니다. 인격의 주체는 자기 자신입니다. 어렸을 때는 부모의 보호와 가르침을 받지만, 성인이 되면 스스로 독립할 수 있도록 해줘야죠. 다 큰 자식에게 어렸을 때처럼 부모 뜻대로 마음대로 할 수는 없습니다. 상대방의 생각과 의견을 존중해야 합니다.

제가 이문교당에 오고 나서, 근처에 제 입맛에 맞는 전라도 음식점이 있어 몇 번 다녔습니다. 혼자도 가고, 교도님들과도 몇 차례 갔죠. 그런데 올해는 그곳에 가지 않았습니다. 음식 맛이 달라진 건 아니지만, 그 음식집 사장님이 마음에 들지 않아서입니다.

음식점에 가면 음식도 맛있어야 하지만, 기분도 좋아야 하잖아요. 그런데 몇 번 가보니, 사장님이 우리가 가면 메뉴를 추가시키는 거예요. 찌개 하나면 충분한데도 두 개를 시키게 분위기를 만드는 겁니다. 내가 원해서 하는 것과, 강요로 마지못해서 하는 것은 다르죠. 그렇게 두 번 정도 겪고 나니, 더 이상 그 집에는 가지 않게 되었습니다.

그 사장님이 개인적으로 마음을 얼마나 잘 쓰는지는 모릅니다. 하지만 남의 마음을 자기 마음대로 쓰려고 하면 상대방은 어떨까요? 기분이 나쁘고, 거부하게 되겠죠. 더 이상 좋은 인연을 유지하기 어렵게 됩니다. 주위를 보면 그런 사람들이 꼭 있어요. 그렇다면 어떻게 해야 할까요? 남의 마음을 자기 마음대로 쓰려고 하지 말고, 자기 마음 제대로 쓰는 데 공력을 들여야 합니다.

두 번째 어리석은 사람은, "제 일 하나도 제대로 처리하지 못하면서 남의 일까지 간섭하다가 시비 가운데 들어서 고통받는 사람입니다."

내 일만 하라는 것은 아닙니다. 더불어 사는 세상에서 나 혼자만 잘 살려는 사람은 개인주의자이죠. 이 법문에서 말하는 것은, 먼저 자기 일을 제대로 처리하는 것이 중요하다는 것입니다. 그런 사람이 남의 일에 간섭해 도움을 줄 수 있습니다. 내가 바로 서야 남도 바로 세울 수 있죠. 내가 바로 서지 못했는데 남을 바로 세우려 하면, 그 자체가 어불성설이고, 시비가 생길 수 있습니다.

장기에서 훈수 두는 사람이 있습니다. 고수들은 훈수를 잘 하지 않습니다. 깜냥이 모자란 하수들이나 이래라저래라 합니다. 실제로 자기가 장기를 두면 훈수할 때보다 더 못 둡니다. 왜냐하면 남의 것은 잘 보이지만, 정작 자신의 수는 잘 보지 못하기 때문입니다.

제가 대학원에서 근무할 때 8년간 기숙사 사감을 했습니다. 아침 좌선부터 저녁 염불까지 거의 온종일 학생들과 함께하는 일과인데요. 사감들끼리 이런 말을 종종 했습니다. '남의 밭 매주기에 바쁘다.' 새벽에 학생들과 좌선할 때, 사감들의 시선은 학생들을 향해 있습니다. 대학원생이 되었는데도 많은 학생이 졸아요. 그러면 교무는 좌선을 멈추고 가서 조는 학생들을 경책하고 깨워야 합니다. 그러다 보면 좌선 시간이 다 지나가 버리죠. 원래 좌선 시간은 자기 마음 밭 매는 시간인데, 졸고 있는 학생 깨우며 남의 밭만 매다가 시간을 다 보낸다는 이야기입니다. 남의 밭 매느라 본인 밭의 잡초가 무성해진다는 사실을 잊어서는 안 됩니다.

내가 조금 안다고 아는 체하며 간섭하면 상대방은 어떻게 느낄까요? '네 일이나 잘하세요.' 하겠죠. 제 앞가림도 못하면서 아무 때나 나서는 '나서방'들이 있습니다. 이 일 저 일, 동네방네 안 나서는 데가 없죠. 혹 나서서 일을 해결하는 경우도 있지만, 대체로 나서는 것이 오히려 방해되고 혼란만 일으킵니다.

상대방이 잘 알아서 하도록 때로는 묵묵히 지켜보거나, 방향을 알려주는 조언 정도만 해줘야 할 때가 있습니다. 하나에서 열까지 다 참견하고 간섭하려 하면, 오히려 도와주는 것이 아니라 방해가 됩니다. 〈솔성요론〉 15조에서는 "다른 사람의 원 없는 데에는 무슨 일이든지 권하지 말고 자기 할 일만 할 것이요."라고 했습니다.

〈법위등급〉 중 법마상전급에서 "무관사無關事에 동하지 말라."라고 했습니다. 내가 꼭 끼지 않아도 될 일에 얼마나 많이 참견하고 사는지, 꼭 보거나 듣지 않아도 될 일, 간섭하지 않아도 되는 일에 얼마나 많은 정신 에너지를 낭비하는지, 우리는 스스로 반성해야 합니다.

10년도 넘은 일인데요. 제가 익산에 살 때 부동산에 관심이 많았습니다. 그때는 제가 집이 없어 전세에 살 때인데요. 어떻게 하면 돈을 벌 수 있을지 궁리도 했었습니다. 그렇게 매주 3번 정도 나오는 지역정보지인 '교차로'나 '벼룩시장'을 자주 보며, 싸게 나온 땅이나 집이 있는지 살폈죠. 그러던 중 괜찮아 보이는 집이 나왔어요. 자연취락 구역인데 땅은 약 150평, 가격은 1억 원 조금 넘었고, 자취방도 있어 연간 임대 수입도 기대할 수 있는 집이었습니다. 그런데 그 집이 제가 감당하기에는 부담스러워, 저희 누나를 설득해 그 집을 사도록 했습니다.

  그런데 그 이후로, 자세하게 말씀드릴 수는 없지만, 팔 수도 없고, 집도 짓기 어려운 애물단지가 되어버렸습니다. 최종 결정은 누나가 했지만, 제가 부추겨서 사게 만든 것이라 참 미안한 마음이 있습니다. 지금도 저희 어머니가 박 교무가 괜히 그 땅을 사라고 해서 누나가 고생한다고 하십니다. 나중에 그 땅이 효자 노릇을 할지는 모르지만, 누나로서는 돈이 묶여 금전적 손해를 본 셈이죠.

  지나고 보니 참 어리석은 일이었습니다. 제 본의는 누나를 위해서였지만, 실제로는 '제 일 하나도 제대로 처리하지 못하면서 남의 일까지 간섭하다가 시비 가운데 들어서 고통받는 사람'이 되어 버렸습니다. 저의 고통은 적었지만, 누나의 고통은 컸죠.

  상대방을 간섭하려는 행위는 상호 간 불협화음을 낳을 수 있습니다. 기독교 〈마태복음〉 7장 12절에서 예수님은 "너희는 남에게서 바라는 대로 남에게 해주어라."라고 하셨습니다. 상대방이 바라는 바가 무엇인지를 헤아려 그에게 맞게 대하는 것이 불보살의 심법입니다. 나의 입장만 고집하기보다, 상대방의 관점에서 헤아려보는 것이 바로 불공입니다.

  그렇다면 어떻게 해야 할까요? 먼저 내 마음과 하는 일에 최선을 다하는 것입니다. 남을 잘 가르치고 돕겠다는 생각은 훌륭하지만, 내 일을 해결하지 못하면서 남을 위한다는 것은 거짓이며, 제대로 가르치거나 도움을 줄 수도 없습니다.

제 마음도 마음대로 쓰지 못하면서 남의 마음을 제 마음대로 쓰려고 하는 사람. 제 일 하나도 제대로 처리하지 못하면서 남의 일까지 간섭하다가 시비에 들어 고통받는 사람. 소태산 대종사님은 이들을 어리석은 사람이라고 하셨습니다. 이 어리석음으로 인한 고통은 나 혼자만 받는 것이 아니라, 상대방에게도 큰 고통을 준다는 사실을 우리는 잊지 말아야 합니다.

우리는 어리석은 사람이 되어서는 안 됩니다. 내 마음을 제대로 쓸 수 있어야 남의 마음을 움직일 수 있고, 내 일을 제대로 처리할 수 있어야 남의 일에 관여할 수 있습니다. 자기의 마음과 생활, 일을 철저히 관리해야 합니다. 그다음에야 남을 가르치고 도울 수 있습니다. 다른 사람이 아닌, 먼저 나를 바르게 하는 것. 이것이 모든 공부의 첫 출발입니다.

원기 103.11.11.

도로써 구하라

"모든 것을 구하는 때에 도가 있건마는 범부는 도가 없이 구하므로 구하면 구할수록 멀어지고, 불보살은 도로써 구하므로 아쉽게 구하지 아니하여도 자연히 돌아오는 이치가 있나니라."

〈요훈품〉 17장

법문에 따르면, 범부는 도가 없이 구하고, 불보살은 도로써 구한다고 했습니다. 도로써 구해야 원하는 것을 얻을 수 있다는 뜻입니다.

원불교 교법으로 구한다

도는 무엇인가요? 너무나 큰 물음이지만 답은 간단합니다. 소태산 대종사님은 도를 둥그런 일원상으로 표현하시고, 일원대도라 말씀하셨습니다. 다른 종교에서는 도를 하느님, 청정법신불, 무극, 태극 등으로 말하기도 합니다. 소태산 대종사님의 깨달음에서 바라본 도는 모든 부처님과 성인들이 깨달은 도, 즉 진리와 같습니다. 이를 '제불제성諸佛諸聖의 심인心印'이라고 합니다.

  도는 크게 본원적 도와 방법적 도로 나눌 수 있습니다. 본원적 도는 진리 그 자체를 말하고, 방법적 도는 그 도에 이르는 길, 방법, 수단을 뜻합니다. 소태산 대종사님이 깨달으신 도는 '일원대도'입니다. 그 도를 『대종경』〈서품〉1장에서는 불생불멸의 도와 인과보응의 도라 말씀하셨고, 교리적으로는 인생의 요도 사은사요와 공부의 요도 삼학팔조로 밝히셨습니다. 본원적 도가 일원상의 진리, 즉 불생불멸의 도와 인과보응의 도라면, 방법적 도는 사은사요 삼학팔조가 됩니다.

  도로써 구한다는 것은 우리 원불교 교법으로 구한다는 뜻입니다. 우리 교법이 적용되면 세상에 구하지 못할 것이 없습니다. 돈을 벌고자 하는 사람은 돈을 벌 수 있고, 명예를 얻으려는 사람은 명예를 얻을 수 있고, 권력을 얻고자 하는 사람은 권력을 얻을 수 있습니다. 행복을 구하고자 하는 사람도 우리 교법대로, 교전의 가르침대로 하면 행복할 수 있습니다.

  〈요훈품〉17장 법문에서 우리가 알고자 하는 것은 '도는 무엇인가?'라는 궁극적 물음이 아닙니다. 핵심은 '도로써 구하라.'입니다. 즉 어떻게 구하는 것이 도로써 구하는 것인가에 대한 해답을 얻는 데 있습니다. 사람이 백 명이면 구하는 것도 백 가지일 수 있습니다. 이 세상에 사람들이 구하는 것을 낱낱이 나누면 수천수만 가지가 될 것입니다. 우리 교도님들은 지금 당장 무엇을 원하고 구하고자 하십니까?

대부분의 사람은 의·식·주와 관련된 것을 얻기 위해 노력합니다. 입고, 먹고, 잠자는 것, 곧 인간 생활의 가장 기본이자, 생존에 꼭 필요한 요소들이죠. 먹고 사는 문제가 해결된 사람들은 어떨까요? 그들은 얼마나 풍요롭게, 고급스럽게, 수준 있게 먹고 사느냐를 목표로 삶을 사는 것 같습니다.

그런데 인간이 의·식·주만으로 만족할 수 있을까요? 의식주는 기본이고, 이를 해결할 수 있는 돈을 벌기에 혈안이며, 나아가 명예와 권력 같은 신분 상승과 가치 실현의 욕구가 점점 커집니다. 가지면 가질수록 만족하지 못하고, 구하려 하는 것도 계속 늘어만 갑니다. 이것이 범부 중생의 삶입니다.

문제는 구한다고 다 얻을 수 있느냐는 것입니다. 어떻게 구하느냐에 따라 얻기도 하고, 얻지 못하기도 합니다. 이에 대해 소태산 대종사님은 "범부는 도가 없이 구하므로 구하면 구할수록 멀어지고, 불보살은 도로써 구하므로 아쉽게 구하지 아니하여도 자연히 돌아오는 이치가 있다."라고 하셨습니다.

범부는 애써 구해도 얻지 못하지만, 불보살은 아쉽게 구하지 않아도 자연스럽게 얻게 됩니다. 그 차이는 도로써 구하느냐, 도 없이 구하느냐에 달려 있습니다. 범부는 이기적 욕망으로 구하려 합니다. 도를 믿지 않고, 알지 못하기에 구하는 모든 일에서 욕심에 끌리고, 어리석어 이기적으로 취사하기 쉽습니다.

이기적 욕망을 채우기 위해 남을 속이고, 빼앗고, 투쟁을 거듭하면 어떻게 될까요? 나를 도우려는 사람은 점점 멀어지고, 반대로 빼앗으려는 사람은 많아져 결국 곤궁에 빠질 수밖에 없습니다. 그래서 범부는 구하면 구할수록 멀어지게 된다고 말씀하신 것입니다.

반대로 불보살은 애써 구하지 않습니다. 구한다기보다 나눠줍니다. 그런데 바로 이 나눔이 불보살의 지혜이자, 불보살이 실천하는 구함의 방법입니다. 인과적으로 생각해 보세요. 구하려면 먼저 어떻게 해야 할까요? 줘야 얻습니다. 주는 사람이 곧 받는 사람이 됩니다.

불보살은 빼앗으려 하지 않고 도와주는 사람입니다. 처음에는 손해 보는 것 같지만, 시간이 지날수록 상생의 인연이 늘어날 것입니다. 그래서 나중에는 내가 애쓰지 않아도 주변에서 도와주게 됩니다. 이렇게 수월하고 자연스럽게 구해지는 이치가 있습니다.

모든 것을 구한다고 했는데요. 생각해 보니 모든 것을 딱 두 가지로 줄일 수 있겠습니다. 바로 복과 지혜입니다. 복혜, 혜복, 결국 이 두 가지에서 벗어나지 않습니다. 그런데 복과 지혜는 나뉘어 있지만, 지혜 없이 복을 얻을 수 없고, 복 없는 지혜는 완전하지 않습니다. 불보살은 지혜만 갖춘 사람이 아닙니다. 복혜양족福慧兩足한 사람이 바로 불보살입니다. 우리 또한 불보살처럼 지혜와 복이 충만한 삶을 목표로 해야 합니다.

우리 교도님들은 무엇을 구하고자 교당에 오십니까? 돈, 친구, 취미생활? 교당에서 구하는 것은 지혜와 복이어야 합니다. 여기에 마음의 안정과 평화, 마음의 자유, 복락의 자유, 생사의 자유, 가정의 행복, 소원 성취도 포함됩니다. 사랑과 은혜, 자비도 있습니다. 〈일원상 서원문〉에 나와 있는 "일원의 위력을 얻고 체성에 합하도록까지 서원"하는 것도 바로 지혜와 복을 구하고자 함입니다.

소태산 대종사님은 우리가 의식주를 구할 때, 그 의식주를 나오게 하는 원리를 모르면 구할 수 없다고 말씀하셨습니다. 『대종경』 〈교의품〉 19장 말씀이 그 내용입니다.

"보통 사람들의 생활은 한갓 의·식·주를 구하는 데만 힘을 쓰고, 그 의·식·주를 나오게 하는 원리는 찾지 아니하나니 이것이 실로 답답한 일이라, 육신의 의·식·주가 필요하다면 육신 생활을 지배하는 정신에 일심과 알음알이와 실행의 힘은 더 필요한 것이 아닌가. 정신에 이 세 가지 힘이 양성되어야 그에 따라 의·식·주가 잘 얻어질 것이요, 이것으로 그 사람의 원만한 인격도 이루어질 것이며, 각자의 마음 근본을 알고 그 마음을 마음대로 쓰게 되어야 의·식·주를 얻는 데에도 정당한 도가 실천될 것이며, 생·로·병·사를 해탈하여 영생의 길을 얻고 인과의 이치를 알아 혜복을 구하게 될 것이니, 이것이 또한 참답고 영원한 의·식·주 해결의 길이라, 그러므로 정신의 삼강령이 곧 의·식·주 삼 건의 근본이 된다고 하노라."

일심, 알음알이, 실행의 힘이 양성되어야 의식주가 얻어진다고 하셨습니다. 정신의 삼강령이 갖춰져야 참답고 영원한 의식주가 해결될 수 있다고 하셨습니다.

이제 모든 것을 구할 때, 불보살들이 표준으로 삼는 철칙은 무엇일지 생각해 보겠습니다. '도로써 구하라.' 그렇다면 어떻게 구하는 것이 도로써 구하는 것일까요? 크게 보면 교법대로 구하는 것이지만, 실제로는 분명한 표준이 필요합니다.

저는 그 답을 『대종경』〈인도품〉 10장에서 찾아보았습니다. 소태산 대종사님은 "사람이 누구나 자기를 좋게 하려는 한 생각이 없지 아니하나, 구하는 데에 있어서는 혹은 순리로, 혹은 역리로, 혹은 사실로, 혹은 허망하게 각각 그 지견과 역량을 따라 구하므로 드디어 성공과 실패의 차를 내게 되나니라."라고 말씀하셨습니다. 우리 원불교인은 모든 것을 구할 때 다음의 세 가지를 생각해야 합니다.

첫째, 순리로 구해야 한다

순리는 '도리나 이치에 따르는 것'입니다. 반대는 역리가 되겠죠. 봄, 여름, 가을, 겨울. 사계절은 순서 있게 변화합니다. 우주의 성주괴공과 인간의 생로병사도 마찬가지입니다. 이것이 자연의 순리입니다. 천지에는 '순리 자연한 도'가 있어 변화를 일으킵니다.

소태산 대종사님은 천지 보은의 조목에서 "천지의 순리 자연한 도를 체 받아서 만사를 작용할 때에 합리와 불합리를 분석하여 합리는 취하고 불합리는 버릴 것이요."라고 말씀하셨습니다. 정산 종사님은 『정산종사법어』〈경의편〉 5장에서 합리와 불합리에 대해 "합리란 될 일이요, 불합리란 안될 일이니라."라고 해설하셨습니다.

이와 마찬가지로, 인간의 일도 순리에 자연스럽게 따르는 것이 올바른 도입니다. 겨울인데 여름옷을 입거나 씨앗을 뿌리려고 하면 안 되죠. 내 인생의 시기가 가을을 준비해야 할 때인데, 마치 청소년인 양 생각하며 행동하면 철모르는 사람이 되는 것입니다.

순리와 합리로 구하라는 것은, 욕심부리지 말고 순서 있게 구하라는 뜻입니다. 모든 일에는 선후 본말이 있습니다. 내가 구하고자 하는 모든 것에도 성취하는 이치가 있으며, 그 이치 가운데 우리가 표준으로 삼아야 할 것이 바로 '이소성대의 원칙'입니다. 작은 것으로써 큰 것을 이루고, 큰 것도 작은 것에서 시작된다는 뜻입니다.

소태산 대종사님은 『대종경』〈교단품〉 30장에서 이소성대야말로 천리의 원칙이고, 공부나 사업이나 기타 무슨 일이든지 허영심과 욕속심에 끌리지 말고 이소성대의 원칙에 따라 바라는 바 목적을 달성하라고 하셨습니다.

이소성대가 순리라면 욕속심은 역리가 되겠죠. 급히 서두르지 말아야 합니다. 대산 종사님은 "누구나 바르고 원만하게 꾸준히 하면 반드시 때가 오는 법인데, 모두 욕속지심欲速之心으로 순서 없이 하려고 하니 결국 실수하고 만다. 그러니 사시 순환과 같이 순리대로 하라."라고 하셨습니다.

일하다 보면 막히는 경우가 있습니다. 공부의 진전이 없을 때도 있습니다. 이때는 나의 공부와 사업, 즉 지금 구하고자 하는 것이 순리대로 되고 있는지를 살펴봐야 합니다. 순리대로 해야 많은 사람의 공감과 지지를 받을 수 있습니다. 하나씩 하나씩 쌓아가야 공든 탑이 무너지지 않습니다.

그러나 역리로 하게 되면 빨리 이루기 위해 순서를 무시하고 깨뜨리게 됩니다. 그래서 무리를 하게 되고, 다툼이 생깁니다. '순천자順天者는 흥하고 역천자逆天者는 망한다'고 했습니다. 자연의 순리에 따르면 성공하고, 거스르면 망합니다.

둘째, 사실로 구해야 한다

사실로 구한다는 것은 요행이나 술수를 바라지 말고, 사실적인 방법으로 구하라는 것입니다. 소태산 대종사님은 수행에서는 사실적 도덕의 훈련을, 신앙에서는 실지불공, 즉 사실불공을 말씀하셨습니다. 당처에서, 천지에서, 부모에서, 동포에서, 법률에서 복락을 구하고, 곳곳이 부처님이니 일마다 불공을 통해 사실적인 복락을 구하라고 하셨습니다. 허망하게 구하거나 미신처에서 구하지 말고, 사실로 구해야 얻을 수 있다고 하셨습니다.

원불교의 불공법은 사실적인 불공법입니다. 과거 불공법이 부처님 한 분에게 모든 복락을 구했다면, 원불교의 불공법은 진리불공과 실지불공을 통해 원하는 바를 이루는 사실적인 불공법입니다.

좀 더 사실적으로는 밖에서 구하지 말고 자기 자신에게서 구해야 합니다. 대산 종사님은 『대산종사법어』〈개벽편〉 5장에서 "복과 혜를 구하기로 하면 부처님이나 하느님이나 성현에게서만 구하지 말고, 복과 혜를 계발할 수 있는 능력을 나에게서 찾아야 하나니 이것이 대종사께서 주창하신 새 시대의 새 불법이니라."라고 말씀하셨습니다.

그리고 구하는 데 있어 꼭 명심해야 할 것이 있습니다. 대산 종사님이 법문하신 '세 가지 되어지는 진리'를 꼭 실천했으면 좋겠습니다. ① 끝까지 구하라, 얻어지나니라. ② 진심으로 원하라, 이루어지나니라. ③ 정성껏 힘쓰라, 되나니라.

모든 것을 구할 때 도로써 구하라고 했습니다. 불보살은 도로써 구하므로 아쉽게 구하지 않아도 자연히 얻게 된다고 했습니다. 우리의 교법, 즉 일원대도가 바로 도이고, 이로써 구하면 구하지 못할 것이 없습니다.

우리가 궁극적으로 구하고자 하는 것은 지혜와 복입니다. 대산종사님은 『대산종사법어』〈교리편〉 10장에서 일원상이 '복혜의 원천'이라고 하셨습니다. 인생의 요도 사은사요와 공부의 요도 삼학팔조는 복혜를 구하는 사실적인 방법입니다. 우리는 순리로 구해야 하고, 사실로 구해야 합니다. 그래야 얻을 수 있습니다. 오늘 설교를 다음 명구로 마무리하겠습니다.

'구하라. 도로써 구하라. 구해지나니라.'

원기 | 103.11.25.

군자와 소인

> "그 일을 먼저 하고 먹기를 뒤에 하는 사람은 군자요, 그 일을 뒤에 하고 먹기를 먼저 하는 사람은 소인이니라." 〈요훈품〉 18장

　군자와 소인은 유교에서 말하는 두 가지 인물상입니다. 군자는 고준한 인격을 갖춘 사람을 뜻하고, 소인은 낮은 인격을 가진 사람을 말할 때 씁니다. 흔히 '소인배'라고 하죠. 보통 군자를 말할 때 '성인군자聖人君子'라는 합성어가 쓰이는데요. 유교에서 가장 이상적인 인간상은 성인이고, 그다음이 군자입니다. 공자님은 현실적인 인간상으로 '군자'를 말씀하셨습니다.
　『논어』에서는 군자와 소인을 자주 비교합니다. "군자는 덕을 생각하지만, 소인은 토지에 민감하고, 군자는 의에 밝지만, 소인은 이익에 밝을 뿐이다." 이는 당연히 소인이 되지 말고 군자답게 행동하

라는 가르침입니다. 달리 보면, 군자가 되기 어렵더라도 최소한 소인은 되지 말라는 경계의 말씀으로도 읽을 수 있습니다.

무엇을 주로 하고 무엇을 먼저 하는가

〈요훈품〉 18장에서는 군자와 소인을 일과 먹는 것 중 무엇을 먼저 하느냐로 구분합니다. 일을 먼저 하고 먹는 것을 나중에 하는 사람은 군자이고, 반대로 먹는 것을 먼저 하고 일을 뒤에 하는 사람은 소인이라는 것이죠. 이는 주종의 관계를 일과 먹는 것으로 비유하여 설명한 것으로, 무엇을 주로 하고, 무엇을 먼저 하는지가 중요한 기준점이 됩니다.

소태산 대종사님은 『대종경』 〈인도품〉 5장에서 "천하만사가 다 본말과 주종이 있나니, 근본을 알아서 근본에 힘쓰면 끝도 자연히 좋아질 것이나, 끝을 따라 끝에 힘쓰면 근본은 자연 매하여지나니라."라고 말씀하십니다. 결국, 둘 중 하나를 단순히 선택하는 것이 아니라, 선후, 주종, 본말을 잘 아는 지혜를 갖춘 사람이 바로 군자라는 뜻입니다.

먼저 일과 먹는 것의 관계를 생각해 봅니다. 일과 먹는 것은 아주 밀접한 관계가 있습니다. 일반적으로 일은 노동을 의미하고, 먹는 것은 의식주를 대표하죠. 일을 해야 먹을 수 있고, 먹기 위해서는 일을 해야 합니다. 선후를 따지면 당연히 일이 먼저입니다.

일하고 먹는 것과 일하지 않고 놀고먹는 것. 일을 한 사람은 당연히 먹을 자격이 있지만, 일하지 않고 먹는 것은 빚을 지는 것입니다.

그러나 세상에는 일하지 않고 놀고먹으려는 폐풍이 있습니다. 정당한 노력을 통해 얻어야 하는 결과를 노력 없이 얻으려 하거나, 노력 없이 성공을 바라는 어리석은 사람들이 있습니다.

크게 보면 일은 직업을, 먹는 것은 의식주를 말하고, 작게 보면 일은 당장 해야 할 일을, 먹는 것은 한 끼 식사를 뜻합니다. 또 일은 공익을 위한 노력을, 먹는 것은 욕심을 의미하기도 합니다.

군자의 의로움과 소인의 욕심

〈요훈품〉 18장 법문은 크게 두 가지로 나눌 수 있습니다.

첫째는 군자가 하는 일입니다. 군자는 정신의 세력이 확장되어 살림의 범위가 넓으며, 큰일을 하는 사람입니다. 원불교의 관점에서 저는 군자를 무아봉공無我奉公하는 사람이라고 생각합니다. 개인과 가정에 국한하지 않고, 이웃과 사회, 국가, 세계를 위해 일을 하는 사람이 바로 군자입니다.

둘째는 소인이 가진 욕심입니다. 소인은 먹는 것을 먼저 한다고 했습니다. 먹는 것은 배고픔을 해결하기 위한 것이기도 하지만, 욕심을 뜻하기도 합니다. 소인은 당장 눈앞의 이익만을 좇고, 분수 밖의 욕심을 부리는 사람을 말합니다. 수단과 방법을 가리지 않고 자기 이익만을 채우기 위해 혈안이 되어 있는 사람이 바로 소인의 모습입니다.

예전에 TV 유머 일번지 '회장님, 회장님, 우리 회장님!' 코너에서 '밥 먹고 합시다'라는 말이 유행한 적이 있습니다. 회의가 길어지면 어느 임원이 '회장님! 밥 먹고 합시다.'라고 외치는 거죠. 회의가 지루하다는 항변이자, 배고파 더 이상 못 하겠다는 뜻일 겁니다. 먹는 것과 가치 있는 일, 어떤 선택을 해야 할까요?

『대종경』〈수행품〉 7장은 당장 배고픔을 해결하는 것과 예회를 보는 것 중 무엇을 택해야 하는지에 대한 법문입니다. 이 법문을 이야기식으로 풀어보면 다음과 같습니다.

영광 교도 한 사람이 예회 날 법회를 빠지고 교당 근처에서 일하고 있었습니다. 하루 품삯을 벌기 위함이죠. 이런 상황에 대해 대종사님은 제자들에게 이런 교도를 어떻게 생각하느냐고 묻습니다.

한 제자가 대답합니다. 만약 그 교도가 하루 먹을 것이 없어 가족이 굶주리게 된다면, 예회를 빠지고서라도 식구들의 굶주림을 면하기 위해 일을 하는 것이 맞습니다.

이에 소태산 대종사님은 "그대의 말이 그럴듯하나 만일 공부에 참 발심이 있고 법의 가치를 중히 아는 사람이라면 그동안에 무엇을 하여서라도 예회 날 하루 먹을 것은 준비하여 둘 것이어늘, 예회 날을 당하여 비로소 먹을 것을 찾는 것은 벌써 공부에 등한하고 법에 성의 없는 것이라"라고 하시며, 예회를 보기 위해서는 미리 준비하는 것이 중요하다고 하십니다. 또한, 미리 노력했음에도 먹을 것이 넉넉지 않다고 하더라도, 그 사람이 마음 가운데 일호의 사심 없이 공부한다면 자연 먹을 것이 생기는 이치도 있다고 하십니다.

우리 교도님들은 어떻게 생각하십니까? 배고픔을 면하기 위해 일을 해야 할까요, 아니면 정신의 양식을 구하기 위해 법회를 보아야 할까요? 이 문제가 군자와 소인을 가르는 기준은 아니지만, 무엇을 우선하고 더 가치 있는 일로 생각할지 판단하는 좋은 예라고 할 수 있습니다.

　군자와 소인, 일과 먹는 일. 군자는 일을 먼저하고 소인은 먹는 일을 먼저 한다고 했습니다. 군자는 의로움을, 소인은 욕심을 좇습니다. 의로움과 욕심. 한두 번은 그 차이를 모를 수 있습니다. 때로는 먹는 것이 우선시될 때도 있죠. 그러나 사람이 판단하고 행동하는 기준, 즉 가치관을 어디에 두느냐에 따라 시간이 흐른 뒤에는 현격한 차이가 생깁니다. 군자가 되느냐, 소인이 되느냐 결정되는 거죠.
　의로움과 덕을 갖춘 군자의 인품을 만들어가는 교도님들 되시길 기원합니다.

원기104.05.18.

화복禍福의 근원

> "어리석은 사람은 복을 받기는 좋아하나 복을 짓기는 싫어하고, 화를 받기는 싫어하나 죄를 짓기는 좋아하나니, 이것이 다 화복의 근원을 알지 못함이요, 설사 안다 할지라도 실행이 없는 연고니라."
>
> 〈요훈품〉 19장

어떠세요? 어리석은 사람이 아니라 지혜로운 사람이 되고 싶으시죠? 지혜로운 사람은 복 짓기를 좋아하고 죄짓는 것을 싫어할 것입니다. 오늘 설교는 '화복의 근원'이라는 제목으로, 함께 지혜를 밝히고 복전을 가꿔가는 시간을 갖도록 하겠습니다.

지어야 받는다

우리 원불교인들이 가장 쉽게 이해하는 인과의 법칙은 '지은 대로 받는다.'라는 것입니다. 소태산 대종사님은 『대종경』〈인과품〉 1장에서 매우 간명하게 인과의 이치를 설명하십니다.

"우주의 진리는 원래 생멸이 없이 돌고 도는지라, 가는 것이 곧 오는 것이 되고 오는 것이 곧 가는 것이 되며, 주는 사람이 곧 받는 사람이 되고 받는 사람이 곧 주는 사람이 되나니, 이것이 만고에 변함없는 상도常道니라."

'주는 사람이 곧 받는 사람이 되고, 받는 사람이 곧 주는 사람이 된다.' 콩 심은 데 콩 나고, 팥 심은 데 팥 나는 것이 인과의 원칙이자 철칙입니다. 선을 심으면 복을 받고, 악을 심으면 재앙을 받습니다.

소태산 대종사님은 화복을 어리석게 실행하는 사람의 모습에 대해 이렇게 말씀하십니다. "어리석은 사람은 복을 받기는 좋아하나 복을 짓기는 싫어하고, 화를 받기는 싫어하나 죄를 짓기는 좋아한다."

어디까지나 어리석은 사람이라 한정을 지으셨습니다. 누구나 복 받기는 좋아하고, 화 받기는 싫어할 것입니다. 그런데 문제는 사람들이 복 받기는 좋아하나 복 짓기는 싫어하고, 화 받기는 싫어하나 죄짓기는 좋아한다는 것입니다.

복을 받기는 좋아하나 복을 짓기는 싫어한다

복을 받는 것은 다 좋아하시죠? 저 역시 복이 없는 것보다는 많았으면 좋겠습니다. 전통적으로 우리 조상들은 오복을 이야기했는데요. 오복이란 수[오래 사는 것], 부[부자로 사는 것], 귀[귀하게 사는 것], 강령[건강하게 사는 것], 다남자[자식이 많은 것]를 말합니다.

사람마다 복의 기준은 다를 수 있지만, 대체로 복이 많다는 것은 이 다섯 가지를 골고루 갖춘 것을 말합니다. 복이 많은 것을 다복이라 하고, 복이 없는 것을 박복이라 합니다. 또 복이 많고 적음을 태어날 때부터 정해진 것이라 보는 사람도 있고, 스스로 지어서 받는 것으로 생각하는 사람도 있습니다.

우리 교도님들은 어떻게 생각하십니까? 다복하고 박복한 것이 사주팔자 소관입니까, 아니면 자기가 짓고 받는 것입니까? 인과를 신앙하는 우리는 내가 짓고 내가 받는다고 믿고 실행합니다. 분명한 것은 누구나 복 받기를 좋아한다는 것이죠.

이제 다음 문제, '복을 짓기는 싫어한다.'는 이 말에 동의하십니까? 아마 동의하지 않으실 것 같습니다. 복을 짓기 싫다기보다, 복을 지으려 해도 지을 수가 없다고 생각할 것입니다.

구분해 보겠습니다. ① 복 짓기를 좋아하는 사람, ② 복을 짓고 싶으나 지을 수 없는 사람, ③ 복 짓기를 싫어하는 사람. 이렇게 세 부류의 사람이 있을 수 있습니다. 첫 번째 사람은 항상 복을 받고, 두 번째 사람은 어쩌다 복을 받으며, 세 번째 사람은 항상 복이 궁하게 되겠습니다. 왜 복 받는 것은 좋아하면서 복 짓기는 싫어할까요? 바로 화복의 근원을 알지 못하고, 또는 알아도 실행이 없기 때문입니다. 좀 더 구체적으로 생각해 보겠습니다. 왜 복 받는 것은 좋아하면서 복을 짓기는 싫어할까요?

첫째, 복 받는 것을 정말 좋아할까요? 정말 절실하게 좋아하면 하게 되어 있습니다. 우리가 하는 일에도 해야 할 일이 있고, 좋아서 하는 일이 있습니다. 해야 할 일과 좋아서 하는 일 가운데 어떤 것이 오래가고 행복할까요? 좋아하는 일은 옆에서 뜯어말려도 하게 되어 있습니다. 하지 않는다는 것은 그만큼 좋아하지 않는다는 겁니다.

둘째, 오히려 복이 빠져나간다고 생각하기 때문입니다. 복을 지으려면 시간이 필요하고 공력이 들어갑니다. 내 시간과 가진 것을 내놓아야 합니다. 당장에는 손해를 보는 것처럼 느낄 수 있습니다. 그러고 나서 바로 복이 오지 않는다며 조급해하고는 복을 지어봤자 소용없다며 단정해 버립니다.

셋째, 복을 지어 받는 자기 체험이 없기 때문입니다. 복을 짓는 것도 습관이 되어야 하고, 복을 짓는 재미를 느껴야 합니다. 꼭 복을 받기 위해서가 아니라, 복을 짓는 기쁨과 행복으로 이미 복을 받고 있음을 자각해야 합니다. 봉사하는 분들이 그렇게 말하잖아요. 봉사함으로써 스스로 힐링이 되고, 기쁨이 되기 때문에 봉사한다고.

복을 쉬운 말로는 '행운'이라고도 할 수 있는데요. 우리는 노력해서 정당하게 받는 대가를 복이라고 하지 않습니다. 적게 노력했는데 큰 결과가 온다든지, 생각하지 않았는데 뜻밖에 찾아온 행운 같은 것을 복이라고 생각하는 경향이 있죠. 그런데 이런 로또 같은 복이 그냥 올까요? 사실 인과의 이치에 의하면 다 내가 짓고 내가 받는 것입니다.

갑작스럽게 찾아온 복이 어쩌면 재앙의 씨앗이 될 수도 있습니다. 그것은 복이 아니라 빚이죠. 그래서 지혜로운 사람은 뜻밖의 큰 복이 들어오면 혼자 차지하지 않고 나누려 합니다. 들어온 복을 다른 사람을 위해 베풀고 공중 사업을 해서, 재앙이 아니라 더 큰 복의 씨앗이 되게 하는 사람이 바로 지혜로운 사람입니다.

화를 받기는 싫어하나 죄를 짓기는 좋아한다

화는 재앙, 나쁜 일을 뜻하죠. 복에는 오복五福이 있듯이 화에도 오화五禍가 있습니다. 수, 부, 귀, 강령, 다남자의 오복과 반대로 단명하고, 가난하고, 천하고, 다병하고, 자식들이 속을 썩이는 것이 다섯 가지 재앙이 아닌지 생각해 봅니다.

누구나 이런 화를 받는 것은 싫어할 것입니다. 많은 복을 받는 것도 좋지만, 이런 재앙으로부터 멀리 떨어져 화를 면하며 사는 것만으로도 다행입니다. 우리가 기도하는 것도 결국 복은 가까이하고 화는 멀리하게 해 달라는 데에서 벗어나지 않습니다.

복과 마찬가지로 화도 세 부류의 사람이 있습니다. ① 화 받기를 진짜 싫어하는 사람, ② 화를 받기는 싫으나 어쩔 수 없이 죄를 짓는 사람, ③ 죄짓기를 좋아하는 사람. 첫 번째 사람은 항상 화를 벗어나고, 두 번째 사람은 어쩌다 화를 받고, 세 번째 사람은 항상 화를 면하지 못하게 될 것입니다.

왜 화 받는 것은 싫어하면서 죄짓기는 좋아할까요? 좀 더 구체적으로 생각해 보겠습니다. 앞서 말한 바와 반대일 것입니다.

첫째, 화 받는 것을 진짜로 싫어하기 때문입니다. 작은 화는 아무렇지도 않게 생각하겠죠. 그런데 문제는 정작 큰 재앙이 왔을 때 감당할 수 있느냐는 것입니다. 작은 화는 별것 아니라고 가볍게 생각하다 보면 자칫 소 잃고 외양간 고치는 격이 될 수 있습니다. 어리석은 중생은 큰일이 나야 정신을 차립니다. 그때는 이미 늦습니다.

둘째, 죄짓는 것에 재미를 붙이기 때문입니다. 보통 사람이라면 그러지 않겠죠. 그러나 어리석은 사람은 죄짓기가 습관이 되고, 거기서 오히려 재미를 느낍니다. 예를 들어 도둑질도 하면 버릇이 된다고 하는데요. 남을 속여 내가 정신적, 물질적 이득을 얻는다면, 그것을 재미 삼을 수가 있습니다. 아이들을 키우다 보면 알 수 있듯, 하지 말라는 것은 더 하려고 합니다. 왜냐하면 그것이 재미있기 때문입니다.

우리 교리에는 죄짓지 말라는 계문들이 있습니다. 그런데 왜 이 계문들을 자주 범하게 될까요? 재미가 있기 때문입니다. "정당하지 못한 벗을 좇아 놀지 말며, 금은보패 구하는데 정신을 빼앗기지 말며, 두 사람이 아울러 말하지 말며, 다른 사람의 과실을 말하지 말며." 이것들이 얼마나 재미있습니까? 하나 같이 다들 좋아할 법한 항목들이죠.

한편으로 복 받기는 좋아하면서도 죄짓기를 좋아하는 경우도 있습니다. 누구나 건강하기를 원합니다. 그런데 건강에 해가 될 일도 좋아합니다. 음식을 많이 먹고, 먹지 말아야 할 것들을 먹죠. 술을 마시고 담배를 피웁니다. 이러면 건강할 수 있겠습니까? 학생은 누구나 공부 잘하기를 원합니다. 그런데 반대로 게임하는 것을 좋아하고, 친구들과 놀기만 좋아하면 공부 잘할 수 있습니까?

짓는 데에 따라 받는다

어느 교당에 젊은 교도님이 찾아와 교무님께 이렇게 질문했습니다. "우리 어머니는 교당에 그렇게 열심히 다니셨는데, 왜 아프실까요?" 어떻게 생각하십니까? 또 이런 질문을 할 수도 있겠죠? "우리 어머니는 교당에 열심히 다니셨는데, 왜 가난하고 힘들게 사실까요?"

인과의 원칙은 내가 지은 대로 받는 것입니다. 좋은 일 하면 복을 받고, 나쁜 일 하면 화를 받죠. 우리가 한 가지 더 깊이 생각해 볼 것이 있습니다. 앞에서 오복을 말씀드렸는데요. 장수하려면 그에 맞는 복을 지어야 하고, 부자가 되려면 그에 맞는 복을 지어야 하고, 귀한 사람이 되려면 그에 맞는 복을 지어야 하고, 건강해지려면 그에 맞는 복을 지어야 하고, 자식들로 인해 행복해지려면 그에 맞는 복을 지어야 합니다.

죄도 마찬가지입니다. 수, 부, 귀, 강령, 다남자. 각각 그에 맞는 죄를 짓지 않아야 그 죄업에 따른 재앙을 받지 않습니다. 서로 관련은 있겠지만 운동을 열심히 한다고 해서 공부까지 잘하게 되지는 않듯이 오복을 하나하나 다 갖추기가 어렵습니다. 돈은 많은데, 건강에 문제가 있을 수 있고, 자식들이 속을 썩이는 경우도 있습니다.

각각에 합당하는 복을 지어왔는지, 이생뿐 아니라 삼세를 통해 나는 그런 복을 지어왔는지를 물어야 합니다. 앞으로 오복을 받으려면 어떻게 해야 할까요? 각각에 해당하는 복을 지어야 그에 맞는 복을 받을 수 있습니다.

또 하나 유의할 것이 있습니다. 복락은 복을 지어야만 얻을 수 있습니다. 그러나 그 복과 죄를 받아들이는 우리의 마음에 따라 복이 되기도 하고 죄가 되기도 합니다. 일체유심조一切唯心造, 모든 것이 마음에 달려 있습니다. 행복과 불행은 현실의 수·부·귀·강령·다남자로도 있지만, 결국 그것을 어떻게 수용하느냐 하는 마음에 달려 있습니다. 그래서 우리는 마음공부를 열심히 해야 하고, 실지로 복을 짓는데 게을리하지 말아야 합니다.

근원을 알아서 실행하라

소태산 대종사님은 복을 받지 못하고 화를 받는 이유를 화복의 근원을 알지 못하기 때문이라고 하셨습니다. 재앙과 복이 어디에서 올까요? 자기가 짓는 데서 따라옵니다. 화복의 근본은 어렵지 않습니다. 복은 짓고 죄는 짓지 말아라, 복을 짓는데 게으르지 말고 열심히 지어라, 죄는 철저하게 짓지 않도록 해라, 이것 아닙니까?

그다음 말씀이 더 중요하죠. "설사 안다 할지라도 실행이 없는 연고니라." 모르면 약도 없습니다. 먼저 알아야 실행할 수 있습니다. 다음으로 안 것을 그대로 실행할 수 있어야 합니다. 그런데 안다고 해서 다 실행하진 않습니다. 왜 실행이 안 될까요? 제대로 알지 못하거나, 그 실행을 가로막는 경계들이 있기 때문입니다. 좋은 일이나 복을 지으려 하면 마구니들이 따라붙습니다. '그거 소용없어. 그거 한다고 누가 알아주지 않아.'라고 방해합니다.

결국 중요한 것은 실행하는 것입니다. 어떠한 유혹이 있어도, 어떠한 어려움이 있어도 실행하는 것. 그 실행은 복을 짓기는 좋아하고, 죄를 짓기는 싫어하는 실행입니다.

원불교의 인사는 '복 많이 받으세요.'라기 보다 '복 많이 지으세요.'입니다. 지어야 받는 것을 알기 때문입니다. 불보살이 누구입니까? 복 짓는 재미로 사는 분들입니다. 어리석은 중생이 누구입니까? 죄짓는 재미로 사는 사람들입니다. 복을 짓고, 죄를 짓는 것은 결국 마음에 달려 있습니다. 악도에 떨어지지 않고 항상 복 있는 생활, 즐거운 낙 생활을 하기 위해서는 복은 짓고 죄는 짓지 않아야 합니다.

우리 원불교인들은 복을 받기는 좋아하나 복 짓는 것을 싫어하고, 화를 받기는 싫어하지만 죄짓기를 좋아하는 어리석은 중생이 아닙니다. 어떻게 하면 복을 지을까, 어떻게 하면 죄를 짓지 않고 화를 면할까? 이 일이 복을 짓는 일인가, 죄를 짓는 일인가? 이 마음이 복을 짓는 마음인가, 죄를 짓는 마음인가?

화복의 근원을 바로 알고, 알았으면 그대로 실행하는 우리 공부인이 되기를 염원합니다.

원기104.06.23.

행복한 사람 – 혜시·안분·만족

"정신·육신·물질로 혜시를 많이 하는 사람이 장차 복을 많이 받을 사람이요, 어떠한 경계를 당하든지 분수에 편안한 사람이 제일 편안한 사람이며, 어떠한 처지에 있든지 거기에 만족을 얻는 사람이 제일 부귀한 사람이니라." 〈요훈품〉 20장

복을 많이 받을 사람, 제일 편안한 사람, 제일 부귀한 사람! 이 세 가지를 다 갖추면 얼마나 좋을까요? 이런 사람을 일러 행복한 사람이라고 말할 수 있습니다.

행복한 사람은 첫째, 복을 많이 받을 사람입니다.

복을 받으려면 어떻게 해야 할까요? 먼저 복을 지어야 합니다. 소태산 대종사님은 정신·육신·물질 세 방면으로 혜시를 많이 하라고 하십니다. 너무 많이 들어봤고, 잘 알고 있는 내용입니다. 그런데 문

제는 실행하기 쉽지 않다는 거죠.

혜시惠施라는 단어가 나왔는데요. 은혜 혜, 베풀 시, 은혜를 베풀라는 뜻입니다. 정신으로 은혜를 베풀고, 육신[몸]으로 은혜를 베풀고, 물질로 은혜를 베풀어야 복을 많이 받게 된다는 것입니다.

정신으로 은혜를 베푸는 것

먼저, 정신으로 은혜를 베푸는 것에 대해 알아보겠습니다.

보시에 세 종류가 있습니다. 재보시財布施, 법보시法布施, 무외시無畏施입니다. 이 세 가지 가운데 정신으로 은혜를 베푸는 것은 무엇일까요? 법보시와 무외시입니다. 법보시는 법을 알림으로써 깨우침을 얻게 하고, 마음을 편안하게 하고, 올바른 길로 인도하는 역할을 합니다.

법보시하는 데 돈이 듭니까? 몸이 고달픕니까? 아닙니다. 문제는 내가 법보시 할 수 있는 능력을 갖추고 있느냐죠. 법이 높거나 많이 알고 있는 사람이 하는 것으로 생각하기 쉽습니다. 그런데 법보시는 그렇게 어려운 것이 아닙니다. 좋은 글이나 법문이 있어요. 어떻게 하면 됩니까? 전달을 잘하면 됩니다. 내가 법을 설할 수도 있지만 좋은 법을 잘 전달하는 것도 큰 공덕이 되고, 복이 됩니다.

어느 교당 교도님 이야기입니다. 이 교도님은 교당에 가서 법설을 들으면 너무나 좋아서 집에 가면 남편과 자식들에게 교당에서 들은 이야기를 전한답니다. 가족들이 법에 대해 신심이 나고 자연스럽게 젖어 들게 하는 거죠. 『대종경』〈신성품〉 7장에서 소태산 대종사님이 말씀하셨습니다. "남을 가르치는 데에도 신 없는 사람에게 신심 나게 하는 것이 첫째가는 공덕이 되나니라."

요즘에는 전달하는 방법이 얼마나 많습니까? 밴드나 카톡을 통해서 법문을 전달하기도 하잖아요. 이러한 법문들을 듣고 보며, 마음에 안심을 얻고, 힘을 얻고, 지혜를 얻으면 얼마나 좋습니까? 힘을 주는 말 한마디, 글 한 귀를 널리 널리 전달하는 것. 이것이 법보시이고, 정신으로 은혜를 베푸는 일입니다.

무외시는 두려움과 어려움으로부터 구제해 주는 것을 말합니다. 누군가 두려움과 어려움이 있을 때 몸으로, 물질로 도움을 줄 수 있습니다. 그런데 두려움과 어려움이 있을 때 기도해 주는 것도 정신으로 혜시를 하는 방법이 됩니다.

〈심고와 기도〉 장에서 이렇게 말씀하십니다. "괴로운 일을 당할 때, 어려운 일을 당할 때, 순경을 당할 때 심고와 기도를 올려라." 내가 나를 위해 기도할 수도 있지만, 두렵고 어려운 일을 당한 사람을 위해 정성 다해 기도하는 것, 이것이 정신으로 은혜를 베푸는 것입니다. 그리고 나와 가족만을 위한 기도가 아니라, 이웃과 세상을 위한 기도를 하는 것이 중요합니다. 이 땅의 평화를 위해, 모든 사람의 행복을 위해, 분단된 이 민족이 하루빨리 평화통일하기 위해 …….

육신[몸]으로 은혜를 베푸는 것

이 몸은 천지·부모·동포·법률, 사은의 공물입니다. 또한 이 몸은 사은의 은혜에 보은할 도구입니다. 아무리 마음이 있어도 몸이 따라

주지 않으면 봉공할 수 없고, 보은할 수 없고, 혜시할 수 없습니다. 그리고 몸으로 은혜를 베푸는 것에는 수고가 따릅니다. 몸을 움직이지 않고 혜시할 수 없습니다.

몸으로 은혜를 베푸는 것은 봉공 활동만을 의미하지 않습니다. 서울역 밥차 봉사라든지, 재해 재난이 일어났을 때 달려가 봉공하는 것도 대단한 일입니다. 그런데 이 주변에서도 충분히 할 수 있는 일들이 있다는 거죠.

폐지 할머니 손수레를 뒤에서 밀어준다든지, 힘들게 무거운 짐을 들고 계단을 올라가는 분의 짐을 들어준다든지 등등, 크고 작은 일들이 많이 있습니다. 몸으로 혜시한다는 것은 몸으로 땀을 흘리는 일입니다. 봉공의 땀 냄새야말로 세상에서 가장 아름답고 값진 향내라고 저는 생각합니다.

물질로 은혜를 베푸는 것

돈, 또는 물질로 은혜를 베푸는 것입니다. 요즘 세상은 물질이나 돈이면 다 해결되는 세상이 되었습니다. 많은 사람이 물질로 은혜 베푸는 것을 최고로 생각할 수도 있습니다. 그러나 물질로 혜시하는 것은 어쩌면 가장 낮은 수준의 보시입니다. 『금강경』에도 "항하사 모래 수와 같은 칠보로 보시하는 것보다 사구게, 즉 다른 사람을 위해 불법을 설하는 것의 공덕이 더 크다."라고 하셨습니다.

물론 물질로 은혜를 베풀어도 그에 따른 복을 받게 됩니다. 굶주린 사람에게는 따뜻한 밥 한 그릇이 가장 큰 보시입니다. 물질에도 마음과 정성이 담겨 있습니다. 마음이 나지 않으면 물질, 돈으로 희사할 수 없습니다. 따뜻한 마음을 전하기 위한 수단이 되는 것이 바로 물질이고 돈입니다. 꼭 필요한 사람에게, 꼭 필요한 물질을 베푸는 것을 열심히 하면 장차 복을 많이 받을 수 있습니다.

세 가지를 말씀하신 이유

정신·육신·물질, 이 세 가지를 통해 혜시하라고 하셨는데요. 순서로는 정신으로 혜시하는 것이 제일이고, 그다음 육신, 물질 순으로 볼 수 있을 것 같습니다. 왜 세 가지로 말씀하셨을까요? 세 가지 다 살아가는 데 필요한 것이고, 이렇게 삼박자가 아우러졌을 때 복이 많은 사람이라는 뜻입니다. 정신으로 혜시하면 지혜가 밝아질 것이고, 육신으로 혜시하면 건강할 것이고, 물질로 혜시하면 부자가 될 것입니다. 지혜롭고, 건강하고, 물질적으로 풍족한 사람은 참 복 많은 사람입니다.

그런데 우리가 주의할 것이 있습니다. 우리 원불교인들이 하는 정신·육신·물질 혜시는 복을 많이 받기 위함이 아닙니다. 사은의 은혜에 보은하는 것이야말로 은혜 입은 사람의 당연한 의무라는 것이죠. 내가 정신·육신·물질로 조금 혜시를 했다고 해서 자랑할 것도 아니고, 상을 내서도 안 됩니다. 상 없는 무상의 보시를 하는 것, 어떤 보답을 구하지 않고 상 없이 베푸는 것, 이것이 중요합니다.

대승불교의 수행법으로 육바라밀六波羅蜜이 있습니다. 보시·지계·인욕·정진·선정·지혜의 육바라밀은 대승불교에서 보살들이 행하는 수행법인데요. 바라밀은 '건넌다'라는 뜻입니다. 중생의 세계에서 부처의 세계로 건너기 위해서는 이 육바라밀을 실천하면 된다는 것이 대승불교의 가르침입니다.

육바라밀 중 맨 처음이 '보시바라밀'입니다. 이렇게 보시바라밀이 맨 처음 나오는 이유가 있습니다. 보시하려면 내 마음에 자비심이 있어야겠죠. 그리고 보시를 열심히 하면 자연스럽게 내 마음에 자비심이 생기고 복덕이 쌓여 부처가 될 수 있습니다. 재가 수행자도 누구나 이 보시바라밀을 행하게 되면 부처에 이를 수 있으며, 이것이 바로 보시바리밀이 대승불교의 수행인 이유입니다.

행복한 사람은 제일 편안한 사람이다

우리는 수많은 경계 속에서 살아갑니다. 경계는 우리를 힘들게 하는 시험과 같습니다. 정산 종사님은 『정산종사법어』〈권도편〉 41장에서 순경·역경·공경을 말씀하셨습니다. 순경은 내 마음을 유혹하는 경계, 역경은 내 마음에 거슬리는 경계, 공경은 내 마음이 게을러진 경계라고 하셨습니다.

이러한 경계들은 결국 나를 어렵고 힘들고 괴롭게 만듭니다. 우리에게 경계가 없을 수는 없습니다. 그 경계를 어떻게 받아들이느냐는 것이 우리의 마음공부입니다. 이때 소태산 대종사님의 해답은 무엇입니까? "어떠한 경계를 당하든지 분수에 편안한 사람이 되어라."라는 것입니다. 경계를 피할 수도, 싸울 수도 있고, 경계를 이겨낼 수도 있지만, 분수에 편안해지라는 말씀이죠.

'분수에 편안하라' 무슨 말일까요? 현재 상황을 편안하게 받아들이라는 것이죠. 분수란 자기의 처지를 말합니다. '분수를 알아야지'라는 이 말은 너의 현재 상황, 처지를 정확하게 알아야 한다는 뜻입니다.

소태산 대종사님은 〈최초법어〉 수신의 요법에서 이렇게 말씀하십니다. "정신을 수양하여 분수 지키는 데 안정을 얻을 것이며, 희·노·애·락의 경우를 당하여도 정의를 잃지 아니할 것이요." 분수를 지키려면 정신을 수양해야 하고, 분수를 지켰을 때 마음이 안정된다는 말씀입니다. 달리 말하면 욕심부리지 말라는 뜻입니다. 소태산 대종사님은 이를 또 다른 말로 '안분安分하라'라고 하셨습니다.

『대종경』〈인도품〉 28장 말씀입니다.

"공부인이 분수에 편안하면 낙도가 되는 것은 지금 받는 모든 가난과 고통이 장래에 복락으로 변하여질 것을 아는 까닭이며, 한 걸음 나아가서 마음 작용이 항상 진리에 어긋나지 아니하고, 수양의 힘이 능히 고락을 초월하는 진경에 드는 것을 스스로 즐기는 연고라, 예로부터 성자 철인이 모두 이러한 이치에 통하며 이러한 심경을 실지에 활용하셨으므로 가난하신 가운데 다시없는 낙도 생활을 하신 것이니라."

이렇게 분수에 편안하면 안심이 되겠죠. 마음 편한 것이 제일 좋습니다. 몸은 불편해도 마음 편한 것이 제일입니다. 물질로는 조금 부족해도 마음이 편안하면 행복해집니다. 마음이 편안하여지려면 어떠한 경계가 오더라도 자신의 분수를 잘 받아들이고 지키면 됩니다.

어느 교무님이 농담처럼 "나는 등심보다는 안심을 좋아해."라고 합니다. 안심安心, 다른 말로 마음이 편안한 것이죠. 우리도 마음 편안한 것을 제일로 생각해야 합니다. 마음이 편안하고 안정되어야 밝은 생각이 나오고, 밝은 생각이 나올 때 올바른 취사가 가능합니다. 그래서 안분 안심을 우선하자는 것입니다. 분수에 편안해지자는 것은 나약해지자는 것이 아닙니다. 순서로 봤을 때 그렇게 해야 한다는 겁니다. 마음이 편한 다음에 내가 무엇을 할 수 있을지 그다음 행동이 따라야 합니다.

행복한 사람은 제일 부귀한 사람이다

우리 모두 부귀한 사람이 되길 원하죠. 세상 사람들이 오복 중에 부귀를 최고로 치지 않을까요? 부자가 되고, 귀한 사람이 되는 것. 누구나 이런 사람 되기를 꿈꿀 것입니다. 그러나 세상은 매정하게도 부귀한 사람은 다수가 아니라 소수입니다. 우리나라 인구 중에 부귀한 사람은 몇 퍼센티지나 될까요? 부귀한 사람을 상류층이라고 할 때, 스스로 상류층이라고 생각하는 사람이 한 5% 정도 되려나요.

소태산 대종사님이 말씀하신 부귀한 사람은 상위 5%의 상류층이 아니라 '어떠한 처지에 있든지 거기에 만족하는 사람'입니다. 수치상으로 돈이 얼마 있고, 집이 어떻고, 어떤 대학을 나왔고, 사회적 지위나 하는 일이 어떤가에 따라 부귀가 결정되는 것이 아니라, 만족을 얻는 사람이 제일 부귀한 사람이라고 말씀하신 겁니다.

이 관점으로 다시 자신의 현재 위치에 대해 생각해 보겠습니다.

나는 부귀한 사람입니까? 몇 퍼센티지 부귀한 사람입니까? 소태산 대종사님은 『대종경』〈인도품〉 26장에서 이렇게 말씀하셨습니다.

"세상만사가 다 뜻대로 만족하기를 구하는 사람은 모래 위에 집을 짓고 천만년의 영화를 누리려는 사람같이 어리석나니, 지혜 있는 사람은 세상을 살아가는 데 십 분의 육만 뜻에 맞으면 그에 만족하고 감사를 느끼며 또한 십 분이 다 뜻에 맞을지라도 그 만족한 일을 혼자 차지하지 아니하고 세상과 같이 나누어 즐기므로, 그로 인하여 재앙을 당하지 않을뿐더러 복이 항상 무궁하나니라."

'10을 다 채우려고 하지 마라, 10중 6만 뜻에 맞으면 만족하고 감사하라, 그 사람이 부귀한 사람이고, 행복한 사람이다.' 그렇게 했을 때 재앙을 당하지 않고 복이 항상 무궁하다는 것입니다.

얼마나 희망적이고 지혜로운 말씀입니까? 아등바등 채우려 하다가 시간만 다 가고, 몸은 망가지고, 마음은 황폐해지게 됩니다. 결국 행복의 비법은 만족하고 감사하는 것입니다.

혜시는 있다고 하고, 없다고 하지 않는 것이 아닙니다. 마음이 나서 하는 것입니다. 복을 짓는 데에도 때가 있습니다. 정신으로 복을 지을 때, 몸으로 복을 지을 때, 물질로 복을 지을 때가 각각 있습니다. 복 지을 기회를 놓치면 복을 짓고 싶어도 지을 수가 없습니다. 세상 사는 데 무엇보다 마음 편한 것이 제일입니다. 경계를 당할 때 자신의 분수, 처지를 편안하게 받아들이는 것. 이것이 편한 마음의 첫걸음입니다.

    10분의 6만 마음에 들면 만족하라고 했습니다. 욕심부리지 말고 있건 없건 만족할 줄 아는 사람이 세상에서 가장 부귀한 사람입니다. 복이 충족하고, 모든 경계에 마음이 편하고, 모든 상황에 만족하는 사람. 이 사람이 세상에서 가장 복되고 행복한 사람입니다.

원기104.06.30.

어리석은 불보살

> "중생은 영리하게 제 일만 하는 것 같으나 결국 자신이 해를 보고, 불보살은 어리석게 남의 일만 해주는 것 같으나 결국 자기의 이익이 되나니라."
> 〈요훈품〉 21장

　소태산 대종사님은 중생과 불보살을 비교하시며, 우리 삶을 불보살의 삶으로 인도하셨습니다. 불보살의 삶이란 남을 이롭게 하여 결국 자신을 이롭게 하는 삶입니다.
　불교는 부처님의 종교이고, 깨달음의 종교입니다. 그중에서도 대승불교는 보살의 종교, 자비의 종교라 말할 수 있습니다. 불교의 수행은 중생심에서 벗어나 불보살의 마음을 얻는 것입니다. 우리는 보통 깨닫지 못한 사람을 중생이라 하고, 깨달은 사람을 부처라고 말합니다. 중생은 무명업장無明業障에 묶여 살고, 부처는 마음의 자유를 얻은 사람입니다. 한문으로 불 자를 부처 불, 깨달을 불의 의미로 해석합니다.

그렇다면 부처님은 무엇을 깨달았을까요? 반대로 중생은 무엇을 깨닫지 못했을까요? 전통적으로 석가모니 부처님은 연기법緣起法을 깨달았다고 말합니다. 연기법을 가장 간단히 설명하면 나는 홀로 존재하는 게 아니라 연기적 존재, 다시 말해 다른 것들이 있으므로 내가 존재한다는 것입니다. 이를 달리 말하면 '나라는 존재는 없다는 무아의 진리를 깨달으신 분이 바로 부처님'이라는 것입니다. 그리고 대승불교, 선불교로 넘어오면서 무아사상無我思想이 공사상空思想이 되죠. 나라는 존재를 포함해서 모든 존재, 일체는 공이라는 것입니다. 그 공사상을 대표적으로 나타내고 있는 대승 경전이 바로 『반야심경』입니다.

그렇다면 중생은 어떤 사람일까요? 어떤 깨달음을 얻지 못했다는 것일까요? 바로 무아를 깨닫지 못했다는 것입니다. 무아의 반대는 무엇입니까? 내가 없음의 반대는 내가 있음, 즉 유아有我가 될 것입니다. 다시 말해 중생은 유아로 사는 사람입니다. 내가 있으므로 내 것을 채우기 위해, 나를 만들기 위해 노력합니다.

내 것을 내세우고, 만들기 위해서는 어떻게 할까요? 욕심을 부릴 수밖에 없습니다. 그래서 내가 있는 곳에는 욕심이 항상 자리합니다. 반대로 불보살은 무아, 내가 없으므로 나를 위한 욕심이 없습니다. 내가 없으므로 모두가 다 내가 되는 것입니다. 나만을 위한 욕심이 없으므로 기꺼이 남을 위해 일할 수 있죠. 그래서 중생은 나만을 위해 살고, 불보살은 내가 없는 모두를 위해 산다는 것입니다.

이제 〈요훈품〉 21장에 있는 중생과 불보살의 삶에 대해 구체적으로 알아보겠습니다.

'제 일'을 하는 것과 '제 일만'을 하는 것

먼저, "중생은 영리하게 제 일만 하는 것 같으나 결국 자신이 해를 본다"고 했습니다. 여기에서 분명히 구분할 것이 있습니다. '제 일'을 하는 것과 '제 일만'을 하는 것입니다. 대부분의 많은 사람이 제 일을 하면서 살아갑니다. 남만을 위해 살지는 않죠. 문제는 자기 일만 한다는 것입니다. 그것도 "영리하게 제 일만 하는 것 같으나"라고 했습니다. '영리하게'라는 표현은 지혜롭다와 같은 의미가 아닙니다. '영리하다'는 '눈치가 빠르고, 똑똑하다'라는 뜻이 있습니다. 이때 영리하다는 말의 어감은 '약간의 수, 부정을 써서'의 의미도 포함하고 있습니다.

내가 가지고 있는 능력이 100이라고 할 때, 내 일만 하는 사람은 내 일에 100을 투자하는 것이겠죠. 만약 남의 일에 30을 배려하면 내가 30을 손해 본다고 생각할 것입니다. 이런 계산법이 바로 중생의 계산법입니다. 세상 사람들은 다 이런 계산법을 가지고 살아갑니다. 절대 손해 볼 일을 하지 않죠. 그래도 양심적인 사람은 최소한 자기 힘으로 살아간다는 생각을 가지고 살아갑니다. 남에게 피해 주지 않고 정당하게 살아간다는 사람, 사실 이런 사람들이 많으므로 이 세상이 그래도 잘 돌아갑니다. 그런데, 이 정도 사람들의 모습은 불보살의 삶과 관련해서는 보통, 또는 평균이라고 말할 수 있습니다.

영리하게 제 일만 하는 사람은 남에게 피해를 주기 쉽습니다. 제 일을 하는 사람은 괜찮지만, 제 일만 하는 사람은 위험합니다. 그것도 영리하게 하면 더더욱 위험합니다. 제 일만을 하는 사람이 영리함을 발휘하면 어떻습니까? 수단, 방법을 가리지 않습니다. 제 일만 하는 사람이 영리할 수 있지만, 제 일만 하는데 영리하다는 뜻으로 해석하는 것이 더 적합할 것입니다.

세상 사람들을 보십시오. 욕심으로 가득 차 사는 사람들이 많습니다. 그 욕심으로 부와 권력, 명예 등을 얻죠. 그러나 권리가 많은 사람, 명예가 높은 사람, 가진 것이 많은 사람, 재주가 많은 사람, 즉 영리한 사람들은 남의 행복을 빼앗는 경우가 많습니다. 왜냐하면 자기 것을 채우기 위해서는 남의 것을 빼앗아야 하기 때문입니다.

그런데 소태산 대종사님이 내놓으신 인과법은 어떻습니까? 영리하게 제 일만 하는 사람은 결국 자신이 손해를 본다고 했습니다. 영리한 사람은 인과적으로 왜 손해를 볼까요?

우리가 생각하기에는 영리하게 제 일만 하는 사람이 성공할 것 같잖아요. 옆도 뒤도 돌아보지 않고, 오직 제 일만을 위해 노력하면 성공해야 하는 것 아닙니까? 그런데 여기에는 보이지 않는 문장이 있습니다. 남에게 피해를 주지 않고 정당한 방법으로, 순리적으로 하면 성공하고 손해 볼 일이 없겠죠. 그런데 문제는 그 영리함을 자기의 성공만을 위해 발휘한다는 것입니다.

앞에서 수단과 방법을 가리지 않는다고 했는데요. 자기의 성공만을 위한다면 갑질을 해야 하고, 속여야 하고, 거짓말을 해야 합니다. 심하게 말하면 사기를 쳐야 내가 더 많은 것을 얻을 수 있습니다. 그런데 이런 사람이 인과적으로는 어떨까요?

눈앞의 이익은 얻고, 일시적인 성공은 할 수 있겠죠. 그러나 그것을 얻는 과정이 잘못되면 자칫 쌓은 모든 부와 명예, 권력이 모래성이 될 수 있습니다. 밝은 세상이기에 법망에 걸릴 수밖에 없고, 세상인심이 그 부정함을 다 알게 돼버리죠. 그러고는 외면해 버리고, 더 이상 상종하고, 거래하지 않으려 할 것입니다. 결국 영리하게 자기 일만 하는 사람은 손해를 볼 수밖에 없습니다.

내 일만 하는 대신 남의 일을 해주는 것

"불보살은 어리석게 남의 일만 해주는 것 같으나 결국 자기의 이익이 된다"고 했습니다. 중생의 입장과는 정 반대죠. 불보살은 내 일만 하는 대신 남의 일만 해줍니다. 그런데 그 결과는 손해를 보는 것이 아니라 이익이 된다는 것이죠. 나의 이익을 위해서는 내 일만 해서는 안 되고, 남을 위한 일을 해줘야 합니다. 이런 불보살이야말로 어리석은 것이 아니라 진짜 영리한 것입니다.

불보살은 부처와 보살의 합성어입니다. 불은 깨달은 자를 말하고, 보살은 깨달음을 뒤로 미루고 중생제도를 위해 노력하는 사람을 뜻합니다. 즉, 보살은 널리 중생을 구제하는 자비의 화현불化現佛입니다. 종합하면 불보살은 깨달은 자와 자비를 실천하는 사람입니다.

앞에서 불보살은 무아에서 출발한다고 했습니다. 무아이기 때문에 무아무불아無我無不我가 되죠. 내가 없으므로 나 아닌 것이 없습니다. 그래서 불보살은 나와 남의 구별이 없습니다. 내가 없으므로 모두가 내가 됩니다. 그래서 남의 일도 바로 내 일이 됩니다. 모두가 내 일이기 때문에 일하지 않을 수 없죠. 그래서 남의 일만 해주는 것 같으나 결국 자신의 이익이 되는 것입니다.

　인과적으로 보더라도 너무나 자명합니다. 남의 일을 해주기 위해서는 나의 시간과 노력, 정성이 다른 사람을 위해 쓰여야죠. 이러면 당장은 어떻습니까? 손해를 보게 되죠. 남의 일을 도와야 하니, 정작 내 일은 못 합니다. 그러나 시간이 지나면 소소영령昭昭靈靈한 인과의 이치에 따라 내가 받게 됩니다. 주고받는 것이 인과라고 했으니 받기 위해서는 반드시 먼저 줘야 합니다.

　보통 사람들은 내 일과 다른 사람의 일을 구분합니다. 내 일을 주로 하면서 남의 일은 여력이 있으면 도와주려고 하죠. 내가 여력이 있을 때는 남을 도울 수 있습니다. 내가 도와야 내가 필요할 때 남이 나를 돕습니다. 어찌 보면 주고받기[give and take]입니다. 줬으니 당연히 받겠다는 생각이 납니다. 줬는데 보답이 없다면 다음엔 절대 도우려 하지 않겠죠. 배은망덕이라고 생각하면서 앞으로는 도와주지 않겠다고 할 것입니다.

　불보살은 내 일이 따로 없습니다. 불보살은 계산하지 않습니다. 내 것 얼마, 당신 것 얼마, 저울로 재지 않습니다. 내가 줬으니 주겠지 하는 기대를 하지 않습니다. 주고 그냥 잊어버립니다. 왜냐하면 줬다는 상이 남아있지 않기 때문입니다. 불보살은 자신의 이해에는 불고합니다.

　동포 보은의 강령이 '자리이타自利利他의 도'의 실행입니다. 나도 이롭고 상대방도 이롭게 하는 것입니다. 그런데 불보살은 자신이 손해를 감수합니다. 내가 해를 입어 상대방이 이로울 수 있다면 기꺼이 손해를 봅니다. 오직 이타적 대승행을 실천합니다. 불보살은 전체를 위해 일을 합니다. 그래서 결국 위공반자성爲公反自成이 되죠. 공을 위하는 것이 오히려 자신을 이루는 것이 됩니다.

　어리석은 불보살은 남을 위해 일할 뿐, 자신의 이익을 기대하지 않습니다. 그래서 불보살입니다. 이익을 구하지 않았는데도 이익이 따라옵니다. 그런데 불보살이 얻는 이익에는 몇 가지 특징이 있습니다. ① 바로 오지 않는다. ② 잘 보이지 않는다. ③ 1대 1로 오지 않는다. ④ 공중을 위한 혜택으로 온다.

　결국은 우리 모두 불보살이 되자는 것인데요. 어떻게 불보살이 될까요? 내 것만을 위해, 나의 이익만을 위해 영리하게 머리를 쓸 것이 아니라, 남을 위해 일하는 어리석은 불보살이 되어야 합니다.

　절에 가면 관음전, 지장전, 약사전이 있습니다. 관음전에는 관세음보살, 지장전에는 지장보살, 약사전에는 약사보살[여래]이 모셔져 있습니다. 관세음보살은 천 개의 손과 천 개의 눈으로 중생들의 아픔을 어루만져 주는 보살이고, 지장보살은 지옥 중생을 제도하기 전에는 성불하지 않겠다는 서원을 하고 지옥문을 지키고 있는 보살이고, 약사보살은 질병으로 인해 고통받는 이들을 치료해 주는 보살입니다. 그런데 관음, 지장, 약사 보살들은 그 이름은 달라도 부처님의 다른 이름, 다른 모습입니다. 부처님이 관음보살로 나타나기도 하고, 지장보살로 나타나기도 하고, 약사보살로 나타나기도 합니다.

그렇다면 우리 원불교에서는 보살이 없을까요? 천지 보살이 있고, 부모 보살이 있고, 동포 보살이 있고, 법률 보살이 있죠. 일원상 부처님의 다른 이름이 바로 천지, 부모, 동포, 법률 보살입니다. 각각 다른 모습으로 은혜를 베풉니다.

어떻게 불보살이 될까

우리 교도님들도 보살이 될 수 있습니다. 관세음보살이 될 수 있고, 지장보살이 될 수 있고, 약사보살이 될 수 있습니다. 가까운 사람에게 고민과 괴로움이 있으면 함께 아파하고, 그 이야기를 들어줄 수만 있어도 관세음보살입니다. 어떤 분이 열반하셨을 때 천도재에 참석하여 완전한 해탈 천도를 기원해 주는 사람이 지장보살입니다. 질병으로 고통받는 사람이 있을 때, 치유의 기도를 해주고, 좋은 병원을 소개하고, 좋은 약을 알려주는 사람이 약사보살입니다. 사랑과 자비와 은혜를 베푸는 사람이 바로 불보살입니다.

요즘은 가족도 남남으로 살아가는 경우가 많은 것 같습니다. 너는 너, 나는 나라고 생각하죠. 부모와 자식 간에도 이해를 다투고, 형제간에도 이해를 다투기도 합니다. 가족 간에도 불보살이 필요합니다. 영리하게 자신의 이익만을 구하지 말고, 좀 어리석고 멍청한 것 같아도 가족을 위해 일하는 것이 결국 자신이 이익을 보는 것임을 알면 좋겠습니다.

'좋다 보살'이라는 별명을 가진 분이 있었습니다. 전무출신 정녀 1호이자 설법을 잘해서 '설통說通'이라 불렸던 분, 공타원 조전권 종사입니다. 공타원님은 모든 것에 '좋다, 좋다' 하셔서 '좋다 보살'이라고 불렸습니다.

키가 크면 큼직해서 좋다, 작은 사람을 보면 아담해서 좋다, 야윈 사람을 보면 날씬해서 좋다, 뚱뚱한 사람을 보면 푸짐해서 좋다, 죽 같은 밥은 촉촉해서 좋다, 된 밥을 해오면 고실고실해서 좋다, 짜면 짭짤해서 좋다, 싱거우면 삼삼해서 좋다며 모든 것을 다 좋다고 칭찬해 주셨습니다. 우리 교도님들! 좋다 보살, 칭찬 보살 하기가 쉽습니까? 중생의 마음으로는 쉽지 않습니다. 남만을 위하는 보살의 마음이 없이는 어렵습니다.

부처와 보살은 특별한 사람이 아닙니다. 어떻게 하면 중생을 행복하게 할까를 밤낮으로 고민하는 사람입니다. 그리고 중생들 틈 사이로 들어가서, 내가 조금 손해를 보더라도 정신·육신·물질로 무조건 베풀고, 손과 발로 헌신합니다. 이런 사람은 항상 마음을 따뜻하게 쓰고, 말과 행동에서 진실함이 묻어납니다. 그러면 무슨 일을 하건 저절로 소문이 나죠. 그래서 어딜 가든지, 무엇을 하든지 주변에서 도와주는 사람이 모여들어 성공하게 됩니다.

인류 역사에서 가장 큰 이익을 남긴 분들이 바로 성인이요, 불보살들입니다. 수천 년의 역사를 통해 존경받고 이름이 불립니다. 이것만큼 큰 이익이 또 어디 있을까요? 불보살들은 남 잘되기만을 위해 노력하는데 결국 자신이 이익을 봅니다.

완벽한 불보살이 될 수는 없지만, 불보살의 일부는 될 수 있습니다. 모든 일마다 불보살의 행을 할 수는 없지만, 노력하면 불보살의 행을 많이 실천할 수 있습니다. 영리하게 제 일만 하다가 나중에 손해를 보는 어리석은 중생, 어리석게 남 일만 해주는 것 같으나 결국 자신이 이익을 보는 영리한 불보살! 우리 교도님들은 어떤 사람이 되시겠습니까?

원기104.08.11.

거짓 없이 그 일에만 충실하라

"지혜 있는 사람은 지위의 고하를 가리지 않고 거짓 없이 그 일에만 충실하므로, 시일이 갈수록 그 일과 공덕이 찬란하게 드러나고, 어리석은 사람은 그 일에는 충실하지 아니하면서 이름과 공만을 구하므로, 결국 이름과 공이 헛되이 없어지고 마나니라."

〈요훈품〉 22장

〈요훈품〉 22장 법문을 요약하면, 억지로 이름과 공을 구할 것이 아니라 거짓 없이 그 일에만 충실하면 자연스럽게 이름과 공덕이 찬란하게 드러나게 된다는 말씀입니다.

사람이 출세한다는 것은 그 이름과 공덕이 세상에 드러나는 것입니다. 호랑이는 죽어서 가죽을 남기고 사람은 죽어서 이름을 남긴다는 말이 있는데요. 이름을 남기는 데에도 크게 두 가지가 있습니다.

세상에 유익을 주어서 이름이 드러나는 경우와, 세상에 나쁜 짓을 해서 그 이름이 드러나는 경우죠. 기왕 이름이 드러날 바에는 세상에 유익한 공을 쌓아서 이름이 드러나는 것이 바람직할 것입니다.

억지로 구하지 말라

소태산 대종사님은 이름이 드러나고 공덕을 쌓는데도 지혜로운 사람이 있고, 어리석은 사람이 있다고 했습니다. 지혜로운 사람은 거짓 없이 그 일에만 충실하므로 시일이 갈수록 그 이름과 공덕이 찬란하게 드러나고, 어리석은 사람은 그 일에는 충실하지 않으면서 이름과 공만을 구하므로 결국 그 이름과 공이 헛되이 없어진다고 했습니다.

대한민국 국민이라면 충무공 이순신 장군을 모르는 사람이 없겠죠. 충무공에게는 성웅이라는 존칭어가 붙는데요. 소태산 대종사님은 충무공 이순신 장군을, 지와 덕을 아울러 갖춘 성장聖將이라고 칭송하셨습니다. 장수 장 앞에 성스러울 성을 붙인 겁니다. 이와 관련된 법문이 『대종경』〈인도품〉 52장입니다.

대종사 말씀하시기를 "이 충무공李忠武公은 그 마음 쓰는 것이 도道가 있었도다. 그는 높은 위에 있으나 마음에 넘치는 바가 없이 모든 군졸과 생사고락을 같이하였고, 권세를 잃어 일개 마졸이 되었으나 또한 마음에 원망과 타락이 없이 말 먹이는 데에 전력을 다하여 말을 살찌게 하며, 때로 말에게 이르기를 '네 비록 짐승일지언정 국록國祿을 먹고 이만큼 자랐으니 국가 존망의 시기를 당하여 힘을 다

하라'고 타일렀다 하며, 편안하고 명예스러운 일은 다른 장군에게 돌리고 어렵고 명색 없는 일은 자신이 차지하여 오직 위를 섬김에 충성을 다하였고 아래를 거느림에 사랑을 다하였으니, 과연 그는 지智와 덕德을 겸비한 성장聖將이라, 나랏일이나 천하 일을 하는 사람들이 다 같이 거울삼을 만한 분이니라."

다 아시다시피 이순신 장군은 임진왜란을 당하여 '삼도수군통제사'라는 높은 지위에 있기도 했지만, 모함받아 백의종군하여 말을 기르는 마졸馬卒이 되기도 했습니다. 그야말로 지위 고하를 가리지 않고 거짓 없이 나라와 백성을 위하는 일에 충실하셨던 분이 바로 이순신 장군이시죠. 그래서 그 이름이 천추에 빛나는 것이고, 그 공덕이 역사에 길이 남는 것이죠. 광화문 광장에서 큰 칼 옆에 차고 당당하게 서 있는 동상이 바로 충무공 이순신 장군 아닙니까.

그런데 『대종경』〈인도품〉 54장에서는 억지로 명예를 구하는 한 어리석은 사람의 예화가 나옵니다. 그 내용을 풀어서 이야기식으로 말씀드리겠습니다.

어느 고을에 부자가 있었습니다. 어느 날 이 마을에 흉년이 들어 많은 사람이 어려움에 부닥쳤는데요. 그러자 이 부자가 큰마음을 먹고 자신의 창고에 있던 약간의 전곡을 풀어 마을 사람들을 구제해 줍니다. 그런데 이 부자는 그 이후로 마을 사람들이 자신의 덕을 송덕頌德해주기를 바랍니다. 순수한 마음이 아니었던 거죠. 그러자 동네 사람들이 의논하여 작은 송덕비 하나를 세워줍니다.

이 부자는 그 작은 송덕비가 성에 차지 않았습니다. 그래서 본인이 스스로 많은 돈을 들여서 다시 비를 세우고 비각을 건축합니다. 이 모습을 본 사람들이 어떻게 생각했을까요? 그 꼬락서니를 보고 웃어버리죠. 그 이후로 이 부자에 대한 험담과 조소가 끊이지 않게 됩니다.

이런 이야기를 듣고 소태산 대종사님은 이렇게 말씀하십니다.

"이것이 곧 억지로 명예 구하는 사람들을 경계하는 산 경전이로다. 그 사람은 제 명예를 나타내기 위하여 그 일을 하였건마는 명예가 나타나기는 고사하고 그 전의 명예까지 떨어진 것이 아닌가. 그러므로 어리석은 사람은 명예를 구한다는 것이 도리어 명예를 손상하게 하며, 지혜 있는 사람들은 따로 명예를 구하지 아니하나 오직 당연한 일만 행하는 중에 자연히 위대한 명예가 돌아오느니라."

명예는 억지로 구해지는 것이 아니라, 자연스럽게 드러나야 합니다. 아무런 거짓 없이 순수했을 때 알아줍니다. 대가를 바란다거나 자신의 공덕 알아주기를 원한다면, 오히려 그로 인해 이전의 명예까지도 실추되는 어리석은 사람이 될 수 있습니다. 소태산 대종사님이 말씀하십니다. "오직 당연한 일만 행하는 중에 자연히 위대한 명예가 돌아오나니라."

거짓 없이 그 일에만 충실하라

소태산 대종사님은 지혜 있는 사람은 지위의 고하를 가리지 않고 거짓 없이 그 일에만 충실하다고 했습니다. 지위에는 높고 낮음이 있죠. 지위의 고하에 따라 주어지는 일도 다릅니다. 꼭 신분적 차별을 말하는 것은 아닙니다. 직장으로 볼 때 사장이 하는 일과 말단 직원이 하는 일은 다를 수밖에 없습니다. 일을 보는 시야도 다를 수 있고요. 그러나 거짓 없이 그 일에 충실한 것은 지위 고하를 막론하고 꼭 지켜야 할 준칙입니다. 지위가 높다고 해서 잘한다는 보장도 없고, 지위가 낮다고 해서 못할 이유도 없습니다. 어떻게 하느냐가 중요하죠. 거짓 없이 그 일에만 충실하면 이름과 공덕이 찬란하게 드러나게 된다고 했습니다.

거짓 없이 그 일에만 충실하라는 것은 무슨 뜻일까요? 이 문장에는 두 가지 조건을 말씀하고 있습니다. '거짓이 없어야 한다. 그 일에만 충실해야 한다.' '거짓이 없어야 한다.'는 것은 진실하고 순수하게 해야 한다는 것입니다. 대가를 바라거나 다른 의도가 있으면 안 되겠죠. '그 일에만 충실하라'는 것은 정성을 다하라는 것이죠. 한눈팔지 말고, 끝까지 최선을 다하는 것입니다.

생각과 의도에 거짓이 있으면 그 일은 결국 실패로 끝이 납니다. 생각과 의도가 진실하다고 하더라도 충실하지 않으면 성과를 낼 수 없습니다. 공적은 그냥 오는 것이 아니라 충실했을 때 따라옵니다. 거짓으로 그 일에만 충실해서는 안 됩니다. 거짓이 판을 치면 위험합니다. 종국에는 무너져 버리게 되죠.

교도님들! 이름과 공적에 가장 민감한 사람들이 누구일까요? 제 생각엔 연예인과 정치인일 거 같아요. 그렇지 않나요? 그런데 요즘, 연예인보다도 더 유명한 사람이 있는데요. 신문이면 신문, 방송이면 방송, 거의 반절은 이 사람 이름이 차지하는 것 같습니다. 장관 청문회를 앞둔 사람인데요. 이 사람과 관련하여 수많은 의혹이 봇물 터지듯 쏟아지고 있습니다. 야당에서는 이 사람을 어떻게 해서든 끌어내리려고 하죠. 아직은 옳고 그름을 판단할 수 없는데요. 겉으로 드러난 명예는 화려하지만, 국민의 눈높이로 볼 때는 이상한 점들이 많이 보이는 것 같습니다.

정의당 심상정 의원은 이 상황을 이렇게 표현하더군요. 20~30대는 상실감과 분노, 40~50대는 상대적 박탈감, 60~70대는 진보 진영에 대한 혐오감. 이 사람이 이 상황을 버틸 수 있겠느냐고 했습니다.

제 기준으로 볼 때도 거짓의 정도가 심해 보입니다. 그러한 지위에서 살다 보면 그런 거짓이 필요한 것인지도 모르겠지만, 겉과 속이 다른 위선이 보인다는 거죠. 그러면서 이렇게 말합니다. "법으로는 문제가 없다." 많이 아는 사람들이 오히려 법을 악용하죠. 세상에는 이런 사람들이 잘난 사람, 똑똑한 사람이고, 오히려 거짓 없이 사는 사람이 바보 멍청이가 되는 경우가 많습니다.

이름과 공만 구하지 말라

요즘 송가인이 대세라고 하더라고요. 미스트롯 송가인 다들 아시나요? '송가인이어라.' 얼마 전까지만 해도 저는 송가인이라는 트로트 가수를 몰랐습니다. 송소희, 장윤정, 홍진영은 알아도 송가인은 전혀 몰랐거든요. 어느 교도님이 하도 말씀하셔서 인터넷에서 찾아보니, 그때부터는 TV에서의 모습도 눈에 들어오더라고요.

확실히 노래는 잘하는 거 같아요. 목소리가 애절한 것이 정통 트로트를 하는 것 같더라고요. 얼굴도 복스럽게 생겼어요. 어르신들이 좋아하는 타입입니다. '한 많은 대동강아. 변함없이 잘 있느냐.' 송가인 씨의 본명이 조은심이더군요. 가수 하면서 어머니의 성을 따서 송가인이라는 예명을 썼는데, 10년 무명 가수로 보내다가 미스트롯에서 완전히 떴다고 하더라고요. 예전엔 1주일에 행사가 2~3개 있었다면 요즘엔 하루에 2~3시간 정도밖에 못 잔다고 합니다.

무명 가수에서 유명한 가수가 될 때까지, 10년의 세월을 어떻게 보냈을까요? 알아주나 몰라주나 진실하게 자신의 꿈을 향해 최선을 다했을 것입니다. 한눈팔지 않고 갈고 닦았기 때문에 마침내 운이 닿았을 것입니다. 그 중간에 포기하고 싶은 마음이나 다른 유혹이 없었을까요?

제가 장담할 수는 없지만, 지금 확실히 떴더라도 앞으로가 더 중요합니다. 가수라는 본업에는 충실하지 않으면서 이름과 공을 구하게 되면 어떻게 될까요? 이름과 공이 헛되이 없어지고 만다고 했습니다.

지난주에 법인절法認節이 있었는데요. 우리가 기억하듯이 올해가 법인성사 100주년이 되는 해입니다. 그리고 한 가지 더 기억해야 할 것은 방언 공사 또한 100주년이 되었다는 사실입니다. 방언 공사를 한번 생각해 보겠습니다. 방언 공사를 한다고 했을 때 주위에서 조소가 있었습니다. 그 일이 성공하면 '내 손에 장을 지진다'고 했습니다. 그리고 방언 공사가 어느 정도 되어가자, 이웃 마을의 부호 한 사람이 간척지의 권리를 뺏어가려는 술책을 쓰죠. 이때 소태산 대종사님을 비롯한 아홉 분 선진님들이 어떻게 대처하셨습니까? 대종사님이 〈서품〉 9장에서 이렇게 말씀하셨습니다.

"공사 중에 이러한 분쟁이 생긴 것은 하늘이 우리의 정성을 시험하심인 듯하니 그대들은 조금도 이에 끌리지 말고 또는 저 사람을 미워하고 원망하지도 말라. 사필귀정이 이치의 당연함이어니와 혹 우리의 노력한 바가 저 사람의 소유로 된다 할지라도 우리에 있어서는 양심에 부끄러운 바가 없으면 또는 우리의 본의가 항상 공중을 위하여 활동하기로 한 바인데 비록 처음 계획과 같이 널리 사용하지는 못하나 그 사람도 중인 가운데 한 사람은 되는 것이며, 이 빈궁한 해변 주민들에게 상당한 논이 생기게 되었으니 또한 대중에게 이익을 주는 일도 되지 않는가. 이 때에 있어서 그대들은 자타의 관념을 초월하고 오직 공중을 위하는 본의로만 부지런히 힘쓴다면 일은 자연 바른 대로 해결되리라."

오로지 '정신개벽'

얼마나 당당하고 떳떳합니까? 이 말씀을 한마디로 정리하면 '거짓 없이 오로지 그 일에만 충실하라'는 말씀입니다. 버려진 갯벌을 막아 논을 만드는 일은 공중을 위한 일입니다. 공익을 위한 그 마음에는 추호의 거짓도 있을 수 없죠. 비방이나 방해가 있어도 그 본의를 잊지 않고 부지런히 힘쓰는 것, 이것이야말로 오직 그 일에만 충실한 공심이요 정성이라 말할 수 있습니다.

오는 9월 21일에 원불교 소태산기념관 봉불식이 있습니다. 제가 예전에도 그런 말씀을 드린 적이 있는데요. 서울 한강변에서 원불교를 대표하는 소태산기념관보다, 영산의 2만 6천 평 정관평貞觀坪이야 말로 더 소중한 원불교의 자산이라고 말씀드렸습니다. 정관평은 단순히 논 2만 6천 평이 아니라, 우리 원불교 정신이 살아 숨 쉬는 역사의 현장이기 때문입니다. 교단의 창립정신과 세상을 위한 공익 정신을 담고 있는 것이 바로 정관평입니다.

앞으로 원불교가 가야 할 길도 마땅히 이렇게 되어야 합니다. 우리 원불교가 해야 할 일은 무엇일까요? 한마디로 '정신개벽'입니다. 물질의 노예 생활을 못 면하고 있는 파란 고해의 일체 생령을 진리적 종교의 신앙과 사실적 도덕의 훈련이라는 정신개벽을 통해 광대무량한 낙원으로 인도하는 것! 이것이 우리 원불교의 사명이고, 이 일을 해 나가는 것이야말로 우리 교단이 세상에 거짓 없이, 오직 그 일에만 충실히 하는 길입니다.

우리 이문교당도, 저와 우리 교도님도 마땅히 오직 이 일에 충실해야 합니다. 그러면 지금 당장은 아니더라도, 시일이 갈수록 원불교의 이름과 위상이 세상에 자연스럽게 드러나고, 그 공덕이 찬란하게 빛나게 될 것입니다.

"거짓 없이 그 일에만 충실하라."

지금 당장은 아닐지라도 시간이 지남에 따라 일은 성공할 것이고, 그에 따라 자연히 이름은 드러나게 됩니다. 세상은 아직도 권모술수가 횡행하고 거짓이 진실을 덮으려 합니다. 알맹이는 없고 이름만 화려하게 꾸미려고 합니다. 시일이 지남에 따라 일도 이름도 헛되이 사라지고 맙니다.

"거짓 없이 그 일에만 충실하라."

헛된 꿈을 좇지 말고, 허울 좋은 명예에 매달리지 말고, 서둘러 구하려 하지 말고, 거짓 없이 그 일에만 충실하면 이루어지고 얻어집니다.

원기 104.08.25.

헛된 꿈을 좇지 말고, 허울 좋은 명예에 매달리지 말고,
서둘러 구하려 하지 말고, 거짓 없이 그 일에만 충실하면
이루어지고 얻어집니다.

셋

달도 차면 기운다

> "제가 스스로 높은 체하는 사람은 반드시 낮아지고, 항상 남을 이기기로만 주장하는 사람은 반드시 지게 되나니라."
>
> 〈요훈품〉 23장

우리 교도님들! 지난 추석에 보름달 보셨나요? 저는 익산 어머니 집에 내려가서 보름달을 봤는데요. 올해는 날씨가 좋아 보름달이 유난히 둥글고 밝게 빛났습니다. 보름달을 꽉 찬 달, 만월滿月이라고 하죠. 예부터 우리 조상님들은 추석의 그 꽉 찬 보름달을 보고 소원을 빌곤 했습니다. 만월은 망월望月이라고도 하는데, 바랄 망, 달 월, 소원을 비는 달이라는 뜻입니다.

그런데요. 이렇게 꽉 차고 둥근 보름달도 그다음 날이 되면 어떻습니까? 조금씩 일그러지기 시작하죠. 이 세상 모든 것은 번성함이 있으면 기우는 때가 있습니다. 이것을 비유해서 '달도 차면 기운다'라고 말합니다.

중국 속담에 '인무천일호人無千日好 화무백일홍花無百日紅'이라는 말이 있습니다. 사람은 천 일 동안 한결같이 좋을 수 없고, 꽃은 백 일 동안 붉게 피어 있지 못한다는 뜻입니다. 항상 좋을 수 없고, 항상 최고일 수 없습니다. 따라서 이 말은 제 잘났다고 뽐내지 말고, 위세 부리지 말고, 겸손할 줄 알아야 한다는 뜻입니다.

시들지 않는 꽃이 없고, 늙지 않는 인생이 없습니다. 항상 성공 가도만 갈 수 없고, 항상 기쁘고 행복한 삶을 살기가 어렵습니다. 화려한 때가 있으면 저무는 때도 있습니다. 그래서 우리는 잘나간다고 자랑하지 말고, 시들어 간다고 낙담하지 말아야 합니다.

첫째, 제가 스스로 높은 체하는 사람은 반드시 낮아진다

높은 자리에 오른 사람이 '나는 이런 사람이야'라고 하며 거만하고, 오만하면 어떻습니까? '그래. 너 잘 났다'라고 하겠죠. 그런 사람을 좋아할까요? 앞에서는 고개를 숙일지라도 뒤에서는 손가락질할 것입니다. 존경은 우러나오는 것이지, 권세와 무력을 통해 얻을 수 있는 것이 아닙니다.

흘러간 유행어 중에 '자기 PR'이라는 말이 있습니다. PR은 'Public Relation'의 약자로, 직역하자면 대중과의 관계인데, 통상 '홍보'라는 뜻으로 쓰입니다. 나를 사람들에게 선전하는 것이죠. 그런데 자기 PR이 지나치면 어떻습니까? 밉상이죠. '그래. 너 잘났다'

가 됩니다.

　자기가 가지고 있는 것보다 과장되게 PR을 하면, 겉 포장과 속 내용에 격차가 생기게 되죠. 포장지는 화려한데, 내용물이 빈약하면 어떻습니까? 참 속없고 실없는 사람이 되죠. 그런 사람을 누가 믿어 주겠습니까? 처음에는 혹해서 볼 줄 모르지만, 속없는 사람, 실없는 사람은 금방 들통나게 되어 있습니다. 그래서 자기 스스로 높은 체하는 사람은 반드시 낮아질 수밖에 없습니다.

　소태산 대종사님의 첫째 아드님이 누구신지 아시나요? 『대종경』에도 나오는 인물인데요. 숭산 박광전 종사로 원광대학교 초대 총장을 역임하셨습니다. PR과 관련해서 숭산 종사님의 명언이 있습니다. 숭산님은 재치 있게 PR을 하셨습니다. 피할 건 피하고 알릴 건 알리는 것이 PR이라고 말이죠. 참 재미있으면서도 PR의 핵심을 찌르는 명언입니다. 이것을 잘못하면 어떻습니까? 정작 알려야 할 건 알리지 않고, 알리지 말아야 할 것은 알리는 어리석은 경우도 있죠.

　자기 스스로 높은 체하고 싶은 사람의 심리에는 자랑하고 싶은 마음이 자리합니다. 높은 체하는 것은 자랑하고 싶은 마음인데요. 자식 자랑, 아내 자랑, 집안 자랑, 학교 자랑. 주변의 것들을 통해 자신을 드러내고 싶은 마음이 있는 것입니다. '나 이런 사람이야.', '우리 집안은 이런 집안이야.' 그런 자랑거리를 위해 세상은 스펙(spec)을 만들어내죠.

　문제는 '체'하는 것입니다. '체하다'는 '척한다'라는 표현과 같은 뜻인데요. 높은 체, 잘난 체. 높은 척, 잘난 척. 다른 사람은 인정하지 않고, 스스로 체하고 척하는 것은 병입니다. 체하다, 척하다의 사전적 의미는 '앞말이 뜻하는 행동이나 상태를 거짓으로 그럴듯하게 꾸밈을 나타내는 말'입니다. 실제로는 높지 않은데, 거짓으로 그럴듯하게 높다고 꾸미고 포장하는 것이죠. 왜 이렇게 높은 체를 하려고 할까요? 세상에 높고 잘난 사람을 우대해 주는 나쁜 풍토가 있어서 그렇습니다.

이렇게 스스로 높은 체하는 사람은 어떤 계문을 범하게 될까요? 특신급 8조 "비단같이 꾸미는 말을 하지 말며", 법마상전급 1조 "아만심을 내지 말며", 7조 "시기심을 내지 말며", 8조 "탐심을 내지 말며"에 걸릴 것 같습니다. 꾸미는 말, 아만심, 시기심, 탐심이 작동해서 스스로 높은 체하는 어리석음을 범하는 것이죠. 당연히 이렇게 범과를 했기에 높아지기는커녕 낮아질 수밖에 없습니다.

옆에서 나를 높여주면 기분이 좋죠. 높여주는 것의 대표적인 예가 칭찬인데요. 내가 자화자찬하지 않더라도 주변에서 하는 과도한 칭찬을 매우 경계해야 합니다. 칭찬을 받아야 할 사람이 있고, 꼭 칭찬하지 않아도 될 사람이 있습니다. 그런데 어떤 사람은 꼭 칭찬받고 인정받고 싶어 합니다. 그것을 안 해주면 서운해하고 삐치죠.

제가 원남교당에서 근무할 때, 솔타원 황덕규 교무님을 모셨는데요. 이분이 다정다감하진 않더라도 모시기 참 편안했던 분입니다. 속에 감추는 말 없는 솔직하신 분이세요. 그런데 솔타원님은 같이 사는 교무들에게 칭찬을 인색하게 하세요. 밑에 있는 사람은 윗사람으로부터 인정받고 싶잖아요. 내가 뭔가를 잘 해서 혼자 뿌듯하고 보람찰 수도 있지만, 윗사람이 인정해 주고 칭찬해 주면 기분이 좋고 앞으로도 더 잘하겠죠.

시간이 지나면서 '아, 이분은 이런 분이구나.'라고 생각하게 됐습니다. 1년 정도 그렇게 살았는데 한번은 이런 말씀을 하시더라고요. 본인 마음에 있더라도 아래 사람에게 일부러 칭찬하지 않는다고 말이죠. 왜 그럴까요? 칭찬받으면 좋은 점도 있지만 나쁜 점도 있습니다. 교만해지기 쉽죠. 칭찬이 없으면 서운해하고, 인정에 대한 마음의 갈구가 생깁니다. 그것이 충족되지 않을 때 괴로움이 생기고, 지나치게 꾸미게 됩니다.

솔타원님이 이임 인사 때 저에게 말씀하시더라고요. 4년 동안 덕희 교무 덕분에 편안하게 근무했고, 4년 있으면서 제가 화내는 것을 한 번도 본 적이 없다고 그렇게 칭찬하셨습니다. 수도인, 공부인은 스스로 높은 체하는 것도 경계해야 하지만, 남이 높게 치켜세워 주는 것도 경계해야 한다는 말씀을 드리는 것입니다.

저 일원상을 한번 바라보세요. 높고 낮음이 있습니까? 한번 구르면 높은 곳은 낮은 곳으로, 낮은 곳은 높은 곳으로 바뀝니다. 저 일원상은 둥글어서 굴러갈 수밖에 없습니다. 높고 낮음, 잘나고 못남이 없죠.

둘째, 항상 남을 이기기로만 주장하는 사람은 반드시 지게 된다

〈어린이 성가〉에 이런 노래가 있습니다.

이기기만 하는 사람은 욕심쟁이죠.
지기만 하는 사람은 못난이래요.
진 사람을 이끌어 주고, 이긴 사람 따라가는
바로바로 그 사람이 정말 힘세죠.

교리상으로 보면 어디에 해당할까요? '강자·약자의 진화상 요법' 이죠. 강자는 자리이타법을 써서 약자를 강자로 이끌어 주고, 약자는 강자를 선도자로 삼아 강자가 되었을 때, 강자와 약자가 서로 진화할 수 있다는 가르침입니다.

"항상 남을 이기기로만 주장하는 사람은 반드시 지게 된다." 이 법문에서 우리가 주의해야 할 단어는 '항상'이라는 단어입니다. 남을 이겨야 하는 일이 많죠. 남을 이기기 전에 먼저 자신을 이기는 것이 더 중요하지만, 살다 보면 남을 이겨야 할 때가 많이 있습니다. 그런데 항상 남을 이기기로만 주장해서는 안 된다는 겁니다.

스포츠 선수의 목표는 상대방을 이기는 것입니다. 스포츠는 승자와 패자가 분명하게 갈리는 분야입니다. 이기고, 이기고, 또 이겨서 더 이상 이겨야 할 대상이 없을 때 최고의 자리에 오를 수 있습니다. 일등제일주의를 주장하는 사람들은 금메달 외에 은메달과 동메달은 의미가 없다고 말하기도 합니다. 오직 승자만이 스포트라이트를 받고 최고의 자리에 등극합니다. 이를 승자독식이라고 합니다.

그런데 진정한 스포츠 정신은 금메달, 은메달, 동메달이 아닌 정정당당하게 최선을 다했느냐는 것이죠. 승자는 자만하지 않고 오히려 패자를 격려하고, 패자는 자신의 패배를 인정하고 승자를 축하해 주는 것, 이것이 승부가 명확하게 갈리는 스포츠 세계에서 모두가 승자가 되는 스포츠 정신입니다.

2018년 평창 동계올림픽대회에서 아름다운 우정으로 찬사를 받은 사람들이 있었는데요. 스피드 스케이팅 여자 500m 경주에서 금메달을 딴 일본의 고다이라 선수와 은메달을 딴 한국의 이상화 선수입니다. 경기가 끝난 뒤 고다이라 선수가 이상화 선수에게 다가와서 진한 포옹을 합니다.

이상화 선수는 2010년, 2014년 스피드 스케이트 종목에서 연속 금메달을 딴, 한국 동계스포츠 역사상 신화와 같은 선수입니다. 이 일본 선수는 이전에는 도저히 이상화 선수를 따라잡을 수 없었죠. 2014년 소치 올림픽에서 이상화 선수가 금메달을 딸 때, 이 선수는 5위에 그쳤습니다. 그런데 나이가 들면서 오히려 기량이 일취월장하게 되었고, 올림픽과 세계 선수권을 제패하는 선수가 되었죠.

스포츠에선 이겨도 이긴 것이 아니고, 져도 진 것이 아닙니다. 정정당당하게 최선을 다하면 이긴 사람도 진 사람도 없는, 모두가 승자가 되는 것이 스포츠입니다. 거기에는 상대방을 존중하는 리스펙트(respect) 정신이 자리하고 있습니다. 존중하면 존중을 받게 됩니다.

항상 남을 이기기로만 주장하는 사람의 마음에는 무엇이 자리하고 있을까요? '내가 저 사람을 꼭 이겨버려야겠다. 저 사람을 꼭 넘어뜨려야겠다. 저 사람을 밟고 일어서야겠다.' 이런 사람에게 상대방을 존중하는 마음이 있을까요? 독한 마음, 해치는 마음, 수단 방법 가리지 않는 부정한 마음, '지금까지 나는 져본 적이 없어. 꼭 이겨내고 말 거야.' 하는 강한 욕심과 집착이 자리하게 됩니다. 이런 마음을 가진 사람은 반드시 질 수밖에 없습니다.

싸움에는 이겨야 할 싸움이 있고, 져야 할 싸움이 있습니다. 이겨야 할 때 지고, 져야 할 때 이기려 하면 문제가 됩니다. 싸움을 하는 사람은 그 싸움에서 이기려고만 합니다. 특히 정쟁에서는 더더욱 그렇습니다. 물고 뜯고 싸워 이기려 합니다. 명분이든, 실리든 간에 이기고 보자는 식으로 덤벼드는 경우가 많습니다. 명분에서는 이기지만 실리에서는 지는 경우가 있고, 실리에서는 이기지만 명분에서 지는 경우가 있습니다.

그런데 세상을 살아가다 보면 이기면 안 되는 싸움이 있습니다. 부정당한 싸움은 이기면 안 됩니다. 지금 당장은 이롭지만, 시간이 지나면서 해가 되는 싸움은 이기면 안 됩니다. 또 이기면 안 되는 싸움이 있습니다. 부부 싸움이 그렇습니다. 남편도 그렇고 아내도 마찬가지입니다. 서로 이기려고만 하면 사달이 납니다. 특히 남자들은 이기는 것이 지는 것이고, 지는 것이 이기는 것입니다. 가정의 평화와 행복을 위해서 그렇죠.

정산 종사님은 『정산종사법어』〈응기편〉 8장에서 이렇게 말씀하십니다. "남을 이기는 법이 강으로만 이기기로 하면 최후의 승리는 얻기가 어려우나, 부드러운 것으로써 지혜로이 이기면 최후에 승리하는 법이 있나니, 물이 지극히 부드러운 것이로되 능히 산을 뚫는 것 같나니라."

 '남을 이기기로만 주장하는 사람은 반드시 진다.' 항상 이기고 살 수는 없습니다. 질 수 있다는 생각을 가져야 합니다. 1보 후퇴가 2보 전진할 수 있는 여유가 됩니다. 스포츠에서는 지는 것도 배운다고 합니다. 지는 것을 통해 이기는 방법을 배울 수 있기 때문입니다. 이겨야 한다는 강박관념에 파묻히게 되면 정작 여유가 없어지기 때문에 실수하게 되고, 낭패를 보게 됩니다.

 저는 1등 인생보다 2등 인생이 행복할 수 있다고 생각합니다. 항상 일등만 해야 한다고 생각하는 사람이 일등에서 미끄러졌을 때, 그 상실감을 감당하기 힘듭니다. 2등이라는 자리가 여유 있죠. 굳이 억지를 부려 1등 하지 않아도 됩니다. 1등이 스스로 떨어져 힘들이지 않고 올라갈 수도 있고, 제 위치에서 꾸준히 내 할 바 도리와 역할을 하다 보면 자연스럽게 올라갈 수도 있습니다.

 "제가 스스로 높은 체하는 사람은 반드시 낮아지고, 항상 남을 이기기로만 주장하는 사람은 반드시 지게 되나니라." 이 법문을 한마디로 정리하면 '겸손'이라고 생각합니다. 다른 말로는 '굴기하심屈己下心'하라는 거죠. 몸을 낮추고 마음을 아래로 향하라는 것입니다.

 『서경書經』에 '만초손滿招損 겸수익謙受益'이라는 말이 있습니다. '가득 차면 손해를 부르고, 겸손하면 이익을 얻는다.'라는 뜻입니다.

겸손이야말로 미덕입니다.

요즘 세상을 보면, 스스로 높은 체하는 사람, 항상 남을 이기기로만 주장하는 사람들이 있습니다. 이런 사람은 반드시 낮아지고 반드시 지게 된다고 했습니다.

높게 되기 위해서는 체 할 것이 아니라 그만한 참 실력을 갖추고, 경쟁에서 이기기 위해서는 상대방을 존중하는 마음, 꼭 이겨서 이득을 취하겠다는 욕심을 내려놓은, 여유로운 마음이 필요합니다.

원기104.09.22.

은선양악 隱善揚惡

"선은 들추어낼수록 그 공덕이 작아지고 악은 숨겨둘수록 그 뿌리가 깊어지나니, 그러므로 선은 숨겨두는 것이 그 공덕이 커지고 악은 들추어내는 것이 그 뿌리가 얕아 지나니라."

〈요훈품〉 24장

    이 법문을 간단히 정리하면 '선은 숨겨야 하고, 악은 드러내야 한다.'라는 말씀입니다. 이를 한문으로는 '은선양악隱善揚惡'이라고 표현할 수 있습니다.
    일반적으로 선은 좋은 것, 옳은 것, 양심적인 것, 복이 되는 것을 말하고, 악은 나쁜 것, 그른 것, 비양심적인 것, 죄가 되는 것을 말합니다. 행위와 관련해서는 선업, 악업이라고 하고, 선업을 지으면 선과를 받고 악업을 지으면 악과를 받는 인과의 법칙으로 설명합니다.

따라서 악업을 짓지 않고 선업을 널리 쌓아야 복된 삶을 살 수 있죠.

'은악양선隱惡楊善'은 '악은 숨기고 선은 드러내라.'라는 뜻입니다. 〈요훈품〉 24장의 말씀과 비교하면 정반대의 말씀이죠. 은악양선이 아니라 은선양악이 됩니다. 선은 숨기고 악은 드러내라는 것이 소태산 대종사님의 말씀입니다.

은선양악 은악양선

먼저 왜 은악양선하라고 했을까요? 그 의미를 살펴보겠습니다. 은악양선, 악은 숨기고 선은 드러내라는 의미는 실수는 덮어주고 선행은 드러내 주라는 뜻이죠. 이것은 누구에게 해당할까요? 내가 아닌 다른 사람에게 적용되어야 합니다. 다른 사람의 실수에 대해서는 감춰줄 수 있어야 하고, 다른 사람의 잘한 일에 대해서는 드러내 칭찬해 주어야 합니다. 은악양선, 참 좋은 말씀이죠. 그런데 이렇게 하기가 어렵습니다. 남의 허물을 드러내 이야기하기 쉽고, 남의 선행에 시기하고 배 아파하기 쉽습니다.

누구나 실수를 하고 잘못을 저지를 수 있습니다. 실수와 잘못을 단죄하고 처벌할 수도 있지만, 넓은 아량으로 숨겨 주고 덮어 주기도 해야 합니다. 이때 두 가지 반응이 있을 수 있는데요. '아, 실수해도, 잘못해도 되는구나.'라고 더 방심하고 방종할 수가 있습니다. 또 '아, 이 실수와 잘못을 뉘우치고 다시는 그렇지 않아야겠다.'라고 공부의 계기로 삼고 다짐할 수도 있습니다. 당연히 우리는 공부의 계기, 분발의 계기가 되도록 해야겠습니다.

'양선'의 경우도 두 가지의 경우가 있을 수 있는데요. 잘한 것을 드러내고 칭찬하면 오만하고 교만해질 수도 있고, 반대로 그 칭찬을 계기로 더 크고 지속적인 선행을 할 수 있습니다. 양선하라는 것은 계속 선행을 하라는 의미입니다. 또한 그 선행을 널리 알림으로써 다른 사람이 본받고 행하는 모범이 되기 위함이기도 합니다. 이처럼 실수는 덮어주고 선행은 드러내는 것이 은악양선입니다.

소태산 대종사님은 신심이 부족하고 착하지 못한 제자들의 큰 허물에는 꾸중을 적게 하셨습니다. 반대로 작은 선행에도 칭찬을 많이 하셨죠. 이것은 제자들에게 은악양선이라는 방편을 베풀었다는 의미입니다.

정산 종사님은 『법어』〈원리편〉 32장에서 "은악양선하여 저 사람을 도와주면 저 사람도 나에게 도움을 주게 되고, 상대방에게 상생으로 말을 하고 기운을 터야 나에게 기운이 응한다."라고 하셨습니다.

이처럼 은악양선은 상대방의 허물을 덮어주어 참회 개과의 길을 열어 줌은 물론, 선행을 선양하여 지속적 상생의 선연을 맺도록 하는 제도 방편이라 말할 수 있습니다. 이제, 〈요훈품〉 24장의 본문을 차례대로 살펴보겠습니다.

첫째, 선은 숨겨두는 것이 그 공덕이 커진다

법문에 의하면 "선은 들추어낼수록 그 공덕이 작아진다."라고 했는데요. 나 스스로 내가 잘한 것을 들추어내는 것을 '자랑질'이라고 합니다. '나, 이런 일 했어.' 하는 사람의 속에는 '너는 이런 일 못 하지.'라는 우쭐대는 마음이 자리하고 있습니다.

왜 우리 인간은 선은 드러내고 싶어 할까요? 사람에게는 인정받고 싶어 하는 욕구가 있습니다. 미국의 철학자이자 심리학자인 매슬로(Abraham Harold Maslow)는 이를 '존중의 욕구'라고 했습니다. 인정받음을 통해 '자아존중감'이 상승하게 되죠. 특히 사회적 관계를 중시하는 욕구가 강할수록 인정욕구가 강하고 명성, 명예를 중요시합니다.

인정욕구에서 비롯된 행동이 과시입니다. 과시는 사실보다 크게 나타내어 보여 주는 것을 말합니다. 과시에는 어느 정도의 과장이 얹어집니다. 과시행동은 인간만이 아니라 사회적 생활을 하는 생명체들의 일반적인 속성입니다. 공작은 알록달록한 아름다운 날개를 과시해야 암컷의 마음을 얻을 수 있고, 꽃을 피우는 식물들은 색깔과 향을 과시하여 곤충들을 불러 모읍니다.

그런데 드러내고 싶은 욕구는 그에 따른 부작용을 동반합니다. 공작의 긴 꼬리는 맹수에게 더 잘 노출되고 움직임을 제한시켜 생존에 장애가 됩니다. 향기롭고 예쁜 꽃은 사람들에게 잘리고 꺾이게 되죠. 여성들이 하이힐을 신기 위해서는 발 건강을 희생하고 불편함을 감수해야 합니다.

그렇다면 왜 선을 숨겨두면 그 공덕이 커진다고 할까요? 실제로 숨겨두면 그 공덕이 커지나요? 어떻게 선을 숨겨둘까요? 우리가 은행에 돈을 맡겨 놓으면 원금에 이자가 붙죠. 복리일 경우 해마다 이자가 늘어납니다. 마찬가지로 선을 숨겨두는 것은 은행에 예금해 두는 것과 같습니다.

  선행을 바로 드러내면 돈을 있는 대로 다 써버린 것과 같지만, 진리 은행에 저축해 두면 내가 필요할 때 언제 어디서나 찾아서 쓸 수 있습니다. 선이 바로 드러나면 소비가 되지만, 감춰두면 꼭 필요한 상황이 되었을 때 내가 가져다 쓸 수 있고, 그렇지 않더라도 진리가 그 복을 알맞게 맞춰서 주십니다. 만약 역경 난경을 당할 때, 그 숨겨진 공덕으로 인해 능히 역경 난경을 헤쳐 나갈 수 있는 복덕을 받을 수도 있습니다.

  선을 숨긴다는 것은 선을 한 행위자를 모르게 한다는 것입니다. 선한 일은 있는데, 그 선을 한 사람은 없는 것이 되죠. 선을 행한 사람이 없으면 역설적으로 모두가 선을 행한 사람이 됩니다. 그 선한 공덕이 한 사람이 아니라 모두의 몫이 되는 겁니다. 그 공덕도 모두에 미치게 됩니다.

  예를 들어 점심 공양 때 떡 공양을 했어요. 그런데 공양한 사람을 알리지 않고 했어요. 누군가가 떡 공양을 했다고 대중에게 알려지면, 그 한 사람에게만 고마움을 표시하겠죠. 그런데 떡 공양을 해서 떡을 맛있게 먹었는데 공양한 사람을 몰라요. 그러면 공양은 우리 교도님 중에 한 사람이 했지만, 그 한 사람이 특정한 사람이 아니라 모두가 될 수 있죠. 다시 말하면 교도 한 사람이 아니라 이문교당 교도 전체에 고마움이 미친다는 것입니다. 그러면 선의 공덕이 커질 수밖에 없죠.

마음 작용하는 공부 _ 셋

내가 선행을 한 후 그것을 최대한 숨겨보는 노력을 해야 합니다. 예수님은 오른손이 한 일을 왼손도 모르게 하라고 했습니다. 좋은 일은 많이 하는데, 말로 까먹는 사람이 있습니다. 꼭꼭 숨겨둬야 하는데 드러내기에 바쁩니다. 그러다 보면 공덕이 커지기는커녕 오히려 사라지고, 심지어는 선이 아닌 악의 죄를 짓게 되기도 합니다.

둘째, 악은 들추어내는 것이 그 뿌리가 얕아진다

소태산 대종사님은 선에 대해서는 공덕이라고 말씀하셨고, 악에 대해서는 뿌리라고 말씀하셨습니다. 뿌리의 특성이 무엇입니까? 바로 바탕이라는 것입니다. 악의 뿌리가 있으므로 악의 열매가 자라게 됩니다. 악의 열매가 열리지 않으려면 어떻게 해야 합니까? 그 뿌리를 뽑아야 합니다. 뿌리를 다스려야 근본적인 해결이 됩니다. 악은 숨겨둘수록 뿌리가 깊어진다고 했습니다. 뿌리가 깊어지면 뽑기 힘들죠. 악은 악을 불러오고, 작은 악은 큰 악이 됩니다. 그리고 악으로 인한 괴로움은 커져만 갑니다.

훈련원에서 근무하시는 어느 여자 교무님이 주변에 호박을 심으셨답니다. 그러다 호박이 하나둘 열려서 따다가 반찬을 해 먹었다는데요. 가을이 되니 그동안 보이지 않던 큰 호박들이 눈에 띄더래요. 가을이 되면 호박잎과 풀들에 가려졌던 잘 익은 노란 호박들이 어느새 큼지막하게 나타나죠. 그 호박들이 어느날 갑자기 '짠'하고 나타난 것이 아닙니다. 원래 그 자리에 있었는데, 눈에 잘 띄지 않았던 거죠. 왜 그렇습니까? 안 보이는 곳에 숨어 있었기 때문입니다. 숨어 있었기에 따지 않고 커질 수 있었습니다. 선이 되었건, 악이 되었건 숨어 있으면 커지기 마련입니다.

그런데 우리는 왜 악을 숨기려고 할까요? 이것은 과시, 인정욕구의 반대 성향으로 설명할 수 있습니다. 쉽게 말하면 창피하고 자존심이 상하기 때문입니다. 이런 경우 용기 있게, 과감하게 그 악을 드러내야 합니다. 숨겨두면 둘수록 악취는 심해집니다. 그 악은 또 다른 악을 낳고, 더 큰 악으로 커집니다.

다른 사람이 아닌 자신을 놓고 생각해 보세요. 내가 잘못한 것을 내가 먼저 드러내기가 쉽습니까? 어렵죠. 사람들 대부분은 남들이 모르는, 자신만 아는 숨기고 싶은 잘못 하나 정도는 가지고 있을 것입니다.

악은 감추고 싶은 것이 인간의 심리라고 했습니다. 악을 들추어내는 것이 그만큼 어렵다는 것이죠. 악을 들추어내는 일은 내가 할 수도, 타인이 할 수도 있습니다.

내가 지은 악을 들추어내는 것이 고해성사이고, 참회입니다. 먼저 진리 전에 고백하고, 당사자에게 직접 나의 잘못을 드러내야 합니다. 그리고 대중에게 공개하고 다시는 악행을 하지 않겠다고 약속해야 합니다.

불교에는 '포살布薩'이라는 참회 의식이 있는데요. 스님들이 보름에 한 번씩 모여서 지켜야 할 계율을 독송하고, 그동안에 자신이 지은 잘못을 대중 앞에서 참회하는 의식입니다. 자기 잘못, 악을 드러내는 것이죠. 남김없이 드러내느냐, 아니면 그 가운데 숨기는 것이 있느냐는 각자의 몫이겠지만, 이런 자리를 만들어 참회한다는 것은 매우 의미 있는 일이라고 생각합니다.

다음은 타인에 의해 악이 들추어지는 것입니다. 얼마 전에 화성 연쇄살인의 진범이 밝혀졌다는 소식을 들었습니다. DNA 분석으로 그 범인을 찾았는데, 부산의 한 교도소에 무기수로 복역하고 있었다는 거죠. 영원히 해결하지 못할 것 같았던 그 사건이 드디어 세상에 드러나게 되었습니다. 법적으로는 완전범죄가 가능할지 모르지만, 진리의 세계에서는 드러날 수밖에 없습니다.

예전에는 잘 감출 수 있었지만, 요즘 세상은 대명천지大明天地라서 법을 집행하는 기관, 각종 언론 등을 통해 잘못이 만천하에 드러나게 됩니다. 범법은 아니더라도 도덕적, 양심적으로 잘못한 것도 SNS를 통해 대중의 심판을 받게 되죠.

이렇게 잘못된 악행이 들추어지는 것을 보면서 드는 감상은 '참 죄짓고는 못 살겠다'와 '참 너무한다'입니다. 그래도 그렇게 들추어지는 것을 볼 때, 이 사회가 정의 사회로 나아가고 있다는 생각도 하게 됩니다. 그런 일이 사회의 경종이 되고, 반면교사가 되는 거죠.

누군가에 의해 나의 악행이 들추어진다면 어떻게 하겠습니까? 모욕감과 수치심을 느끼겠죠. 상대방이 나에게 모욕주려는 게 아니라, 나를 위해서 그랬다면 어떻게 해야 할까요? 미워하고 원망해야 할까요? 열린 마음이 필요합니다. 나를 올바른 길로 이끌어 주는 스승이라고 생각해야 합니다. 그 일을 계기로 새롭게 거듭나야 합니다.

이제 악은 들추어내야 그 뿌리가 얕아진다는 것에 대해 생각해 보겠습니다. '병은 알려야 낫는다'라는 말이 있습니다. 알려야 함께 걱정도 해주고, 좋은 치료 방법을 안내받을 수 있습니다. 사실 악이라는 것은 마음의 병과 다르지 않습니다. 마음을 잘못 쓰기 때문에 악을 행하는 거죠. 마음 병도 마찬가지로 널리 알렸을 때 고칠 수 있습니다.

악을 감추고 있을 때는 그 악의 모습에 대해 정확하게 모릅니다. 그런데 악을 들추어내고 드러내면, 그 악의 실체에 대해 정확하게 알고 그 악에서 벗어나 물리치는 방법을 찾을 수 있습니다. 스스로 찾을 수도 있고, 주위 인연들의 도움을 받을 수도 있습니다. 그렇게 하다 보면 악의 뿌리가 점차 얕아질 수밖에 없습니다.

"선은 들추어낼수록 그 공덕이 작아지고 악은 숨겨둘수록 그 뿌리가 깊어지나니, 그러므로 선은 숨겨두는 것이 그 공덕이 커지고 악은 들추어내는 것이 그 뿌리가 얕아 지나니라."

타인에 대해서는 악은 숨기고 선은 드러내는 '은악양선'의 아량과 심법이 필요합니다. 자신에게 있어서는 선은 숨기고 악은 드러내는 '은선양악'의 겸양과 자기성찰이 있어야 합니다.

일원상의 진리는 숨었다 나타났다 합니다. 숨겨야 할 때 숨길 수 있어야 하고, 나타나야 할 때 나타나야 합니다. 소태산 대종사님은 선은 숨겨두는 것이 그 공덕이 커지고 악은 들추어내는 것이 그 뿌리가 얕아진다고 했습니다. 나날이 선의 공덕을 키워나가고 악의 뿌리를 얕게 하는 우리 공부인 되시길 염원합니다.

원기104.09.29.

음조陰助하는 덕, 음해陰害하는 죄

> "덕도 음조하는 덕이 더 크고, 죄도 음해하는 죄가 더 크나니라."
>
> 〈요훈품〉 25장

한마디로 음조하는 덕을 쌓고, 음해하는 죄를 짓지 않아야 한다는 것이죠. 좋은 일 하는 것은 감출 수 있어야 하고, 뒤에서 몰래 남을 해치는 죄를 짓지 않아야 합니다.

음과 양 - 감춤과 드러남

빙산의 일각이라는 말이 있습니다. 보이는 빙산보다 바닷속에 가려진 빙산의 크기가 훨씬 더 크다는 뜻입니다. 보이는 것보다 보이지 않는 것이 더 크다는 것이죠. 보이는 현실 세계보다 보이지 않는 진리의 세계가 더 크고, 나타난 모습보다 감추어진 것이 더 큽니다.

일원상의 진리는 '무시광겁無始曠劫에 은현자재隱現自在'한다고 했는데요. 숨고 나타남을 자유자재로 하는 것이 일원상의 진리입니다. 또한 나타난 것보다 숨은 것이 더 큰 게 진리의 세계입니다.

음조와 음해, 둘 다 감춰져 보이지 않는 것을 말합니다. 소태산 대종사님은 『대종경』〈인과품〉 15장에서 이렇게 말씀하십니다.

"우리 인간이 이 세상에 살아가자면 우연한 가운데 음조와 음해가 없지 아니하다. 그런데 모르는 사람들은 그것을 하나님이나 부처님이나 조상이나 귀신이 맡아 놓고 주는 것인 줄로 알지만 아는 사람은 그 모든 것이 다 각자의 심신을 작용한 결과로 자기가 짓고 받는다."

대산 종사님은 인생에 준비할 것 세 가지로 '여유餘裕, 심사深思, 음덕陰德'을 말씀하셨습니다. 그리고 마지막 음덕에 대해서 법문하시기를 "음덕 뒤에 음조가 따른다. 남을 음해하면 내 길이 막힌다."라고 하셨습니다. 음조를 받으려면 음덕을 쌓아야 하고, 음해하면 결국 내가 망하게 된다는 것입니다.

대산 종사님은 『대산종사법어』〈교훈편〉 26장에서 이렇게 말씀하십니다. "음해陰害는 영겁의 결원結寃이 되고 음덕陰德은 영겁의 해원解寃이 되느니라." 음해하는 것은 영겁에 원수를 맺는 것이고, 음덕은 영겁의 원한 관계를 푸는 길이 된다는 것입니다.

음조하는 덕

이제 법문을 좀 더 구체적으로 살펴보겠습니다. 소태산 대종사님은 덕도 음조하는 덕이 더 크다고 하셨습니다. 덕은 남에게 베푸는 은혜를 말하죠. 음조하는 덕은 상대방이 모르게 덕을 베푸는 것입니다. 누군가에게 도움을 줄 때 드러내놓고 도와줄 때도 있고, 남모르게 도와줄 때도 있습니다. 덕을 베푼다는 것은 복된 일인데요. 몰래 덕을 베푸는 것, 음조할 때 그 덕이 더 크다고 하셨습니다. 우리 원불교 교도님들이라면, 음조의 덕, 무상의 덕이 더 크고 중요함을 다 알고 계실 것입니다.

청소년들이 하는 '마니토 게임'이라는 것이 있습니다. 조금 젊은 층에 속하시는 교도님들은 학생 때 해보셨을 텐데요. 예를 들어 한 반에 20명이 있다고 할 때 20명이 각자의 이름을 적어냅니다. 나는 그중에서 하나를 뽑죠. 종이를 펼치면 이름이 나오는데요. 내가 그 친구의 마니토가 되는 겁니다.

그다음엔 어떻게 합니까? 내가 그 친구의 마니토라는 것을 절대 밝히지 않습니다. 그러면서 그 친구 몰래 도움을 줍니다. 격려의 쪽지를 써서 책상 위에 놓기도 하고, 몰래 선물을 주기도 합니다. 그 친구를 위해 기도 해주기도 합니다. 상대방으로서는 분명 도움을 받는데, 도움을 주는 사람이 누구인지 모르는 거죠. 도와주는 사람으로서는 몰래 돕는 음조를 하는 게 됩니다.

'수호천사'라는 말이 있는데요. 이 용어는 가톨릭에서 주로 쓰죠. '모든 사람을 선으로 이끌고, 악으로부터 보호하는 천사'를 말합니다. 늘 보호하고 지켜주는 하늘의 사자이죠. '나는 너의 수호천사야!' 그런 수호천사가 있으면 얼마나 좋을까요? 항상 든든할 겁니다. 우리 원불교인들에게는 법신불 사은님이 수호천사이죠. 언제 어디서나 은혜로 지켜주시고, 보호해 주시고, 위로해 주시고, 사랑으로 감싸안으십니다.

음조, 음덕. '몰래 도와주고, 몰래 덕을 쌓아라.' 그런데 세상의 많은 사람은 자신을 드러내고, 인정받고, 보답받고 싶어 합니다. 상대방이 알아주든 몰라주든, 절대 알리지 않는 것이 음조와 음덕의 심법입니다.

지지난주(2019.10.6.)에 열반하신 장산 황직평 원정사님의 이야기를 하겠습니다. 다 아시다시피 장산 종사님은 대산 종사님을 33년간 그림자처럼 보필하신 분입니다. 장산님의 법호 한문이 감출 장藏입니다. 장산 종사님의 문집 이름이 『나는 지팡이입니다』인데요. 법명 직평을 대산 종사님은 '지평아, 지평아'라고 부르셨다고 합니다. 지팡이는 장산님의 역할에 딱 맞는 상징적인 표현입니다. 지팡이는 길을 안내하고, 몸의 균형을 잡아주고, 힘들 때 짚는 역할을 하죠. 장산 종사님이 33년간 대산 종사님을 모시면서 그 일을 하신 겁니다.

이렇게 하기가 쉽지 않습니다. 수많은 시비를 듣는 자리, 그 자리에 있으면 시비가 듣기 싫어서 그냥 내려오던지, 아니면 그 자리에서 종법사님을 대신해 위세를 부릴 수도 있습니다. 그런데 장산 종사님은 감추고, 낮추며 함장含藏하는 일생을 사셨습니다. 그래서 법호인 감출 장, '장산'이 빛나는 것이라고 저는 생각합니다. 이제 음조와 관련된 몇 가지 예화를 소개하고자 합니다.

동학을 창시한 수운 최제우 선생의 뒤를 이어 동학을 발전시킨

분이 2대 교주인 해월 최시형 선생입니다. 해월 선생이 이사하면서 살던 집에 나무를 심고, 문을 바르고, 도배했다고 합니다. 그러자 제자가 의아해서 해월 선생에게 묻습니다.

"선생님! 떠나면서 이렇게 할 필요가 있습니까?" 해월 선생이 대답합니다. "사람이 지나간 뒤에는 음덕이 남아야 한다."

"사람이 지나간 뒤에는 음덕이 남아야 한다." 참 멋진 말입니다. 우리 교도님들은 내가 지나간 뒤에 음덕이 남게 합니까, 싹 거두어 가십니까? 뒤에 오는 사람을 배려해야 합니다. 교당도 전임 교무님이 음덕을 쌓아놓으면 뒤에 오시는 분이 편하게 교화할 수 있습니다. 내 뒤에 오는 사람을 위해, 내 자손들을 위해 덕을 쌓는 것이 음조이고 음덕입니다.

결실의 계절, 가을에 떠오르는 유명한 화가가 있습니다. '이삭 줍는 여인들', '만종'과 같은 전원적인 그림을 그린 프랑스의 화가, 밀레(Millet, Jean-François)인데요. 밀레는 세계적인 화가이지만 처음부터 인정받은 것은 아니었습니다. 가난한 화가였던 그의 그림을 처음 알아봐 준 사람은 친구 '루소'였습니다. 어느 날 루소는 밀레를 찾아와 이렇게 말합니다. "자네의 그림을 사려는 사람이 나타났네." 밀레는 무명 화가였기에 작품을 팔아본 일이 없었습니다. 친구 루소의 말이 미덥지 않았지만, 혹시나 하고 그림을 건넵니다. 또 얼마 후에 루소가 밀레에게 말합니다. "친구, 좋은 소식이 있네. 내가 화랑에 자네의 그림을 소개했는데, 적극적으로 사겠다고 했네."

가난한 밀레는 친구 루소의 덕분에 생활의 안정을 얻고 그림을 계속 그릴 수 있었습니다. 몇 년이 지나 감사한 마음을 갖고 밀레가 루소의 집을 방문합니다. 그런데 루소의 거실에 다른 사람에게 팔았다고 하는 자신의 그림이 걸려있는 것을 발견하게 됩니다. 루소가 밀레의 그림을 산 것입니다. 루소는 이렇게 밀레를 몰래 돕고 있었습니다. 친구의 자존심, 화가의 자존심이 상하지 않게 말이죠.

세상은 숨은 것보다 나타난 것을 더 알아줍니다. 드러난 공과도 쉽게 찬양받습니다. 그러나 나타난 것 뒤에는 숨은 노력과 공이 몇 배 이상 더 쌓여 있는 법입니다. 과일나무도 씨가 땅에 떨어져서 뿌리박은 후에 줄기와 가지, 잎이 무성하여지고 열매를 맺게 됩니다. 한 송이 국화꽃을 피우기 위해 천둥은 먹구름 속에서 그리 슬피 울었습니다. 해와 달, 바람과 비, 봄·여름·가을·겨울 사시 순환의 음조와 음덕이 있었기에 가을의 알찬 결실이 가능합니다.

음해하는 죄

이제 음해하는 죄에 대해 살펴보겠습니다. 소태산 대종사님은 "죄도 음해하는 죄가 더 크다."라고 하셨죠. 남에게 아무런 이유 없이 해를 끼치는 것은 잘못이고 죄입니다. 음해한다는 것은 몰래 해를 가하는 것, 사전적 의미로는 '몸을 드러내지 아니한 채 음흉한 방법으로 남에게 해를 가함.'이라고 밝혀져 있습니다.

해를 당하는 처지에서는 해를 끼친 사람을 알 수 없습니다. 내가 화살을 맞았는데, 그 화살을 누가 쏘았는지 알 수 없죠. 당하는 처지에서는 어떻겠습니까? 억울하고 분통할 것입니다. 상대방을 알 수 없으니, 대응도 못 합니다.

　우리 교도님들! 누군가를 음해해 본 적이 있습니까? 반대로 음해 당해 보신 적이 있습니까? 음해, 몸을 드러내지 않은 채 음흉한 방법으로 해를 가하는 것. 음해에는 두 가지 조건이 있습니다. 상대방이 몸을 드러내지 않으며, 음흉한 방법을 써야 합니다. 그러면 어쩔 수 없이 당하게 됩니다.

　소태산 대종사님은 죄도 음해하는 죄가 더 크다고 하셨습니다. 음해하는 죄는 어떤 것이 있을까요? 가장 알기 쉬운 것은 근거 없는 모함입니다. 사실도 확인하지 않은 채 '그랬다더라. 아니면 말고' 하는 거죠. 대중에게 크게 드러난 사람들이 이런 음해를 당하기 쉽습니다.

　인터넷 댓글이 문제가 되고 있습니다. 잘못된 사실이 계속 잘못을 양산하게 됩니다. 당하는 사람은 상대방도 모른 채 악성 댓글에 심한 상처를 입게 되죠. 그래서 극단적인 선택을 하기도 합니다. 얼마 전에 '설리'라는 연예인이 악성 댓글로 우울증을 앓다가 끝내 삶을 포기하고 세상을 떠나는 안타까운 일이 있었습니다.

　계문과 관련해서는 〈특신급〉 2조 "다른 사람의 과실을 말하지 말며"를 생각해 볼 수 있습니다. 다른 사람의 과실을 말할 때, 직접 얼굴 앞에서 하나요? 아니죠. 그 사람 몰래 말하죠. '누가 그랬대.' 하며 옛날에 했던 일까지 끄집어내서 음해하는 경우가 있습니다.

　정치권에서 시끄러운 용어 중 하나가 '허위사실공표'라는 단어입니다. 허위는 가짜, 사실은 진짜를 말하는데, 허위 사실은 가짜를 진짜처럼 말하는 것이죠.

요즘은 너무 속고 속이며 사는 세상이라, 무엇이 허위이고 사실인지 헷갈리는 세상입니다. 어디서 누가 생산한 말과 글인지 확실하지 않은 경우가 많습니다. 속이기 위해서는 감춰야겠죠. 드러내놓고는 속일 수가 없습니다. 뒤에서 몰래 험담하고, 손가락질하고, 욕하는 것. 이것이 음해입니다.

사극 중에 TV 드라마로 '장희빈'이 있었습니다. 장희빈은 궁궐 나인으로 들어가 숙종의 성은을 입어 왕자를 낳고 왕비까지 올라간 인물입니다. 그리고 남인과 서인의 정쟁으로 인해 다시 희빈으로 강등되죠. 이때 왕비인 인현왕후를 음해하는데요. 궁궐 한쪽에 신당을 차려놓고 온갖 저주와 음해를 합니다. 그래서 어떻게 되었습니까? 결국 발각돼서 사약을 받죠. 음해의 최후로 죽음을 맞았습니다.

우리 교도님들! 미운 사람이 있다고 해서 인형 만들어 놓고 송곳으로 찌르거나 화살로 쏘지 않죠? 왜 음해를 하고, 음모를 꾸밀까요? 상대방을 해치고 무너뜨리기 위함입니다. 시기와 질투가 있고, 나의 이익을 취하기 위해서입니다. 그 속에는 나의 욕심이 자리하고 있습니다. 음해하며 상대방을 무너뜨리려고 하지만, 결국 자신이 무너진다는 것을 모르는 것이죠.

저도 가끔 작은 음해에 동참하는 것 같습니다. 제가 없는 것을 만들어서 하지는 않는데요. 남들이 누군가의 잘못을 말하면, 거기에 조금 덧붙이거나 얹습니다. 만약, 상대방이 내가 좋아하는 사람이라면 절대 그러지 않을 것입니다. 내가 미워하거나, 시기하거나, 좋지 않게 보는 사람이라면 음해라는 나쁜 일에 동참하게 되죠.

　내가 직접 음해를 하지 않는다고 하더라도 누군가의 음해에 동참하거나, 그러한 음해 행위에 눈감는 것도 '음해방조죄'가 될 수 있습니다. 잘못된 것은 잘못되었다고 말할 수 있어야 합니다. 음해하는 죄가 더 큰 죄가 된다고 했습니다. 감추어진 것은 커지기 마련입니다. 더 큰 악으로 번져갈 수 있습니다. 한번 숨기면 나중에도 숨기게 되고, 그렇게 그것이 점차 커집니다.

　소태산 대종사님은 "덕도 음조하는 덕이 더 크고, 죄도 음해하는 죄가 더 크다."라고 하셨습니다. 우리 교도님들은 음조하는 사람이 되겠습니까, 음해하는 사람이 되겠습니까? 절대 음해하는 사람이 되어서는 안 되겠습니다.

　드러난 것보다 드러나지 않은 것이 더 큽니다. 그래서 몰래 돕는 음조의 덕이 더 크고, 몰래 음해하는 죄가 더 큽니다. 덕을 베풀 때는 나를 감출 수 있어야 합니다. 남을 해치는 마음이 일어난다면 나를 내려놓아야 합니다. 결국 내 욕심을 놓았을 때 음조할 수 있고, 음해하지 않을 수 있습니다.

　음조하는 덕, 음해하는 죄!

　죄짓지 않고 큰 복 지으시는 우리 교도님들 되시기를 기원합니다.

원기104.10.20.

선 가운데 악, 악 가운데 선

"선을 행하고도 남이 몰라주는 것을 원망하면 선 가운데 악의 움이 자라나고, 악을 범하고도 참회를 하면 악 가운데 선의 움이 자라나나니, 그러므로 한때의 선으로 자만자족하여 향상을 막지도 말며, 한때의 악으로 자포자기하여 타락하지도 말 것이니라."
〈요훈품〉 26장

세상을 복되고 은혜롭게 사는 방법은 매우 간단합니다. 선을 짓고 악을 짓지 않는 것입니다. 인과의 이치에 따라 선을 행하면 선의 과보를 받고, 악을 행하면 악의 과보를 받습니다. 선인선과善因善果 악인악과惡因惡果입니다. 이것이 인과의 철칙입니다.

그런데 주의할 것이 있습니다. 선 가운데 악의 움이 자라날 수 있고, 악 가운데 선의 움이 자라날 수 있다는 사실입니다. 그래서 소태산 대종사님은 "한 때의 선으로 자만자족하여 향상을 막지도 말며, 한때의 악으로 자포자기하여 타락하지도 말라."라고 하셨습니다.

음양의 원리

깨달음의 내용을 밝힌 〈일원상 법어〉에서 "인과보응의 이치가 음양상승과 같이 되는 줄을 알며"라는 구절이 있습니다. 소태산 대종사님은 불교의 진리인 인과보응의 이치를, 유교의 진리인 음양상승의 도를 통해 명확히 설명하고 있는데요. 인간의 선악, 인과보응의 이치를 제대로 알기 위해서는 우주 음양상승의 도를 아는 것이 도움이 됩니다.

『대종경』〈인과품〉 2장에서는 음양의 이치를 쉽게 설명하고 있습니다.

"천지에 사시 순환하는 이치를 따라 만물에 생·로·병·사의 변화가 있고 우주에 음양 상승陰陽相勝하는 도를 따라 인간에 선악 인과의 보응이 있게 되나니, 겨울은 음陰이 성할 때이나 음 가운데 양陽이 포함되어 있으므로 양이 차차 힘을 얻어 마침내 봄이 되고 여름이 되며, 여름은 양이 성할 때이나 양 가운데 음이 포함되어 있으므로 음이 차차 힘을 얻어 마침내 가을이 되고 겨울이 되는 것과 같이, 인간의 일도 또한 강과 약이 서로 관계하고 선과 악의 짓는 바에 따라 진급 강급과 상생상극의 과보가 있게 되나니, 이것이 곧 인과보응의 원리니라."

태극의 모양을 통해 우리는 음과 양의 포함관계를 쉽게 이해할 수 있는데요. 음 가운데 양이, 양 가운데 음이 포함되어 있죠. 무더운 여름인데도 오월의 초목이 시들기도 하고, 엄동의 추위에도 보리가 자라기도 합니다. 모두 음은 양을 얻어야 생하고, 양은 음을 얻어야 생生하는 원리입니다.

이제 음양상승의 원리를 인간의 선악 인과에 대입해 보겠습니다. 양 가운데 음이 포함되어 있듯이, 선한 일 가운데 악의 씨앗이 자랄 수 있습니다. 음 가운데 양이 포함되어 있듯이, 악업 가운데 선의 씨앗이 자랄 수 있습니다.

음양의 이치는 변화의 원리이고, 인과보응 또한 마찬가지입니다. 내 마음 밭에 어떤 종자를 뿌렸느냐에 따라 그 결과가 달라집니다. 업이 일단 결정된 뒤에는 그 업이 바뀔 수 없습니다. 하지만 업을 지은 뒤에 다시 어떤 업을 짓느냐에 따라 이미 결정된 업에 영향을 미칠 수 있습니다. 행여 악업을 지었더라도 참회하고 새로운 선업을 지어나가면 전에 지었던 악업을 상쇄시킬 수 있습니다. 따라서 자신의 운명은 정해진 것이 아니라 나의 의지와 노력에 따라 변화시킬 수 있습니다. 그래서 한때의 선으로 자만자족하여 향상을 끊지도 말고, 한때의 악으로 자포자기하여 타락하지도 말라고 하셨습니다.

한때의 선으로 자만자족하지 말라

자, 이제 법문을 좀 더 구체적으로 공부해 보겠습니다. 첫째, 선을 행하고도 남이 몰라주는 것을 원망하면 선 가운데 악의 움이 자라나니, 한때의 선으로 자만자족하여 향상을 막지 말라고 하셨습니다.

이 내용에 딱 맞는 소태산 대종사님의 법문이 있는데요.『대종경』〈인도품〉 17장입니다.

이공주李共珠 사뢰기를 "제가 저번에 이웃집 가난한 사람에게 약간의 보시를 하였삽더니 그가 그 후로는 저의 집 일에 몸을 아끼지 아니하오니 복은 지을 것이옵고 지으면 받는 것이 그와 같이 역력함을 알았나이다." 대종사 말씀하시기를 "그대가 복을 지으면 받아지는 이치는 알았으나 잘못하면 그 복이 죄로 화하는 이치도 아는가." 공주 사뢰기를 "복이 어찌 죄로 화하겠나이까." 대종사 말씀하시기를 "지어 놓은 그 복이 죄가 되는 것이 아니라 복을 지은 그 마음이 죄를 짓는 마음으로 변하기도 한다 함이니, 범상한 사람들은 남에게 약간의 은혜를 베풀어 놓고는 그 관념과 상을 놓지 못하므로 저 은혜 입은 사람이 혹 그 은혜를 몰라 주거나 배은 망덕背恩忘德을 할 때에는 그 미워하고 원망하는 마음이 몇 배나 더하여 지극히 사랑하는 데에서 도리어 지극한 미움을 일어내고, 작은 은혜로 도리어 큰 원수를 맺으므로, 선을 닦는다는 것이 그 선을 믿을 수 없고 복을 짓는다는 것이 죄를 만드는 수가 허다하나니 ······."

이 법문에 의하면, 소태산 대종사님은 은혜가 영원한 은혜가 되고, 복이 영원한 복이 되기 위해서는 상 없는 덕과 변함없는 복을 지어야 한다고 하셨습니다.

남을 도와주는 것은 분명 선한 일이고, 복 짓는 일입니다. 하지만 내 마음이 상대방에게 고맙다는 말을 듣고 싶고, 다른 사람이 알아주기를 바란다면 어떨까요? 상대방이 고마워하면 다행히 문제가 없겠지만 아무런 인사도 없으면 서운하겠죠. 작은 선에 대해서는 좀 서운하고 말지만, 좀 큰 선을 행했는데 상대방이 알아주지 않고, 주변에 칭찬해 주는 사람이 없다면, 서운함을 넘어 괘씸하다는 생각이 들고, '괜한 짓을 했나 봐.' 후회도 할 것입니다. 법문에 나오듯 몰라주는 것에 대해 원망이 생길 수 있습니다.

처음 시작은 분명 선이었는데, 마지막은 원망으로 변하죠. 그 원망이 바로 악의 움이 됩니다. 그렇게 전에 지었던 선의 공덕은 다 사라지고 죄업을 짓게 되는 겁니다. 이렇게 보면 선이 악으로 변하게 된 것이죠.

은혜를 받는 사람, 은혜를 베푼 사람

우리는 이 상황에서 두 가지를 생각해 볼 수 있습니다. 먼저 은혜 받는 사람의 입장입니다. 내가 누군가로부터 도움을 받았으면 어떻게 해야 합니까? 감사하고 보은해야 합니다. 배은망덕해서는 안 됩니다.

다음은 은혜를 베푼 사람, 즉 선을 행한 사람의 입장입니다. 선을 행한 뒤에 잊어야겠죠. 보답이나 알아주기를 바라서는 안 됩니다. 응용무념應用無念의 덕, 무상無相의 덕을 쌓아야 합니다.

몇 달 전 일인데요. 천도재가 끝나고 영가의 이름으로 재비를 올려 복을 지어드렸습니다. 총부 교육부로 육영장학금 100만 원을 보내줬어요. 육영장학금은 예비 교무의 교육을 위해 쓰이는데요. 저도 교육기관에 있다 와서 그런지 의무감 같은 것이 있습니다. 그런데 보내고 나서 내심 교육부장님이 전화라도 안 해주나 하는 기대감이 생기더라고요. 제가 교육부장님을 잘 알거든요. 원불학과도 같이 다녔고 대학원 박사과정도 함께해서 좀 친하다고 생각했는데, 기다리던 전화는 끝내 오지 않았습니다.

시간이 좀 지나 소태산 기념관 행사에 갔는데 그곳에서 교육부장님을 만난 거예요. 저의 첫 마디가 "장학금 100만 원 보냈는데, 전화도 없대."였어요. 교육부장님은 그때 처음 알았나 봐요. 그런데 제 속으로 '다음에는 교육부로 안 보내고 다른 곳으로 보내야겠다.' 이런 생각이 잠시 들더라니까요. 제 돈도 아니고 재비 보낸 건데 말이죠. 생색은 내가 내고, 인사도 내가 받으려고 하더란 말이죠. 선 가운데 악의 움이 자라난 거죠.

좋은 일을 하면 자랑하고 싶어집니다. 보답을 바라고, 최소한 고맙다는 인사라도 듣고 싶어 합니다. 이것이 중생의 마음입니다. 그러나 불보살들은 사람 도와주는 것을 내 일로 합니다. 내가 내 일을 했는데 몰라준다고 원망할 것도, 보답을 바랄 것도 없습니다. 교육부를 도와준 게 아니라 원불교 일을 한 겁니다. 그게 제가 할 일이고요.

또는 '이 정도면 할 만큼 했어. 충분해.'라고 생각하기 쉽습니다. '남들이 못하는 일을 했잖아.'하며 더 이상 선행이나 복 짓는 일을 하려고 하지 않습니다. 남들이 알아주지도 않고, 언제 복을 받을지도 모르면서, 이렇게 자만하고 자족하면 자신의 앞길에 향상이 있을 수 없습니다. 정체되거나 퇴보하죠. 진급이 아니라 강급하는 삶을 살게 됩니다.

선을 행하고도 남이 몰라주는 것을 원망하면 선 가운데 악의 움이 자란다고 했습니다. 한때의 선으로 자만자족하지 말아야 합니다. 불보살로 가는 향상의 길을 스스로 끊지 말아야 합니다.

한때의 악으로 자포자기하지 말라

둘째, 악을 범하고도 참회를 하면 악 가운데 선의 움이 자라나니, 한때의 악으로 자포자기하여 타락하지도 말라고 하셨습니다.

인과의 이치에 따라 악을 범했으면 벌을 받게 되는 것이 진리입니다. 그렇다면 그 사람은 계속 악을 범하고, 계속 죄인이 되어야 할까요? 아니죠. 진심으로 참회하고 새사람이 되어 선업을 맹세해야 합니다. 악을 범했다 하더라도 참회를 하면 악 가운데 선의 움이 자란다고 했습니다. 악을 선으로 전환하는 방법은 바로 참회입니다. 참회는 잘못을 뉘우침과 동시에 선업을 맹세하는 것이기 때문에 선의 씨앗이 됩니다.

악이나 잘못을 저질렀을 때 어떻게 해야 합니까? 둘 중 하나입니다. 참회하거나, 그 악을 씨앗으로 또 다른 악을 짓는 것입니다. 그런데 악이 악을 낳을 수도 있지만, 악을 선으로 돌릴 수도 있습니다. 우리의 마음 밭에는 악의 씨앗뿐만 아니라 선의 씨앗도 자랄 수 있기 때문입니다. 그래서 한때의 악으로 자포자기하지 말라고 했습니다. '나는 안 돼. 나는 죄인이야.' 하는 죄의식에 사로잡혀서 나를 망칠 것이 아니라, 개과천선改過遷善하는 새로운 에너지를 찾아야 합니다. 그러나 죄지은 사람은 참회하지 않으려 합니다. 죄를 지었음에도 죄를 지었다는 사실을 모릅니다. 그래서 참회하지 않습니다.

러시아의 문호 톨스토이(Leo Tolstoy, 1828.9.9.~1910.11.20.)가 쓴 『돌과 두 여자』라는 작품이 있습니다.

하루는 덕망이 높은 노인 앞에 두 여자가 찾아왔습니다. 한 여자는 젊었을 적 지은 죄 때문에 자기를 죄인이라고 생각하며 괴로워했습니다. 반면에 다른 여자는 자기는 죄지은 것이 없으므로 뉘우칠 것이 없고 누구 앞에서도 떳떳하다고 했습니다.
덕망 높은 노인은 두 여자에게 말합니다. 첫 번째 여자에게는 "당신은 큰 돌 찾아 하나 주워 오시오." 두 번째 여자에게는 "당신은 자그마한 돌을 많이 모아서 들고 오시오." 노인의 말대로 죄를 지었다고 고백한 여자는 큰 돌을 하나 들고 왔고, 자신은 떳떳하고 당당하다고 한 다른 여자는 작은 돌을 여러 곳에서 많이 모아왔습니다.
노인은 여인들에게 다시 말했습니다. "이제 들고 온 돌을 있었던 그 자리로 다시 갖다 놓고 오시오." 어떻게 되었을까요? 처음 여자는 쉽게 가져온 곳에 돌을 갖다 놓을 수 있었습니다. 그러나 다른 여자는 그 많은 돌을 어디서 주워 왔는지 제자리를 찾을 수가 없었죠.
이를 보고 노인이 두 여자한테 말합니다. "우리가 살아가면서 죄를 범하고 사는 것이 바로 이와 같소." 큰 돌을 가져온 여인에게 "당신은 그 돌을 어디서 가져왔는지 분명히 기억하기 때문에 쉽사리 자리를 찾아 다시 놓고 올 수가 있었소." 다른 여인에게는 "당신은 가져온 작은 돌이 너무 많아 어디서 주워 왔는지 제자리를 기억하지 못해 다시 가져온 것이오."

악을 범하고도 참회하면 악 가운데 선의 움이 자란다고 했습니다. 참회의 첫 시작은 자기가 무슨 죄를 지었는지 확실하게 아는 것입니다. 그다음 진정으로 그 죄를 뉘우치고 사죄하고 용서를 구하는 것입니다. 그다음에 앞으로 선업을 맹세하고 선업을 쌓아가는 것입니다. 이와 같은 참회의 과정을 보면, 처음에는 죄악에서 출발했지만, 참회라는 선의 씨앗이 발아되어 처음의 악은 점차 사라지고 선의 열매가 맺어지게 됩니다.

만약 지은 죄가 보잘것없고 하찮은 것일지라도 그러한 죄들을 가볍게 여기거나 간과해서는 안 됩니다. 늘 겸허한 마음으로 반성하고 참회하는 자세가 필요합니다.

소태산 대종사님은 "한 때의 악으로 자포자기하여 타락하지 말라."고 하셨습니다. 깨끗한 옷을 입다가 한번 때가 묻으면 닦으려고 하죠. 그런데 두 번 세 번 때가 묻으면 무던해지기 쉽습니다. 이왕 더럽혀진 거 하며 아무렇지도 않게 생각합니다. 또 한편으로는 '나는 안돼. 나는 버린 몸'이라 하며 자포자기합니다. 그러면서 타락하게 되죠. 점점 더 죄업의 구렁텅이에 빠져들게 되고, 악도를 면하지 못하게 됩니다.

　그러나 나의 인생, 법신불 사은님이 주신 이 고귀한 생명과 사명을 소중하게 여기는 사람은 한 때의 악으로 자포자기하여 타락하지 않습니다.

　설교를 마무리하겠습니다. "선을 행하고도 남이 몰라 주는 것을 원망하면 선 가운데 악의 움이 자라나고, 악을 범하고도 참회를 하면 악 가운데 선의 움이 자라나나니, 그러므로 한때의 선으로 자만자족하여 향상을 막지도 말며, 한때의 악으로 자포자기하여 타락하지도 말 것이니라."
　범부 중생은 두 마음, 착한 선인의 마음과, 악한 악인의 마음을 가지고 있습니다. 우리의 마음은 마음가짐에 따라 변화합니다. 선심 속에 악심이 자랄 수 있고, 악심 속에 선심이 깨어날 수 있습니다.
　소태산 대종사님은 은혜의 길, 진급의 길, 복락의 길을 명확하게 밝혀 주셨습니다. "선을 지어 놓고 자만자족하지 말라. 악을 지어 놓고 타락하지 말라." 선한 마음에서 원망하면 악의 움이 자라고, 악한 마음에서 참회하면 선의 움이 자란다고 했습니다.
　우리 교도님들! 죄짓지 않고 널리 선업을 쌓으셔서 영원한 복락을 얻으시길 기원합니다.

원기104.10.27.

공것 좋아하지 마라

"어리석은 사람은 공것이라 하면 좋아만 하고, 그로 인하여 몇 배 이상의 손해를 받는 수가 있음을 알지 못하나, 지혜 있는 사람은 공것을 좋아하지도 아니하려니와, 그것이 생기면 다 차지하지 아니하고 정당한 곳에 나누어 써서, 재앙이 따라오기 전에 미리 액을 방비하나니라." 〈요훈품〉 27장

우리 교도님들, 공짜 좋아하시나요? 공짜를 좋아하면 어리석은 사람이고, 공짜를 나누면 지혜로운 사람입니다. 속담에 '공짜라면 양잿물도 마신다.'라는 말이 있습니다. 공짜라면 물불 안 가리고 다 좋아하는 것에 대한 나무람입니다. 또 우스갯소리로 '공짜 좋아하는 사람은 대머리가 된다.'라고 말하기도 합니다.

국어사전에서 공것은 '힘이나 돈을 들이지 않고 얻은 물건'이라

고 나와 있는데요. 물건뿐만 아니라 돈, 명예, 인연 등 우리가 살아 가면서 얻고자 하는 모든 것에서, 나의 수고나 노력 없이 그냥 얻게 되는 것을 '공것'이라 합니다. 공것에는 심은 대로 거두는 인과의 이치가 적용되지 않습니다. 공짜로 얻게 되면 횡재했다, 재수가 좋다고 말합니다.

　공짜를 대하는 유형이 있습니다.
　첫째는 공짜를 기대하고 일부러 찾아다니는 사람입니다.
　둘째는 공짜를 만나면 몰래 나 혼자 차지하는 사람입니다.
　셋째는 공짜를 만나면 내 것이 아니라고 거부하는 사람입니다.
　넷째는 공짜를 만나면 정당하게 나누어 쓰는 사람입니다.
　어느 유형이 가장 지혜로울까요?

공것을 좋아하는 사람

　이제 법문을 좀 더 구체적으로 공부해 보겠습니다. 살다 보면 공것이 생길 때가 있습니다. 돈을 주웠거나, 로또에 당첨되면 엄청난 공돈이 생기죠. 길을 가다가 10만 원을 주웠어요. 초등학교 바른생활책으로는 경찰서에 갖다줘서 주인을 찾게 해주는 것이 정답입니다. 그런데 요즘 10만 원 정도면 큰돈이 아니라 하며, 누가 본 사람도 없으니 슬그머니 주머니에 넣으면 죄가 될까요? 죄가 됩니다. 이를 '점유 이탈물 횡령죄'라고 합니다.

　나에게 공것이 왔을 때 어떻게 생각하느냐? 크게 두 가지로 볼 수 있습니다. 하나는 과거에 내가 지은 복을 받는 것이고, 다른 하나는 이 공것으로 인해 빚이 생기는 것이죠. 대부분 우리 교도님은 공것이 왔을 때 좋아하기보다, 빚지는 것으로 생각할 겁니다.

법문에서는 이렇게 말씀하고 있습니다. "어리석은 사람은 공것이라 하면 좋아만 하고, 그로 인하여 몇 배 이상의 손해를 받는 수가 있음을 알지 못하나 ……."

여기에서 우리가 중요하게 생각해 볼 문장은 "그로 인하여 몇 배 이상의 손해를 보는 수가 있다."입니다. 내가 받은 만큼 손해를 보아야지, 왜 몇 배 이상 손해를 본다고 하셨을까요? 공짜 좋아하다가는 큰일 난다는 엄포성 경고일까요? 아니면 인과적으로 그렇게 될 수밖에 없는 타당한 이유가 있는 걸까요?

저는 마음씨와 습관으로 볼 때, 이 법문이 인과적으로 바르다고 생각합니다. 공것을 바라는 사람들은 사실 정당한 노력 없이 요행을 바라는 마음이 있습니다. 100만 원을 투자해서 1,000만 원을 벌려고 하죠. 100만 원을 투자해서 100만 원을 버는 것은 공것 좋아하는 심보가 아닙니다. 현실에서 100만 원을 투자해 1,000만 원을 벌려면 어떻게 해야 합니까? 정당하게 노력해서 가능할까요? 술수를 쓰기도 하고, 범법하기도 하고, 과욕을 부릴 수도 있습니다. 그렇게 하면 결국 술수, 범법, 과욕들로 인해 큰 손해를 보게 됩니다.

공것 좋아하는 습관을 지닌 사람이 정당한 노력을 할까요? 어떻게 하면 공것으로 얻을까 궁리만 하겠죠. 이런 잘못된 습관을 지닌 사람은 결국 자기 꾀에 자기가 넘어갑니다. 인과의 진리는 공평하므로 처음에는 공것으로 주었다가 나중에는 다 뺏어가 버리죠.

한 달 전쯤, 전주에서 실제로 있었던 일인데요. 로또 1등에 당첨된 사람이 당첨금의 일부를 동생 집 사는 데 보태줬어요. 그런데 정작 본인이 투자한 장사는 실패해서 동생에게 사준 집을 담보로 돈을 빌리게 되었고, 그것으로 인해 동생과 싸우다가 형이 동생을 죽인 불행한 일이 벌어졌습니다. 로또 1등이라는 공것으로 인해 결국 돈도 잃고 동생도 잃게 된 것이죠.

다 그런 것은 아니지만, 공것에는 불행이라는 씨앗이 감추어져 있음을 분명히 알아야 합니다. 통계적으로도 로또 같은 일확천금의 공돈을 만진 사람은 거의 다 불행한 결말을 맞이하게 되었다고 하죠.

우리 교도님들도 많이 들어보셨을 텐데요. '공짜 기도하지 마라.' 내가 원하는 것이 있을 때, 그 소원을 이루기 위해서 공짜 기도를 해서는 안 된다. 기도나 천도재도 마찬가지입니다. 정성을 표시해야 한다는 거죠. 제물을 올리듯 기도금과 재비를 올리면 공짜 기도나 천도재가 되지 않습니다. 불교를 신앙하는 불자들이나 원불교를 신앙하는 우리 교도님들은 내가 바친 만큼 받는다는 인과의 진리를 확실히 믿기에, 공것을 좋아할 사람이 한 분도 안 계시리라 생각합니다.

공짜로 주는 지구환경을 생각하다

지난 11월 5일, 전 세계 153개국 11,000명의 과학자가 '전 지구적 기후 비상사태'를 선포했습니다. 학술지 바이오사이언스에서 '전 세계가 중대 조처하지 않는 이상 기후 위기로 전례 없는 고통을 겪게 될 것'이라고 경고했는데요. 1980년부터 이산화탄소, 메탄 등 온

실가스가 증가했고, 이에 따라 지구 온도가 높아지고, 해수면이 상승해 가뭄, 태풍 등 이상 기후 발생 숫자가 크게 올랐다고 합니다. 특히 해수면은 75㎜ 가까이 올랐으며, 북극의 그린란드의 빙하는 2003년 이후 4,000GT 가까이 녹았다고 합니다.

이러한 기후변화를 그대로 놔두다가는 인류에게 큰 재앙이 닥친다는 것입니다. 과학자들은 기고문에서 화석 연료 대체, 메탄 등 오염물질 제거, 생태계 보호와 복원, 육류 섭취 감량, 탄소 없는 경제로의 전환 등을 촉구했다고 합니다.

하늘의 공기, 공짜입니다. 나무와 숲 또한 공짜라는 인식이 강하죠. 그러나 물 한 방울, 공기 한 점, 공것은 없습니다. 공것이라고 함부로 쓰고 파괴한다면 결국 자연은 우리 인류가 감당할 수 없는 크나큰 재앙으로 보복할 것입니다. 어쩌면 이것이 천지자연의 위력이고, 천지자연이 인간에게 가하는 인과보응입니다.

공것을 좋아하지 않는 사람

이제 법문의 나머지 부분, "지혜 있는 사람은 공것을 좋아하지도 아니하려니와, 그것이 생기면 다 차지하지 아니하고 정당한 곳에 나누어 써서, 재앙이 따라오기 전에 미리 액을 방비하나니라."를 함께 공부해 보겠습니다.

지혜 있는 사람은 공것을 원래 좋아하지 않습니다. 좋아하지 않는다는 것은 공것을 기대하지 않는다는 뜻이죠. 그래서 생각지도 않은 공것이 왔을 때 지혜 있는 사람은 어떻게 행동할까요?

공것이 생기면 다 차지하지 아니하고 정당한 곳에 나누어 쓰라고 하셨습니다. 상황에 따라 공것이 생기기도 하죠. 그럴 때 혼자 차지해서는 안 된다는 것입니다. 빚진다고 절대 안 받을 수 있지만, 어쩔 수 없이 받아야 하는 경우도 있습니다.

그때 어떻게 해야 할까요? 아무 곳에서나 나누지 말고 정당한 곳에 나눠 쓰라는 것입니다. 결국 이 말씀은 공것의 복을 그냥 소비하지 말고, 더 큰 복을 짓는 데 활용하라는 것입니다.

저는 공짜를 좋아하진 않지만, 본의 아니게 받는 것들이 많습니다. 대표적으로 교도님들이 사주시는 밥이 있죠. 교도님들 처지에서는 제가 먹는 밥을 공짜 밥이라고 생각하지 않으시겠지만, 저로서는 미안하고 죄송한 마음이 들 때가 많습니다. 그래도 교도님의 성의를 생각해서, 또 현실적으로 제가 밥을 지어 먹는 것이 좀 곤란해서, 공짜 밥 먹는 것을 대수롭지 않게 생각하는 경향도 있었던 것 같습니다. 그럼, 공짜 밥을 어떻게 보답하느냐? 바로 제가 건강을 잘 지켜서 공부와 교화 사업 열심히 하는 게 저의 책무일 것입니다.

그런데 저를 뜨끔하게 하는 법문이 있습니다. 소태산 대종사님은 『대종경』〈교단품〉 10장에서 "노력이 없이 다만 공중을 빙자하여 자기의 의식이나 안일만을 도모한다면 이는 한 없는 세상에 큰 빚을 지는 것이며, 따라서 고혈마임을 면하지 못하나니 그대들은 이에 크게 각성할지어다."라고 말씀하셨습니다. 고혈마는 피를 빨아 먹는 마귀라는 섬뜩한 표현입니다. 공가 생활을 하는 우리 전무출신들에게 선진님들이 매우 강조하신 말씀입니다. 저 자신도 '아, 나는 고혈마가 되지 말아야지.' 하며 굳게 다짐해 봅니다.

다음은 "재앙이 오기 전에 미리 액을 방비한다."라는 말씀인데요. 이 말씀의 전제는 공것에는 재앙이 따른다는 거죠. 다시 말해 공짜는 없다는 말씀입니다. 공것이 왔을 때는 재앙이 수반되는데, 그 재앙을 막을 액막이가 무엇이냐면, 다른 사람과 나눠 쓰는 것이 비법이라는 것입니다.

'나에게는 공것이 생기지도 않았는데, 어떻게 나눠요?'라고 생각하시나요? 사실 나라는 존재는 수많은 공것에 의해 살아가는 존재입니다. 이 세상에서 내 것이라고 주장할 수 있는 것이 얼마나 될까요? 천지·부모·동포·법률, 사은님의 무한한 은혜, 한없이 무상으로 베풀어주는 공짜 은혜입니다.

이런 점에서 우리는 공짜 인생을 살고 있습니다. 몸도 마찬가지죠. 건강한 몸이거나, 경제적으로 부유하게 살고 있다면 공짜 인생 살고 있다고 생각해야 합니다. 그래서 나누며 사는 것이 우리의 당연한 의무라는 것입니다. 작은 것이라도 나누며 살아야 합니다.

1880년 여름이었습니다. 가정을 방문하며 물건을 팔아서 공부한 젊은이가 있었습니다. 온종일 물건을 판매했지만, 주머니에는 달랑 10센트 동전 하나밖에 없어 저녁 끼니도 해결할 수 없었습니다. 젊은이가 끼니를 해결하기 위해 한 집의 문을 두드렸습니다. 문이 열리고, 예쁜 소녀가 나왔습니다. 예쁜 소녀를 보자, 젊은이는 부끄러워서 배고프다고 말하지 못하고 물 한 잔만 달라고 했습니다. 그러나 소녀는 이 젊은이가 배가 고파 물을 요구한 것을 알아채고, 큰 컵에 우유 한 잔을 내왔습니다.

  젊은이는 그 우유를 단숨에 마셨고, 소녀에게 얼마를 드려야 하느냐고 물었습니다. 소녀가 말했습니다. "엄마는 친절을 베풀면서 돈을 받지 말라고 하셨습니다." 이 말에 젊은이가 소녀에게 깊은 감사를 표현하였고, 용기를 얻었습니다. 고학생으로 사는 것이 너무 힘들어 모든 것을 포기하려고 했던 이 젊은이는 우유 한 잔에 큰 힘을 얻었습니다.

  세월이 흘러 그 소녀가 중병에 걸렸고, 그 소녀를 담당했던 의사가 말했습니다. "여기에서는 치료할 수 없는 병입니다. 그러나 큰 도시의 전문의를 불러오면 병을 고칠 수 있습니다." 큰 도시에서 그 소녀를 치료하기 위해 온 의사는 하워드 켈리(1858~1943. 미국) 박사로 산부인과 분야에서 뛰어난 사람이었고, 명문인 존스 홉킨스 의과대학 창설자 중 한 사람이었습니다. 또한 아주 오래전에 그 소녀로부터 우유 한 잔을 대접받아 배고픔을 면하고, 힘을 얻었던 바로 그 젊은이였습니다.

  하워드 켈리 박사는 환자를 보고 단번에 예전에 자기에게 우유를 주었던 소녀임을 알아보았습니다. 그리고 자신의 모든 의료기술을 동원하여 그 소녀의 치료를 성공적으로 마치게 됩니다. 그리고 그 소녀에게 치료비 청구서를 제시했습니다. 소녀는 많은 치료비가 나오리라 생각하며 청구서를 보았습니다. 청구서에는 이렇게 쓰여 있었습니다. '한 잔의 우유로 모두 지급되었음(Paid in full/ with one glass of milk).' 그녀의 눈에서는 감사와 기쁨의 눈물이 끝없이 흘렀습니다.

내가 가진 것을 공짜로 받았느냐, 안 받았느냐의 여부를 떠나서 나누는 삶은 아름답습니다. 나누는 삶은 자신을 성장시키고 진급시킵니다. 또 누군가에게는 인생의 큰 전환점이 되고, 새롭게 살아가는 큰 힘이 되기도 합니다. 나눌 수 있음에 기쁘고 감사할 일입니다.

'공것 좋아하지 마라.' 진리적으로 보면 우리는 공짜 인생을 살고 있습니다. 아등바등 내 욕심만 차리고, 공것이라면 그저 좋아하는 어리석은 인생이 되어서는 안 됩니다. 오히려 그것으로 인해 몇 배 손해를 본다고 했습니다.

주어진 것에 감사해야 합니다. 우연히 공짜가 오더라도 정당한 곳에 나눠 쓰라고 했습니다. 혹시라도 나에게 다가올 수 있는 재앙을 방비하는 비법은 나누는 삶입니다.

'공것 좋아하지 마라.' 세상에 공짜는 없습니다. 빚지는 삶이 아니라 정당한 곳에 나누는, 복 짓는 삶 되시길 기원합니다.

원기|104.11.17.

진인眞人과 성인聖人

"진인眞人은 마음에 거짓이 없는지라 모든 행사가 다 참으로 나타나고, 성인聖人은 마음에 상극相剋이 없는지라 모든 행사가 다 덕으로 나타나나니, 그러므로 진인은 언제나 마음이 발라서 삿됨이 없고 성인은 언제나 마음이 안온하여 괴로움이 없나니라."

〈요훈품〉 28장

　진인과 성인은 하나의 고정된 인간상이 아니라, 각 종교에 따라 달리 해석되었습니다. 유교에서는 성인을, 노장에서는 진인을 말해 왔죠. 〈황제내경소문〉에서는 진인眞人, 지인至人, 성인聖人, 현인賢人을 말하고 있는데요. 여기에서는 가장 높은 위를 진인으로, 가장 낮은 위를 현인으로 보고 있습니다.
　먼저 '진인眞人'에 대해 살펴보겠습니다. '진인은 마음에 거짓이 없는지라 모든 행사가 다 참으로 나타나고, 언제나 마음이 발라서 삿됨이 없다.'라고 하셨습니다. 진인을 한문 그대로 해석하면 '참사람'인데요. 마음에 거짓이 없는 사람, 항상 참을 생각하고, 참을 실천하는 사람이 진인입니다. 진인은 진실하고 정직한 사람입니다.

마음에 거짓이 없는 사람

소태산 대종사님이 대각을 이루시고 난 뒤, 몇 달 만에 믿고 따르는 사람이 40여 명에 이르렀습니다. 이에 회상창립의 표준 제자를 고르시게 되는데, 그 기준이 진실하고 신심 굳은 사람이었습니다. 원불교에서는 진실하고 신심 굳은 사람을 '진인'이라고 말합니다. 소태산 대종사님은 진인의 대표적 인물로 응산 이완철 종사(1897~1965)를 꼽으셨는데요. 『대종경 선외록』에서 이렇게 말씀하십니다.

"이완철李完喆은 어디 가든지 오직 그 일에 성의를 다 할 뿐이요 따로이 명예를 계교함이 없으며 모든 사람에게 두루 알뜰하되 조작과 허식이 없으니 이런 사람이 이른바 진인이니라."

응산 이완철 종사는 소태산 대종사, 정산 종사, 대산 종사 세 스승님을 모신 분입니다. 원불교 교단에서 유명한 신흥 이씨 집안으로, 도산 이동안(1892~1940) 선진의 동생이며, 교정원장, 감찰원장, 수위단원을 역임하셨습니다. 응산 종사님의 일화는 『대종경』〈교단품〉 11장에 나옵니다.

대종사 서울교당에서 이완철에게 짐을 지고 역驛까지 가자 하시거늘, 완철이 사뢰기를 "제가 지금 교당 수축 관계로 십여 명의 인부를 부리고 있을뿐더러 교무敎務의 위신상으로도 난처하나이다" 하니, 대종사 그 짐을 오창건에게 지우시고 다녀오신 후 말씀하시기를 "완철은 아까 처사를 어떻게 생각하는가?" 완철이 사뢰기를 "크게 잘못한 일은 아닌가 하나이다." 대종사 말씀하시기를 "그대의 이유에도 일리는 있으나 짐 하나 지기를 부끄러이 여겨 스승의 명을 어기고도 그 일을 크게 생각하지 아니한다면 이것이 어찌 전무출신의 본분이라 할 것이며, 또한 그러한 마음을 가지고 어찌 만생萬生을 널리 건지는 큰 일꾼 되기를 기약하리요." 하시고 "그러한 정신을 놓지 못하겠거든 차라리 사가로 돌아가라." 하시며 엄중히 경책하시는지라, 완철이 잘못을 사죄하고 그 후로는 위신을 생각하여 허식하는 일이 없는 공부를 계속하니라.

　이 일이 있고 난 뒤 이완철 종사는 위신을 생각하여 허식하는 일이 없는 공부를 계속하였다고 합니다. 그래서 후일 허식 없는 진솔한 도인道人으로 칭송받게 됩니다.

　소태산 대종사님은 진인은 언제나 마음이 발라서 삿됨이 없다고 했습니다. 대산 종사님은 진인을 '자기의 양심을 속이지 않고, 다른 사람을 속이지 않고, 진리를 속이지 않는 것'이라고 했는데요. 다른 사람을 속이지 않는 것은 외진실外眞實이고, 자기의 양심을 속이지 않는 것은 내진실內眞實입니다. 그래서 모름지기 진인은 내외가 진실한 사람입니다. 거기에 더하여 진리 앞에 부끄러움 없이 당당할 수 있는 진실이 있어야 합니다.

생각해 보세요. 다른 사람을 속이진 않더라도, 양심을 속이고 진리를 속이는 일이 있잖아요. 내 가슴속 깊은 곳에 감춰둔 거짓, 비양심, 잘못이 있습니다. 대산 종사님이 말씀하십니다.

"세상에서 제일 좋은 것은 참眞이고 제일 좋지 않은 것은 거짓이다. 참은 잘 사는 길이며 오래 사는 길이고 대로大路이다. 천지가 본래 참이므로 영천영지무궁永天永地無窮하며, 성인은 참을 소유하시기 때문에 영원히 빛난다. 물건은 한번 가짜로 판정되면 그 물건은 가짜를 면하지 못하나 사람은 백번 천번 가짜를 행하였어도 한번 진짜로 돌려 버리면 그만이다. 그러니 우리는 참을 소유하고 참됨을 가꾸는 진인眞人이 되어야 한다."

어린이들을 천진난만하다고 하는데요. 아무런 꾸밈이 없이 말과 행동이 순수한 그대로라는 뜻이죠. 하늘에서 타고난 그대로 핀 꽃과 같다는 뜻입니다.

소태산 대종사님은 『대종경』〈수행품〉 35장에서 "그대들은 하늘 사람을 보았는가. 하늘 사람이 하늘나라에 멀리 있는 것이 아니요, 저 어린이들이 바로 하늘 사람이니 저들은 마음 가운데 일호의 사심이 없으므로 어머니를 통하여 천록天祿이 나오나니라."라고 말씀하십니다. 어린이들은 사邪가 없죠. 거짓이 없이 순수합니다. 그래서 천진天眞이라 말합니다.

일원상 진리를 '진공묘유眞空妙有'라고 표현하는데요. 진공은 참으로 텅 빈 자리를 말하는데, 아무것도 없음이 아니라 참이 꽉 찼기에 진공이라고 말하기도 합니다. 그 참이 나타난 것을 묘유, 덕, 은혜라고 하죠.

세상이 어지럽고 시끄러운 이유는 가짜가 많아서 그렇습니다. 거짓을 일삼고, 거짓을 참이라 우기며 현혹하는 사람들이 많기에 어지럽고 시끄럽습니다.

사람도 진품이 있고, 가짜가 있는 것 같아요. TV프로 '진품명품'이 있습니다. 모양은 그럴싸한데 진품이 아닌 경우가 있잖아요. 반대로 모양은 좀 어설퍼 보이지만 진품인 경우도 있죠. 요즘 백화점 명품관에 사람들이 바글바글한다고 합니다. 코로나-19로 돈 있는 사람들이 해외여행을 못 가니까, 명품 사는 것으로 기분을 내기 때문이라고 하는데요.

가수 영탁이 부른 노래가 있죠. '찐이야'인데요. '진' 정도가 아니라 '찐'이라고 했습니다. "찐찐찐찐 찐이야 완전 찐이야. 진짜가 나타났다 지금." 교도님들! 진짜가 되시겠습니까, 가짜가 되시겠습니까? 명품, 진짜가 되어야 합니다. 짝퉁, 가짜가 되어서는 안 됩니다. 찐 사람, 찐 원불교 교도가 되어야 합니다.

이제 성인에 대해 알아보겠습니다. 〈요훈품〉 법문에서는 "성인은 마음에 상극相剋이 없는지라 모든 행사가 다 덕으로 나타나고, 언제나 마음이 안온하여 괴로움이 없다."라고 하셨습니다.

보통 성인聖人은 '인격과 식견이 뛰어나고 덕망이 높은 인물'을 일컫는데요. 유교에서는 요·순·우·탕·문·무·주·공과 공자님을 성인의 반열에 올려 숭앙하고, 기독교에서는 십이사도를 비롯한 복음 전도에 공이 큰 사람, 순교자 등을 성인으로 모십니다. 김대건 신부를 비롯해 103위가 성인의 반열에 올랐습니다. 보통 성인과 성자를 동일시하기도 하고 구분하기도 하는데요. 공자님, 예수님, 석가모니 부처님, 소태산 대종사님 같은 분을 성자聖者라고 추앙합니다.

마음에 상극이 없는 사람

"성인은 마음에 상극相剋이 없는지라 모든 행사가 다 덕으로 나타나고, 성인은 언제나 마음이 안온하여 괴로움이 없다."

음양오행설陰陽五行說에서는 상생相生과 상극相剋이 있습니다. 오행은 수·화·목·금·토인데요. 금金은 수水, 수는 목木, 목은 화火, 화는 토土, 토는 금과 상생의 관계를 이룹니다. 그리고 금金은 목木, 목은 토土, 토는 수水, 수는 화火, 화火는 금과 상극의 관계를 이루어 조화롭지 못합니다. 대표적으로 수생목水生木, 나무에는 물이 필요하기에 상생이고, 수극화水剋火, 물과 불은 상극이죠.

음양의 기운뿐만 아니라, 두 사물이나 사람 사이가 서로 상충하여 맞서거나 해를 끼쳐 어울리지 아니한 것을 상극이라 합니다. 반대로 상생은 서로 도와주는 관계죠.

교도님들! 상극이 없는 것과 상생하는 것이 같을까요? 달리 말하면 미움이 없는 것과 사랑하는 것이 같을까요? 미움이 없는 것을 제로(0)라고 한다면 사랑하는 것은 알파(+)가 되죠. 이 관점에서 상극이 없다는 것은 최소한 미움이나 원망이 없다는 것입니다. 제로이죠.

그러나 아무리 상생으로 살고 싶어도 상극을 만날 때가 있습니다. 피할 수 없을 때가 있죠. 이때는 어떻게 해야 할까요? 조금 전에 상극으로 수극화水克火를 말했는데요. 내가 물이고 상대방이 화라면 어떻게 해야 할까요? 수생목水生木이 상생이니 상대방을 목으로 바꿀까요? 상대방을 바꿀 수는 없습니다. 목생화木生火, 내가 나무가 되면 됩니다. 물로 불을 끄기도 하지만, 불로 물을 데우기도 합니다. 각자의 역할에 충실하면 상생이 됩니다.

　이렇게 하려면 자기희생이 따릅니다. 나무가 타면 나무는 없어지지만 불은 활활 타오르죠. 그 불에 나무가 있습니까, 없습니까? 보이진 않더라도, 불에는 나무가 존재하는 겁니다. 그래서 덕은 은혜이고, 사랑입니다. 미운 사람도, 악행을 범한 사람도, 원수까지도 다 덕으로, 사랑으로 감싸는 거죠.

　소태산 대종사님은 『대종경』〈인과품〉 5장에서 "그 사람이 보지 않고 듣지 않는 곳에서라도 미워하고 욕하지 말라. 천지는 기운이 서로 통하고 있는지라 그 사람 모르게 미워하고 욕 한 번 한 일이라도 기운은 먼저 통하여 상극의 씨가 묻히게 된다."라고 하셨습니다.

　교도님들! 미워하고 욕해야 합니까, 사랑하고 칭찬해야 합니까? 사랑하고 칭찬해야죠. 상극이 아닌 상생으로 살아야죠.

마음이 안온한 사람

　다음으로 "성인은 언제나 마음이 안온하여 괴로움이 없다."라고 했습니다. 안온하다는 것은 '조용하고 편안하다.'라는 뜻이고, 반대말은 '불안하다, 혼란하다.'입니다. 안온하지 못하면, 즉 불안하고 혼란스러우면 괴로움이 있겠죠. 편안함은 괴로움이 없는 상태입니다.

성인에게는 항상 편안한 일만 있을까요, 괴로울 일이 없을까요? 일하지 않는 사람은 힘들고 괴로울 일이 없습니다. 그런데 일이 많은 사람은 그만큼 힘들고 괴로운 일이 많을 수밖에 없습니다. 대통령을 보세요. 나랏일을 하는 대통령에게 편안하고 즐거운 일만 있나요? 힘들고 괴로운 일이 더 많을 것 같아요. 부처님도 마찬가지죠. 수많은 중생을 상대하고, 아픔을 들어주는데 한가하고 편안할까요? 바쁘고 힘듭니다.

그런데 성인은 안온하여 괴로움이 없다고 했습니다. 그렇게 힘들고 어려운 일이 있다 하더라도 편안하게 받아들이고, 괴로움이 아니라 낙으로 받아들인다는 말씀입니다.

『대종경』〈요훈품〉 9장에서 소태산 대종사님은 "어리석은 사람은 근심과 걱정이 있을 때에는 없애기에 노력하지마는, 없을 때에는 다시 장만하기에 분주하나니, 그러므로 그 생활에 근심과 걱정이 다할 날이 없나니라."라고 말씀하십니다.

어리석은 사람, 중생은 근심과 걱정거리를 장만합니다. 반대로 지혜로운 사람은 사전에 근심과 걱정거리를 짓지 않고, 만일 그러한 일을 당할 때는 편안하게 받아들이고 이겨나갑니다.

인고忍苦, 안고安苦, 낙고樂苦

대산 종사님은 당한 고를 면하는 방법 세 가지를 말씀하십니다. "인고공부忍苦工夫는 일체의 고를 당할 때 공부심으로 참고 힘써 이겨나가는 공부이고, 안고공부安苦工夫는 일체 고를 당할 때 안분하고 편안히 받는 공부이며, 낙고공부樂苦工夫는 어떠한 고를 당하더라도 즐겁게 초월하고 해탈하는 공부이니, 이대로 오래 공부하면 고해에서 벗어나 영원한 낙수용樂受用을 할 것이다."

우리 교도님들은 고통이 왔을 때 온통 괴로워합니까? 애를 써서 참으려 합니까? 담담히 받아들여 편안합니까? 초월하여 즐기십니까? 공부인은 낙고까지는 아니더라도 안고의 단계까지는 가야 합니다.

"진인眞人은 마음에 거짓이 없는지라 모든 행사가 다 참으로 나타나고, 성인聖人은 마음에 상극相剋이 없는지라 모든 행사가 다 덕으로 나타나나니, 그러므로 진인은 언제나 마음이 발라서 삿됨이 없고 성인은 언제나 마음이 안온하여 괴로움이 없나니라."

진인은 마음에 거짓이 없고, 성인은 마음에 상극이 없는 사람입니다. 마음에 거짓이 없어야 상생으로 살릴 수 있습니다. 진인이 성인이고 성인이 진인입니다. 거짓은 또 다른 거짓을 낳고 상극은 상극을 불러옵니다. 마음이 참으로 가득할 때 편안하고 괴로움이 없습니다. 나는 과연 진인으로 사는가, 성인으로 사는가? 우리 모두 진인과 성인을 표준 삼고 살아가기를 염원합니다.

원기106.04.11.

빈말의 죄업

> "빈말로 남에게 무엇을 준다든지 또는 많이 주었다고 과장하여 말하지 말라. 그 말이 도리어 빚이 되고 덕을 상하나니라. 또는 허공 법계에 빈말로 맹세하지 말라. 허공 법계를 속인 말이 무서운 죄고의 원인이 되나니라."
>
> 〈요훈품〉 29장

〈요훈품〉 29장 법문은 '빈말의 죄업'에 대해 말하고 있습니다. '구시화복문口是禍福門', 입은 재앙과 복의 문이 된다고 했는데요. 몸과 입과 마음 중, 입으로 짓는 죄가 가장 직접적이고 쉽게 범할 수 있기에 항상 조심해야 합니다.

대산 종사님은 〈수신강요〉에서 하루를 지내고 반드시 살펴야 할 세 가지 말이 있다고 하셨습니다.

1. 내가 빈말[虛言]을 하였는가, 참말[眞言]을 하였는가.

2. 남에게 해될 말[害談]을 하였는가, 덕될 말[德談]을 하였는가.

3. 잡될 말[魔說]을 하였는가, 여러 사람에게 모범될 말[法說]을 하였는가.

이 법문을 마음에 새기면서 『대종경』〈요훈품〉 29장 법문을 자세히 살펴보겠습니다.

빈말과 과장된 말

"빈말로 남에게 무엇을 준다든지 또는 많이 주었다고 과장하여 말하지 말라. 그 말이 도리어 빚이 되고 덕을 상하나니라." 빈말과 과장된 말을 하지 말라는 것이죠. 빈말은 실속 없이 헛된 말이고, 과장된 말은 실제보다 부풀린 말입니다.

먼저 빈말에 대해 생각해 보겠습니다. 빈말은 실속 없는 말이라는 뜻으로 허언이라고도 합니다. 보통 씨알이 없는 말, 영양가 없는 말, 맥없는 말로도 표현되는데요. 대표적으로 쓸데없는 농담이 있죠. 또한 빈말은 사실이 아닌 것을 사실인 것처럼 꾸며 말하는 것입니다. 이런 말에는 진정성이 없고, 거짓이 있을 수 있습니다.

"빈말로 남에게 무엇을 준다든지."라고 했는데요. 어떤 경우들이 있을까요? 빈말과 약속을 지키지 않는 말은 좀 차이가 있습니다. 빈말로는 쉽게 하는 말들이 있죠. '내가 밥 한번 살게.'라거나 '내가 연락할게' 하고 나서 연락합니까? 그냥 인사치레로 하는 말이죠.

반면에 약속했는데 지키지 못하는 말이 있습니다. 사정이 어떻든 간에 약속을 지키지 못한 말은 빈말이 됩니다. 이렇게 빈말을 자주

하는 사람을 실없는 사람이라고 하죠. 이런 사람은 믿음이 가지 않습니다. 나중에는 그 사람이 하는 말 모두 빈말로 들리게 됩니다.

『대종경』〈실시품〉 21장에 나오는 법문인데요.

소태산 대종사님이 몇 명의 제자와 함께 총부 정문 밖을 나오시는데, 마침 총부 구내에 어린이들 몇 명이 놀고 있었습니다. 어린이들이 대종사님께 다 절을 하는데, 가장 어린아이 하나가 절을 안 했습니다. 그 모습을 보고 대종사님이 "네가 절을 하면 과자를 주겠다." 하십니다. 그러자 그 아이가 바로 절을 하죠.

그러고 나서 대종사님은 가시던 길을 한참 동안 가시다가, 과자를 주겠다고 약속한 것이 생각나셨습니다. 그러고는 제자들에게 "그대들은 잠깐 기다리라. 내가 볼 일 하나를 잊었노라." 하시고 다시 조실로 들어가 과자를 가져다가 그 아이에게 주신 후 가던 길을 가십니다. 그리고 이 법문 마지막은 이렇게 마무리하고 있죠. "대종사께서 비록 사소한 일이라도 항상 신을 지키심이 대개 이러하시니라."

생각해 보세요. 빈말로 약속한 일들이 있죠. 주겠다고 하고, 하겠다고 하고, 만나자고 하고, 이렇게 빈말을 일삼는 사람을 믿을 수 있을까요? 말에 실이 없는 사람을 믿을 사람은 없습니다.

우리가 보통 하는 말로 말빚 지면 안 된다고 하죠. '자, 밥 먹으러 갑시다. 오늘은 내가 낼게.' 하고 식당에 갔어요. 그런데 계산을 내가 아니라 다른 사람이 했어요. 말로 빚을 진 거죠. 상황이 이러저러해서 그 사람이 밥을 샀으면 차라도 사야 빚지지 않죠. 아니면 다음에 밥 사겠다는 약속을 지키는 게 좋습니다.

다음은 과장된 말입니다. 과장된 말이란 즉 부풀린 말인데요. 하나를 주었는데, 두세 개를 주었다고 하고, 하나를 보았는데, 두세 개를 보았다고 하는 것이 과장된 말입니다. 왜 이렇게 과장된 말을 하게 될까요? 거기에는 허세와 허풍이 있습니다. 있지도 않은데 있는 척 허세 부리고, 유난히 허풍 떠는 사람이 있습니다. 자기가 조금 잘한 일이 있으면 과장하여 부풀리죠. 자기를 과시하고자 하는 욕심이 많은 사람인데요. 이런 사람을 믿을 수 있을까요? 이런 사람을 바람 들었다, 또는 포를 떤다고 합니다.

대종사님이 과장된 말에 대해 경계하신 법문이 있는데요. 『대종경』〈인도품〉 56장입니다.

대종사 하루는 역사 소설을 들으시다가 말씀하시기를 "문인들이 소설을 쓸 때에 일반의 흥미를 돋우기 위하여 소인이나 악당의 심리와 행동을 지나치게 그려내어 더할 수 없는 악인을 만들어 놓는 수가 허다하나니 이도 또한 좋지 못한 인연의 씨가 되나니라. 그러므로, 그대들은 옛사람의 역사를 말할 때에나 지금 사람의 시비를 말할 때에 실지보다 과장하여 말하지 말도록 주의하라."

말할 때 겸양할 줄 알아야 합니다. 부족한 듯, 모자란 듯해야 사람이 따릅니다. 자기가 잘났다고 뽐내는 사람은 주변에서 싫어합니다. 대산 종사님은 이렇게 말씀하십니다.

"보통 사람은 항상 사실보다 과장해서 크게 나타내려 하므로 마침내 그 있는 것까지도 잃어버리나 달인은 큰 것은 작은 것으로서 지키고 아는 것은 모르는 것으로서 지키고 능한 것은 불능한 것으로 지켜서 능대능소能大能小하므로 그 있는 것은 보존하고 날로 더욱 크고 두렷하게 이루어 항상 넉넉하고 편안한 생활을 하나니라."

빈말도 듣기에는 좋게 들릴 수 있습니다. '오늘, 너무 아름다우십니다.' 하지만 빈말은 무게감이 없고 가벼워 금방 날아가 버립니다. 빈말, 과장된 말은 빚이 되고 덕을 상하게 합니다. 사람의 인품과 덕은 하는 말을 통해 알 수 있습니다. 말이 헤프고 실이 없는 사람은 금방 신용을 잃게 됩니다.

허공 법계에 빈말로 맹세하지 말라

"허공 법계에 빈말로 맹세하지 말라. 허공 법계를 속인 말이 무서운 죄고의 원인이 되나니라."라는 말씀에서 먼저 허공 법계虛空法界에 대해 생각해 보겠습니다. 허공 법계는 허공과 법계로 나눌 수 있습니다. 허공은 법계를 꾸며주는 말로, 법계는 마치 허공과 같다는 뜻입니다. 허공은 텅 비어서 보이는 것이 없죠. 법계가 그렇다는 것입니다.

법계는 산스크리트어 다르마다뚜(dharma-dhātu)를 번역한 것인데, 다르마는 법法, 다뚜는 계界를 나타냅니다. 법계는 진리계로 바꾸어 해석할 수 있습니다. 우리가 인식하는 세계에는 보이는 현상의 세계와 보이지 않는 본체의 세계, 진리의 세계가 있습니다. 그 본체계를 허공 법계라고 하는데요. 나무의 가지와 잎을 현상계라고 한다면 보이지 않는 뿌리를 본체계라고 할 수 있습니다. 형상 있는 현상계는 형상 없는 법계에 근원하여 존재합니다. 법계, 진리의 세계는 허공과 같아서 텅 비어 있되 모든 법과 조화를 다 포함하고 있습니다.

"빈말로 맹세하지 말라." 맹세란 꼭 지키고, 실천하겠다는 약속입니다. 함부로 맹세하진 않습니다. 빈말로 맹세하지 말라는 것에는 두 가지 뜻이 있습니다. 첫째는 거짓 맹세를 하지 말라는 것이고, 둘째는 그 맹세가 시간이 지난 뒤에 거짓이 되게 해서는 안 된다는 것이죠. 처음부터 거짓 맹세를 하는 것은 상대방을 속이기 위함이고, 시간이 지난 뒤에 그 맹세가 거짓이 되는 경우는 그 맹세를 실천하지 못했기 때문입니다.

보통 맹세할 때 어떤 각오로 하나요? 내 이름을, 내 목숨을 걸고 맹세한다고 하죠. 소태산 대종사님은 "허공 법계를 속인 말이 무서운 죄고의 원인이 된다."라고 하셨습니다. 여기에서 우리는 사람을 속인 것과 허공 법계를 속인 것에 어떤 차이가 있는지 살펴봐야 합니다. 어떤 것이 더 큰 죄업을 받을까요? 사람을 속이면 그 사람에게 과보를 받지만, 허공 법계를 속이면 허공 법계에 과보를 받습니다. 그런데 보이지 않는 허공 법계에 맹세나 빈말을 하면 누가 벌을 내릴까요?

소태산 대종사님은 『대종경』〈인과품〉 3장에서 "동물들은 하늘에 뿌리를 박고 살므로 마음 한 번 가지고 몸 한 번 행동하고 말 한 번 한 것이라도 그 업인業因이 허공 법계에 심어져서, 제각기 선악의 연을 따라 지은 대로 과보가 나타나나니, 어찌 사람을 속이고 하늘을 속이리요."라고 말씀하십니다.

또한 『대종경』〈교의품〉 4장에서 "천지 만물 허공 법계가 다 부처 아님이 없나니"라고 말씀하셨습니다. 천지 만물 허공 법계가 다 부처이고, 부처의 권능을 가지고 있다는 것입니다. 죄와 복을 내리는 권능을 천지 만물 허공 법계가 다 가지고 있다는 것이죠. 한 사람이 내리는 죄복과 천지 만물 허공 법계가 내리는 죄복 중 어떤 것이 더 클까요?

천지 만물 허공 법계가 내리는 죄복

소태산 대종사님이 처음 표준 제자로 8인을 선택하실 때, 백수면 학산리에 사는 오내진이라는 사람이 있었습니다. 그런데 이 사람은 술을 좋아하였고, 신비한 이적 같은 것을 쫓는 사람이었습니다.

하루는 대종사님이 8인에게 묻습니다.

"그대들은 장차 창생을 제도할 서원을 세웠는데, 중도에 혹 변심이 있을 때는 어찌할 것인가?"

이에 8인 모두 "저희들이 만일 중도에 변심이 있는 때는 즉시 생명으로써 속죄하여도 여한이 없겠나이다."라고 답합니다.

그 후 오내진은 이전의 신심을 놓아버리고 다시 주색에 빠져 방탕한 생활을 하고, 나쁜 사람들과 어울리며 대종사님과 다른 동지들을 심하게 훼방하였습니다. 당시 김성구[삼산 김기천]가 그 모습을 보고 혼자 '예전에 오내진이 죽어도 그 맹세를 변하지 않겠다고 했는데 지금 저렇게 변심하여 행동하니, 만일 그때 서약한 것이 영험이 있다면 오내진의 신변에 반드시 어떠한 죄벌이 있을 것이다. 나는 오내진이 어떻게 되는지를 보고 장차 나의 신앙을 결정하겠다'라고 생각하였죠.

이때까지만 해도 김성구[김기천]의 마음에는 확실한 믿음이 서 있지 않았습니다. 그리고 나서 김성구는 대종사님께 여쭙습니다. "오내진이 예전에 중한 맹서를 하고 지금 저렇게 변심을 하였으니 그 사람이 장차 그 맹서와 같이 되겠습니까?"

대종사님이 말씀하십니다. "내가 내진의 앞길을 미리 판단은 하지 않으나, 내진이가 그 맹서를 할 때에 농담의 말이 아니고 만일 진심으로써 하였다면, 그 말 한마디가 극히 중하고 어려운 바가 있나니, 어찌 무단한 허언으로만 생각하리요."

그런데, 얼마 지나지 않아 오내진이 술을 먹고 급병이 생겨 하루 아침에 죽게 됩니다. 이 소식을 듣고 김성구[김기천]는 잠시 의심했던 마음에 크게 송구하였고, 다음부터는 어떤 의심도 내지 않고 일심으로 복종하였습니다. 다른 제자들도 모두 놀라 처음 맹세를 다시 다지고, 신근信根을 내리는 데 큰 도움을 받았다고 합니다.

우리는 급하고 힘들 땐 허공에 맹세하며 매달립니다. 그러나 순경에 처하면 어떻습니까? 언제 그랬느냐는 듯 금세 그 맹세를 잊어버리죠. 그러면 그 맹세가 빈말이 되어 버립니다.

우리는 종종 평생 사랑하겠다고 맹세합니다. '당신만을 사랑해.' 하며 서약하죠. 그러나 중간에 변심해버리면 맹세는 거짓이 됩니다. 기도도 마찬가지입니다. '이번 한 번만 저의 기도를 들어주세요. 만약 제 기도를 들어주시면 뭐든 다 하겠습니다.' 하며 맹세하지만, 이후 들어주지 않거나, 또는 들어주더라도 시간이 지나 그 맹세를 잊어버리곤 합니다.

반대로 생각한다면, 빈말이 아닌 참말로 한 맹세는 허공 법계, 진리가 들어주신다는 뜻이 됩니다. 그러니 허공 법계에 맹세하세요. 내 기도가 허공 법계에 스며들 수 있도록 참말로 맹세하세요. 허공 법계, 법신불 사은님은 들어주십니다.

내가 한 맹세는 없어지는 것이 아니라 천지 만물 허공 법계에 사진 찍히듯 새겨집니다. 모르고 한 일이라도 법신불 사은님은 모두 알고 계시며, 하나도 틀림없이 지은 그대로 보응을 받게 해주십니다.

말로 하긴 쉽습니다. 그러나 말로 끝나 빚이 되어서는 안 됩니다. 빈말, 과장된 말이 아니라, 참이 꽉 찬 말이 되어야 합니다. 빈말은 자신의 신용과 인격을 상하게 합니다. 특히 허공 법계를 속인 말이 무서운 죄고의 원인이 된다고 했습니다. 진리에 맹세한 말이기 때문입니다.

원기 106.04.18.

악한 기운, 독한 기운을 풀어라

"자기 마음 가운데 악한 기운과 독한 기운이 풀어진 사람이라야 다른 사람의 악한 기운과 독한 기운을 풀어 줄 수 있나니라."

〈요훈품〉 30장

 이 법문에 의하면, 우리에게 두 개의 과제가 있습니다. 첫 번째는 내 마음 가운데 악한 기운과 독한 기운을 풀어 주는 것, 두 번째는 다른 사람의 악한 기운과 독한 기운을 풀어 주는 것입니다. 이를 역으로 생각해 보면, 다른 사람의 악한 기운과 독한 기운을 풀어 주기 위해서는, 반드시 나의 마음 가운데 악한 기운과 독한 기운을 풀어내야 한다는 것입니다.
 먼저, 우리가 생각해 볼 것은 마음 가운데 악한 기운과 독한 기운에 관한 것입니다. 악한 마음과 독한 마음은 이해하기 쉽죠. 악한 마음은 선한 마음의 반대로 나쁜 마음을 말하며, 독한 마음은 삼독심이라 말할 수 있습니다. 탐심·진심·치심이 바로 삼독심三毒心입니다. 굳이 탐·진·치 삼독심이 아니더라도 남을 해치려는 마음이 곧 독한 마음입니다. 악심이든 독심이든 모두 죄를 짓는 마음입니다.

그런데 법문에서는 마음 가운데 악한 기운과 독한 기운이라고 했습니다. 우리 마음에 기운으로 악기와 독기가 있다는 것입니다. 우리가 '심기가 편하다. 심기가 불편하다.'라는 말을 하죠. 보통, 심기는 마음의 현재 상태나 기분을 말합니다.

한문으로 기운 기氣는 힘, 에너지를 말합니다. 기에는 여러 특징이 있지만 크게 보면 뭉치는 것과 이동하는 것 두 가지가 있습니다. 몸에서도 그렇고, 자연계에서도 기는 뭉치기도 하고 이동하기도 합니다. 정산 종사님은 『정산종사법어』〈원리편〉 13장에서 "기는 만유의 생기로서 그 개체를 생동케 하는 힘"이라고 말씀하셨습니다. 이런 관점에서 보면 기는 살아 움직이는 힘입니다. 그래서 기는 뭉쳐 있기도 하고, 이곳저곳으로 움직이기도 합니다.

마음과 기운의 관계

이제 마음과 기운의 관계에 대해 살펴보겠는데요. 심즉기心卽氣의 관점에서 보면 마음 또한 기운과 같은 성질을 가지고 있습니다. 우리 마음도 뭉치기도 하고 흩어지기도 하죠. 또한 마음은 그대로 머물지 않고 움직입니다. 그리고 마음이 가는 곳에 기가 움직입니다. 기공氣功에서는 '심도기도心到氣到'라 하며 마음이 가는 곳에 기가 간다고 말합니다. 기를 운용하는 주체가 마음이라는 거죠. 우리는 기의 주인이며, 우리의 마음에 따라 기는 반드시 움직이게 됩니다.

주먹을 꽉 쥐어 보세요. 이 주먹에는 지금 기운이 뭉쳐져 있는 상태죠. 이 주먹에 마음이 있습니까, 없습니까? 주먹을 꽉 쥐어야겠다는 마음이 뇌신경을 통해 전달되었기 때문에 이렇게 쥘 수 있는 거죠. 마음이 기를 움직인 것입니다. 주먹을 펴는 것도 마찬가지입니다. 무엇이 주먹을 폈습니까? 주먹 스스로 했습니까? 마음이 그렇게 하라고 하니까 펴진 것이죠.

우리 마음에 기를 접목해 봅시다. '마음이 가는 곳에 기운이 간다.' 악한 마음을 먹으면 악기가 생기고, 독한 마음을 먹으면 독기가 생깁니다. 악기와 독기는 기운이기 때문에 그대로 있지 않습니다. 기는 만유를 생동케 하는 힘이라고 했습니다. 악기는 악행을 하게 하고, 독기는 독한 행동을 하게 하죠. 그래서 죄업을 짓게 됩니다.

악기와 독기는 한 번에 그치지 않습니다. 그것이 모여 형성된 에너지의 양에 따라 계속 작용하고 운동하죠.

앞으로는 전기자동차 시대가 온다고 하는데요. 전기자동차가 한 번 충전해서 300㎞를 간다고 하면, 충전 게이지가 0이 될 때까지는 계속 달릴 수 있죠. 마찬가지로 내 마음에 악의 에너지가 300만큼 있다고 한다면, 그 에너지 300이 다 닳을 때까지 악기는 남아 움직이게 됩니다.

더 무서운 것은 에너지는 서로 끌어오는 힘이 있다는 점입니다. 악기는 악기끼리 서로 좋아합니다. 독기는 독기끼리 서로 뭉칩니다.

내 마음이 악기로 가득 차 있으면 다른 악기들이 나에게 달라붙고, 내 마음이 독기로 가득 차 있으면 다른 독기들이 나에게 붙습니다. 이러다 보면 아무리 선심으로 돌아가고 싶어도 돌아갈 수 없게 됩니다. 그 악기와 독기를 이길 힘이 없게 되죠.

『대종경』〈요훈품〉3장에서는 이렇게 말씀하십니다.

"한 마음이 선하면 모든 선이 이에 따라 나타나고 한 마음이 악하면 모든 악이 이에 따라 일어난다."

『대종경선외록』〈생사인과장〉16장에서도 이렇게 말씀하셨습니다.

"인심이 곧 천심이다. 그런고로 마음이 화평하고 순탄하면 천지의 화평하고 순탄한 기운이 모여들고, 마음이 불평하고 악독하면 천지의 불평하고 악독한 기운이 모여드는 것이다."

교도님들! 기운 뜨는 것을 볼 수 있나요? 말하지 않고, 행동하지 않아도 기운을 통해 현재의 마음과 상태를 확인할 수 있죠. 기운에는 크게 좋은 기운과 나쁜 기운이 있습니다.

소태산 대종사님은 『대종경』〈천도품〉26장에서 이렇게 말씀하십니다.

"그대들의 기운 뜨는 것이 각각 다르나니, 이 가운데에는 수양을 많이 하여 탁한 기운이 다 가라앉고 순전히 맑은 기운만 오르는 사람과, 맑은 기운이 많고 탁한 기운이 적은 사람과, 맑은 기운과 탁한 기운이 상반되는 사람과, 탁한 기운이 많고 맑은 기운이 적은 사람과, 순전히 탁한 기운만 있는 사람이 있도다." 하시고, 또 말씀하시기를 "사람이 욕심이 많을수록 그 기운이 탁해져서 높이 뜨지 못하나니, 그러한 사람이 명을 마치면 다시 사람의 몸을 받지 못하고 축생이나 곤충의 무리가 되기도 하며 ······."

우리 교도님들은 지금 기운이 어떻습니까? 맑은 기운입니까? 탁한 기운입니까? 사람 마음에 있는 악기와 독기를 어떻게 알 수 있을까요? 그 사람의 얼굴·말·행동을 보면 압니다. 악하고 독하게 보이고, 말하고, 행동하는 사람들이 있습니다. 기운이 얼굴과 말, 행동에 있어서 알 수 있죠. 그러면 나의 마음 가운데 악기와 독기를 어떻게 풀 수 있을까요?

악한 기운과 독한 기운

석가모니 부처님의 제자 중에 '앙굴리말라'가 있었습니다. 앙굴리말라의 본명은 '아힘사(Ahinnsa)'인데, 그의 아버지는 아무에게도 해를 끼치지 않기를 바라면서 이 이름을 지어주었습니다. 성인이 된 앙굴리말라는 '바드라'라는 브라만을 스승으로 모시고 수행을 하였습니다. 앙굴라말라는 500명의 제자 가운데 특별히 체력이 강하고 지혜가 뛰어났으며 용모도 수려하였습니다.

어느 날 스승이 없는 사이에 스승의 아내가 앙굴리말라에게 음란한 마음을 품고 유혹합니다. 그런데, 앙굴리말라는 이에 응하지 않고 거절합니다. 앙심을 품은 스승의 아내는 스스로 자기 옷을 찢고는 앙굴리말라에게 폭행을 당했다고 울면서 남편에게 거짓을 말하게 됩니다.

이에 분노한 스승이 앙굴리말라에게 칼을 주면서 '내일부터 거리를 오가는 사람들을 죽여서 그 손가락을 잘라 꿰어 목걸이를 만들어라. 100명의 손가락을 모았을 때 너의 수행은 완성될 것이다.'라고 명령합니다. 앙굴리말라는 수행을 완성하기 위해 거리로 나가서 스승의 명령대로 사람들을 죽이고 그 손가락을 잘라 모으기 시작합니다. 그리고 그것을 목걸이로 만들어 걸고 다니죠. 앙굴리말라는 '손가락으로 목걸이를 만든 자'를 뜻합니다.

앙굴리말라는 99명의 사람을 죽였고, 마지막 한 사람을 채우기 위해 자기 어머니까지 죽이려고 합니다. 이를 알아챈 부처님이 그 앞에 나타나죠. 멀리서 석가모니 부처가 오고 있는 것을 본 앙굴리말라는 그 역시 죽이려고 뒤를 쫓습니다. 하지만 달리는 코끼리도 따라잡을 수 있을 정도의 체력을 가진 앙굴리말라가 아무리 달려도 차분하게 걷는 석가모니 부처를 따라잡지 못합니다.

앙굴리말라는 "겁쟁이 수행자여, 걸음을 멈추어라."라고 외칩니다.

이에 석가모니 부처는 "앙굴리말라여, 나는 멈추었다. 너도 멈추어라."

앙굴리말라는 그것이 무슨 뜻이냐고 물었고, 석가모니 부처는 "나는 살아있는 일체의 존재에 대한 폭력을 멈추었다. 그러나 그대는 살아있는 생명에 대해 자제함이 없다. 그러므로 나는 이미 멈추었고, 그대는 멈추지 않았다."라고 대답합니다. 석가모니 부처의 이 한마디에 충격을 받은 앙굴리말라는 다시금 석가모니에게 설법을 청했고, 그렇게 마음을 바꿔 부처님의 제자가 됩니다.

부처의 제자가 된 앙굴리말라는 열심히 수행하여 깨달음을 얻습니다. 앙굴리말라가 더 이상 사람을 죽이지 않는다는 소문이 났고, 탁발을 나간 앙굴리말라는 이제까지 그가 저지른 악행을 기억하는 사람들의 복수로 돌에 맞아 죽습니다.

 앙굴리말라 이야기의 핵심은 무엇일까요? '잘못을 저지른 사람이니 벌을 받아야 한다.'가 아닙니다. 잘못을 저지른 그 악인이 과연 과거 자신의 잘못을 진심으로 참회했는가입니다. 예전 같으면 백 명이 덤벼도 못 당할 괴력을 휘두르면서 사람들을 해치던 그였습니다. 그러나 자신에게 돌을 던지는 사람들을 향해서 아무런 저항을 하지 않고 담담히 죽음을 받아들였습니다. 그리고 그는 돌을 던진 사람들을 향해서 아무 원망의 말을 남기지 않았죠.

 또 다른 이야기에 의하면 앙굴리말라가 사람들에게 돌팔매질을 당하고 초주검이 되어 석가모니에게 돌아왔는데, 그런 그의 모습을 본 석가모니가 앙굴리말라를 향해서 이렇게 말했다고 합니다.

 "수행자여, 그대는 인내하라. 그대는 인내하라. 그대가 업의 과보로 수백 년, 아니 수천 년 지옥에서 받을 업보를 지금 여기서 받고 있다."

 꽉 뭉쳐 있는 악한 기운과 독한 기운을 풀려면 얼마나 힘들겠어요? 두껍게 언 강가의 얼음이 녹으려면 어떻게 해야 합니까? 봄이 와야죠. 따뜻한 기운이 없으면 녹일 수 없습니다. 이와 마찬가지로 악한 기운과 독한 기운은 선한 기운과 살리는 기운으로 풀어내야 합니다.

악기와 독기를 어떻게 풀 것인가

마음 가운데 악한 기운과 독한 기운을 어떻게 풀 것인가? 첫째, 참마음으로 참회하고 공덕을 쌓아야 합니다. 소태산 대종사님은 『대종경』〈요훈품〉 23장에서 "아무리 한 때에 악을 범한 사람이라도 참 마음으로 참회하고 공덕을 쌓으면 몸에 악한 기운이 풀어져서 그 앞길이 광명하게 열릴 것이요, 아무리 한 때에 선을 지은 사람이라도 마음에 원망이나 남을 해칠 마음이 있으면 그 몸에 악한 기운이 싸고돌아서 그 앞길이 암담하게 막히나니라."라고 말씀하십니다.

둘째, 마음을 부드럽고 넉넉하게 써야 합니다. 대산 종사님은 "마음을 써나가되 될 수 있는 대로 부드럽고 넉넉하게 쓰기를 공부하여 과거 현재 모든 도인의 처사하신 행동이나 글이나 말을 본받아 우리의 마음을 너그럽고 크고 넉넉하게는 할지언정 막된 말이나 막된 행동을 해서는 안 될 것이다. 그러므로 옛 성현들이 말씀하시기를 '내가 하기 싫은 일을 다른 사람에게 베풀지 말라.' 또는 '내가 좋은 말을 하고 좋은 기운을 가지고 있으면 천지의 모든 좋은 기운과 사람들의 좋은 기운이 나에게 응하지만 만일 여유 없는 일과 행동을 한다면 천지간의 모든 악한 기운이 모여들어 자연 나에게 해가 오고 나의 앞길이 막히게 되는 것이다.'"라고 말씀하십니다.

셋째, 일심으로 기도를 올리는 것입니다. 『대종경선외록』에서 소태산 대종사님은 "무엇보다 첫째 일심을 모아 기도를 올려서 모든 사람의 마음을 순하게 함으로써 천지에 맺혀 있는 악한 기운, 탁한 기운, 원한의 기운을 다 풀어 주어서 천지 기운도 막힘이 없이 다 통하게 하고, 신성 있는 사람이며 또는 일반 사람들까지라도 그 해를 입지 않게 하여 주라."라고 말씀하십니다.

　어혈이 뭉쳐 있으면 그것을 먼저 풀고 약을 써야 합니다. 맺힌 것이 있으면 풀어줘야 합니다. 풀을 먼저 매야 씨앗을 뿌릴 수 있습니다. 악한 기운과 독한 기운은 미워하고 원망하는 마음이 가득 찬 기운입니다. 미움과 원망이 없는, 텅 비어 고요한 마음일 때 선한 기운과 살리는 기운이 응하게 됩니다.
　내 마음 가운데 악한 마음과 독한 마음을 푸는 방법은 참 마음으로 참회하고, 공덕을 쌓고, 마음을 부드럽고 넉넉하게 쓰고, 일심으로 기도를 올리는 것입니다.
　화평한 얼굴, 부드럽고 살리는 말, 돕고 베푸는 일을 할 때, 악한 마음과 독한 마음이 풀어지고, 다른 사람의 악한 마음과 독한 마음도 풀어 줄 수 있습니다.

원기106.05.02.

상극의 마음과 상생의 마음

> "상극의 마음이 화를 불러들이는 근본이 되고, 상생의 마음이 복을 불러들이는 근본이 되나니라." 〈요훈품〉 31장

상극과 상생

상극은 서로 맞서고 이기려는 것이고, 상생은 서로 도와주려는 것을 말합니다. 상극의 마음은 서로 대질리고 미워하는 마음이고, 상생의 마음은 서로 도와주고 살려주는 마음입니다.

정산 종사님은 『정산종사법어』 〈원리편〉 41장에서 "상생의 인과는 선인선과로서 인과의 원리가 상생으로 순용됨을 이름이니, 그 인연이 서로 돕고 의지하여 모든 일을 원만히 성취하게 되는 좋은 인과관계요, 상극의 인과는 악인악과로서 인과의 원리가 상극으로 역용됨을 이름이니, 그 인연이 서로 대립하여 여러모로 미워하고 방

해하는 좋지 못한 인과관계요."라고 말씀하셨습니다.

　상생은 서로 돕고 의지하는 것, 상극은 서로 대립하여 미워하고 방해하는 것, 상생은 좋은 인연 관계, 상극은 나쁜 인연 관계입니다. 상생은 선연이 되고 상극은 악연이 됩니다. 결국 상생의 마음은 상생의 기운으로 상생의 인연을 만들어 복을 불러오고, 상극의 마음은 상극의 기운으로 상극의 인연을 만들어 화를 불러오게 되죠.

　소태산 대종사님은 『대종경』〈인과품〉 5장에서 "그 사람이 보지 않고 듣지 않는 곳에서라도 미워하고 욕하지 말라. 천지는 기운이 서로 통하고 있는지라 그 사람 모르게 미워하고 욕 한 번 한 일이라도 기운은 먼저 통하여 상극의 씨가 묻히고, 그 사람 모르게 좋게 여기고 칭찬 한 번 한 일이라도 기운은 먼저 통하여 상생의 씨가 묻히었다가, 결국 그 연을 만나면 상생의 씨는 좋은 과果를 맺고 상극의 씨는 나쁜 과를 맺느니라."라고 말씀하십니다.

　상생의 씨는 좋은 과果를 맺고 상극의 씨는 나쁜 과를 맺는다는 말씀에서 가장 중요한 씨는 마음씨입니다. 상생의 마음이냐, 상극의 마음이냐에 따라 화가 되고 복이 되기도 합니다. 인과의 이치로 보면 너무나 명확합니다.

　상생과 상극에서 가장 중요하게 생각해 볼 것은 과연 상극이 상생으로 변할 수 있는가입니다. 궁극적으로 우리가 마음공부를 하자는 것은 상극의 인연이 아닌 상생의 인연으로 복을 불러오자는 것입니다.

　우리 교도님들은 어떻게 생각하십니까? 상극의 마음이 상생으로 변할 수 있습니까, 없습니까? 어렵지만 불가능하지는 않습니다. 힘이 들지만 바뀔 수 있고, 그렇게 되도록 공부하는 것이 우리 원불교의 신앙이고 수행입니다.

상생이 상극으로 변하기 쉬울까요, 상극이 상생으로 변하기가 쉬울까요? 상극이 상생으로 변하기가 더 어렵고 힘듭니다.

최근에 마이크로소프트 빌 게이츠 회장과 멀린다 부인이 이혼했습니다. 뉴스 보도로는 빌 게이츠가 바람을 피웠기 때문이라고 합니다. 이 두 사람은 사내 연애를 시작으로 몇십 년 동안 부부로 살았고, 세계적인 기업가로서의 명성뿐만 아니라 빌&메린다 재단을 운영하며 세계적으로 선한 영향력을 발휘했습니다. 그런데 한순간 상생의 인연이 상극의 인연으로 변해 버린 거죠.

예전에 제가 기운의 특징에 대해 말씀드린 바가 있습니다. 기운은 서로 뭉쳤다가 흩어지고, 변하기도 합니다. 상생의 기운과 상극의 기운도 마찬가지입니다. 인연도 기운을 따라가죠. 상생이 상극으로 변하기도 하고, 상극이 상생으로 변하기도 합니다. 그래서 우리의 공부란 계속 상생의 선연을 만들어 가고, 상극의 인연을 상생으로 바꾸는 것입니다.

〈성가〉 198장에는 이런 가사가 있습니다.

원망하면 있던 복도 멀리 떠나고
감사하면 없던 복도 다시 찾아온다.
원망하는 생활을 감사로 돌리자.
상극의 생활을 상생으로 돌리자.

은혜를 심어야 은혜를 받는다.
은혜를 가꾸어야 은혜를 거둔다.

원불교 공부는 돌리는 공부입니다. 〈일상 수행의 요법〉에서도 계속 돌리자고 하잖아요. 네모나 세모를 돌릴 수 있나요? 우리는 둥근 일원상을 신앙의 대상과 수행의 표본으로 모시고 있으므로 잘 돌릴 수 있습니다. 상극의 마음 생활을, 상생의 마음 생활로 돌릴 수 있습니다.

일원주의는 상생대도이다

소태산 대종사님의 사상을 '일원주의一圓主義'라고 하는데요. 일원주의는 일원상의 진리를 바탕으로 한 사상을 말합니다. 일원주의를 상생대도相生大道라고 할 수 있는데요. 일원주의는 서로 살리고, 서로 잘 살고, 서로 행복한 상생을 지향합니다. 소태산 대종사님 교법의 핵심은 사은사요 삼학팔조인데요. 이 교법을 통해 낙원을 건설하자는 것입니다. 그 낙원은 은혜의 세상을 말합니다. 그리고 앞으로는 상생의 시대, 은혜의 세상이 펼쳐진다고 하셨죠.

『대산종사법어』〈개벽편〉 17장은 이렇게 말하고 있습니다.

"오는 시대는 밝은 시대요 원만 평등한 시대요 문과 무와 음과 양이 조화를 이루어 성공하도록 하는 시대라, 대종사와 정산 종사께서 영원한 세상에 염원하신 것이 일원주의요 세계주의니 우리는 그 뜻을 알아 교단 만 대를 통하여 정성을 쉬지 않아야 하느니라. 그리하면 이 세상에 상극은 없어지고 상생의 기운만이 감돌아 낙원이 건설되리니, 부모와 자녀, 스승과 제자가 상서로운 별이 되어 서로 비춰 나가야 하느니라."

이렇듯 대산 종사님은 앞으로 일원주의가 널리 퍼져서, 이 세상에 상극은 없어지고 상생의 기운만이 감돌아 낙원이 건설된다고 하셨습니다.

우리의 과제는 상극을 어떻게 상생으로 돌릴 것인가,
"갚을 차례에 참아라."

『대종경』〈인과품〉 10장에 이런 법문이 있습니다.

한 제자가 어떤 사람에게 봉변을 당하고 분을 이기지 못하거늘, 대종사 말씀하시기를 "네가 갚을 차례에 참아 버리라. 그리하면 그 업이 쉬어지려니와 네가 지금 갚고 보면 저 사람이 다시 갚을 것이요, 이와 같이 서로 갚기를 쉬지 아니하면 그 상극의 업이 끊일 날이 없으리라."

"네가 갚을 차례에 참아 버리라."고 하셨는데 갚을 차례에 참아지나요? 내가 잘못했으면 어느 정도는 참아집니다. 그러나 내가 잘못했더라도 상대방이 세게 나오면 참기 힘듭니다. 그런데 내 잘못이 없는데도 상대방이 나에게 해를 가한다면 참을 수 있을까요? 이때는 참는 것이 바보처럼 보일 수 있습니다. 내가 힘이 없다면 할 수 없이 참을 수밖에 없죠. 지렁이도 밟으면 꿈틀거린다는 말이 있는데 아무리 약자라 하더라도 억울한 일은 참기 힘듭니다. 그 순간은 숙일 수 있지만, 속으로는 복수를 다짐하겠죠.

참아야 할까요, 보복해야 할까요? 소태산 대종사님은 이렇게 말씀하십니다. "네가 갚을 차례에 참아 버리라." 이 말씀은 네가 갚을 수 있는 능력과 힘이 있을 때 참으라는 말씀입니다. 내가 힘이 없으면 갚을 수도 없습니다. 네가 갚을 차례에 충분히 힘이 있는데도 참고 보복하지 않는 것이 진정한 강자라는 말씀입니다. 강약은 변할 수 있습니다. 강자가 약자가 되고, 약자가 강자가 됩니다. 받고 갚기를 계속하면 그 관계는 상극이 될 수밖에 없습니다.

대산 종사님이 소태산 대종사님의 〈강자 약자 진화상 요법〉에 대해 설명하시기를 "강자는 자리이타로 약자를 진화시키며 약자는 강자를 선도자로 삼아 강약이 서로 진화하는 길로 나아가야 상극 없는 새 세상을 이룩한다는 것이요."라고 말씀하셨습니다.

때로는 지는 것이 이기는 것이 됩니다. 참는 자에게 복이 온다고 했습니다. 갚을 자리에서 참는 사람이 참으로 이기는 사람입니다. 참는다는 것은 먼저 나 자신을 이기는 것입니다. 상대방에게 꼭 보복하지 않더라도 미워하고 원망하는 마음이 나오면 참고, 다른 사람에게 흉을 보고 싶은 마음이나 입을 참아야 합니다.

아무리 참기 힘든 경계라 하더라도 꿀꺽 삼켜 내면 다음엔 수월해집니다. 진리가 나를 공부시키려고 하시는데, 이때 물러서면 어떻게 되겠습니까? 계속 법마상전에 머물게 됩니다. 꿀꺽 삼켜 내고, 폴짝 뛰어넘어야 항마가 됩니다.

생불로 모시고 불공하는 공부

"생불로 모시고 불공하라."『한울안 한 이치에』42절에 나오는 법문인데요. 정타원 이정은 종사가 젊었을 때의 이야기입니다.

한 동지가 당시 이정은 교무에게 섭섭함이 있었습니다. 그래서 남들에게 이정은 교무에 대한 허물을 말하고 다녔습니다. 없는 허물까지 만들어서 말이죠. 뒤에서 그 사람이 험담하고 다닌다는 소리를 이정은 교무도 들었습니다. 억울하고, 그 동지가 밉고 원망스러웠을 겁니다. 그래서 답답한 마음에 이정은 교무가 조실에 계시는 정산 종사님을 찾아뵙습니다. 정산 종사님은 이정은 교무에게 이렇게 말씀하십니다.

"어쨌든지 미운 생각하지 말고 작은 선물이라도 챙기고 해서 따뜻하게 불공을 드려라."

"그런 억울한 말을 듣고 참기도 힘든데 어떻게 불공까지 하겠습니까?"

"바늘구멍으로 황소바람 들어온다고 하지 않더냐. 작았을 때 그 씨앗을 없애 버려야 한다. 명심하고 꼭 실천하여라."

이정은 교무가 이 말씀을 받들어 불공을 잘하였더니 상극이 상생으로 돌아서, 그 동지와는 서로 심복 동지가 되었다고 합니다.

그냥 불공하라고 하면 어렵습니다. '내가 왜 불공해야 하지? 피해 버리고 안 만나면 그만이지'라고 생각하기 쉽습니다. 그러나 어떻게 해서든 만나게 되는 것이 인연 관계입니다. 이번 생에는 혹여 피할 수 있더라도, 내생까지 그 인연이 이어질 수 있습니다. 이 인연을 피하면 또 다른 강적을 만나게 됩니다. 결국 남을 해결하는 것이 아니라 나를 해결해야 합니다. 내가 변해야 하고, 내 마음의 힘이 세져야 합니다.

정산 종사님이 말씀하시죠. "바늘구멍으로 황소바람 들어온다고 하지 않더냐. 작았을 때 그 씨앗을 없애 버려야 한다." 인과적으로 보면 미움과 원망의 작은 씨앗을 그대로 놔두면 점점 커져 미움과 원망의 나무가 됩니다. 그 나무에서는 어떤 열매가 열릴까요? 화의 열매, 불행의 열매가 달릴 수밖에 없습니다.

"생불로 모시고 불공하라." 그저 인간관계를 좋게 하려고, 나의 이익을 위해, 처세술로 하자는 것이 아닙니다. 저 사람이 나에게 죄와 복을 직접 내릴 수 있는 사실적 권능을 가진 부처님이기 때문에 불공하라는 것입니다. 불공을 하라는 것은 결국 원망이 아닌 감사, 미움이 아닌 사랑, 상극이 아닌 상생으로 돌리자는 것입니다.

『정산종사법어』〈법훈편〉 60장에 이런 법문이 있습니다. "한 물건도 미워하지 아니하여야, 한 물건도 나에게 원한이 없나니라." 한 물건도 미워하지 말라고 했는데, 사람이야 어떠하겠습니까? 한 사람도 미워하지 않아야 나에 대한 원한이 없습니다. 남을 미워하지 마세요. 미움은 독을 만듭니다. 그 독은 남을 해칠 수도 있고, 그 독을 품고 있는 나 자신도 해칠 수 있습니다. 미워하는 사람도, 미움을 받는 사람도 다 똑같이 죄가 있습니다. 그래서 미워하는 사람도 화를 당하고, 미움을 받는 사람도 화를 받게 됩니다.

부안 내소사의 한 스님 얼굴에 종기가 나기 시작했습니다. 여러 가지 약을 써 보았으나 좀처럼 낫질 않았습니다. 그 일로 고민하던 중 이러한 이야기를 듣게 되었습니다. 절 아래 나무꾼들이 산에 나무를 하러 가는데, 그때마다 그 스님이 나타나서 절의 산이니 나무를 하지 말라고 엄하게 제지했다고 합니다. 자기들의 생계가 달린 문제라 그 스님을 원망하는 마음이 나무꾼들에게 가득 차게 되었고, 나무로 사람 하나를 깎아 세워 두고 '이것이 내소사 중이다'라고 선언한 후, 산에 나무를 하러 갈 때마다 작대기로 한 차례씩 때린다는 것이었습니다.

이러한 말을 듣고 그 스님은 과거 자신의 처사가 너무 과하였음을 깨닫게 되었고, 그 나무꾼들을 모두 절로 초청하여 밥과 떡을 대접하며 화해하였더니 종기가 약을 쓰지 않고도 절로 나았다고 합니다.

맺힌 것은 풀어야 합니다. 먼저 깨달은 사람이 손을 내밀면 됩니다. 밥과 떡을 대접했다는 것은 그 상대에 맞는 불공을 했다는 것입니다. 내 기준이 아니라, 상대방에 맞춰 불공한 것이 맞춤 불공이고, 사실 불공입니다.

"상극의 마음이 화를 불러들이는 근본이 되고, 상생의 마음이 복을 불러들이는 근본이 되나니라."

상극의 마음은 서로 대질리고 미워하는 마음이고, 상생의 마음은 서로 도와주고 살려주는 마음입니다.

될 것인지 반드시 생각해야 합니다. 선인으로 변할 것인가, 악인으로 변할 것인가, 앞길이 광명하게 열리게 할 것인가, 앞길이 암담하게 막히게 할 것인가, 이것이 중요하죠.

경계 따라 능히 선할 수도 있고 능히 악할 수도 있고

한때에 악을 범한 사람이라도 앞길이 광명하게 열릴 수 있고, 선을 지은 사람이라도 앞길이 암담하게 막히는 이유는 무엇일까요? 악 가운데 선의 씨앗이, 선 가운데 악의 씨앗이 있기 때문입니다.

소태산 대종사님은 『정전』〈일원상 법어〉에서 "인과보응의 이치가 음양상승과 같이 되는 줄을 알며"라고 하셨는데요. 양 가운데 음의 기운이, 음 가운데 양의 기운이 있듯 선 가운데 악의 움이 자리하고, 악 가운데 선의 움이 자라날 수 있는 것이 음양의 원리이고 인과의 원리입니다. 선과 악을 어떻게 키우느냐에 따라 선행과 악행이 판가름 나죠.

사람은 변할 수 있나요? 변하지 않을 수도, 변할 수도 있습니다. 그런데 선한 사람이 악인으로 변하기는 쉽지만, 악인이 선한 사람으로 변하기는 참 어렵습니다. 그대로 있으면 변하지 않지만, 변하는 노력을 하면 변할 수 있습니다.

어떤 사람을 선인이라 하고, 악인이라 할까요? 원래부터 선인과 악인이 정해져 있는 것은 아닙니다. 선한 일을 많이 한 사람을 선인이라 하고, 악한 일을 많이 한 사람을 악인이라 부릅니다. 선인이라고 해서 악행을 하지 않는 것도 아니고, 악인이라고 해서 선행을 하지 않는 것도 아닙니다. 선인과 악인을 나누는 기준은 선행과 악행의 비율입니다. 그런데 단순히 선행과 악행의 퍼센티지가 아니라 선행과 악행의 강도가 중요합니다. 큰 선행이냐, 큰 악행이냐에 따라 선인과 악인이 결정되기 때문입니다.

"아무리 한 때에 악을 범한 사람이라도 참 마음으로 참회하고 공덕을 쌓으면 몸에 악한 기운이 풀어져서 그 앞길이 광명하게 열릴 것이요."

이 법문을 간단하게 줄이면 '참회하고 공덕을 쌓아라.'입니다. 중생인 이상 누구나 악을 범할 수 있습니다. 악을 범하는 강도는 차이가 있을 수 있죠. 큰 악을 범하든, 사소한 악을 범하든, 악의 크고 작음이 어떻든 간에, 악을 범하면 그에 합당하는 벌을 받는 것이 인과의 이치입니다. 그러나 대부분의 사람은 비교적 가벼운 악행에 대해서 쉽게 생각하고 넘어가려 합니다. 그리고 혼자만 아는 악행은 애써 감추려고 하죠. 문제는 세상에 드러나 많은 사람이 아는 악행에 어떻게 대처하느냐입니다. 〈요훈품〉 32장에서 설명하는 악행은 세상에 드러난 악행을 말하는 것 같습니다.

악을 범하고 나서 선택할 수 있는 세 가지 길이 있습니다. 첫째는 그 악을 발판으로 계속 악을 범하는 것, 둘째는 악을 범한 것에 대해 죄책감을 느끼고 괴로움 속에서 헤어 나오지 못하는 것, 셋째는 참 마음으로 참회하고 공덕을 쌓아나가는 것입니다. 우리 교도님들은 어떤 길을 택하시겠습니까? 당연히 참 마음으로 참회하고 공덕을

운이 있죠. 그 기운이 사람의 인상을 만들고, 인격을 대변합니다. 계속 선만 생각하고 선을 행하는 사람은 선한 기운을 만들고, 계속 악만 생각하고 악을 행하는 사람은 악한 기운을 만들 것입니다.

사람의 인상이나 기운은 하루아침에 만들어지지 않습니다. 좋은 인상이 나쁜 인상으로 변하기도 하고, 반대로 나쁜 인상이 좋은 인상으로 변하기도 합니다. 그래서 나이 40이 넘으면 자기 얼굴에 책임을 지라고 하신 것입니다. 우리 원불교 교도님들의 인상을 보면 나이가 드실수록 덕스럽게 보입니다. 평소에 마음공부를 열심히 하시기에 그 공력이 얼굴에 드러나는 거죠.

예전에 제 정토가 익산 정토회관을 다닐 때 한 말을 아직도 기억합니다. 당시 60~70대 정토 원로님들을 뵈면 저절로 존경하는 마음이 나더랍니다. 얼굴 인상이나 하시는 말씀, 행동 하나하나가 다 법이 있고, 덕스러움이 묻어나더래요. 그분들의 황혼이 너무 아름답게 보여서 닮고 싶다고 했습니다. 새내기 정토의 입장에서는 그분들의 모습이 자신의 미래 모습처럼 보였을 것입니다.

노사연의 노래 가사에 '우린 늙어가는 것이 아니라 조금씩 익어가는 겁니다.'라는 구절이 있습니다. 익어간다는 것은 알맹이를 채운다는 것, 즉 스스로 자기를 존경할 만큼 성숙한 인격을 갖추는 것을 말합니다.

선인이 악인으로 변할까요? '아무리 한 때에 선을 지은 사람'이라고 했는데요. 그 선업은 한 번뿐입니다. 그 한 번으로 사람을 선인으로 규정할 수는 없습니다. 그다음에 원망하고 남을 해치려는 마음이 생기면 그것이 악의 종자가 되어 악행을 하게 만들고, 그렇게 악인이 되어가는 것입니다.

르네상스 시대를 대표하는 이탈리아의 천재 화가 레오나르도 다빈치(Leonardo Da Vinci, 1452~1519)를 모두 아실 겁니다. 그의 작품 가운데 가장 유명한 것 중 하나가 '최후의 만찬'인데요. 이 그림에는 유명한 일화가 있습니다.

다빈치는 예수와 열두 제자의 만찬 장면을 그리기로 마음먹고 화필을 들었으나 등장인물들의 구체적인 인상이 쉽게 떠오르지 않았습니다. 그중에서도 가장 중요한 두 인물인 예수와 유다를 어떻게 그려내야 할지 막막했죠. 고심 끝에 실존 인물 중에서 모델을 찾기로 하고 무작정 거리로 나섰습니다. 이 거리, 저 골목을 떠돌던 어느 날, 마침내 '청년 예수'를 발견하게 됩니다. 그는 '안넬로'라는 청년이었는데, 다빈치가 생각한 예수님의 모습이었습니다. 그 청년을 모델로 예수님의 모습을 완성했죠.

그 후 6년 동안 다빈치는 열두 제자의 모습을 차례로 완성해 나갔습니다. 그리고 마지막으로 유다의 모습이 그려질 공간만이 남게 되었습니다. 유다는 몇 푼의 돈으로 예수님을 팔아먹은 제자였습니다. 다빈치는 유다의 얼굴을 찾았으나 쉽지 않았습니다. 그러던 어느 날 다빈치에게 한 소식이 전해졌는데, 로마의 감옥에서 사형 집행 날짜를 기다리고 있는 한 살인자가 있다는 것이었습니다. 그 사람이야말로 다빈치가 찾고 있는 조건을 모두 갖추고 있었습니다.

다빈치는 즉시 로마 교도소를 찾아갔고, 거기서 검게 탄 얼굴, 길

중생과 도인의 원망과 감사

"중생들은 열 번 잘 해준 은인이라도 한 번만 잘못하면 원망으로 돌리지마는 도인들은 열 번 잘못한 사람이라도 한 번만 잘하면 감사하게 여기나니, 그러므로 중생들은 은혜에서도 해(害)만 발견하여 난리와 파괴를 불러오고, 도인들은 해에서도 은혜를 발견하여 평화와 안락을 불러오나니라."   〈요훈품〉 33장

    교도님들! 〈요훈품〉 33장 법문에서 가장 먼저 떠오르는 단어는 무엇일까요? 저는 〈일원상 서원문〉의 '은생어해, 해생어은'입니다. 해에서도 은혜가 나오고, 반대로 은혜에서도 해가 나온다는 뜻입니다. 우리의 공부는 은혜에 감사하고, 혹 해로움이 오더라도 은혜를 발견하는 것입니다. 이렇게 하면 항상 감사 생활을 하게 되어 행복한 삶을 살 수 있습니다.

〈요훈품〉 33장에서는 중생과 도인을 대비해서 말하고 있는데요. 앞부분과 뒷부분을 합쳐 둘로 나눠보겠습니다.

"중생들은 열 번 잘해 준 은인이라도 한 번만 잘못하면 원망으로 돌리고, 은혜에서도 해害만 발견하여 난리와 파괴를 불러온다."

이 법문이 시사하는 가장 중요한 의미는 무엇일까요? 열 번 잘해 준 것과 한번 잘못한 것을 비교하는 게 아닙니다. 중요한 것은 숫자가 아니라, 그 사람이 감사심으로 사느냐, 원망심으로 사느냐죠.

열 번 잘해 준 것에 감사하나요? 꼭 그런 것은 아닌 것 같습니다. 욕심과 불평이 많은 사람은 그 열 번도 부족하다고 생각할 수 있습니다. 이런 사람에게 한 번 잘못하면 어떨까요? 그 한 번을 열 번 잘못한 것처럼 받아들일 수 있습니다.

우리가 원망 생활을 감사 생활로 돌리자고 했는데요. 특히 남이 나에게 잘못한 일은 감사 생활로 돌리기 쉽지 않습니다. 그 당시에는 나에게 잘못한 것만 생각하기 쉽죠. 이전에 열 번 잘한 일은 다 잊어버리고, 오직 지금 나에게 닥친 해로움만 생각하게 됩니다.

부모는 아이들에게 열 가지, 백 가지를 잘해 주려고 합니다. 그것이 자식에 대한 부모의 사랑이죠. 그런데 잘못했다고 한번 혼내면 어린아이는 울고불고 야단이 납니다. 그동안 열 번의 사랑은 다 사라지고, 한 번 혼낸 것에 대한 원망으로 가득 찹니다. 열 번 잘해 준 은인을 한번 잘못한 것으로 원망하는 것은 철모르는 아이가 떼쓰며 투정 부리는 것과 같습니다.

고 합니다.

참 불쌍한 사람들이죠. 없어서 불쌍한 것이 아니라, 해로움만 발견하는 것이 불쌍하다는 것입니다. 봉사자와 성질을 부리는 노숙자, 극명하게 대비가 됩니다. 복 짓는 사람과 죄짓는 사람, 감사 생활하는 사람과 원망 생활하는 사람. 어떤 사람이 되어야 할까요? 해만 발견하며 사는 중생은 난리와 파괴를 불러온다고 했습니다. 주변 사람을 힘들게 하고 자신과 가정, 사회를 파괴합니다. 원망 생활로는 절대 평화롭고 안락한 생활을 할 수 없습니다.

"도인들은 열 번 잘못한 사람이라도 한 번만 잘하면 감사하게 여기고, 해에서도 은혜를 발견하여 평화와 안락을 불러온다."

열 번 잘못했는데, 한 번 잘한 것에 감사하는 것이 도인이라고 합니다. 도인 되기 참 어렵죠. 이 말은 도인들이 상대방의 열 번 잘못한 것을 열 번의 잘못한 것으로 받아들이지 않는다는 겁니다. 보통 중생들은 잘잘못이나 이롭고 해로움을 따지지만, 도인들은 시비이해가 끊어진 자리에서 놀기 때문에, 열 번 잘하고 한 번 잘못한 것이 없다는 것이지요. 다시 말하자면 도인의 심법은 열 번 잘못한 것에 대해 1도 원망심이 나지 않는 것입니다.

"한 번만 잘하면 감사하게 여기고"라고 했는데요. 원불교 공부의 핵심은 '원망 생활을 감사 생활로 돌리는 것'입니다. 돌리기 이전에는 원망이지만, 돌려놓고 보면 원망은 하나도 없고 오직 감사만 남죠. 완전한 도인은 아니더라도 반절 도인 정도는 되어야 합니다. 저는 반절 도인의 측면에서 볼 때, "한 번만 잘하면 감사하게 여기고"라는 말씀이 매우 소중하다고 생각합니다. '한 번만 잘하면' 이것이 감사의 씨앗입니다.

동지冬至 때 일양一陽이 생기어 그 기운을 키우고 키우면 마침내 하지夏至에 이릅니다. 이렇듯 '한 번만 잘하면 감사하는' 씨앗을 키우면, 나머지 잘못한 열 번도 잘못이 아니라 감사로 돌릴 수 있습니다. 이것이 우리 공부의 희망입니다. 원망을 감사로 돌리고, 하나의 감사를 둘, 셋의 감사로 키우고, 나아가 열의 감사로 키우는 겁니다.

"해에서도 은혜를 발견하여 평화와 안락을 불러온다."

미국 제43대 대통령 조지 워커 부시 당시, 국무장관인 콜린 파월은 최초의 흑인 국무장관이었습니다. 그는 자메이카 출신 이민자의 아들로, 뉴욕 빈민가 할렘에서 태어났는데요. 파월은 젊은 시절, 공장에서 다른 인부들과 도랑을 파는 일을 했습니다.

그때 한 사람이 삽에 몸을 기댄 채, 회사가 충분한 임금을 주지 않는다며 불평했습니다. 그 옆에는 묵묵히 도랑을 파는 한 사람이 있었죠. 콜린 파월은 몇 해가 지난 후, 다시 그 공장에 아르바이트하러 갔습니다. 불평 많던 그 사람은 그때도 삽에 몸을 기댄 채 여전히 불평을 늘어놓았습니다. 그러나 묵묵히 일하던 사람은 어느새 지게차를 운전하고 있었습니다. 또 몇 해가 지나 콜린 파월이 그곳에 다시 갔는데, 삽에 기댄 채 불평만 하던 그 사람은 원인 모르는 병으로 장애인이 되어 회사에서 쫓겨나 보이지 않았고, 열심히 일하던 그 사람은 회사 사장이 되어 있었다고 합니다. 콜린 파월은 이 모습에서 교훈을 얻어 자신의 인생을 열심히 가꾸었다고 합니다.

콜린 파월이 배운 인생의 교훈은 무엇이었을까요? 해에서도 은혜를 발견하는 '은생어해恩生於害'의 가르침이 아니었을까요? 도랑을 파던 노동자가 그 회사의 사장이 된 것도, 뉴욕 빈민가 출신의 흑인 이민자가 장차 미국의 국무장관이 된 것도 '은생어해'의 교훈이 아닐지 생각해 봅니다.

해에서도 은혜를 발견하면 평화와 안락을 불러온다고 했습니다. 평화와 안락은 그냥 주어지지 않습니다. 우리 인생에 경계가 없을 수 있나요? 수많은 역경 난경 속에서 살아가는데, 그러한 경계를 감사로 받아들이느냐, 원망으로 받아들이느냐에 따라 평화와 안락이 결정됩니다.

'은생어해, 은혜는 해에서 나온다. 해에서 은혜를 발견하라.' 이때의 해는 절대 해가 아닙니다. 은혜로 변할 해이죠. 해가 은혜로 바뀌면 더 큰 평화와 안락이 찾아옵니다. 고생 끝에 낙이 오고, 변하여 낙이 될 고는 즐거운 고가 됩니다.

도인은 이렇게 해에서도 은혜를 발견하지만, 중생은 그 해로움 속에서 헤매고 맙니다. 더 나아가 그 해로움으로 인해 더 큰 해로움의 늪 속에 빠져들게 되죠.

대산 종사님은 『대산종사법어』〈교리편〉 40장에서 이렇게 말씀하십니다.

"복이 있는 사람은 원수라도 은혜로 돌려 즐거운 생활을 하는 사람이요, 복이 없는 사람은 은인이라도 원수로 돌려 괴로운 생활을 하는 사람이니, 원수라도 은혜로 돌려 은혜를 발견하면 천지의 상서로운 기운이 내게로 올 것이요, 은혜라도 원수로 돌려 원수를 발견하면 천지의 나쁜 기운이 내게로 오느니라. 그러므로 저 사람이 나를 괴롭히고 해치려 할 때 원수로 보지 말고 '저 사람이 나에게 공부할 기회를 주고 길을 열어 주는 사람이구나.' 하고 은혜로 알아서 감사 생활을 해야 하느니라."

긍정의 눈을 가진 사람은 모든 일을 긍정적으로 바라봅니다. 부정의 눈을 가진 사람은 모든 일을 부정적으로 바라봅니다. 원망으로 가득 찬 사람은 은혜에서도 해로움만 발견하려 합니다. 감사로 가득 찬 사람은 해로움에서도 은혜를 발견하려 합니다.

중생과 도인은 원래부터 정해져 있지 않습니다. 열 번 잘해 준 은인이라도 한 번만 잘못하면 원망으로 돌리는 사람이 중생입니다. 열 번 잘못한 사람이라도 한 번만 잘하면 감사로 여기는 사람이 도인입니다. 은혜에서도 해만 발견하는 사람은 난리와 파괴를 불러옵니다. 해에서도 은혜를 발견하는 사람은 평화와 안락을 불러옵니다.

우리 모두 중생이 아닌 도인의 삶, 부처의 삶을 살기를 염원합니다.

원기106.06.13.

선인과 악인이 세상을 가르치는 법

"선한 사람은 선으로 세상을 가르치고, 악한 사람은 악으로 세상을 깨우쳐서, 세상을 가르치고 깨우치는 데에는 그 공이 서로 같으나, 선한 사람은 자신이 복을 얻으면서 세상일을 하게 되고, 악한 사람은 자신이 죄를 지으면서 세상일을 하게 되므로, 악한 사람을 미워하지 말고 불쌍히 여겨야 하나니라." 〈요훈품〉 34장

'선악善惡이 개오사皆吾師'라는 말이 있습니다. 선과 악이 다 나를 가르치는 스승이라는 뜻인데요. 선행을 보면서 저렇게 해야겠다고 배우고, 악행을 보면서 저렇게 하지 않아야겠다고 배우게 되죠. 그러기에 선악이 다 나의 스승이 됩니다. 이런 점에서 선한 사람이건 악한 사람이건 가르치고 깨우치는 공덕이 같다고 했습니다.

이 법문은 선한 사람과 악한 사람이 세상을 가르치고 깨우치는

데는 그 공이 같지만, 이왕이면 자신이 복을 얻으면서 세상일을 하는 선인이 되자는 뜻이지요. 악한 사람이 되어 세상에 경종을 울리는 사람이 되겠다고 다짐하는 사람은 한 사람도 없을 것입니다. 선한 사람이 있으므로 어떤 사람이 악한 사람인지 알게 되고, 악한 사람이 있으므로 선한 사람이 자연히 드러나게 됩니다.

선한 일, 착한 일은 무엇일까

"선한 사람은 선으로 세상을 가르치고, 자신이 복을 얻으면서 세상일을 하는 사람이다." 가장 이상적이죠. 선으로 세상을 가르친다는 것은 선행에 모범이 된다는 것입니다. '선한 일, 착한 일'은 무엇일까요? 여러 가지로 설명할 수 있겠지만, 대표적으로 남을 도와주는 것, 양보하는 것, 화합하는 것, 이웃과 세상을 위해 좋은 일을 하는 것 등이 있을 텐데요. 대체로 착하다는 것은 혼자가 아닌 타인과 관련되어 있습니다. 자기의 이익과 욕심만 차리는 것이 아니라 남을 위하는 것이죠.

요즘 착한 가게, 착한 임대인이라는 표현이 있는데요. 착한 가게는 어떤 가게일까요? 가게를 운영해서 얻은 이익을 주변 어려운 사람들과 나누는 곳일 것입니다. 착한 기업도 마찬가지이고요. 코로나 시대에 장사들이 안되니 임대료를 깎아주는 임대인을 일러 착한 임대인이라고 부르기도 했습니다. '착한 가격'이라는 말도 있는데요. 맛과 품질에 비해 가격이 싸다는 의미입니다. 가성비가 높다는 것이죠. 결국 착하다는 것은 이웃과 사회를 위해 일하고 나누는 삶을 말합니다. 나의 욕심을 최소화하는 거죠.

"선한 사람은 선으로 세상을 가르치고"라고 말씀하셨는데요. 요즘 쓰는 말로는 '선한 영향력'이라고 하죠. 그 사람의 선행이 그 사람에게만 그치는 것이 아니라 파급효과가 있다는 것입니다. 특히 대중적 인지도, 인기가 있는 사람들이 하는 기부나 봉사 등의 선행은 보다 널리 알려지게 되고, 따라 하려는 사람들에게 모범이 됩니다.

선행의 물결은 한 번에 그치지 않고 계속 이어집니다. 나는 한 사람에게 선행했지만, 그것의 파급력은 또 다른 사람에게 전해지고, 그 사람이 또 다른 사람에게 선행하며 이어지는 릴레이가 계속됩니다. 그런 선한 영향력이 널리 미쳐갈수록 우리 사회는 아름다워집니다.

그런데 한 가지 고민이 있습니다. 법문에 의하면 "선한 사람은 자신이 복을 얻으면서 세상일을 하게 되고"라고 말씀하셨는데요. 착하게 사는 것이 복될까요? 다시 말해 착한 사람이 잘 살까요? '그 사람, 착하기만 했지. 능력은 없잖아. 그렇게 착하기만 하면 바보 같아.' 이렇게 착함을 모자라게 바라보기도 합니다. 또 주변에 보면 착한데 지지리도 못사는 사람들이 있습니다. 머리 좋은 사람에게 속고 손해 보기도 하죠. 그래서 멍청해 보일 때도 있습니다. 이런 사람을 복 받는 사람이라고 할 수 있을까요?

저는 어릴 때 비교적 착한 어린이였습니다. 부모님 말씀을 어겨 본 적이 거의 없죠. 한마디로 말 잘 듣는 아이였습니다. 그러나 그 착함이 저를 자랑스럽게 하진 않았습니다. 오히려 착함이 저를 소극적인 사람으로 옭아매는 사슬처럼 느껴졌던 적도 있습니다.

착함을 단지 순하고, 순종하는 것이라 말하는 것은 올바르지 않다고 생각합니다. 착한 선은 좋은 일을 많이 한다는 의미도 있지만, 옳다는 의미도 있습니다. 옳은 일을 행하는 것이 착함이 된다는 것입니다. 그래서 착한 일이란 좋고 옳은 일이 되어야 합니다.

'박군'이라는 트로트 가수가 있습니다. '한잔해'라는 노래로 인기가 많은데요. 그는 특이하게 가수가 되기 전 15년 동안 특전사 군인으로 복무한 이력을 가지고 있습니다. 이후 SBS '트롯신이 떴다'에 나와 얼굴을 알린 뒤 '미운 우리 새끼', '강철부대', '정글의 법칙', '도시어부' 등 여러 예능 프로그램에 나오면서 유명해졌습니다.

이 사람은 노래도 잘하지만, 인생이 참 극적입니다. 어려서 부모님이 이혼해서 홀어머니 아래서 자랐고, 중학교 3학년 때 어머니가 말기 암 판정을 받아 15살 때부터 중국집 배달 아르바이트를 하면서 학교에 다녔습니다. 그리고 고등학교를 졸업하자마자 직업 군인의 길에 들었습니다. 군 생활 중 어머니가 끝내 사망했고요. 주변에서 하나같이 박군을 '착하고 성실하다.'라고 평가합니다. TV라 약간의 과장과 연출이 있을지 모르지만, 제가 보기에도 참 착하고 성실해 보였습니다. 참 응원해 주고 싶은 사람입니다. 가수 장윤정이 '트롯신이 떴다.'에서 박군을 보면서 이렇게 얘기했다고 해요. "너는 내가 이끌어 준다." 그만큼 가수로서 실력도 있고 사람이 괜찮다는 것이겠죠.

어렵지만 착하게 사는 사람은 주변에서 다 도와주려고 합니다. 지금은 어렵게 살지라도, 허튼짓 안 하고, 나쁜 짓 안 하고, 착하고 성실하게 살아가면 결국 자기의 복이 됩니다. 당장은 아니어도 언젠가는 빛을 보고 인고의 세월을 보상받아 행복을 얻을 수 있습니다.

지금의 착함과 선행이 바로 복으로 오지 않을 수 있습니다. 지난번 순타원님 종재 때 송천교당 교무님께서 인과의 시차를 말씀하셨는데요. 씨앗과 공력에 따라 그 결과는 달라집니다. 내가 나무를 심었지만 누가 덕을 봅니까? 자식이나 손자가 덕을 봅니다. 이것이 인과의 시간성입니다.

때론 악이 세상을 깨우친다

"악한 사람은 악으로 세상을 깨우쳐서, 자신이 죄를 지으면서 세상일을 한다." 악행을 많이 하는 사람을 악한 사람, 악인이라고 하는데요. 불교에서는 이러한 악행을 열 가지로 나누어 십악十惡이라 하고, 십악을 하지 않는 것을 십선十善이라 부릅니다. 이 십악 중 가장 큰 악행이 살생입니다. 모든 종교에서는 불살생不殺生, 생명 있는 것을 죽이지 말라고 하며, 살생 중에서도 가장 큰 죄업이 사람을 죽이는 살인입니다.

살인 같은 악행을 저지른 사람을 보면 우리는 '저런 죽일 놈', '짐승만도 못한 놈'이라고 욕합니다. 그런 뉴스를 보면서 '저런 나쁜 놈, 저렇게 돼서는 안 된다'라는 가르침을 얻죠. 이렇게 악이 세상을 깨우치기도 합니다. 그런데 정작 우리 자신은 죄를 짓고 있을까요, 아닐까요? 사실 우리도 죄를 짓습니다.

봉준호 감독의 '살인의 추억'이라는 영화가 있습니다. 화성 연쇄

살인 사건을 모티브로 만들어졌는데요. 오랫동안 해결되지 않은 최악의 장기 미제 사건으로 남아 있었는데, 몇 해 전 실제 범인이 나타났죠. 범인은 이춘재로 무려 10여 명의 부녀자를 살해했습니다. 이 사건은 인간이라면 저래서는 안 된다는 큰 깨우침을 줍니다. 그런데 이렇게 큰 악행이 아니더라도 다른 사람의 작은 악행에서 많은 깨우침을 얻을 수 있습니다. 내가 직접 깨우치지 않았어도 다른 사람들의 나쁜 행동이 반면교사가 될 수 있습니다. 이처럼 우리는 다른 사람의 그름이나 잘못을 통해 많은 것을 배우게 됩니다.

살다 보면 때로는 악역이 필요하기도 합니다. 악역은 남들이 하기 싫어하죠. 대부분은 칭찬받는 일을 하려 하지만, 때때로 험하고 대중의 눈총을 받더라도 해야 할 일을 하는 사람들이 있습니다. 이런 이들이 악역을 맡은 사람들이며, 조직이나 세상에서 필요한 존재이죠.

석가모니 부처님 당대에 십대제자가 있었습니다. 제자마다 능력과 역할이 있었는데요. 어떤 제자는 계율에 철저하고, 또 어떤 제자는 법문을 암기하는 데 탁월하다는 등 각자 역할들을 수행했습니다. 당시 기원정사에는 1,250명의 비구가 수행하고 있었는데요. 그 많은 사람 중에는 잘못하는 이도 있기 마련입니다. 그런데 그런 수행자들을 가르치려면 좀 힘이 듭니다. 직접 지적할 수 없는 근기가 낮은 제자들이 있거든요. 그래서 악역을 맡은 제자들이 있었습니다. 예를 들어 승가에서 꼭 고쳐야 할 일이 있으면 십대제자 중의 한 명이 그것을 범하는 겁니다. 몰라서가 아니라 일부러 그러는 거죠.

그러면 부처님께서 어떻게 하시겠습니까? 잘못을 저지른 제자를 경책하겠죠. 그러면 그 제자는 '제가 잘못했습니다. 다시는 그러지 않겠습니다.' 하고 자신의 악행을 참회하고 고칩니다. 어떻게 보면 짜고 치는 고스톱과 같죠. 그런 악역을 담당하는 제자가 있었습니다. 대중을 가르치고 깨우치기 위해서죠.

 이 상황이 이해되시죠? 대중을 가르치고 깨우치기 위해 악한 일을 자처해서 한 것이죠. 승단을 위해 자신이 직접 죄를 지으며 일을 한 것인데요. 이런 경우 그 제자를 악한 사람이라고 할 수는 없겠죠. 세상을 가르치고 깨우치는 역할을 한 것입니다.

자기 모습과 마음을 먼저 살피자

 "악한 사람을 미워하지 말고 불쌍히 여겨야 하나니라." 세상에는 크게 악한 사람도 있고, 작게 악한 사람도 있습니다. 여러 번 악행이 반복될 수도 있겠죠. 그런 사람이 가까이 있다고 생각해 보세요. 그리고 내가 그 악함을 당했다고 생각해 보세요. 그때 나는 어떻게 할 것인가?

 어느 교도님으로부터 전화를 받았습니다. 직장에서 어떤 한 사람이 자기를 모함해서 힘든데 어떻게 하면 좋겠느냐고 하소연합니다. 다른 직장 동료들도 이상한 눈으로 보는 것 같고, 자신을 나쁜 사람으로 만든 것에 억울하고 화가 났다고 합니다. 그리고 그런 거짓을 퍼뜨린 그 사람이 미워 죽겠다는 거예요.

 이때 우리 교도님들은 어떻게 마음공부를 해야 할까요? 먼저, 나 자신을 돌아봐야 합니다. 나에게 잘못이 있는지 없는지, 내가 모르는 잘못이 있는지 말이죠. 소태산 대종사님은 〈솔성요론〉 9조에서 "무슨 일이든지 잘못된 일이 있고 보면 남을 원망하지 말고 자기를 살필 것이요."라고 하셨고, 10조에서 "다른 사람의 그릇된 것을 견문하여 자기의 그름을 깨칠지언정 그 그름을 드러내지 말 것이요."라고 했습니다. 우리 이문교당 공동 유무념처럼 자기 모습과 마음을 먼저 돌아보아야 합니다.

객관적으로 나에게는 잘못이 없고, 상대방이 악의惡意, 악한 마음으로 그랬다면 어떻게 해야 할까요? 미워하지 말고 불쌍히 여기는 마음이 필요합니다. 처음에는 당연히 미워하는 마음이 날 수 있습니다. 당장 옳고 그름을 따지고 싶을 것입니다. 그러나 격하고 요란한 마음으로 시비를 가리려고 하면 더 큰 문제가 생길 수도 있습니다.

빈 마음에서 그 사람을 바라보면 미움보다는 불쌍한 마음이 날 수 있습니다. 불쌍한 마음 난다는 것이 단지 가엾게 여기라는 뜻이 아닙니다. 측은지심惻隱之心, 자비심慈悲心을 내라는 것이지요. 죄를 지은 그 마음을 불쌍히 여기라는 말입니다. 한 단계 더 나아가 이런 경계를 통해 나를 돌아보고 공부하게 해준 그 인연에 감사할 수 있어야 합니다. 이 정도는 되어야 성숙한 공부인이라 할 수 있습니다.

선과 악이 다 나를 가르치는 스승입니다. 선한 사람은 자신이 복을 얻으면서 세상일을 합니다. 악한 사람은 자신이 죄를 지으면서 세상일을 합니다. 이왕이면 선행을 통해 자신의 복을 지으면서 살아야죠. 그 선행은 나 혼자뿐만이 아니라 타의 모범이 되고 존경의 대상이 됩니다. 선한 영향력이 커지고 넓어질수록 우리 사회는 아름다워질 수 있습니다.

   혹여 악한 사람이 있더라도 미워하지 말고 불쌍히 여기라 말씀하셨습니다. 악인으로 낙인찍는 것이 아니라, 그 사람도 세상일을 하는 사람이며 그 악한 마음이 선한 마음으로 돌아오기를 기원해 주어야 합니다. 꼭 세상을 가르치고 깨우쳐주기 위해서가 아니라, 선한 마음으로 선행을 하면서 복을 짓는 우리가 되길 염원합니다.

원기106.06.20.

넷

시방 삼계를 소유하는 사람이 되려면
욕심을 줄여야 하고,
공을 위해 일해야 하고,
텅 빈 마음을 길러야 합니다.

이용하는 법을 알면

> "이용하는 법을 알면 천하에는 버릴 것이 하나도 없나니라."
> 〈요훈품〉 35장

    너무나 간단한 법문이라 굳이 해석할 필요가 없을 것 같습니다. 그런데 이렇게 간단명료한 법문일수록 해석의 여지는 다양합니다. 이 법문을 더 간단하게 말하면, 천하의 모든 것을 잘 이용하라는 것인데요. 실학實學의 정신이 두드러지게 나타나고 있습니다.
    조선 후기에 실학사상이 대두되었습니다. 실학이란 실다운 학문, 실천적이고 실용적인 학문입니다. 기존의 관념적이고 사변적인 성리학性理學을 비판하고자 실학이 발생했죠. 실학은 크게 경세치용학파와 이용후생학파로 나뉘는데, 경세치용학파에는 대표적으로 유형원, 박세당, 이익, 정약용이 있고, 이용후생학파에는 홍대용, 박지

원, 박제가 등이 있습니다. 경세치용은 '학문은 세상을 다스리는 데 실익을 증진하는 것이어야 한다.'라는 주장이고, 이용후생은 '백성의 일상적 생활에 이롭게 쓰이고 삶을 풍요롭게 하는 것이 실천적 학문'이라는 주장입니다.

경세치용, 이용후생. 두 단어에서 공통으로 들어가는 한자가 쓸 용用 자인데요. 실학의 정신은 학문을 배우고 써서 자신과 세상에 유익이 되게 하자는 것입니다. 따라서 실학사상은 실용주의 정신이 강하게 내포되어 있습니다. 원불교 교법 정신을 사상적으로 보면 실학사상의 실용주의적 성격을 띠고 있다는 것을 알 수 있는데요. 〈요훈품〉 35장의 법문이야말로 실학과 실용주의를 대표하는 법문이라 생각해 볼 수 있습니다.

이제 "이용하는 법을 알면 천하에는 버릴 것이 하나도 없나니라."라는 말씀을 몇 가지 관점에서 생각해 보겠습니다.

천하에 모든 것은 다 존재 가치가 있다

"천하에는 버릴 것이 하나도 없나니라." 이 말씀은 모든 것에는 그 존재의 가치가 있다는 뜻이기도 합니다. 소태산 대종사님은 "이용하는 법을 알면"이라는 전제를 붙이셨는데요. 있다는 것 자체만으로도 존재의 가치가 있습니다.

천하, 즉 하늘 아래에는 셀 수 없을 정도로 많은 존재가 있습니다. 이를 일체 만물이라 부르며, 생명을 가진 존재로 바라보면 일체 생령이라 합니다. 그런데 이 많은 존재 가운데 나와 직접적으로 관련 있는, 인연이 있는 존재는 전체에 비하면 태산의 먼지 정도에 불과할 것입니다. 나머지 존재는 나와 상관없거나 쓸모없는 것처럼 생각하기 쉽죠.

그런데 진짜 쓸모가 없을까요? 나와 아무런 관련이 없을까요? 아마존 원시림의 나무들, 태평양의 물과 고기들, 북극의 빙하도 나와는 상관이 없을까요? 우리는 아마존의 나무, 태평양의 물, 북극의 빙하 없이는 살 수 없습니다. 우리의 생명에 직·간접으로 꼭 필요하죠. 나에게 직접적으로 쓰이지 않더라도, 있다는 것 자체만으로 가치 있고 은혜입니다. 그래서 소태산 대종사님은 천지·부모·동포·법률의 사은을 '없어서는 살 수 없는 관계'이며, 그렇기에 은혜라고 말씀하셨습니다.

좀 더 가까이로는 내 생활 주변에 있는 모든 것들도 다 존재 이유와 가치가 있습니다. 정산 종사님은 『정산종사법어』〈법훈편〉 63장에서 "아무 소용이 없다는 말은 그 사업과 그 물건에 인연을 끊는 말이니 쓰지 말라."라고 하셨습니다.

우리는 일상적으로 '그거 소용없어'라는 말을 쓰곤 합니다. 소용없다, 쓸데없다, 쓸모없다, 모두 무가치하다는 뜻입니다. 쓸데없는 말, 쓸데없는 물건, 쓸데없는 사람. 우리는 이렇게 삶에서 소용을 따집니다. 그런데 그 소용이 지금 당장 필요치 않다는 것이지, 진짜 아무 데나 쓸모없다는 것은 아닙니다. 소태산 대종사님 말씀처럼 '이용하는 법', 즉 용처를 알면 가치가 드러나게 됩니다. 쓸 줄 모르기 때문에 소용이 없는 거죠.

'개똥도 약에 쓰려면 없다.'라는 말이 있는데요. 개똥은 아주 하찮은 물건으로 생각됩니다. 정말로 개똥이 약으로 쓰이는지 모르겠는데요. 허준이 지은 『동의보감』에는 개똥의 약효에 대해 이렇게 나와 있습니다. "흰 개의 똥은 살갗의 한 부분이 곪아 고름이 생기는 병인 종기를 치료하는 데 효험이 있고, 체증이 오래되어 뱃속에 덩어리가 생기는 병인 '적취'를 치료하는 데 신기한 효과가 있다." 개똥도 이용할 줄 알면 유용한 것이 되네요.

우리는 얼마나 잘 쓰이느냐 하는 효용을 따집니다. 좀 값어치 있는 것은 중요하게 생각하고, 그렇지 않은 것은 별 볼 일 없는 것으로 생각합니다. 이는 사람, 물건, 일 등 모든 것에 적용됩니다. 아무리 하찮게 생각했던 것도 쓰임에 따라 무엇보다 중요한 가치를 발할 수 있습니다. 예를 들면, 우리가 곰팡이를 나쁜 것으로 생각하는데 그 이유는 음식을 상하게 하거나 물건을 망가뜨리기 때문입니다. 하지만 곰팡이는 탄산음료에 들어가는 구연산이나 항생제인 페니실린을 만드는 등, 이로운 역할을 합니다. 좋다 나쁘다, 이롭다 해롭다 같은 구분은 어디에 쓰이느냐에 따라 달라집니다. 천하에 모든 것은 다 존재 가치가 있습니다. 버릴 것이 하나도 없죠.

버릴 건 버려야 한다

"이용하는 법을 알면 천하에 버릴 것이 하나도 없나니라." 이용하는 법을 모르면 어떻게 해야 할까요? 언제 쓰일지 모르니 잘 쌓아 놔야 하나요?

제가 작년 6월에 지금 사는 아파트를 구매했는데요. 집을 사려면 발품을 팔아야 하잖아요. 집을 한 열 군데 정도는 본 것 같아요. 한번은 부동산에서 좋은 집이 있으니 보러 오라고 해서 갔습니다. 층수도 8층이고, 앞이 안 막혀서 조망도 좋다고 하더라고요. 그런데 부동산에서 먼저 집이 정리가 안 되어 있으니 고려하고 보라는 거예요. 저와 정토, 그리고 송천교당 교무님이 함께 그 집을 보러 갔죠.

그런데 그 집 현관문을 열고 들어가자마자 꽉 막혀있는 거예요. 이게 사람 사는 집인가 생각이 들 정도로 거실이고 방이고 온갖 물건들을 쌓아놓고 살고 있었습니다. 사람 다니는 길만 있어요. 둘러보긴 했지만, 집을 살 마음이 하나도 나질 않았어요. 층수도 좋고 앞에 다른 건물이 가로막지 않아 탁 트여서 좋지만, 숨이 꽉 막히더라고요. 한 마디로 버려야 할 것을 버리지 않고 쌓아두고 사는 집이었습니다.

이렇게 쌓아두고 사는 사람을 '저장강박증 환자'라고 합니다. 저장강박증은 정신질환의 일종으로, 쓸모없거나 사용하지 못하는 물건을 버리지 못하고 계속 저장하려고 하는 강박증입니다.

쓰레기는 버려야죠. 못 쓰고 안 쓰는 물건은 버려야 합니다. 내가 안 쓰면 남이라도 잘 쓰게 해야죠. "세상에 버릴 것이 하나도 없나니라." 이 말씀 따라 쓸데없는 물건을 쌓아놓고 살면 안 됩니다. 소태산 대종사님은 "이용하는 법을 알면"이라고 전제하셨습니다. 이용하는 법을 모르면 그저 쓸모없는 물건, 버려야 할 쓰레기가 됩니다. 이용하는 법을 안다는 것은 그 물건의 효용가치를 아는 것입니다

다. 잘 이용하면 만족을 얻을 뿐만 아니라, 자원도 아끼고 환경을 보호하는 일이 됩니다.

교도님들! 쓸데없이 쌓아두는 것은 물건뿐만이 아닙니다. 자기 마음의 방에 쌓아두고 있는 마음 쓰레기들은 없습니까? 오랫동안 놔둬서 먼지가 앉고, 곰팡이가 나서 냄새가 나는 그런 마음들, 미움, 원망, 속상함, 서운함 등 없애야 할 마음의 쓰레기는 버려야 합니다. 깨끗하게 치워야 그 빈방에 새로운 좋은 마음들이 거주할 수 있습니다. 버릴 건 과감하게 버려야 합니다. 안 쓰는 물건도 그렇고, 마음 쓰레기도 그렇습니다.

사람을 잘 써야 한다

사람을 평가할 때 쓸모없는 인간이라고 말하기도 합니다. 하는 일 없이 놀고먹는 사람, 남에게 피해만 주는 사람들을 이렇게 말하고는 하죠. 이런 사람들은 다른 사람들에게 인정받지 못하고, 자존감이 낮으며 열등감에 사로잡혀 사는 경우가 있습니다. 흔히 못난 사람이라고 여겨지죠.

세상을 보면 점점 인간의 존엄성이 상실되고 있습니다. 사람이 마치 기계의 한 부품처럼 사용되는 세상이죠. 조직에서 성과를 내지 못하면 도태되어 더 이상 쓸모없는 사람이 됩니다. 무한 경쟁 속에서 살아남는 자와 사라지는 자로 구분되는 험악한 사회, 사람을 물건처럼 취급하는 세상입니다. 심지어 사람보다 돈이, 사람보다 값비싼 물건이 우선시되고 있습니다.

그렇지만 사람을 버려서는 안 됩니다. 못나 보이는 사람이라도 자신의 역할이 다 있습니다. 주연이 아닌 조연이라 하더라도, 조연이기에 더 빛나는 순간이 있습니다. 조연이 아니라 단역이라도 꼭 필요한 존재입니다.

소태산 대종사님 당대에 황이천(1910~1990)이라는 사람이 있었습니다. 중앙총부 청하원에 주재소를 설치하고 불법연구회를 감시하던 조선인 형사입니다. 원래 이름은 황가봉인데, 대종사님이 두 이, 하늘 천, '이천二天'이라는 법명을 내리셨습니다. 두 하늘을 섬긴다는 뜻이지요. 한 하늘은 일본이고, 다른 한 하늘은 조선이자 불법연구회의 대종사님이죠. 대종사님은 "내가 이천이를 가르쳐 놔야 내가 편하게 생겼어."라며 직접 『대학』을 가르치기도 하셨습니다.

다른 제자들의 눈에 황이천 순사가 곱게 보였을까요? 눈엣가시였을 겁니다. 그런데 대종사님은 오히려 이 황이천을 더 알뜰히 챙기셨습니다. 나중에 이 사람은 대종사님께 감화를 받고 일제의 감시와 압박으로부터 불법연구회를 수호하는 역할을 하죠. 대종사님은 사람을 버리지 않으시고, 때에 맞게 잘 쓰시는 분이셨습니다.

황이천은 1990년에 열반했는데, 이분이 열반하시자 대산 종사님이 '호법봉도護法奉道' 하셨다고 법문을 내리시며 그 공덕을 기리셨죠. 호법봉도는 법을 호위하고 도를 받들었다는 뜻입니다. 일제 강점기라는 험난한 시기에 불법연구회와 대종사님을 보호하는 역할을 했다는 것입니다.

황이천은 만년에 원불교 교도로서 돈독한 신앙 수행 생활을 했고, 총부와 각지 교당을 순회하며 '대종사 추모담'을 발표했습니다. 또 《원불교신보》에 〈일정하 사찰 형사의 회고–내가 내사한 불법연구회〉란 제목으로 수기를 연재하기도 했습니다. 그를 이어 딸인 명신도 전무출신을 서원했으니, 이것이 이 회상에서 그분이 맡은 역할입니다. 어쩌면 대종사님은 이분이 이런 일들을 할 수 있도록 버리지 않고 키우신 게 아닐지 생각됩니다.

누가 되었든 사람을 존귀하게 여기고, 부처로 생각해야 합니다. 끝까지 사람을 챙기고 살려서 쓸 수 있어야 합니다.

마음 이용하는 법이 가장 중요하다

소태산 대종사님은 "이용하는 법을 알면 천하에는 버릴 것이 하나도 없나니라."라고 하셨습니다.

기계를 사면 사용하는 이용법, 매뉴얼이 있습니다. 아무리 비싸고 좋은 물건을 샀더라도 이용할 줄 모르면 장식품에 불과하죠.

이 세상에 가장 중요한 이용법은 무엇일까요? 바로 마음 이용법입니다. 원불교에서는 이를 '용심법用心法'이라고 하죠. 마음 쓰는 법, 이 용심법이야말로 인생 최고의 매뉴얼입니다.

누구에게나 마음이 있습니다. 마음이 모든 죄와 복을 만들어내는 데요. 그런데 이 마음을 잘 쓰기가 어렵습니다. 이용하는 법을 잘 모르고, 알더라도 현실에 그대로 사용해 보지 않기 때문입니다.

소태산 대종사님은 『대종경』〈교의품〉 30장에서 "그대들은 새로이 각성하여 이 모든 법의 주인이 되는 용심법用心法을 부지런히 배워서 천만 경계에 항상 자리이타로 모든 것을 선용善用하는 마음의 조종사가 되며"라고 말씀하십니다. 대산 종사님도 『대산종사법어』〈교훈품〉 3장에서 "천하의 제일 큰 법은 모든 사람들로 하여금 자기의 마음을 잘 쓰도록 가르치는 용심법이니라."라고 말씀하셨습니다.

"이용하는 법을 알면 천하에 버릴 것이 하나도 없나니라." 이를 용심법과 관련하여 해석해 보면, '마음 이용하는 법을 알면 세상에 어떤 경계가 오더라도 다 해결 되나니라.'가 되죠. 경계를 당해서 버려지는 것들이 얼마나 많습니까. 버려진다는 것은 결국 내가 경계에 진다는 것이거든요.

그렇다면 마음 이용하는 법, 용심법은 무엇일까요? 간단하게 말하면 멈추고, 생각하고, 실행하는 공부입니다. 이를 〈상시응용 주의사항〉으로 설명하면 '온전한 생각으로 취사'하는 것이고요. 〈삼학〉으로 말하면 정신수양·사리연구·작업취사입니다. 〈일상 수행의 요법〉에서는 요란함·어리석음·그름의 경계를 당해서 자성의 정·혜·계를 세우는 것이고, 더 포괄적으로는 〈사은사요〉, 〈삼학팔조〉를 실천하는 것이 우리 원불교의 용심법입니다. 이 용심법이야말로 가장 중요한 이용법입니다. 이렇게 되면 나의 심신 작용이나 작업作業 모두 은혜를 생산할 수 있습니다.

설교를 마무리하겠습니다. 대종사 말씀하셨습니다. "이용하는 법을 알면 천하에는 버릴 것이 하나도 없나니라."

버릴 건 과감하게 버려야 합니다. 남이 잘 쓰도록 하면 됩니다. 세상 모든 것들은 존재 가치가 있습니다. 어디에서 누가 쓰느냐에 따라 그 가치는 달라집니다. 가장 중요한 이용법은 마음 이용법입니다. 마음을 어떻게 사용하느냐에 따라 죄와 복이 달라지기 때문입니다. 온전한 생각으로 수양·연구·취사하여 은혜를 생산해 내는 공부인이 되길 염원합니다.

원기 106.06.27.

말과 글로 짓는 죄복

"사람이 말 한 번 하고 글 한 줄 써 가지고도 남에게 희망과 안정을 주기도 하고, 낙망과 불안을 주기도 하나니, 그러므로 사람이 근본적으로 악해서만 죄를 짓는 것이 아니라, 죄 되고 복 되는 이치를 알지 못하여 자신도 모르는 가운데 죄를 짓는 수가 허다하나니라."
〈요훈품〉 36장

어떤 말을 하고, 어떤 글을 써야 할까요? 소태산 대종사님은 희망과 안정을 주는 말을 하고, 글을 써야 한다고 하십니다. 낙망과 불안을 주는 말과 글로 자신도 모르는 가운데 죄를 지어서는 안 된다고 하셨죠. 〈요훈품〉 36장 법문의 핵심은 희망과 안정을 주는 말을 하고, 글을 쓰자는 것입니다. 반대로 낙망과 불안을 주는 말과 글은 죄를 짓는 일이 된다는 것이지요.

말과 글은 서로 호환되는 관계입니다. 말이 글로 표현되기도 하고, 글이 말로 전달되기도 합니다. 어느 것이 우선이고 우위냐는 따질 수 없습니다. 거의 같은 중요도와 기능을 하고 있죠. 우리는 이 법문을 통해 말과 글의 힘, 그 무게를 느낄 수 있는데요. '펜은 칼보다 강하다.'라는 말이 있습니다. 말과 글의 힘은 어떠한 무력보다도 더 강합니다.

말과 글을 가장 중요하게 생각하는 사람들은 누구일까요? 요즘 분위기로는 정치가 아닐까요? 말 한마디가 논쟁거리가 되고, 글 한 줄이 뉴스가 됩니다. 테슬라의 최고경영자 일론 머스크의 한마디에 비트코인이 널뛰기했습니다. 대통령이나 최고경영자의 한마디는 나라와 회사의 운명이 좌우될 정도의 무게감을 가지고 있습니다.

소태산 대종사님이 지금의 인터넷 세상을 예견하고 이런 법문을 하셨는지는 모르겠습니다. 요즘 인터넷 댓글 문제가 얼마나 심각합니까? 댓글로 인해 큰 상처를 받고 자살을 하기도 합니다. 익명성 보장으로 인해 무분별하고 무차별적인 언어 폭력이 행해지고 있습니다. 정산 종사님은 『정산종사법어』〈법훈편〉 40장에서 "말 한마디에 죄와 복이 왕래 하나니, 한마디 말이라도 함부로 말라."고 하셨습니다.

저는 매주 한 편의 글을 쓰고 한 편의 설교를 합니다. 혼자만이 아니라 다른 사람들에게 전달되는 글과 말이기에 책임감을 느낍니다. 이 글이 어떻게 읽힐지, 이 말이 어떻게 전달될지 고민하면서 글을 쓰고, 설교 단상에서 말합니다. 혹시 제 글과 말로 상처받는 사람은 없을까 조심하고 걱정합니다. 여러 번 점검해 큰 실수를 막으려고 하지만, 잘 안될 경우도 있습니다.

어느 교당 교무님이 들려준 이야기입니다. 설교 중에 예화로 특정 교도님을 연상시킬 수 있는 내용의 이야기를 했데요. 교무님은 전혀 의도가 없었지만, 듣는 사람의 처지에서는 본인 이야기처럼 들렸다는 거예요. 결국 교도님은 그 일로 눈물을 쏟았고, 교무님은 뜻하지 않게 한 말이지만 사과했다고 합니다. 여러 사람을 상대하는 사람들은 얼마나 글과 말을 조심해야 하는지에 대한 교훈입니다.

말과 글

말이 더 정확할까요, 글이 더 정확할까요? 사람에 따라 다르겠죠. 말을 더 잘하는 사람이 있는가 하면, 글을 더 잘 쓰는 사람이 있습니다. 둘 다 잘하면 좋겠지만, 그러기란 참 어렵습니다. 그만큼 말하는 것과 글 쓰는 것도 훈련이 되어야 합니다. 그런데 말은 주워 담을 수 없지만, 글은 남죠. 요즘은 녹음이 돼서 좀 더 정확한 말의 뉘앙스나 뜻을 알 수 있습니다. 글로 아무리 표현한다고 해도 글은 감정을 배제할 수도, 과장하여 꾸밀 수도 있죠.

말과 글은 수단입니다. 그렇다고 수단에 불과하다는 것은 아닙니다. 말과 글은 그만큼 무게를 지니고 있기 때문입니다. 어떤 말과 글을 쓰느냐에 따라 복이 되기도 하고, 죄가 되기도 합니다.

말을 듣고 글을 읽는 사람도 조심할 것이 있습니다. 그것은 '언어명상言語名相이 돈공頓空한 자리, 언어도단言語道斷의 입정처入定處'

자리를 관조해야 한다는 것입니다. 말과 글에는 본의가 있습니다. 말 꼬리나 글꼬리를 잡아 시비를 걸어서는 안 됩니다. 들리지 않는 말을 들을 수 있어야 하고, 보이지 않는 글을 읽을 줄 알아야 합니다.

희망과 안정을 주는 말과 글

항상 희망찬 사람에게 또 하나의 희망의 말과 글은 그 희망을 더 크게 키워줍니다. 하지만 진정 희망의 말과 글이 필요한 사람은 절망에 빠진 사람일 것입니다. 힘들고 외로울 때, 모든 것을 포기하고 싶을 때, 손잡아 이끌어 주는 희망의 말과 글이 필요합니다.

광화문 앞 교보문고, 서울시청에는 매달 새로운 걸개그림이 걸립니다. 그곳에는 짧지만 매우 의미 있는 글들이 실립니다. 그런데 여기에는 공통적인 규칙이 있습니다. 희망, 용기, 화합, 온정 등 긍정적인 표현들이 공통으로 들어가 있습니다. 그런 글들을 보면서 희망을 품고, 용기를 가지라는 것이겠지요.

그렇다면 어떤 말들이 희망이 되고 안정이 되는 말일까요? 한 번 만들어 볼까요?

"걱정하지 마, 잘될 거야."

"포기하지 마, 다음에 꼭 기회가 있을 거야."

"너라면 할 수 있어, 그게 바로 너야."

"나는 너를 믿어."

세상에는 수많은 글과 말들이 있습니다. 좋은 글과 말들이 넘쳐납니다. 그렇지만 나에게 직접 영향을 끼치는 말과 글은 얼마나 될까요? 내가 보배처럼 생각하는 글과 말은 어떤 건가요?

어떤 교도님이 그러시더군요. "이용하는 법만 알고 보면 천하에 버릴 것이 하나도 없나니라."라는 이 법문을 좋아한다고요. 저는 『대종경』〈요훈품〉 2장 법문을 좋아합니다.

"수도인이 구하는 바는 마음을 알아서 마음의 자유를 얻자는 것이며, 생사의 원리를 알아서 생사를 초월하자는 것이며, 죄복의 이치를 알아서 죄복을 임의로 하자는 것이니라."

각자 보감이 될 법문 말씀들이 하나씩은 다 있을 텐데요. 이것이 굉장히 중요합니다. 공부의 표준이 되고, 분발의 씨앗이 되고, 힘과 용기의 근원이 되기 때문입니다.

꼭 법문만이 아니라, 좋아하는 글귀, 좋아하는 시, 좋아하는 음악, 좋아하는 그림, 좋아하는 장소 등 희망과 위안이 되는 대상을 갖는 것은 행복의 자산이 됩니다.

35년 전, 제가 서울회관 간사로 근무할 당시 모셨던 스승님이 예산 이철행 종사님이셨는데요. 철모르던 저에게 힘과 용기가 되는 말씀을 해주신 적이 있습니다. 저에게 직접 말씀하신 것이 아니라, 다른 교무님을 통해 "덕희는 도종道種이다."라는 말씀을 해주셨는데요. 직접 저에게 해주신 것보다 더 크게 감동했었습니다. '그래 나는 도종이지. 그러니, 내가 도인이 되어야겠다.' 이렇게 다짐하고 공부했죠.

낙망과 불안을 주는 말과 글

말 한 번, 글 한 줄이 남에게 낙망과 불안을 주기도 하죠. 말과 글이 칼이 되고 총이 될 수 있습니다. 누군가를 상처 주고, 해치고, 죽이기까지 합니다. 마음먹고 그렇게 하는 때도 있지만, 내가 던진 돌멩이에 개구리가 죽는다고, 무심코 던진 것일 수도 있습니다. 그 사람을 악하다고 할 수는 없지만, 자신도 모르게 죄를 지은 거죠. 따라서 말 한 번 하고 글 한 줄을 쓸 때, 이 말과 글이 다른 사람에게 어떻게 영향을 미칠지 곰곰이 생각한 뒤 해야 합니다.

저도 유튜버인데요. '원만이 박덕희 교무 TV'를 운영하고 있습니다. 구독자 수는 47명입니다. 설교를 올리기 위해 만든 유튜브 채널인데, 구독자 수가 늘지 않습니다. 인기가 별로 없어서 댓글도 거의 달리지 않고, '좋아요.' 표시도 몇 개 되지 않습니다.

그런데 어느 날, 제가 올린 설교 영상에 댓글이 달렸습니다. 시비조로 '이것도 설교냐' 하는 댓글이 올라왔더라고요. 이 사람이 누구인지는 전혀 모릅니다. 닉네임이 '진리의 전도사'인 것을 봐서는 그런 댓글을 재미 삼는 사람 같아요. 하나도 아니고 두 개의 영상에 그렇게 썼더라고요.

제 기분이 어떨까요? 기분이 상하고, 자기가 뭘 안다고 남의 설교에 칼질이야 하는 생각이 났습니다. 그러고는 답글을 달기보다 무대응이 낫겠다 싶어 아무런 대응을 하지 않았습니다. 누워서 하늘 보고 침을 뱉으면 어디로 떨어집니까? 자기 얼굴에 떨어집니다. 기분은 나쁘죠. 짧은 몇 줄의 비판이지만 좋을 리 없습니다.

요즘 유튜브 시대가 되어서 좋은 점도 있지만, 문제점도 참 많습니다. 있는 얘기, 없는 얘기 늘어놓고 아니면 말고 식의 고발 방송들이 많습니다. 남의 비리나 상처 등을 파헤치는 사람들이 있죠. 이것도 말 한마디, 글 한 줄에 해당합니다. 본인의 조회 수를 늘리고 구독자 수를 늘려 돈을 벌기 위해 자극적으로 관심을 이끌려 하는 나쁜 마음을 가진 사람들이 있습니다. 숨어서 하는 말과 글이 감춰질까요? 감춰지지 않죠. 언젠가 드러납니다. 그리고 죄에 대해 죗값을 받게 되죠.

자신도 모르게 지은 죄

그렇다면 말 한 번 하고 글 한 줄 쓰는데 죄 되지 않고 복되게 하기 위해서는 어떻게 해야 할까요?

이 말이 희망과 안정을 주는 말인가?

이 글이 희망과 안정을 주는 글인가?

이 말이 낙망과 불안을 주는 말인가?

이 글이 낙망과 불안을 주는 글인가?

중요한 말과 글일 경우 '세 번 생각하고 말하고 세 번 생각하고 글을 써라.'라고 말씀드리고 싶습니다. 물론 더 심사숙고하면 좋겠지만, 세 번이라는 숫자는 최소한의 기준입니다. 즉흥적으로, 닥치는 대로, 기분대로 하지 말라는 것입니다.

원불교 포털사이트인 원티스에서 교무들만 공유할 수 있는 '출가교역자 광장'이 있습니다. 여기에 많은 글이 올라오는데요. 희망과 안정을 주는 글도 있고, 낙망과 불안을 주는 글도 있습니다. 어떤 글을 보면 신심과 공부심이 솟아오르는가 하면, 어떤 글은 짜증이나 화를 부르기도 합니다. 올리는 사람은 한 사람인데, 그 글을 많게는 천 명이 넘게 봅니다. 어떤 글을 올리느냐에 따라 전체 대중, 구성원들의 사기가 좌우됩니다.

이렇게 말과 글에는 힘이 있습니다. 공동체에 있어서는 한 사람의 말과 글이 결코 한 사람의 것이 아닙니다. 그 공동체 전체에 영향을 미칩니다. 나도 모르는 사이에 올린 글 하나가 죄를 짓기도 하고 복을 짓기도 합니다.

설교를 마무리하겠습니다. 선진님께 들은 이야기인데요. 미운 사람이 있어 욕하려거든 '이 부처 될 놈아.'라고 하라고 했습니다.

"사람이 말 한 번 하고 글 한 줄 써가지고도 남에게 희망과 안정을 주기도 하고, 낙망과 불안을 주기도 하나니, 그러므로 사람이 근본적으로 악해서만 죄를 짓는 것이 아니라, 죄 되고 복 되는 이치를 알지 못하여 자신도 모르는 가운데 죄를 짓는 수가 허다 하나니라."

희망과 안정을 주는 말과 글, 낙망과 불안을 주는 말과 글. 말과 글은 위대한 힘을 가지고 있습니다. 함부로 쓰고 말해서는 안 됩니다. 잘 쓰고 잘 말하는 것이 중요한 게 아닙니다. 이것이 죄가 될 것인지, 복이 될 것인지가 중요합니다. 희망과 안정을 주는 말과 글로 우리 사는 세상이 좀 더 밝고 아름다운 세상이 되면 좋겠습니다.

원기106.07.18.

바른 신심을 일으켜서

"살·도·음 같은 중계重戒를 범하는 것도 악이지마는, 사람의 바른 신심을 끊어서 영겁 다생에 그 앞길을 막는 것은 더 큰 악이며, 금전이나 의식을 많이 혜시하는 것도 선이지마는, 사람에게 바른 신심을 일으켜서 영겁 다생에 그 앞길을 열어 주는 것은 더 큰 선이 되나니라."
〈요훈품〉 37장

살·도·음 같은 중계를 범하는 것보다 신심을 끊는 것이 더 큰 악이 되고, 금전이나 의식을 많이 혜시惠施하는 것보다 신심을 일으키는 것이 더 큰 선이 된다고 했습니다. 결국 바른 신심을 일으켜서 더 큰 선을 실천하자는 것이 오늘 법문의 핵심입니다. 이 법문을 크게 둘로 나눠 생각해 보겠습니다.

왜 살·도·음이 중죄, 큰 악이 되는가

"첫째, 살·도·음 같은 중계重戒를 범하는 것도 악이지마는, 사람의 바른 신심을 끊어서 영겁 다생에 그 앞길을 막는 것은 더 큰 악이며 ……."

살생·도둑질·간음, 이 세 가지를 중계라고 했는데요. 가장 무거운 죄업이라는 뜻이죠. 살·도·음은 원불교 삼십 계문 중 보통급 1, 2, 3조에 있습니다. 그만큼 중요한 계문이며, 최소 이것만은 범하지 말아야 합니다. 불교와 기독교에서도 이 세 가지를 무서운 죄업으로 규정하고 있습니다. 살생·도둑질·간음은 개인뿐만 아니라 사회에도 큰 해악을 끼칩니다. 불교『업보차별경』에서는 중생이 인간으로 태어나기 위해서는 살생과 도둑질과 간음을 하지 않아야 한다고 했습니다.

그렇다면 이 살·도·음이 왜 중죄, 큰 악이 될까요? 인과응보를 생각해 보면 명확합니다. 살생하면 어떤 과보를 받게 될까요? 살생은 생명을 앗아가는 것이죠. 생명을 없애면 나 또한 생명을 잃게 되는 인과응보를 받게 될 것입니다.『업보차별경』에서는 살생을 많이 하면 단명보短命報를 받게 된다고 했습니다. 여기에서 살생은 꼭 살인만을 말하지 않습니다. 개미 한 마리, 모기 한 마리 죽이는 것도 살생에 해당합니다. 정산 종사님은『정산종사법어』〈경의편〉 34장에서 "살생뿐만 아니라 생명을 상해하는 것도 조심하라"고 하셨습니다.『대종경』〈인과품〉 14장에 의하면, "자기의 권력이나 무력을 남용하여 많은 사람을 죽이게 되면 벼락 맞아 죽는 과보를 받는다"고

하였습니다.

다음으로 도둑질하면 어떤 과보를 받게 될까요? 도둑질은 남의 재산을 뺏는 것입니다. 본인의 돈이나 물건을 도둑맞으면 어떨까요? 마음이 아프겠죠. 그것을 채우려면 많은 시간과 노력이 필요할 것이고요. 도둑질하면 인과응보로 나 또한 도둑질당하게 됩니다. 『업보차별경』에 의하면 선량한 사람들의 금전이나 토지를 빼앗게 되면 추루보醜陋報를 받게 된다고 합니다. 추루보란 추하고 지저분한 모습, 보기 흉한 모습으로 태어나는 과보를 말합니다.

마지막으로 간음하게 되면 어떤 과보를 받게 될까요? 간음하면 단명보를 받게 된다고 했습니다. 직접적인 인과를 생각하더라도 한 사람의 마음을 아프게 하고, 가정을 힘들게 했으니 똑같은 아픔을 겪게 될 것입니다.

소태산 대종사님은 살·도·음 같은 중죄를 지은 것도 악이지마는 더 큰 악이 있다고 말씀하셨습니다. 그것은 '사람의 바른 신심을 끊어서 영겁 다생에 그 앞길을 막는 것'이죠. 사람을 죽인 것도 아니고, 도둑질을 한 것도 아니고, 간음을 한 것도 아닌데, 다른 사람의 바른 신심을 끊는 것이 더 큰 악이 된다고 하신 이유는 무엇일까요?

먼저 우리가 생각해 볼 것은 신심이란 무엇인가입니다. 제가 원불교를 오래 다닌 가까운 사람에게 물었어요. "신심을 무엇이라 생각하세요?" 그분 말씀이 "교무님 말씀 잘 따르는 것 아니에요?" 어느 정도는 일리 있는 말이죠. 이는 신심을 가라앉히고 일으키는 데 가장 큰 영향을 주는 사람이 교무라는 말도 됩니다. 이런 점에서 반성이 많이 되더라고요. 나로 인해 신심을 가라앉게 하지는 않았는지, 나는 얼마나 신심 없는 사람에게 신심을 불러일으켰는가? 기존의 신심 장한 분들만 상대하며 편하게 교화하려고 하지는 않았는가? 신심 일으키는 것에 태만했음을 참회합니다.

『대종경』〈요훈품〉 37장에서 말씀하신 신심은 대산 종사님이 말씀하신 사대불이신심四大不二信心의 관점에서 봐야 합니다. 사대불이신심은 '진리와 내가 하나 되고, 스승과 내가 하나 되며, 법과 내가 하나 되고, 회상과 내가 하나 되는 확고하고 철저한 신앙심'을 말합니다. 그렇다면 신심이 섰다는 기준을 어떻게 볼까요? 그 기준은 법위등급 중 '특신급' "우리의 교리와 법규를 대강 이해하며, 모든 사업이나 생각이나 신앙이나 정성이 다른 세상이 흐르지 않는 사람의 급이요."에 있습니다.

특신! 특별한 신심이 정도가 되었을 때, 신심이 섰다고 말할 수 있습니다. 그렇다면 바른 신심을 끊는다는 것은 무슨 뜻일까요? 우리는 신심과 관련하여 이렇게 말하고는 합니다. '신심이 물러난다, 신심이 가라앉는다.' 신심이 물러나거나 가라앉으면 안 되죠. 앞으로 나아가고, 위로 솟아올라야 합니다.

'신심을 끊는다.' 줄이 있는데 끊어지면 어떻게 됩니까? 떨어지죠. 한번 떨어지면 다시 올라가기 어렵습니다. 끊는다는 것은 다시 하기 어렵다는 뜻입니다. 끈이 약할 수도 있고, 느슨할 수도 있고, 미끄러울 수도 있습니다. 그런데 끊어진 끈으로는 뭘 할 수가 없습니다. 그래서 신심을 끊는다는 것이 위험하고 무서운 것입니다.

그렇다면 신심을 끊는 것은 어떤 상황일까요? 신심 떨어지는 소리를 듣고, 행동을 보면 그러겠죠. 입교해서 보니, '원불교도 별거 없네. 사회랑 다 똑같잖아.'라는 생각이 들면 신심이 떨어지겠죠.

법호를 받고 법사에 오르신 분들은 더 책임감을 느껴야 합니다. 보통의 교도들에게 해바라기가 되어야 하는데, '왜 저럴까?' 생각이 들게 하면 안 됩니다. 저 또한 이 책임에서 벗어날 수 없습니다. 교도는 일반사회인의 모범이 되어야 하고, 전무출신은 일반 교도의 모범이 되어야 한다고 했습니다.

다른 사람의 신심을 끊는 것은 살·도·음을 행한 악보다 더 큰 악이라고 했습니다. 나의 말 한마디, 행동 하나가 살·도·음보다도 더 큰 악을 행한다면 어떤 인과응보를 받게 될까요? 생각만 해도 끔찍합니다.

신심을 통해 궁극적으로 가고자 하는 목적지는 어디일까요? 바로 불지에 오르고, 지혜와 복이 충만한 부처의 삶을 사는 것입니다. 신심을 끊는다는 것은 불지에 오르는 길을 막는 것이며, 혜복慧福의 길을 차단하는 것입니다. 살·도·음 같은 중죄는 그에 따른 과보를 받으면 되지만, 신심을 끊는 죄업은 그 사람의 일생, 나아가 영생의 길을 망치기 때문에 이보다 더 큰 악이 없다고 하는 것입니다.

바른 신심을 일으키는 방법

"둘째, 금전이나 의식을 많이 혜시하는 것도 선이지마는, 사람에게 바른 신심을 일으켜서 영겁 다생에 그 앞길을 열어 주는 것은 더 큰 선이 되나니라."

　돈이나 물질로 하는 희사도 분명 선입니다. 칭찬받아 마땅한 행위죠. 하지만 돈이 많다고 해서 희사심이 있는 것은 아닙니다. 생색내기가 아니라, 무상의 마음으로 혜시를 해야죠. 혜시를 많이 하는 것도 세상이 알아주는 큰 선이지만, 바른 신심이 나도록 누군가를 법회로 인도하는 일은 그보다 의미가 더 깊습니다. 많은 사람이 물질로 하는 보시를 더 크게 알지만, 다른 사람의 신심을 일으키는 것은 곧 그 사람을 진리의 길로 인도하고, 신심을 통해 불보살의 길에 들게 합니다.

　『금강경』에 이런 말씀이 있습니다. "항하의 모래 수와 같은 칠보로 보시하는 것보다 금강경 사구게, 즉 진리의 말씀을 다른 사람을 위해 설하는 것이 그 공덕이 훨씬 크다." 물질 보시는 유한하지만, 진리의 말씀을 전해주는 것은 영생의 보감이 되기 때문입니다.

　우리 교도님들도 짧게는 몇 년, 길게는 50~60년의 신앙생활을 해오셨는데요. 모두 신앙생활 중 신심이 충만할 때가 있었을 것입니다. 교당에 가고 싶고, 교무님을 만나고 싶고, 법 동지들과 함께하고 싶고, 『교전』이 보고 싶을 때가 있습니다. 처음 그런 마음이 났을 때를 '꽃발신심'이라고 하는데요. 꽃발, 즉 꽃이 피어나듯이 싱그럽고 예쁜 신심을 말하죠. 완숙한 신심이라고 말할 수는 없지만, 그 누구보다도 신심이 있어 보입니다.

　그러나 지금 내가 가지고 있는 신심이 바른 신심인가는 살펴볼 필요가 있습니다. 또한 다른 사람에게 바른 신심을 일으켜주고 있는

지도 돌아봐야 합니다. 소태산 대종사님은 이렇게 말씀하셨죠.

"바른 신심을 일으켜서 영겁 다생에 그 앞길을 열어 주라."

저는 가장 중요한 것이 진리에 대한 바른 믿음이 서는 것으로 생각합니다. 진리에 대한 바른 믿음이란 바로 일원상 진리에 대한 신심인데요. 일원상 진리를 크게 불생불멸과 인과보응의 진리로 나눌 수 있습니다. 불생불멸은 영원함을 의미하고, 인과보응은 지은 대로 받는다는 뜻입니다. 이런 진리에 대한 바른 믿음을 가지면 자신의 영생 길이 열리고, 이 공부를 제대로 하면 영원한 복락을 얻을 수 있습니다.

또 하나의 바른 믿음은 바로 내 마음이 부처라는 것입니다. 내 마음이 부처라는 것은 곧 내가 부처라는 것이고, 내가 부처라는 사실을 알게 될 때 우리가 모두 부처인 처처불상處處佛像이 실현됩니다. 이것이 바로 소태산 대종사님의 법이고, 그 법을 구체화한 것이 사은·사요, 삼학·팔조이며, 이것을 가르쳐 주고 바른길로 인도해 주는 분이 바로 스승이고, 이 공부를 하는 집단이 바로 회상입니다.

영겁 다생에 그 앞길을 열어 주는 것

"사람에게 바른 신심을 일으켜서 영겁 다생에 그 앞길을 열어 주는 것은 더 큰 선이 되나니라."

그렇다면 바른 신심을 일으키는 방법은 무엇일까요? 가장 먼저 원불교로 안내해야죠. 입교 연원이야말로 신심을 일으키는 첫 출발입니다. 연원의 의무는 단순히 법명 받는 입교에서 그치지 않고,

곁에서 신심을 일으켜줘야 합니다. 정산 종사님은 『정산종사법어』 〈공도편〉 49장에서 이렇게 말씀하십니다.

말씀하시기를 "연원을 많이 다는 것이 제도의 한 방법은 되나, 벌제위명伐齊爲名으로 입교만 시키는 것은 참 제도가 아니요, 신심이 확실히 설 때까지 자주 보살펴 주어야 참 제도를 받게 되나니, 이왕에 입교의 연원이 되었거든 제도를 받도록까지 꾸준히 공을 들여 참다운 연원이 되어야 할 것이니라."

우리 교도님들도 대부분 자녀를 입교시키셨죠. 그런데 자녀들의 신심을 일으키는 데 노력하셨나요? 저도 이 부분에 대해서는 자신이 없습니다. 제가 큰아들에게 "방학이니 만덕산이나 영산성지를 한 일주일 정도 다녀오면 어떻겠느냐"고 말한 적이 있어요. 다른 것 하지 말고, 가서 지내고만 오라고 했는데도 안가겠대요. 이젠 다 커서 자기 주관이 있으니 강제로 시킬 수 없잖아요. 법회만으로는 신심 나기에 부족합니다. 훈련을 나거나, 어떤 어려운 경계를 신앙으로 이겨내면 신심이 확 서게 되죠.

제가 원남교당에 있을 때였는데요. 어느 교도님이 자기 친구가 서울대 병원에서 암 수술을 하는데 기도해 주면 좋겠다고 요청하셨어요. 그래서 그 교도님이 속한 교화단 단원들과 함께 기도를 해주었죠. 이분은 친구가 원불교 다니는 것 말고는 전혀 인연이 없었어요. 가서 기도해 주면서, 다른 건 모르니 손에 염주를 끼워주고 수술 전에 영주를 외우라고 했죠. 영주는 짧으니까 웬만하면 외울 수 있잖아요. 그렇게 수술을 앞두고 계속 영주를 외웠어요. 친구의 수술은 성공적으로 이루어졌고, 이윽고 건강을 회복했는데요. 그때 그 인연으로 이분이 아주 열심히 교당에 나오고 있습니다.

  간혹 천도재를 지낸 뒤 신심이 나서 입교하는 경우가 있는데요. 그 이유는 어려운 경계를 당하고 마음의 안정을 얻은 후, 종교에 귀의하고자 하는 감정이 생기기 때문입니다.

  신심의 싹은 여리고 약합니다. 확실하게 뿌리 내릴 수 있도록 가꾸어야 합니다. 물도 주고, 거름도 주고, 햇볕도 쫴줘야 합니다. 피어나는 신심을 꺾고 끊는 것은 영겁 다생에 그 앞길을 막는 일입니다. 이것은 살·도·음을 행한 악보다 더 큰 악이 된다고 했습니다.

  바른 신심을 일으켜주는 것이 무엇보다 중요합니다. 나 자신도 바른 신심을 일으켜야 하고, 다른 사람도 바른 신심이 일어나게 도와줘야 합니다. 물질로 많은 혜시를 하는 것보다 더 중요하고 큰 선은 그 사람의 영생 길을 열어 주는 것입니다. 무궁한 지혜와 복문의 길을 열어 주는 것이야말로 가장 큰 선입니다.

  바른 신심을 일으키는 것! 진리와 법과 스승과 회상에 대한 바른 믿음으로 지혜와 복이 충만한 영생 길을 개척하는 우리 교도님들이 되시길 기원합니다.

원기106.08.15.

세 가지 제도하기 어려운 사람

"세상에 세 가지 제도하기 어려운 사람이 있나니, 하나는 마음에 어른이 없는 사람이요, 둘은 모든 일에 염치가 없는 사람이요, 셋은 악을 범하고도 부끄러운 마음이 없는 사람이니라."

〈요훈품〉 38장

마음에 어른이 없는 사람, 염치가 없는 사람, 부끄러움을 모르는 사람이 주변에 있나요? 이런 사람은 참 상대하기 싫고, 피하고 싶을 것입니다. 스승으로서는 참 가르치기 힘든 제자이겠죠.

소태산 대종사님은 "제도하기 어려운 사람"이라고 하셨는데요. 제도濟度란 괴롭고 어리석은 중생의 세계에서 즐겁고 지혜로운 부처의 세계로 인도하는 것이죠. 대종사님은 '파란 고해의 일체 생령을 광대 무량한 낙원으로 인도'하자고 하셨습니다.

제도하는 것을 '건진다'라고도 하는데요. 고통의 바다에 빠져 허우적거리는 중생을 건진다는 뜻입니다. 중생을 건진다는 의미로 제중濟衆이라고도 하죠.

제도하기 어려운 사람

"제도하기 어려운 사람"을 '가르치기 어려운 사람'으로도 생각해 볼 수 있습니다. 세 가지 제도하기 어려운 사람, 첫째는 "마음에 어른이 없는 사람"입니다. 어른의 반대는 무엇입니까? 아이죠. 어른과 아이의 차이는 무엇일까요? 육체적 성숙을 말하지는 않겠죠. 주로 마음의 크기, 철이 들었는지 아닌지가 기준이 될 것입니다. '철모르는 어린아이'라고 하는데요. 세상 물정이나 예의범절을 모르고, 앞뒤 분간이 안 되는 사람을 철모르는 아이 같다고 말하죠.

어른이 없는 사람은 제 잘난 맛에 사는 사람, 자행자지하는 사람입니다. '안하무인'이라는 말이 있는데요. 방자하고 교만하여 다른 사람을 업신여기는 것을 말합니다.

자행자지란 제멋대로 사는 것입니다. 하고 싶으면 하고, 하기 싫으면 하지 않는 것입니다. 하고 싶어도 하지 말아야 할 일이 있고, 하기 싫어도 반드시 해야 할 일이 있습니다. 앞뒤 분간 안 되고, 제 하고 싶은 대로 하는 사람이 자행자지하는 사람입니다. 자행자지하는 사람은 마음에 어른이 없습니다.

마음에 어른이 있다는 것은 어른을 모시고 산다는 의미입니다. '부모님의 뜻은 무엇일까, 스승님의 뜻은 무엇일까'를 생각하며 사는 것입니다. 맥을 댄다고도 하는데요. 맥이 떨어지면 어떻게 됩니까? 죽죠. 특히 도가에서는 신맥信脈과 법맥法脈을 중요하게 생각하는데요. 도가에서 마음에 어른을 모시고 산다는 것은 신맥과 법맥의 중심인 스승을 모시고 산다는 뜻입니다.

대산 종사 법문 중에 '소자小子', '소제小弟', '소동小童' 구절이 있습니다.

"나는 십육 세에 출가한 후 교단에 살면서 무엇이 되려고도 하지 않고 무엇이 된 일도 없다. 그저 십육 세 시 대종사님 모시고 살던 십육 세의 소자小子요 소제小弟요 소동小童이라는 생각으로 살지 무엇을 했다는 생각 하나도 없다."

대산 종사님은 종법사위에 오르셨어도 항상 소자, 소제, 소동의 마음으로 사셨습니다. 대종사님과 정산 종사, 두 스승님을 마음에 모시며 살았다는 말씀입니다. 교단의 중차대한 일이 있을 때 대종사님은, 정산 종사님은 이 일을 어떻게 생각하고 처리하셨을까 생각하며, 스승님께 묻고 답을 얻기 위해 노력하셨습니다. 뒤를 이은 좌산 상사님, 경산 상사님, 전산 종법사님도 '종법사인 내가 결정한다.'가 아니라 스승님들의 뜻을 생각하고 마음을 읽기 위해 노력하셨다고 하셨습니다.

나이가 들고 연차가 높아지면 자기 주견이 생깁니다. 아집과 아만심이 강해집니다. 마음에 모시는 어른이 없어집니다. 이렇게 되면 부모 없는 자식이 되고, 스승 없는 제자가 됩니다.

마음에 어른을 모시게 되면 어떻게 될까요? 스승님의 올바른 지도를 따르게 되죠. 그렇게 되면 제도의 문에 한층 더 다가설 수 있습니다. 마음에 어른을 모시게 되면, 어른의 처지에서 생각하게 됩니다. 어른은 전체를 생각하고 먼 미래를 생각합니다. 어른을 모시고 살면 올바른 길로 나아갈 수 있습니다.

모든 일에 염치가 없는 사람

염치는 '체면을 차릴 줄 알며 부끄러움을 아는 마음'을 말합니다. 통상 '예의염치'라고 쓰는데요. 예의염치가 없는 사람을 한마디로 '뻔뻔한 사람'이라고 하죠. 예의도 차리고 체면도 차리면서, 사람이 품위와 격조를 갖춰 살면 좋을 텐데 왜 예의염치 없는 짓을 할까요? 『원불교 예전』〈염치와 신의〉에는 이렇게 나와 있습니다.

"염치는 어떠한 예禮 아닌 경계를 당하여 양심상 스스로 부끄러운 생각을 일어내고 청렴을 지키는 것이요, 신의는 모든 사물을 대할 때에 신용과 대의를 잃지 않는 것이니, 염치·신의는 곧 인간 예의의 기본이 되나니라. 사람이 만일 염치 없이 다만 욕심에 따라 동작하거나, 신의 없이 당하는 대로 변태한다면 어찌 사람의 예의를 행할 수 있으리오. 그러므로, 사람의 예의를 행하기로 하면 반드시 이 염치와 신의가 있어야 할 것이니라."

우리 주변에서 예의염치 없는 모습은 어떤 것일까요? 돈도 있는 사람이 밥은 안 사고 계속 얻어먹어요. 염치가 있습니까, 없습니까? 빚은 갚지도 않고 계속 빌려달라고만 해요. 염치가 있습니까, 없습니까? 은혜를 받았는데 갚을 생각은 안 하고 오히려 배신해요. 염치가 없어도 한창 없죠.

소태산 대종사님은 『대종경』〈교의품〉 34장에서 염치와 관련하여 '돈의 병'에 대해 "인생의 온갖 향락과 욕망을 달성함에는 돈이 먼저 필요하다는 것을 알게 된 사람들은 의리나 염치보다 오직 돈이 중하게 되어 이로 인하여 모든 윤기倫氣가 쇠해지고 정의情誼가 상하는 현상이라 이것이 곧 큰 병이며"라고 말씀하셨습니다. 또 〈정신수양의 목적〉에서 예의염치와 공정한 법칙을 생각하지 않는 것은 근본적으로 '욕심'이 있기 때문이라고 진단하셨습니다.

염치없는 것도 병입니다. 한두 번이 아니라, 상습적으로 염치없이 행동하는 사람도 있습니다. 그렇게 습관이 들면 고치기가 매우 어렵습니다. 그런데 우리가 생각해 볼 점은 왜 염치없는 사람이 제도하기 어려운가입니다. 잘못한 것에 대해 부끄러워하지 않는 사람은 다시 그런 일이 생겨도 똑같습니다.

부끄러움을 아는, 염치가 있는 사람은 한 번 잘못한 것을 다시 반복하지 않으려 합니다. 부끄러움 때문에 못 하죠. 자존심이 허락하지 않습니다. 그런데 염치없는 사람은 잘못한 것을 부끄럽게 여기지 않기 때문에 또다시 잘못을 범하고, 그것을 당연하게 생각하고, 그렇게 죄업에서 빠져나오지 못하고, 계속 강급의 생활을 할 수밖에 없습니다. 염치 불고를 잘하는 사람은 진급의 노력을 하려고 하지 않습니다. 그래서 제도하기 어렵다고 말씀하신 것입니다.

악을 범하고도 부끄러운 마음이 없는 사람

악을 범하고도 뉘우침이 없는 사람은 참회하지 않는 사람인데요.

개과천선은 아니더라도 최소한 자신이 지은 악에 대해 부끄러워할 줄 알아야 한다는 거죠. 철면피 같은 사람이 있습니다. 사람이 부끄러우면 얼굴이 빨개지죠. 그런데 얼굴에 철판을 깐 사람은 어떻습니까? 얼굴빛 하나 변하지 않죠. 오히려 뻔뻔하기도 합니다. 자기의 잘못을 다른 사람에게 전가하고, 합리화시키기도 하죠.

　작은 잘못은 누구나 범할 수 있습니다. 중요한 것은 그 잘못을 뉘우칠 줄 아느냐입니다. 그 출발이 바로 부끄러움을 아는 것입니다. 그다음은 잘못, 악을 뉘우치고 선업을 지어나가는 것이죠. 더 이상 잘못을 저지르지 않기 위해서는 뉘우침에 그치지 않고, 악업을 선업으로 전환하는 노력이 필요합니다.

　공자님은 '불이과不二過'를 말씀하셨는데요. 두 번 다시 잘못을 범하지 않는 것을 말합니다. 누구나 허물이 없을 수는 없습니다. 중요한 것은 그 허물을 고치려고 노력하느냐, 방치해서 그대로 두느냐죠.

　이제 악을 범하고도 부끄러움이 없는 사람을 왜 제도하기 어렵다고 말씀하셨는지 그 이유에 대해 생각해 보겠습니다.

　부끄러움을 모르는 이유는 아상, 아만이 있기 때문입니다. 스스로 잘났고, 아무런 잘못이 없다고 생각하는 사람이 과연 고치려고 할까요? 잘못했어도 그 사실을 자신만 안다고 생각하면 부끄러워할 일도 뉘우칠 일도 아니라고 생각합니다. 그리고 덮어버리려고 하죠.

　부끄러운 이야기를 하나 하겠습니다. 제가 대학원에서 근무할 때였는데요. 대학원 옆에 퇴임하신 여자 교무님들이 계시는 수도원이 있고, 그 수도원 옆에 밭이 있었고, 그 밭에 대추나무가 있었습니다.

어느 가을날 그 옆을 지나가는데 대추가 빨갛고 탐스럽게 익은 것이 너무 맛있어 보이는 거예요. 그래서 손에 닿는 부분에 있는 큰 대추를 따기 시작했습니다. 대학원 사무실에 계시는 교무님들도 줄 겸해서 한 움큼 대추를 따고 있는데, 갑자기 수도원 쪽에서 큰소리로 뭐라고 하는 거예요.

수도원에 근무하시는 덕무님이 제가 대추 따는 모습을 보고 '야, 이 도둑놈아!'하고 외치신 거죠. 마음먹고 한 짓도 아니고, 그저 지나가다 대추 몇 알 땄다고 도둑놈이 돼버린 거예요. 그 순간 어찌나 창피하던지요. 대추 도둑질하다가 들킨 거잖아요. 들키지 않았으면 아무런 문제가 되지 않았을 테지만 들켜버렸으니 어떻게 합니까? 따 놓은 대추를 대추나무 옆에 그대로 두고 재빨리 반대쪽으로 도망쳤습니다.

저는 그 일 이후로 다짐했습니다. '보든 안 보든, 작고 크건 간에 절대로 남의 물건에 손대지 않겠다.' 대추 몇 알, 가볍게 볼 수도 있습니다. 그러나 대추 몇 알도 도둑질은 도둑질입니다. 분명 악이고, 잘못한 것입니다. 작다고 해서, 남이 안 본다고 해서 악이 아닌 건 아닙니다. 악에 대해서, 잘못에 대해서 부끄러움을 모르면 다시 범하게 되고, 다음에는 더 큰 악을 범하게 됩니다. 그러면 어떻게 되겠습니까? 제도 받지 못하고, 낙원으로 인도받지 못하게 됩니다.

부끄러움을 안다는 것은 내가 알고 있는 잘못뿐 아니라, 미처 깨닫지 못했던 잘못도 알아차리는 것입니다. 드러나지 않고 잘 보이지 않는 잘못까지 깨닫고 참회하기 때문에, 부끄러움을 아는 것은 죄악을 짓지 않기 위한 가장 기본이자 출발점이 됩니다.

소태산 대종사님은 마음에 어른이 없는 사람, 염치가 없는 사람, 부끄러운 마음이 없는 사람을 제도하기 어려운 사람이라고 했는데요. 내용상으로 보면 그다지 종교적이지 않고, 신앙·수행적이지도 않아 보입니다. 일반 상식처럼 평범해 보입니다. 이것이 중요합니다. 제도는 고차원적이고 고준한 것이 아니라, 평범과 상식을 지키는 것입니다.

〈요훈품〉 38장의 법문을 교단적 차원에서 생각해 보면, 마음에 어른이 없는 사람은 마음으로 모시는 스승이 없는 사람이고, 모든 일에 염치가 없는 사람은 동지들과 화합하지 못하는 사람이고, 악을 범하고도 부끄러워할 줄 모르는 사람은 교단의 규율을 깨뜨리는 사람입니다. 이런 사람이 제도 받고 환영받을 수 있을까요?

나는 마음에 어른을 모시고 사는가?

나는 염치없는 일을 하지 않는가?

나는 잘못한 일에 대해 부끄러운 마음을 내고 고치려고 노력하는가?

제도하기 어려운 제자가 아니라, 제도의 문에 쉽게 들어오는 공부인이 되면 좋겠습니다.

원기|106.08.29.

대중 생활의 도

"대중 가운데 처하여 대중의 규칙을 어기는 것은 곧 그 단체를 파괴하는 것이요, 대중의 뜻을 무시하는 것은 곧 천의를 어김이 되나니라."
〈요훈품〉 39장

〈요훈품〉 39장은 한마디로 대중 생활하는 사람은 대중의 규칙을 잘 지키고, 대중의 뜻을 잘 따르라는 말씀입니다. 대중의 규칙을 지키는 것은 그 단체에 속한 사람들이 지켜야 할 도이고, 대중의 뜻에 따르는 것은 대중을 이끄는 지도자가 가져야 할 도입니다.

대중은 한문 그대로 큰 무리라는 뜻인데요. 개인 또는 소수의 사람이 아닌 많은 사람의 집단을 '대중'이라고 하죠. 불교에서는 '사부대중四部大衆'을 말하는데요. 비구, 비구니, 우바새, 우바니를 사부대중이라고 합니다. 우리 원불교식으로 말하면 출가교도, 재가교도인데, 법문에서 말한 대중은 교단을 의미하기도 합니다. 왜 소태산 대종사님은 '대중 생활의 도'를 설법하셨을까요? 문득 이 법문을 설한 시기가 언제쯤이었을지 하는 의문이 생깁니다.

교단적으로 볼 때, 대중이라는 조직과 집단의식이 형성된 시기는 익산에 총부를 건설한 이후라고 볼 수 있습니다. 영산과 변산 시대는 소수 집단 형태였다면, 익산 총부 건설 이후로는 그 집단의 규모가 이전보다 훨씬 커졌죠. 말 그대로 대중이 된 겁니다.

1924년(원기9년) 음력 4월 29일에 불법연구회 창립총회가 익산 보광사에서 열리게 되는데요. 이 자리에서 불법연구회 규약이 채택됩니다. 이 규약은 불법연구회가 앞으로 어떤 목적을 가지고 어떤 방식으로 운영될지를 밝힌 청사진이었습니다. 따라서 이 규약은 구성원들의 약속이자 마땅히 지켜야 할 규칙이 되었습니다.

〈상시 응용 주의 사항〉 3조에서 "노는 시간이 있고 보면 경전·법규 연습하기를 주의할 것이요."라고 했는데요. 소태산 대종사님은 경전을 통한 교리 연마뿐만 아니라, 교단 운영의 준칙이 되는 법규를 연습하라고 했습니다. 법규 연습을 왜 해야 할까요? 잘 알아서 잘 지키기 위해서입니다. 잘 지키면 어떻게 될까요? 그 조직의 목적을 달성할 수 있습니다. 이제 법문의 의미를 자세하게 공부해 보겠습니다.

회상의 파괴자, 대중의 파괴자

첫째, "대중의 규칙을 어기는 것은 곧 그 단체를 파괴하는 것이요." 규칙이란 '여러 사람이 다 같이 지키기로 작정한 법칙. 또는 제정된 질서'라고 국어사전에 나와 있는데요. 규칙이 필요한 이유는 질서를 유지하기 위함이고, 구성원들의 공동체 의식을 발현하기 위해서입니다. 규칙은 자발성이 무엇보다도 중요하지만, 타율적이면서 강제성 또한 지니고 있습니다.

불교 또한 지켜야 할 '계율'이 있습니다. 그런데 계와 율은 다른 성격으로 나뉩니다. 계는 개인이 지켜야 할 도덕과 수행이라면, 율은 집단의 질서를 유지하는 데 필요한 규칙을 말합니다. 이렇게 계와 율은 의미에 따라 구분이 됩니다.

소태산 대종사님은 단호하게 말씀하십니다. "대중의 규칙을 어기는 것은 곧 그 단체를 파괴하는 것이요." 규칙을 어기는 것은 한 개인의 일이고, 여러 규칙 가운데 일부에 불과할 수 있습니다. '그까짓 것 좀 어기면 어때.'하고 가볍게 생각하기 쉽죠. 그러나 그런 규칙들이 무너지면 결국 단체 전체가 무너지게 됩니다. 그래서 규칙을 어기는 사람은 그 단체를 무너뜨리는 파괴자가 되는 겁니다.

소태산 대종사님은 회상, 교단의 창조자와 파괴자에 대해 말씀하셨는데요.『대종경』〈교단품〉33장 법문에 그 내용이 있습니다. 이 가운데 파괴자에 관한 부분을 살펴보면 다음과 같습니다.

"…… 파괴자는 곧 정신·육신·물질의 세 방면으로 이 회상에 직접 해독을 끼치는 동시에 예회에도 성의가 없고 정기 공부에도 취미를 얻지 못하여 종전의 악습을 하나도 고치지 못하고 계문을 함부로 범하며 당하는 대로 자행자지하여 자기에게나 남에게나 이익될 일은 하지 못하고 해독될 일만 행하여 이 회상의 명예를 손상하며 발전에 지장을 주는 사람이라, 그대들은 모름지기 이 점을 잘 알아서 혹시라도 이 회상의 파괴자는 되지 말고 훌륭하고 영원한 창조자의 공덕을 쌓기에 꾸준히 노력하라.”

　이 법문 중 규칙을 어기는 파괴자의 모습은 "종전의 악습을 하나도 고치지 못하고 계문을 함부로 범하며 당하는 대로 자행자지하여 자기에게나 남에게나 이익될 일은 하지 못하고 해독될 일만 행하여"라는 이 부분입니다. 당하는 대로 자행자지한다고 했는데요. 규칙이 있어도 자기 맘대로 한다는 것이죠. 남이 피해를 보든 말든, 단체가 욕을 먹든 말든 자기가 하고 싶은 대로 하는 사람을 회상의 파괴자, 대중의 파괴자라고 말할 수 있습니다.

　소태산 대종사님이 교단을 이끄시면서 엄하게 경책한 제자가 있었는데요. 그게 누구일까요? ① 좌선에 빠진 사람 ② 우리 공부가 아닌 다른 공부, 외학을 좇는 사람 ③ 공동 출역에 빠진 사람, 이 세 사람 중 누구에게 가장 꾸지람하셨을까요? 물론 좌선을 빠지고, 외학만 좇는 사람도 다 혼날 사람이죠. 그러나 가장 혼을 낸 사람은 공동 출역에 빠진 사람입니다. 좌선이나 공부하는 것은 개인 일이죠. 그런데 공동 출역은 단체 일입니다. 대중이 정한 규칙입니다.

　규칙이 구속이나 부자유처럼 느껴질 수 있습니다. 특히 처음에는 지키기 힘들죠. 그러나 규칙이 무너지면 공동체 의식이 무너집니다. 공동체 의식이 무너지면 '나만 살면 되지'라는 안이한 생각, 각자도생의 길로 가게 됩니다. 100이라는 공동의 힘이 있는데, 이것이 하나 하나 다 흩어지면 어떻게 됩니까? 그 단체는 파괴되는 거죠. 단체가 파괴되었는데 개인이 온전할 수 있겠습니까?

결국 대중의 규칙을 어기는 것은 자기 자신을 파괴하는 것과 같습니다. 수많은 사람에게 피해를 주기 때문에 큰 죄가 되고, 그만큼의 벌을 받게 되는 것이 인과의 이치입니다.

대중의 뜻을 무시하는 자

둘째, "대중의 뜻을 무시하는 것은 곧 천의를 어김이 되나니라." 한마디로 지도자는 대중의 뜻을 잘 따라야 한다는 것이죠. 대중의 뜻을 무시하고 제멋대로 하는 것을 독재라고 합니다. 오직 권력을 유지하기 위해서 그렇게 하죠. 심하면 대중을 억압하고, 무력으로 굴복시키려 합니다. 미얀마 사태가 바로 그렇습니다. 군부가 정권을 장악하고 국민, 대중을 향해 군사 정치를 하려 하고 있습니다. 우리 대한민국의 현대사도 그랬죠. 군부 쿠데타로 정권을 잡은 군인들이 민주주의를 탄압했습니다.

대중, 집단의 의사결정권은 누구에게 있습니까? 대중에게 있습니다. 대중의 뜻을 알기 위해 민주주의 절차에 따라 투표하고, 다수로 모인 의견이 최종으로 결정됩니다. 그런데 그 결정 사항이 누군가에 의해 뒤집혔어요. 이러면 큰 혼란이 오죠. 걷잡을 수 없게 됩니다.

대중의 뜻을 잘 알기 위해서는 어떻게 해야 할까요? 잘 들을 줄 알아야 합니다. 조직의 리더는 귀가 커야 합니다. 요즘 경청의 기술, 경청의 리더십이라는 말을 자주 듣는데요. 경청이란 한 사람의 말만이 아니라, 여러 사람의 의견을 두루 잘 듣는 것입니다.

과거에는 카리스마를 가진 한 개인이 전체를 이끌었습니다. 그러나 지금 시대는 집단지성을 요구하고 있습니다. 대중의 의견을 청취하고, 하나로 모으는 것이 중요하죠. 그런데 집단지성은 단순히 다수결만을 말하지 않습니다. 여러 사람이 서로 협력하거나, 경쟁을 통해 얻게 된 지적 능력의 결과입니다. 개인의 능력보다는 협력, 협업이 중요합니다.

여기에 더하여 중요한 점 한 가지는 '창조적' 집단지성입니다. 단순히 여러 사람의 의견을 모으는 것이 아니라, 그 의견이 창조성을 띠어야 한다는 것이죠. 뛰어난 리더는 집단지성을 모을 수 있어야 합니다.

법문과 연결해 보면, 대중의 뜻이 하늘의 뜻이고 하늘의 뜻은 바로 진리의 뜻이 됩니다. 하늘의 뜻, 진리는 우리에게 올바른 길을 제시해 줍니다. 하늘, 진리에 맥이 닿아야 하는데, 인간의 뜻, 탐욕과 권력에 뜻을 두게 되면 그 집단은 무너집니다.

혹시 원불교에서 쓰이는 용어 '공사公事'를 들어보셨나요? 건물을 짓거나 보수하는 공사가 아니라, 한자 공변될 공과 일 사, 즉 공중의 일을 말하는데요. 공사를 한다는 것은 즉, 공중의 일을 대중이 함께 모여 논의하는 것입니다.

저는 고등학교를 졸업하고 서울회관에서 간사 근무를 했습니다. 지금은 소태산 기념관이죠. 그런데 서울회관에서 오라고 연락이 안 와요. 기다리다 답답해서 먼저 연락을 해봤습니다. 그랬더니 공사를 해서 알려준다는 거예요. 이때까지 제가 알고 있던 공사는 집을 짓거나 고치는 것이었는데요. 무슨 간사 근무하러 가는데, 공사를 하고 알려준다고 하지 하며 혼자 생각했습니다. 그런데 알고 보니 회의해서 알려준다는 것이었습니다. 그 당시 서울회관 관장님이 예산 이철행 종사님이었어요. 생각해 보면 본인이 책임자이니, 간사 근무를 하러 온다는 학생에게 언제까지 오라고 직접 말할 수도 있었잖아요. 그런데도 혼자 결정할 사항이 아니니 공사를 해서 알려준다고 하신 겁니다.

이런 공사 문화야말로 원불교 대중 생활의 특징이라고 할 수 있습니다. 아침에 조회하는 것도 아침 조회라 하지 않고 아침 공사라고 합니다. 저녁에 하면 저녁 공사가 되겠죠. 저녁 공사는 보통 저녁 염불을 하기 위해 전 대중이 모인 자리에서 합니다.

공사는 천지공사의 준말인데요. 천지공사는 증산교에서 먼저 쓰였습니다. 천지의 도수, 운수를 바꾼다는 의미로 개벽과 같은 뜻입니다. 천지공사는 한문 그대로 하늘과 땅이 하는 일입니다. 인간이 하는 일이 아니라 천지, 하늘과 땅이 하는 일이라는 것이죠. 대산 종사님도 '천지공사'라는 표현을 하셨는데요. 꼭 천지가 행하는 일뿐만 아니라, 우리가 공중의 일을 공적으로 하면 그것이 천지공사가 된다는 뜻입니다.

공사는 공중사라고도 말하는데요. 공중의 일, 전체를 위하는 일이라는 뜻이죠. 그래서 우리 원불교 계문에서도 특신급 1조에 "공중사를 단독히 처리하지 말며"라고 했습니다. 이 계문은 일반 회원

보다, 주로 그 단체를 이끌어 가는 장, 지도자가 범하기 쉽습니다.

우리 교당도 마찬가지입니다. 교무나 교도회장이 좌지우지하면 어떻게 되겠습니까? 교도님들의 의견을 최대한 존중하고, 어떻게 해야 소수 몇 사람이 아닌 전체 대중이 함께 이문교당을 행복한 교당으로 만들어 갈지 고민하고 판단해야 한다는 것이죠.

"대중의 뜻을 무시하는 것은 곧 천의를 어김이 되나니라." 여기에 딱 맞는 법문이 있는데요. 『대종경』〈인과품〉 23장 법문 말씀입니다.

대종사 말씀하시기를 "작은 재주로 작은 권리를 남용하는 자들이여! 대중을 어리석다고 속이고 해하지 말라. 대중의 마음을 모으면 하늘 마음이 되며, 대중의 눈을 모으면 하늘 눈이 되며, 대중의 귀를 모으면 하늘 귀가 되며, 대중의 입을 모으면 하늘 입이 되나니, 대중을 어찌 어리석다고 속이고 해하리요."

대중의 의견을 다 옳다고 할 수 있을까요? 특히 다수결이 과연 최고의 결정일까요? 10명 중에 한 사람은 A쪽으로 가야 한다고 하고, 나머지 9명은 B로 가야 한다고 주장합니다. 그런데 A가 맞는 길이고, B는 잘못된 길이에요. 1명인 A로 가야 합니까, 9명인 B로 가야 합니까? 이때 대중의 뜻과 천의天意, 하늘의 뜻은 무엇일까요?

이때 A로 가자는 1명의 역할이 중요합니다. 나머지 9명에게 합리적이고 진리적으로 설명할 수 있어야 하죠. 협의와 조정의 과정을 거친 뒤 최고의 선택을 할 수 있어야 합니다. 이래서 '지자본위智者本位'가 중요합니다. 모든 방면에서 나보다 더 아는 이를 스승 삼는 공부가 필요하죠. 그리고 그 1명은 '지도인으로서 준비할 요법'을 실천해야 합니다. 지도받는 사람 이상의 지식, 신용을 잃지 말고, 사리를 취하지 말고, 지행을 대조할 줄 아는 참된 지도자가 필요합니다.

소태산 대종사님은 〈요훈품〉 39장에서 대중의 규칙을 어기는 것은 곧 그 단체를 파괴하는 것이라고 하셨습니다. 내가 속한 단체가 파괴되면 나 또한 파괴되고 맙니다.

대중을 이끄는 사람은 대중의 뜻을 알고 따르는 것이 중요합니다. 대중의 마음은 곧 하늘의 마음이기 때문입니다. 앞으로의 시대는 대중의 힘, 집단의 지성을 키우는 것이 중요합니다. 대중 생활의 도를 잘 실천해서 함께하는 대중이 잘 되고, 개인의 발전도 함께 이룩하는 세상이 되면 좋겠습니다.

원기106.09.12.

대종사님이 인정한 특별한 인물

> "대중 가운데 처하여 비록 특별한 선과 특별한 기술은 없다 할지라도 오래 평범을 지키면서 꾸준한 공을 쌓는 사람은 특별한 인물이니, 그가 도리어 큰 성공을 보게 되리라." 〈요훈품〉 40장

소태산 대종사님이 인정하신 특별한 인물은 평범을 지키면서 꾸준한 공을 쌓는 사람이고, 그런 사람이 도리어 큰 성공을 본다고 하셨습니다. 대종사님이 말씀하신 큰 성공은 무엇일까요? 도인이 되고, 부처가 되는 것이겠지요.

일반적으로 사람들은 평범한 것보다 특별한 것에 눈길이 가고 귀를 기울입니다. 평범하다는 것은 뛰어나거나 색다른 점이 없이 보통인 것을 말합니다. 반대로 특별하다는 것은 보통과 아주 다르거나 훨씬 뛰어남을 말합니다. 일반적으로 평범함은 낮게, 특별함은 높게

인식하죠. 사람도 평범한 사람보다는 특별한 사람을 더 높이 생각하고 귀히 여기곤 합니다.

그러나 그 특별함은 어느 정도 객관적인 기준을 가질 수도 있지만, 다분히 주관적일 수도 있습니다. 비록 잘난 건 없더라도 내 아들이나 딸은 나에게 특별합니다. 비록 작은 집이더라도 내 가족이 편히 쉬고 행복을 나눌 수 있으면 역시 나에게 특별할 수 있습니다.

평범함과 특별함은 어떤 기준으로 어떻게 바라보느냐에 따라 달라집니다. 평범함이 오히려 특별함으로 다가올 수 있습니다. 원불교 교법도 그렇습니다. 신통 이적은 특별하게 보이고, 사은사요 삼학팔조는 평범하게 보일 수 있습니다.

정산 종사님은 『정산종사법어』〈무본편〉 58장에서 "신통은 성현의 말변지사이므로 대종사께서도 회상을 공개하신 후에는 이를 엄금하시고 오직 인도상 요법을 주체 삼아, 중생을 제도하시되 일용 범절과 평범한 도로써 하시었나니 이것이 무상대도니라."라고 말씀하셨습니다. 일용 범절과 평범한 도가 무상대도라는 말씀입니다.

특별한 선과 특별한 기술을 가진 사람

먼저, 특별한 선善은 무엇을 말할까요? 한문으로는 착할 선인데요. 쉽게 생각해 보면 특별한 선행이라고 할 수 있습니다. 선행도 언제 어디서나 매번 할 수 있는 것은 아닙니다. 그런 기회가 주어져야 하고, 또 그런 기회가 왔을 때 놓치지 않아야 가능합니다. 그래서 특별한 선행은 칭찬받아 마땅합니다.

그런데 우리가 한 가지 더 생각해 볼 것은 특별한 선이 꼭 남을 위해 베푸는 선행만을 뜻하지는 않는다는 점입니다. 특별한 선을 가졌다는 것은 인물이 뛰어나거나, 배움이 출중하거나, 재력이 풍부한 경우를 가리키기도 합니다. 특별한 사람이라 볼 수 있는 것들이죠. 또 특별한 선은 교단에 큰 사업을 한 것을 의미하기도 합니다.

특별한 기술을 가진 사람은 어떤 사람일까요? 보통은 기능적인 부분을 생각합니다. 빵 만드는 기술, 음식 만드는 기술, 기계 다루는 기술 등 보통 남들이 잘할 수 없는 능력을 말합니다.

제가 간사 근무할 때, 서울회관 1층에 유치원이 있었는데요. 그 당시에 원아들을 봉고차로 태워 데려왔거든요. 제 나이와 동갑인 상률이란 간사가 있었는데, 이 친구는 운전을 아주 잘해서 유치원 봉고차를 운전했습니다. 제 일은 아니었지만, 가끔 퇴원하는 애들을 하차해 주는 일을 했었는데요. 당시 서울회관이 있었던 흑석동은 달동네였습니다. 골목이 고불고불해서 운전하기가 매우 힘들었어요. 그런데, 이 상률이라는 친구는 그 좁은 골목길을 기가 막히게 피해 운전하는 거예요. 속으로 '야, 운전 기술이 진짜 뛰어나다.'라고 생각했죠. 제가 운전을 못 하니까, 그렇게 운전하는 것이 대단하게 보였던 겁니다. 나중에 제가 운전을 해보니까, 그것이 그렇게 어려운 것은 아니더군요. 어쨌든 여러 방면에서 특별한 기술을 가진 사람들이 있습니다. 그런 사람들이 대중의 눈에 띄어 주목을 받죠. 특별한 사람으로 인정받습니다.

기술은 테크놀로지, 기계를 다루는 것만을 말하지 않습니다. 돈

버는 기술, 정치하는 기술, 남을 속이는 기술 등, 기술은 능력을 말하기도 합니다. 특별한 기술을 가졌다는 것은 특별한 능력을 갖췄다는 뜻이지요.

'천재 한 사람이 나라를 먹여 살린다.'라는 말이 있는데요. 스페인 바르셀로나는 '가우디'라는 천재 건축가가 먹여 살린다고 할 정도입니다. 지금은 코로나 상황이라 해외여행이 제한되어 있지만, 1년에 수백만 명의 사람들이 바르셀로나를 찾는데, 그 이유가 가우디가 건축한 건축물을 보기 위해서라고 합니다. 가우디는 진짜 특별한 재능을 가진 특별한 사람입니다.

기술과 관련해서 정산 종사님의 법문을 하나 소개합니다. 『정산종사법어』〈무본편〉 6장 말씀입니다.

"인화하는 기술이 제일 근본되는 기술이 되나니라. 사람 잘 화하는 기술은 모든 기술을 총섭하나니 인화하는 기술이 없으면 모든 기술이 다 잘 활용되지 못하나니라."

분위기를 살리는 사람이 있고, 또 분위기를 죽이는 사람이 있습니다. "인화하는 기술이 제일 근본이 되는 기술이 되나니라."라는 말씀처럼 화합하는 가족, 화합하는 교당, 화합하는 교단, 화합하는 직장이 참 중요합니다.

특별한 선을 행하고, 특별한 기술을 가진 사람을 특별한 사람이라고 말할 수 있을 텐데요. 소태산 대종사님 당대에 이런 특별한 사람은 누구였을까요? 구타원 이공주, 팔타원 황정신행, 상산 박장식 등 이런 분들이지 않을까 생각해 봅니다. 세 분 다 모든 방면에서 난

분들이죠. 인물, 재력, 학력 등 그 당시 다른 제자들에 비해 매우 출중하신 분들입니다. 구타원님과 상산님은 출가를 했고, 팔타원님은 재가를 했는데요. 오늘은 팔타원 황정신행 종사에 대해 말씀드려볼까 합니다.

  팔타원님은 1903년생으로 당시 이화여전을 나오셨어요. 서울의 갑부인 강익하와 결혼하여 남부러운 것이 없었던 분이에요. 종각 부근에 '순천상회'라는 포목점을 운영하여 많은 부를 축적하셨고, 동대문 부인병원을 운영하셨으며, 이후 고아 및 교육사업을 하셨던 대단한 분입니다. 원기23년(1938)에 대종사님을 처음 만나 원불교의 수달 장자라 불릴 만큼 많은 재화를 교단에 희사하셨습니다. 팔타원님이 서울에서 총부에 한 번 내려오신다고 하면, 총부에서 청소하느라 난리가 났대요. 그만큼 큰 손님으로 맞이했다는 뜻이지요.

  이처럼 구타원님, 팔타원님, 상산님 같은 분들은 특별한 선과 특별한 기술을 가진 특별한 인물이었습니다. 어느 사람이라도 인정할 만한 분들이죠. 게다가 이분들은 원래 특별함에 평범함을 더해 더 특별함을 갖추셨습니다. 이분들은 재력, 학력 등을 자랑하지 않으셨습니다. 근검절약하시고, 자력 생활하시고, 평범을 지키면서 꾸준한 공을 쌓으셨죠. 그래서 이분들의 경우는 원래 특별함에 평범함을 더하여 매우 특별한 인물이라 칭송할 수 있습니다.

평범을 지키면서 꾸준한 공을 쌓은 사람

구타원님, 팔타원님, 상산님처럼 특별한 분들도 계셨지만, 대종사님 당대의 대부분 제자는 어떤 사람들이었을까요? 평범한 사람들이었습니다. 그분들 중에는 저렇게 특출난 사람도 있는 반면에 나같이 평범한 사람이 이곳에서 성공할 수 있을까 하는 의문을 가진 사람도 있지 않았을까요? 제 생각에는 이런 제자들을 위해 내린 법문이 〈요훈품〉 40장 법문이라고 봅니다.

특별한 선과 특별한 기술이 필요 없다는 게 아닙니다. 어쩌면 이보다 중요한 것이 있을 수 있다는 거죠. "오래 평범을 지키면서 꾸준한 공을 쌓는 사람은 특별한 인물이니, 그가 도리어 큰 성공을 보게 된다."라는 이 말씀이죠.

비교하면 어떻습니까? 특별한 선과 특별한 기술을 지닌 사람이 특별합니까? 아니면 평범을 지키면서 꾸준한 공을 쌓는 사람이 특별합니까?

소태산 대종사님이 인정하신 특별한 인물은 '평범을 지키면서 꾸준한 공을 쌓는 사람'입니다. 평범을 지키면서 꾸준하게 공을 쌓는 것이 더 어렵기 때문에 오히려 이것이 특별하다는 것입니다.

이것을 평범함의 역설이라고 할 수 있는데요. 평범함이 오히려 특별함이 되는 겁니다. 그런데 그 평범함은 꾸준함을 동반해야 합니다. 평범을 지키면서 꾸준하게 공덕을 쌓는다는 것은 무슨 의미일지 몇 가지로 생각해 보겠습니다.

첫째, 평범함, 평상이 도

"평범을 지키면서"라고 이렇게 말씀하셨는데요. 무엇이 평범한 것일까요? 이때의 평범함은 평상심을 지키는 평범함입니다. 물과 공기 같은 평범함이죠. 평상시에 물과 공기를 특별하다고 생각해 보셨나요? 당연히, 항상 있는 것으로 생각하죠. 그런데 이 평범한 것이 생명을 유지해 주는 특별함입니다. 목마름으로 죽어가는 사람에게는 다이아몬드보다 물이 더 소중하고 특별하죠.

마음도 그렇습니다. 예로부터 평상심平常心을 도라고 했는데요. 평평할 평, 항상 상. 항상 평평한 마음, 즉 동요가 없는 마음이 평상심입니다. 이리저리 흔들리고, 기분이 좋았다 나빴다 하지 않습니다. 물처럼 담담하고, 바람처럼 걸림 없는 마음이 평상심입니다. 평상심은 곧 평화심平和心입니다.

평상심을 가진 평범한 사람은 특출나게 보이지 않습니다. 있을 자리에 있는 사람입니다. 능력이나 재주가 뛰어나지는 않아요. 우리 교도님들로 말하자면, 법회에 빠지지 않고 꾸준히 자리를 채워주는 사람입니다. 잘난 것도 아니고 못난 것도 아닌데 든든하고 믿을 만한 사람이 있잖아요. 그런 사람이 평상심을 가진 평범한 사람입니다. 이런 사람이 진짜 특별한 사람이죠.

정산 종사님은 『정산종사법어』〈법훈편〉 9장에서 "결심은 특이하게 하고, 처신은 평범하게 하라."라고 하셨고, 〈법훈편〉 73장에서 "평상심 공부 잘한 이가 참 도인이니, 빈부 귀천 고락간에 도심道心이 일관하여야 큰 도인이니라."라고 하셨습니다.

둘째, 꾸준하게 공을 쌓은 정성

평범을 지키기란 참 어렵습니다. 누구나 인정받고 싶고, 남들보다 더 드러나고 싶고, 특별한 사람이 되고 싶은 욕망이 있습니다. 그런데 평범을 지키면서 꾸준히 공을 쌓은 사람이 특별한 사람이 된다고 했습니다. '평범하게 살아라'가 아니라 '평범을 지키면서 꾸준히 공을 쌓으라'라고 하셨죠. 꾸준히 공을 쌓으라는 것은 바로 '정성'을 강조하는 말입니다.

문제는 어디에 정성을 들이느냐죠. 사업하는 사람은 사업에 정성을 들여야 하고, 공부하는 사람은 공부에 정성을 들여야 합니다. 수도인은 어디에 공을 들여야 할까요? 원불교인은 어디에 공을 들여야 할까요? 마음공부에 공을 들여야 하고, 교법 실천에 공을 들여야 합니다.

소태산 대종사님은 내소사 공양주 이야기를 많이 하셨는데요. 그 공양주를 여래如來라고 칭하셨습니다. 부안 변산에 내소사內蘇寺라는 절이 있는데요. 이 절에는 스님들이 많아서 월급을 주고 따로 공양주를 부렸다고 합니다. 하루는 어떤 더벅머리 총각이 절을 찾아와서 "나한테는 돈을 안 주어도 좋으니 언제나 고승들의 법문을 들을 수 있도록 틈만 주시면 됩니다." 하며 청했습니다. 스님들이 보기에는 이 공양주가 바보처럼 보였겠죠. 돈도 안 받고 열심히 일만 하니까요. 그런데 이 공양주는 큰 스님이 법문을 하면 한 번도 빠지지 않고 들었다고 합니다.

하루는 이 공양주가 안 보이는 거예요. 그래서 이리저리 찾는 중에 뒷산 잣나무 사이에서 서기가 쫙 뻗쳐 하늘로 올라가더랍니다. 스님들이 무슨 일인가 하고 가서 봤더니, 거기에서 공양주가 죽어있었다고 합니다. 그때야 절에서는 이 공양주가 보통 사람이 아니었구나, 큰 공부를 한 수행자였구나 하고 장사를 지내주었고, 그를 대사大師로 받들었다고 합니다.

공양주라는 신분은 어쩌면 하찮고 평범하죠. 그런데 그 평범함을 지키면서 꾸준하게 공을 쌓은 결과 어떻게 됐습니까? 하늘에 서기가 오르는 생사 해탈을 했습니다. 대종사님이 이 예화를 많이 말씀하셨다고 합니다. 심지어 이 공양주를 여래라고까지 칭하셨다고 하네요.

설교를 마무리하겠습니다. 소태산 대종사님이 인정하신 특별한 인물은 누구일까요? 특별한 선을 행하고 특별한 기술을 가진 사람이 아닙니다. 돈을 많이 가진 부자도 아니고, 학력과 지식이 많은 사람도 아니고, 높은 지위와 권력을 가진 사람도 아닙니다.

소태산 대종사님이 인정하신 특별한 인물은 평범을 지키면서 꾸준하게 공을 쌓은 사람입니다. 법회를 생명처럼 아는 사람, 일상 수행의 요법을 실천하기 위해 노력하는 사람, 상시일기를 빠짐없이 기재하고 대조하는 사람, 매일 아침 새벽 좌선과 기도에 정진하는 사람입니다. 평범해 보이지만 이런 분이 특별한 인물입니다. 그리고 이런 분들이 성공할 수 있습니다. 그 성공은 돈도, 명예도, 권력도 아닌, 지혜와 복이 충만한 불보살이 되는 것입니다.

우리 교도님들도 소태산 대종사님이 인정하신, 평범을 지키면서 꾸준하게 공을 쌓는 특별한 인물 되시길 기원합니다.

원기|106.09.26.

도가의 명맥命脈

> "도가의 명맥命脈은 시설이나 재물에 있지 아니하고, 법의 혜명慧命을 받아 전하는 데에 있나니라."
>
> 〈요훈품〉 41장

도가의 명맥은 어디에 있다고요? 〈요훈품〉 41장에서는 법의 혜명에 있다고 말씀하십니다. 시설이나 재물은 언젠가 사라질 유한한 것이지만, 법의 혜명은 사라지지 않고 무한하게 지속되기 때문입니다.

도가道家는 도덕가道德家의 준말입니다. 도가를 '종교가'라고 해도 맞습니다. 원불교를 포함하여 모든 종교를 도가라고 말할 수 있죠. 소태산 대종사님은 우리가 하는 일을 '도덕사업'이라고 하셨고, 정산 종사님은 도덕으로 천하를 한 집안 만드는 것, '도덕천하위일가道德天下爲一家'가 우리의 본의라고 말씀하셨습니다.

명맥이란 목숨과 맥박, 즉 목숨이 이어지는 근본을 말합니다. 명맥이 끊어지면 죽고, 사라지게 되죠. 보통 명맥을 이어간다고 하는데요. 가문의 명맥, 기업의 명맥, 국가의 명맥 등 명맥은 곧 생명줄이며, 단절이 아닌 이어짐입니다.

도가의 명맥은 어디에 있는가

먼저 도가의 명맥에 대해 살펴볼 텐데요. 그중에서도 먼저 불교의 명맥에 대해 살펴보겠습니다. 불교는 석가모니교입니다. 싯타르타의 성도로부터 시작된 불교는 2500년이 지난 지금까지 그 명맥을 이어오고 있습니다. 그런데 명맥이 쉽게 이어져 올 수 있었을까요? 물론 고난과 단절이 있었습니다. 불상과 불탑이 파괴되기도 했고, 불경이 불타기도 했으며, 승려들이 죽임을 당하기도 했습니다.

2500년이라는 장구한 시간 속에 무엇이 이어져 왔을까요? 절입니까, 탑입니까, 불상입니까, 승려입니까? 꿋꿋하게 버티고 이어져 온 것은 바로 부처님의 법, 법의 혜명입니다. 그 혜명이 쉬려던 법륜을 다시 굴리고, 멈춰있던 불교의 역사를 다시 이끌었습니다. 이 나라가 안 되면 다른 나라에서 그 법을 이어가고 꽃을 피웠습니다.

이제 유교를 간단히 살펴보죠. 유교는 공자교입니다. 유교의 정신과 문화는 살아있지만, 유교가 살아 있느냐고 묻는다면 대답하기가 애매합니다. 중국은 유교 국가일까요? 중국은 사상적으로 엄연히 공산주의 국가이며, 마르크시즘이 지배하는 사회주의 국가입니다. 중국 공산당에서 유교의 사상을 장려하는 정책을 펼치기도 하지만, 전통적인 유교 국가라고는 할 수 없습니다.

대한민국은 어떨까요? 우리나라가 유교 국가라고 생각하는 사람은 이제 없을 것입니다. 조선시대만 하더라도 유교의 정치 이념과 사상, 문화가 지배하는 유교 국가였습니다. 그러나 지금 유교의 사서삼경은 고전이 되었고, 향교 서원 등은 국가가 관리하는 문화재로 남아 있습니다. 한국 사회에서 유교의 명맥이 살아있다고 할 수 있을까요? 과거 전통의 유교문화는 차츰 사라져 가고 있습니다.

소태산 대종사님 당대 수많은 신흥종교가 있었습니다. 그 가운데 상당수는 사라졌습니다. 당시 일제가 유사종교類似宗敎라는 이름으로 탄압한 이유도 있었지만, 많은 종단이 자체 분열하면서 사라져 갔습니다. 대표적인 원인은 후계자 문제와 재산 다툼이었습니다.

교단을 운영하는 데 시설이나 재물이 필요하죠. 도와 돈은 받침하나 차이인데, 아주 밀접한 관계를 맺고 있습니다. 도와 돈은 너무 가까워도 안 되고, 너무 멀어도 안 됩니다. 돈이 있어야 교당을 짓고, 교화를 할 수 있습니다. 그런데 도보다 돈을 내세우면 세속화되어 탈이 납니다. 시설이나 재물을 쫓으면 도와는 멀어집니다.

초기 불교에서 부처님은 무소유를 주장하셨습니다. 출가 수행자에게는 먹는 것과 입는 것을 걸식으로 해결하라고 하셨죠. 걸식은 단순히 빌어먹으라는 의미가 아니라, 무소유를 실천하는 방식이었습니다. 그런데 교단이 발전해 감에 따라 승단이 생기기 시작합니다. 거처와 음식, 승단을 운영할 비용이 필요하게 됩니다. 나중에는 부처님의 위력을 드러내려 더 높은 탑과 더 큰 불상을 세우고, 더 빛나는 법당을 만들어 빌게 됩니다. 결국 불교는 기복화되고 부패하게 되었죠. 고려불교가 그랬습니다. 사찰 소유의 수많은 재산은 오히려 부처님과 멀어지게 만들었습니다.

중세 기독교도 마찬가지입니다. 교황이 황제의 권력보다 위에 있었죠. 나중에는 교황과 황제가 싸우기도 합니다. 또 교회를 짓기 위해 면죄부도 팔았습니다. 결국 부패한 교회를 개혁하기 위해 루터의 종교개혁이 일어나죠. 하나님의 말씀이 아닌 교회의 시설과 재물이 문제가 되었던 겁니다.

그래도 불교나 기독교가 지금의 명맥을 유지하고 있는 것은 깨달음을 향한 구도적 열정을 가진 선승들이 있기 때문이고, 수도원에서 침묵 수행하는 수도사들이 있기 때문입니다. 법의 혜명, 하나님의 말씀을 소중하게 생각하는 사람들이 있기 때문입니다.

법의 혜명은 무엇일까

혜명은 '지혜의 생명'이라는 뜻이죠. 인간에게 수명이 있듯이 법에도 수명이 있습니다. 그 수명은 무엇으로 정해지느냐? 혜명으로 정해집니다. 지혜의 명이 다하면 법의 몸, 즉 법신法身을 잃게 됩니다.

혜명은 성자의 깨달음으로 비롯됩니다. 그 깨달음으로 교법이 만들어집니다. 소태산 대종사님의 대각으로부터 일원상의 진리, 즉 일원대도의 교법이 나오게 됩니다. 따라서 원불교에서 법의 혜명은 일원교법이라고 말할 수 있습니다. 좀 더 구체적으로는 사은사요 삼학팔조가 대종사님이 밝히신 법의 혜명입니다.

그 혜명은 그대로 있는 것이 아니라 받고 전해집니다. 마치 400m

계주 선수가 바통을 이어받아 전하듯, 법의 혜명을 스승으로부터 받고 제자에게 전해주게 됩니다.

정산 종사님은 『정산종사법어』〈유촉편〉 13장에서 말씀하시기를 "부처님의 법통이 올바로 이어져 나가는 것을 법의 수명이라 하나니, 스승은 대대로 후계할 제자들을 잘 길러야 하고, 제자는 대대로 연원 계통을 올바로 이어받아야 그 법의 수명이 무궁하나니라. 우리는 대종사의 정신을 오로지 이어받는 것이 대종사의 법의 수명을 올바로 이어 받음이니, 기위 법의 수명을 이어 받으려면 크고 온전하게 이어 받고 크고 온전하게 전해 주어야 법계의 큰 조상이 될 것이니라. 우리 회상의 법의 수명은 곧 일원 대도의 혜명慧命이니라."라고 하셨습니다.

법의 혜명을 받아 전한다고 했는데요. 순서에 따르자면 법의 혜명을 받는 것이 먼저이지만, 이 법문에서 중요한 점은 법의 혜명을 전하는 것입니다. 전한다는 것은 누군가 받을 사람이 있다는 뜻이기도 합니다. 법의 혜명을 받는 데 있어 가장 중요한 것이 바로 신성信誠입니다.

소태산 대종사님은 "신信이 곧 법을 담는 그릇"이라고 했습니다. 신을 바친다는 것은 바로 마음을 바친다는 뜻이죠. 마음을 바친다는 것은 내 마음이 빈 마음이 된다는 뜻이고, 스승과 제자 사이에 그 빈 마음이 하나로 통하여 법을 건네게 됩니다. 달마가 혜가에게 법을 전해줄 때도 그랬고, 대종사님이 정산 종사님에게 법을 전해줄 때도 그랬습니다. 오롯한 신성이 있었기에 법을 받을 수 있었습니다.

법의 혜명은 어떻게 전할까

기독교에는 전도사와 선교사가 있습니다. 둘 다 스승 사師를 씁니다. 전도하는 사람과 선교하는 사람이라는 신분을 말하기도 하지만, 스승 사를 쓰는 관점에서 보면 전도할 자격, 선교할 자격을 갖춘 사람이라는 뜻도 됩니다.

불교로 말하자면 '전법승傳法僧'이라고 할 수 있죠. 불교가 한반도에 전래한 시기는 삼국시대인데요. 당시 수많은 승려가 당나라로 유학하러 갔고, 일부는 직접 법을 구하기 위해 인도로 갔습니다. 왕오천축국전을 쓴 신라의 승려, 혜초가 대표적입니다. 당나라의 승려인 현장 법사는 인도에 가서 불경을 가져와 한문으로 번역하여 불법을 널리 보급하기도 했습니다.

신라에서 인도까지 가려면 중국을 거치고, 중앙아시아의 타클라마칸 대사막과 히말라야까지 넘어야 하는 대여정이었습니다. 그 길에 수많은 승려가 죽었습니다. 법을 구하기 위해, 그리고 그 법을 전하기 위해 자신의 생명을 바쳤던 것입니다.

기독교의 선교사들도 마찬가지입니다. 가톨릭이 조선에 들어오기까지 박해로 수많은 선교사가 죽었습니다. 넬라 판타지아로 유명한 영화 '미션'은 죽음을 무릅쓴 선교사들의 선교활동을 다룬 영화입니다. 구법이 되었건, 전법이 되었건 법의 혜명을 받고 전하기 위해 목숨까지 걸었다는 것이죠.

원불교는 목숨을 걸고 전법 활동을 한 것은 아니지만, 교단 초창기 가난한 시절의 고생은 이루 말할 수 없었습니다.『원불교 성가』

9장 '전무출신 찬송가'에 "자신도 잊으신 양 근검 속에서 헐 입고 헐 입으며 이루신 사업"이라는 가사가 있는데요.

오늘 저는 특별히 해외 교화에 대해 말씀드리고자 합니다. 해외 교화의 효시, 첫 시작은 1957년 원산 이제성 교무의 미국 교화로부터 시작했습니다. 그 이후 수많은 교역자가 파견되었습니다. 초창기 파견된 교무들의 삶은 미국 이민자들과 다를 바가 없었습니다. 의식주 해결을 위해 직업을 가져야만 했고, 특별한 전문 지식이 없던 사람들이라 선택의 여지 없이 닥치는 대로 일해야 했습니다.

당시 교도들도 이민 초기라 유지비를 낼 형편이 안 되었습니다. 초기 교무들은 목수 보조원, 일당 트럭 운전사, 식당 접시닦이, 청과상, 꽃가게, 가발회사, 점원, 생선 장수, 캔디 장수 등 할 수 있는 일을 가리지 않았고, 여자 교무들도 햄버거 가게에서 일하고, 담배 말보로를 팔았습니다. 심지어 송영봉·서세인 등 나이 든 교구장들도 생계를 위해 바느질을 했습니다. 상산 박장식 교령도 이들의 도시락을 싸서 나르는 일을 했습니다.

승타원 송영봉 원로 교무는 이때를 "미국에서의 이 모든 생활을 고생이라 여기지는 않았지만, 무엇보다 마음 아픈 것은 유효기간이 지난 햄과 우유, 그리고 1달러밖에 안 하는 숙주나물만으로 상산 법사님[박장식 교무]을 모셨던 일이다."라고 눈시울을 적시며 회고하였습니다.

이렇게 어려웠던 해외 교화가 지금은 전 세계에 68개의 교당과 39개의 기관으로 확산하였고, 135명의 전무출신이 소태산 대종사님의 일원대도를 전하기 위해 노력하고 있습니다.

　미국 뉴욕 근교에 원다르마 센터가 있습니다. 53만 평 부지인 이곳에 미주 총부가 건설되었고, 죽산 황도국 미국 종법사가 취임하였습니다. 수많은 교당과 기관이 있고, 전무출신들이 있지만, 이러한 시설과 사람은 결국 무엇을 하기 위해 있습니까? 바로 법의 혜명을 전하기 위해 존재합니다.

교당의 명맥은 어디에 있는가

　이제 우리 이문교당도 다음 주 토요일에 신축기공식을 합니다. 내년 봄이면 224평의 새 교당이 마련됩니다. 우리가 교당을 짓는 목적이 무엇입니까? 돈을 벌기 위한 것이 아니죠. 사회사업을 하기 위한 것도 아닙니다. 법의 혜명을 전하는 교당을 만들기 위함이죠. 다시 말해 소태산 대종사님이 말씀하신 '파란 고해의 일체 생령을 광대 무량한 낙원으로 인도'하는 일을 하는 데 필요해서입니다. 이문교당의 명맥은 어디에 있습니까? 교당의 시설에 있습니까, 돈에 있습니까? 법의 혜명을 전하는 데 있습니다. 교화에 그 목적이 있습니다.

　그런 점에서 우리는 모두 소태산 대종사님의 법을 전하는 전법사도가 되어야 합니다. 저는 『원불교 성가』 17장, '교역자의 노래'가 우리의 사명이라고 생각하는데요. 그 노래를 다 함께 불러 보겠습니다.

우리는 대종사님 혜명의 등불 보람찬 낙원건설 앞장선 일꾼
거룩한 일원대도 누리의 빛을 시방에 두루 비칠 광명의 사도
어디라 보살들의 일터 아니며 누구라 내어버릴 중생이리오
앞서서 손을 끌어 도를 권하고 뒤에서 보살피어 덕을 펴가세

나가세 무량국토 무변 중생계 다함께 무상 불도 이루기까지

여기서 우리는 누구라고 했습니까? '대종사님 혜명의 등불'이라고 했습니다. '보람찬 낙원 건설 앞장선 일꾼'이라고 했습니다. '광명의 사도'라고 했습니다. 우리가 바로 전법의 사도입니다.

거듭 말씀드리면, 도가의 명맥은 법의 혜명을 받아 전하는 데 있습니다. 법의 혜명은 누가 받아 전할까요? 바로 사람, 우리입니다. 소태산 대종사님의 일원대도에 근원하여 마음공부 잘해서 법다운 말을 하고 법다운 행동을 하는 것이 법의 혜명을 전하는 일입니다. 정산 종사님은 대도 정법의 혜명을 이어받아 그 법륜을 시방 삼세에 널리 굴리는 법 공덕이야말로 가장 근본 되는 공덕이라고 말씀하셨습니다.

교당을 번듯하게 지으면 뭐 합니까? 그곳에서 법의 혜명이 빛나야 하고, 그 법의 혜명을 보고 구름 같은 대중이 모여들어야 합니다.

그래서 지혜와 복이 충만한 삶, 모든 고통이 없는 오직 광대 무량한 낙원의 삶을 사는 것이 우리 공부인의 목표이고, 그런 낙원세상을 만드는 것이 원불교의 사명입니다.

원기|106.10.10.

참 자유와 큰 이익

"참 자유는 방종放縱을 절제하는 데에서 오고, 큰 이익은 사욕을 버리는 데에서 오나니, 그러므로 참 자유를 원하는 사람은 먼저 계율을 잘 지키고, 큰 이익을 구하는 사람은 먼저 공심公心을 양성하나니라."

〈요훈품〉 42장

누구나 참 자유를 원하고 큰 이익 얻기를 원합니다. 그러나 참 자유와 큰 이익은 누구에게나 주어지지 않습니다. 그럴만한 자격과 능력을 갖춘 사람이 얻을 수 있습니다. 소태산 대종사님은 참 자유를 얻기 위해서는 방종을 절제해야 하고 계율을 잘 지켜야 한다고 하셨습니다. 큰 이익을 얻기 위해서는 사욕을 버리고 공심을 양성하라고 하셨습니다.

자유와 방종

자유를 말할 때 등장하는 단어가 '방종'입니다. 방종은 '제멋대로 행동하여 거리낌이 없음'을 말합니다. 하고 싶은 대로 그냥 막 하는 겁니다. 법도 체면도 예의도 무시하고 자기 하고 싶은 대로 하는 거죠. 자유와 방종의 차이는 법의 테두리 안에서 마음대로 하느냐, 그렇지 않느냐입니다. 자유는 자기 행동에 책임을 지는 것이어야 하죠. 남에게 피해를 주는 것은 자유가 아닌 방종입니다.

절제는 '어느 기준으로 정한 선을 넘지 않고 적절히 조절해 제한하는 것'을 말합니다. 절제는 다른 사람이 강제로 제한하는 것이 아니라, 스스로 조절한다는 의미죠. 지나친 것을 애써서 하지 않으려는 노력입니다.

감정도 절제가 필요합니다. 기쁨·성냄·슬픔·즐거움·사랑·미움·욕심이라는 인간의 감정을 제멋대로, 하고 싶은 대로 하면 어떻게 됩니까? 나뿐만 아니라 다른 사람에게 피해를 줄 수 있습니다. 먹는 것도 절제가 필요하고, 행동도 절제가 필요합니다. 말도 그렇죠. 말을 하고 싶은 대로 다 하고 살 수 있나요? 해야 할 말, 하지 말아야 할 말을 가려서 하고, 참을 줄 아는 것이 절제하는 것입니다. 독일의 문호 괴테는 "진정한 행복은 절제에서 태어난다."라고 했습니다.

법문에서는 "참 자유는 방종을 절제하는 데에서 오고"라고 했습니다. 그냥 자유라 하지 않고 '참 자유'라고 했는데요. 참 자유는 일시적이 아닌 지속적인 자유, 마음에 거리낌 없이 누리는 자유를 말합니다.

방종과 절제 사이에는 묘한 긴장감이 있습니다. 방종은 마구 밖으로 나가는 힘, 즉 원심력이라면, 절제는 안으로 끌어당기는 힘, 즉 구심력이 됩니다. 이 두 힘이 적절히 균형을 유지해야 합니다. 너무 나가려고만 해서도 안 되고, 너무 잡아당기려고만 해서도 안 됩니다. 그래서 참 자유는 방종과 절제 사이 균형 잡힌 생각과 행동이라고 말할 수 있습니다.

프랑스 문학자인 샌드 뵈는 "젊은 시절에 너무 방종하면 마음의 질서가 없어지고, 너무 절제하면 머리가 잘 돌아가지 않는다."라고 말했습니다.

젊은이들은 자유를 만끽하려고 합니다. 나이가 들면 안정된 삶을 추구합니다. 젊었을 때는 사고를 쳐도 봐 주기도 하지만, 나이 들어 사고 치면 감당이 안 될 뿐만 아니라 추하게 보일 수 있습니다. 어쩌면 나이가 든다는 것은 절제가 습관화되었다는 의미일 수 있습니다.

이 법문에서 또 하나 생각해 볼 것은 불교의 '무애행無碍行'에 대해서입니다. 무애행은 무엇에도 방해받지 않고 자유롭게 행동하는 것인데요. 무애자재無碍自在라고도 합니다. 방종에 가깝게 들릴 수도 있습니다. 무애, 거리낌이 없다는 뜻이죠. 세상은 거리끼고, 조심하고, 살펴야 할 일이 참으로 많습니다. 나중에 살펴보겠지만 계문과 관계되는 것들이 우리를 죄짓게 하는, 하지 말아야 할 것들입니다.

불교에서는 무애행의 대표적인 인물로 진묵 대사를 꼽는데요. 진묵 대사는 소태산 대종사님이 여래로 인정한 분입니다. 대종사님은 직접 진묵 대사의 부도탑을 보기 위해 봉서사로 가시기도 하셨습니다. 『대종경』에도 진묵 스님에 대한 법문이 있는데요. 〈불지품〉 7장 법문입니다.

한 제자 여쭙기를 "진묵震默 대사도 주색에 끌린 바가 있는 듯하오니 그러하오니까." 대종사 말씀하시기를 "내 들으니 진묵 대사가 술을 좋아하시되 하루는 술을 마신다는 것이 간수를 한 그릇 마시고도 아무 일이 없었다 하며, 또 한 번은 감나무 아래에 계시는데 한 여자가 사심을 품고 와서 놀기를 청하는지라 그 원을 들어 주려 하시다가 홍시가 떨어지매 무심히 그것을 주우러 가시므로 여자가 무색하여 스스로 물러갔다는 말이 있나니, 어찌 그 마음에 술이 있었으며 여색이 있었겠는가. 그런 어른은 술 경계에 술이 없었고 색 경계에 색이 없으신 여래如來시니라."

마지막 "그런 어른은 술 경계에 술이 없었고 색 경계에 색이 없으신 여래시니라."라는 부분은 무애 도인이라는 뜻입니다. 그것에 걸리는 것이 아니라 넘어서고, 오히려 그것을 자유자재하는 경지로 본 것입니다.

그런데 대종사님은 무애행을 경계하셨습니다. 대표적으로 『정전』〈참회문〉에서 이렇게 말씀하십니다.

"근래에 자칭 도인의 무리가 왕왕이 출현하여 계율과 인과를 중히 알지 아니하고 날로 자행자지를 행하면서 스스로 이르기를 무애행無碍行이라 하여 불문佛門을 더럽히는 일이 없지 아니하나니, 이것은 자성의 분별 없는 줄만 알고 분별 있는 줄은 모르는 연고라, 어찌 유무 초월의 참 도를 알았다 하리요."

계율을 무시하고 함부로 자행자지, 무애행을 해서는 안 된다는 말씀입니다.

자유와 계율

참 자유를 원하는 사람은 '계율을 잘 지키라'고 하지 않고, '먼저 계율을 잘 지키라'고 말씀하십니다. 계율이 최종 목표가 아니라, 계율을 잘 지키는 것이 참 자유를 얻는 선결 조건이 된다는 뜻입니다.

자유와 계율! 자유에 계율은 방해 요소가 되고, 계율은 자유를 통제하는 모순 관계로 보일 수 있습니다. 계율을 어떻게 바라보느냐가 중요합니다. 억압하고 통제하는 것으로 보느냐, 보호하고 더 큰 자유를 주는 필요충분 요건으로 보느냐죠. 이에 대해 소태산 대종사님은 『대종경』〈교의품〉 25장에서 그 답을 명확히 하십니다. 법문을 요약해서 말씀드리자면, 목사 한 사람이 대종사님을 찾아와서 이렇게 말합니다.

"예로부터 어느 교단을 막론하고 대개 계율戒律을 말하였으나 저의 생각으로는 그것이 도리어 사람의 순진한 천성을 억압하고 자유의 정신을 속박하여 사람을 교화하는데 적지 않은 지장이 되는가 하나이다."

이에 대해 소태산 대종사님은 "세상에는 어리석은 사람이 더 많거늘 방금 귀하의 주장은 천만인 가운데 한두 사람에게나 적당할 법이라 어찌 한두 사람에게 적당할 법으로 천만임을 등한시하리요. 또는, 사람이 혼자만 생활한다면 자행자지하여도 별 관계가 없을지 모르나 세상은 모든 법망法網이 정연히 벌여 있고 일반 사회가 고루 보고 있나니, 불의의 행동을 자행한다면 어느 곳을 향하여 설 수 있겠는가. 그러므로, 나는 생각하기를 사람이 세상에 나서면 일동일정을 조심하여 얇은 얼음 밟는 것같이 하여야 인도에 탈선됨이 없을 것이며, 그러므로 공부인에게 계율을 주지 않을 수 없다 하노라."라고 답하십니다.

예를 들어 '연고 없이 술을 마시지 말며'라는 계문을 생각해 보죠. 술을 맘대로 마실 수 있지만, 지나치면 오히려 자신의 자유를 구속하게 됩니다. 몸으로나, 경제적으로나, 인간관계에서도 술에 대한 자유를 누리다 보면 수많은 구속이 따르게 되어 오히려 자유를 잃을 수 있습니다. 작은 자유를 얻으려다 큰 자유, 참 자유를 잃게 되는 거죠.

참 자유와 큰 이익

"큰 이익은 사욕을 버리는 데에서 오나니" 여기서 이익은 물질적으로나 정신적으로 보탬이 되는 것을 말합니다. 지출보다 수입이 많으면 이익이 되지만, 반대로 수입보다 지출이 많으면 손해가 됩니다. 대부분 사람은 이익을 얻으려고 합니다. 특히 장사하는 사람들은 손해 보는 장사를 하지 않으려 하죠. 이익은 작은 이익부터 큰 이익이 있습니다. 요즘 말로 아주 큰 이익을 본 것을 '대박'이라고 말합니다. 많은 사람이 더 큰 이익을 좇습니다. 그런데 큰 이익을 얻지 못하고 작은 이익에 만족하거나, 오히려 이익은커녕 손해 보는 일을 많이 합니다. 어리석은 장사를 하는 거죠.

"큰 이익은 사욕을 버리는 데에서 오나니"라고 했는데요. 사욕은 '자기 한 개인의 이익만을 꾀하는 욕심'입니다. 사사로운 이익과 욕심을 뜻하는 '사리사욕'이라고도 합니다. 법문의 내용을 뒤집어 보면, 사욕을 부리면 큰 이익은 얻지 못한다는 것이죠. 사욕에는 작은 이익밖에 따르지 않습니다. 사욕을 부리다가 잘못하면 오히려 이익은커녕 큰 손해를 볼 수도 있습니다.

『대종경』〈수행품〉 6장에서 "사자나 범을 잡으러 나선 포수는 꿩이나 토끼를 보아도 함부로 총을 쏘지 아니하나니, 꿩이나 토끼를 잡다가 사자나 범을 놓친 셈이라 큰 공부에 발심한 사람도 또한 이와 같아서 큰 발심을 이루는 데에 방해가 될까 하여 작은 욕심은 내지 않나니라."라고 말씀하십니다.

작은 욕심, 사욕에 끌리면 큰 것을 놓치게 됩니다. 마음공부 하는 우리도 마찬가지입니다. 성불제중이라는 큰 서원을 이루기 위해서는 작은 욕심들을 놓아야 합니다. 많은 사람이 현재의 이익, 눈앞의 이익에 눈이 멀고 맙니다. 어쩌면 이것이 하나의 시험일 수 있는데요. 이 시험을 통과해야 비로소 큰 이익과 성공이 따르게 됩니다.

정산 종사님은 『한울안 한이치에』에서 "사욕을 품지 말아야 할 것이니 우주의 기운은 지공무사하므로 사욕이 들어있으면 감응할 수 없으니, 오직 공변된 마음으로 해야 할 것이다."라고 말씀하십니다.

큰 이익과 대공심

"큰 이익을 구하는 사람은 먼저 공심을 양성하나니라." 공심은 개인이 아닌 전체를 위하는 마음입니다. 그렇다면 왜 전체를 위하는 공심이 큰 이익으로 돌아올까요? 공심을 발휘하다 보면 개인의 희생이 있을 수도 있습니다. 손해를 보는 거죠. 그러나 지금 당장은 손해가 될 수 있어도, 그것으로 인해 큰 이익이 올 수 있습니다.

인과적으로 보면, 한 사람에게 복을 지으면 한 사람에게 복을 받지만, 전체에 복을 지으면 전체가 복으로 화답합니다. 큰 이익은 늦게 나옵니다. 정산 종사님은 『정산종사법어』〈무본편〉 43장에서 "하루 품삯은 곧 나오나 일 년 농사는 가을에야 수확되듯이, 큰 이익은 늦게 얻어지고 큰 공부는 오래 걸리나니라."라고 말씀하십니다.

1년 만에 결과가 나오는 농사도 있지만, 몇 년이 걸리는 농사도 있습니다. 금산이 집인 후배 교무님이 있는데요. 집에서 인삼 농사를 지어요. 인삼 농사는 몇 년이 걸려 수확합니까? 5~6년 걸리죠. 이때 버는 수익이 크다고 합니다. 나무를 심으면 언제 큰 이익을 보게 될까요? 20~30년 걸리죠.

KTV의 '살어리랏다'라는 프로를 우연히 보게 되었는데요. 제목이 '우리는 집 대신 산을 샀습니다'인데, 도시에서 은행 임원을 하다가 퇴직해서 집을 팔고, 강원도 횡성에 5만 평짜리 산을 하나 사서 귀산歸山해 사는 이야기였습니다. 처음에는 건강과 노후 생활을 위해 산속으로 들어가 산을 가꾸었는데, 그곳에 자작나무를 5만 그루 심어 숲을 가꾸고, 꽃을 심었다고 합니다. 시간이 지나자 평범했던 산이 아름다워졌고, 오는 사람마다 쉬고 가는 힐링의 숲이 되었습니다. 거기에 숲속 교실과 카페 등을 운영하면서 점차 임업 사업을 하게 된 겁니다.

인터뷰에서 그러더라고요. "첫째는 부부가 건강하고 행복해지고 싶다. 둘째는 오시는 분들에게 풍요롭고 아름다운 숲을 선물하고 싶다." 그분의 뜻은 나의 숲이 아니라, 모든 사람의 숲으로 나누고 싶다는 거예요. 개인 사업적인 측면도 있지만, 전체를 위하는 공심이 있었습니다. 나도 좋고 많은 사람이 행복하니까 자리이타自利利他가 되는 거죠.

공심에 따른 이익은 꼭 그 일로만 오지 않습니다. 교당 일을 공심으로 했는데, 교당만 좋아지는 것이 아니라 나에게도 그 이익이 오는 거죠. 기쁨과 보람은 물론 나와 가정일들이 잘 풀려요. 큰 이익이 돌아오는 거죠. 양에서도 그렇습니다. 공심으로 일하면 하나를 했는데 하나로 돌아오지 않고, 둘이나 셋으로 돌아옵니다. 그래서 큰 이익이라고 하는 것입니다.

역사상 가장 큰 이익을 보신 분은 누구일까요? 대공심大公心으로 사신 분들이죠. 그분들은 크게 텅 빈 마음, 크게 공변된 마음으로 공변된 일을 하셨기에 인류가 수천 년 동안 받드는 성자가 되신 것입니다.

설교를 마무리하겠습니다. 참 자유를 얻기 위해서는 절제해야 하고, 큰 이익은 사욕을 버리는 데서 옵니다. 방종이 아닌 절제를 해야 하고, 계율을 지킴으로써 더 큰 자유를 누릴 수 있습니다. 눈앞에 작은 욕심을 버려야 합니다. 세상을 위하는 공심은 나에게도 이익될 뿐만 아니라, 세상을 아름답게 만듭니다.

참 자유와 큰 이익을 얻는 우리 교도님들 되시길 염원합니다.

원기|106.10.24.

중생과 불보살의 복전

> "중생들은 불보살을 복전福田으로 삼고, 불보살들은 중생을 복전으로 삼나니라."　〈요훈품〉 43장

　병원에 가면 환자와 의사가 있습니다. 환자는 의사를 통해 병을 치료합니다. 의사는 환자가 있어서 돈도 벌 수 있고, 자신의 의술을 발전시킬 수 있습니다. 마찬가지로 중생은 불보살을 표준하여 성불의 길로 나아갈 수 있고, 불보살은 중생들이 있기에 제중 사업을 할 수 있습니다. 중생은 불보살을 필요로 하고, 불보살 또한 중생이 있기에 그 역할을 다할 수 있습니다. 그래서 중생과 불보살은 서로 은혜의 관계입니다.
　정산 종사님은 〈요훈품〉 43장 말씀의 뜻을 묻는 한 제자의 질문에 『한 울안 한 이치』에서 이렇게 답하십니다.

"불보살은 중생이 아니면 법을 베풀 데가 없으므로 불법을 중생에게 널리 전하여 활용하게 하는데 보람이 있고, 또, 중생은 불보살이 베푼 법을 가지고 자기들의 복을 지으므로 중생은 불보살을 복전으로 삼는다는 말이다."

복전의 의미

복전福田은 복의 밭이죠. 땅에서 곡식이 자라듯이, 복이 자라는 밭을 복전이라고 합니다. 땅이 있으면 뭐 합니까? 그곳에 복의 씨앗을 심고, 복의 곡식을 가꾸고, 복의 열매를 거두는 것이 복전을 잘 일구는 사람의 모습입니다.

세상에 복전이 있는가 하면, 죄짓는 밭, 즉 죄전罪田도 있겠죠. 복전을 가꾸느냐, 죄전을 가꾸느냐에 따라 행복과 불행이 갈립니다. 우리 교도님들은 복전을 가꾸시겠습니까, 죄전을 가꾸시겠습니까? 당연히 복전을 가꾸셔야 합니다.

두 농부가 있습니다. 첫 번째 농부는 복전 농부입니다. 이 농부가 심는 씨앗은 선의 종자입니다. 상생과 이타심으로 그 선종자를 기릅니다. 그러면 복의 싹이 나오게 되는데, 그 이후엔 물과 거름을 줘야 하죠. 이때 복전 농부가 주는 물과 거름은 꾸준히 몸과 입과 마음으로 하는 선행이며, 〈솔성요론〉의 실천입니다. 이렇게 복전 농사를 짓는 농부는 어떤 결실을 보게 될까요? 무궁한 복을 얻게 됩니다.

두 번째 농부는 죄전 농부입니다. 이 농부가 심는 씨앗은 악의 종자입니다. 상극과 이기심으로 그 악종자를 기릅니다. 그렇게 나온

죄의 싹에 탐·진·치라는 삼독심의 비료도 줍니다. 그러면 죄의 나무는 더 무성하게 자라겠죠. 또한 〈삼십 계문〉을 범합니다. 이렇게 죄전 농사를 짓는 농부는 어떤 결실을 보게 될까요? 삼악도에 떨어져 괴로운 생활을 하게 될 것입니다.

대산 종사님은 『대산종사법어』〈교훈편〉 11장에서 이렇게 말씀하십니다. "은혜를 알아 보은하면 이 세계가 다 복전이 되고, 은혜의 내역을 모르거나 혹 안다고 할지라도 배은하면 이 세계가 다 죄전으로 화하리라."

원불교 처처불상 사사불공의 교리에 의하면, 사은은 우리 모두의 복전이 되죠. 곧 사은의 은혜를 알아 보은하는 것이 복전을 잘 가꾸는 것입니다. 반대로 배은하면 그것이 죄전이 됩니다. 처처불상이 제대로 실천되면 만나는 모든 대상, 행하는 모든 일이 복전이 됩니다.

중생과 불보살의 차이

〈요훈품〉 43장에서 중생과 불보살은 서로 복전을 가꾸는 복전 농사꾼입니다. 그렇다면 이 법문에서 중생과 불보살은 어떤 모습일까요?

먼저 중생에 대해 살펴보죠. 중생은 구류 중생까지 포함하긴 하지만, 보통은 불보살이 되지 못한 범부들을 지칭합니다. 그래서 '범부중생'을 합쳐서 쓰죠. 일반적으로 중생은 어리석은 자, 죄를 짓는 자, 윤회를 벗어나지 못하는 자를 뜻합니다.

반대로 불보살은 부처와 보살을 합쳐서 부르는 용어인데요. 깨친

자, 해탈한 자, 자비를 갖춘 자로 이해할 수 있습니다. 대산 종사님이 말씀하신 만능萬能, 만지萬智, 만덕萬德을 갖춘 자를 불보살로 이해하면 좋을 듯합니다. 그런데 이러한 중생과 불보살의 구분은 나타난 모습과 현상을 보고 평가하는 것이죠. 원래는 중생과 부처가 하나입니다. 『원불교 성가』 139장에 이런 가사가 나옵니다.

1. 부처는 누구이며 중생은 누구런가
   부처나 중생이나 본래는 하나라네
   구름이 흩어지면 푸른 하늘 비치듯이
   본래 자리 깨고 보면 우리도 부처라네

2. 부처는 누구이며 중생은 누구런가
   부처나 중생이나 본래는 하나라네
   사랑과 미움이야 연잎의 이슬이라
   한마음 찾고 보면 우리도 부처라네

본래 자리를 깨치고, 한 마음 찾으면 바로 부처입니다. 우리도 부처입니다. 그런데 현실에서는 중생과 불보살의 모습이 확연히 다르죠. 석가모니 부처님이나 소태산 대종사님은 부처님으로 보이지만, 내 모습은 그렇지 않죠. 어리석은 우리 중생에 가깝습니다. 탐·진·치 삼독심에 물들어 살고, 선보다는 악을, 복보다는 죄를 더 많이 범하는 자기 모습을 보면서 '나 같은 중생이 어떻게 부처가 될 수 있어.' 하며 푸념하고 낙담하는 일이 한두 번이 아닙니다.

그런데 나 같은 중생이 항상 중생 노릇만 할까요? 아니죠. 내 마음이 부처님 마음이 될 때가 있고, 나의 육근 동작이 부처님의 행을 할 때가 있어요. 이때는 부처입니까, 중생입니까? 그때 마음과 행동이 바로 불보살입니다.

중생은 어떻게 불보살을 복전으로 삼는가

본인이 복전으로 삼고 싶은 불보살은 누구입니까? 일차적으로는 석가모니 부처님, 소태산 대종사님, 법 높은 스승님들이 바로 불보살입니다. 그분들을 통해 무엇을 배우고 얻을 수 있을까요?

첫째, 깨달음입니다. 불보살은 깨달은 분들입니다. 중생은 불보살의 깨달음을 표본으로 공부해 나가는 거죠. 어떻게 깨달았으며, 어떤 깨달음을 얻었는가, 그 깨달음의 길을 가는 것이 중생의 복전이 됩니다.

둘째, 자비심입니다. 불보살은 사생四生의 자부慈父입니다. 일체중생을 자비심으로 제도해 주시죠. 가려서 제도하는 것이 아니라, 남녀노소 선악귀천을 막론하고 일체중생에게 자비를 베푸십니다. 그래서 중생도 그 불보살의 자비심을 본받아 각자의 처지와 능력에 따라 자비행을 하는 복전을 가꾸어야 합니다.

셋째, 불공법입니다. 대산 종사님은 여래, 즉 불보살은 '부지런 딴딴이'라고 하셨습니다. 무엇에 부지런 딴딴하실까요? 복 짓는데 부지런 딴딴하십니다. 그래서 우리도 불보살이 사사불공하여 복전을 가꾸는 것처럼 그 불공법을 복전 삼아야 합니다.

모두가 다 불보살입니다. 처처불상이죠. 선한 사람도 악한 사람도, 잘난 사람도 못난 사람도, 풀 한 포기 나무 한 그루 일체 만물이 다 불보살입니다. 우리에게 은혜를 베푸시는 부처님입니다.

예를 들어 악한 사람이 불보살이라고 할 때, 우리는 어떻게 복전 삼아야 할까요? 일단 나는 저렇게 안 해야겠다는 반면교사, 나를 가르쳐 주는 스승으로 삼아야겠죠. 그다음은 그 사람의 악한 마음을 선한 마음으로 돌리는 불공을 함으로써, 내가 사실적인 복을 지을 수 있는 복전으로 삼을 수 있습니다.

불보살들은 어떻게 중생을 복전으로 삼는가

불보살들은 중생들을 위해 사는 분들입니다. 중생이 병들면 보살의 병으로 생각하죠. 중생의 아픔을 보살의 아픔으로 생각합니다. 그래서 관세음보살, 지장보살, 문수보살 등 수많은 보살이 중생의 아픔과 고통을 어루만져 주는 것입니다.

제가 좋아하는 법문 중 『대종경』〈불지품〉 2장이 있습니다. "부처님의 대자대비大慈大悲는 저 태양보다 다습고 밝은 힘이 있나니, 그러므로 이 자비가 미치는 곳에는 중생의 어리석은 마음이 녹아서 지혜로운 마음으로 변하며, 잔인한 마음이 녹아서 자비로운 마음으로 변하며, 인색하고 탐내는 마음이 녹아서 혜시하는 마음으로 변하며, 사상四相의 차별심이 녹아서 원만한 마음으로 변하여, 그 위력과 광명이 무엇으로 가히 비유할 수 없나니라."

이 법문을 접할 때마다 제 마음이 편안해지고 따뜻해짐을 느낍니다. 내 마음도 그렇게 됐으면 좋겠다는 소망을 갖게 하는 법문입니다.

불보살은 중생을 복전으로 삼을 수밖에 없습니다. 불보살이기 때문에 그렇습니다. 그것이 불보살의 책무입니다. 그렇다면 불보살은 어떻게 중생을 복전으로 삼을까요? 앞서 말씀드린 바와 같이, 어리석은 중생을 깨달음으로 인도하고, 고통 속에 빠진 중생을 대자대비로 인도하여, 처처불상 사사불공 무시선 무처선의 올바른 가르침을 통해 지혜와 복을 얻도록 인도합니다. 이제 복전을 폭넓게 생각해 보겠습니다.

사은은 우리의 복전

〈요훈품〉 43장에서 중생과 불보살의 복전에 대해 말씀하고 있지만, 오늘 교도님들에게 이 세상에서 가장 큰 복전을 하나 소개해 드리겠습니다. 그것은 천지·부모·동포·법률 사은이 우리의 복전이라는 것입니다. 정산 종사님은 『정산종사법어』 〈무본편〉 54장에서 이렇게 말씀하십니다.

"사은이 모두 우리의 복전이로되, 불보살들은 국한 없는 세계의 공변된 밭에 세세생생 교화의 종자를 심으시어 사생의 자부요 삼계의 도사가 되시나, 범부들은 국한 있는 사사로운 밭에 이욕의 종자를 심어 평생 골몰하되 마침내 별 공효가 남지 않으며, 불보살들은 형상 없는 마음밭 농사에 세세생생 공을 들이시어 미래 세상 영원히 무루의 복과 무량한 혜를 얻으시나, 범부들은 재색명리 등 형상 있는 일에만 공을 들이므로 공을 들일 때에는 실효가 있는 듯 하나 떠날 때에는 허망하나니라."

우리가 어디에 씨를 뿌리며 삽니까? 사은의 넓은 밭에 죄와 복의 씨를 뿌리며 삽니다. 우리가 어디에서 죄복의 나무를 가꿉니까? 사은의 넓은 밭에서 가꿉니다. 거기에 비료, 적당한 햇빛과 비도 필요합니다. 풀이 나면 뽑아줘야 합니다. 우리가 어느 밭에서 수확합니까? 사은의 밭에서 수확합니다. 보은하면 복의 열매를, 배은하면 죄의 열매를 얻게 됩니다.

교당은 우리의 복전

우리 이문교당 신축 천일기도가 다음 달 18일이면 해제합니다. 원기101년(2016) 5월 2일에 시작한 기도가 2,000일 기도를 마치게 되는데요. 천일기도, 교당신축 불사, 이것이 우리들의 복전입니다. 공부하고 복 지을 기회이죠. 부담으로 여기느냐, 행운으로 여기느냐, 이것은 각자의 몫입니다.

이번 주 〈한울안신문〉에 우리 이문교당 기공식 기사가 1면에 났는데요. 소제목을 이렇게 뽑았어요. '지역사회 복전 되길'. 우리 이문교당이 지역사회의 복전이 되어야 하고, 지역사회를 우리 이문교당의 복전으로 삼아야 한다는 의미입니다. 서로 복전이 되어야 하는 거죠.

지난번 기공식 때 이산 한덕천 교구장님이 이렇게 말씀하셨습니다. "교당은 그 지역에 복 있는 사람이 많아야 들어선다고 한다. 이

곳이 지역의 큰 복전이 되기를 바란다."

　우리 교당이 지역사회의 복전이 되기 위해서는 어떻게 해야 합니까? 이 지역사회에 복의 씨앗을 심고, 가꾸고, 거둬야 합니다. 씨뿌리지 않고 수확을 기대하는 것은 어리석은 겁니다.

　우리 교도님들은 복전을 만났습니다. 어떻게 해야 합니까? 복의 씨앗을 뿌리고, 가꾸고, 거두어야죠. 이곳에 소태산 대종사님의 경륜인 일원대도를 널리 선양하고, 제생의세의 제도사업을 펼치는 것이 우리의 할 일입니다. 그래서 누구든지 오고 싶고, 머물고 싶으며, 은혜의 샘물이 넘치는 낙원 교당을 만드는 것이 우리가 복전을 가꾸는 일입니다.

　설교를 마무리하겠습니다. "중생들은 불보살을 복전福田으로 삼고, 불보살들은 중생을 복전으로 삼나니라." 우리는 중생이면서 동시에 불보살입니다. 따라서 불보살을 복전 삼기도 하고, 중생을 복전 삼을 수도 있습니다.

　내가 만나는 모든 인연이 나의 복전입니다. 복 지을 기회를 만났다면 어떻게 해야 합니까? 아무리 밭이 좋아도 씨 뿌리지 않고, 가꾸지 않으면 열매는 없습니다. 복전 농사 잘 짓는 우리 교도님들이 되시길 기원합니다.

원기106.10.31.

육도와 사생의 세계

> "사람으로서 육도와 사생의 세계를 널리 알지 못하면 이는 한편 세상만 아는 사람이요, 육도와 사생의 승강되는 이치를 두루 알지 못하면 이는 또한 눈앞의 일밖에 모르는 사람이니라."
>
> 〈요훈품〉 44장

육도와 사생, 참 어려운 주제인데요. 세상에서 가장 궁금한 것이 사람이 죽으면 다시 태어나는가이고, 태어나면 어떤 모습으로 태어나는가일 것입니다. 오늘의 법문 주제인 '육도와 사생'에 대한 근원적 질문이죠. 이 법문을 한마디로 정리하면, 육도와 사생의 세계를 알고, 또한 승강되는 이치를 알아야 한다는 말씀입니다.

먼저 '육도六道'에 대해 알아보겠습니다. 육도는 여섯 가지 길인데요. 일체중생이 선악의 업인에 따라 필연적으로 윤회하는 길, 여섯 가지를 말합니다. 천도天道·인도人道·수라修羅·축생畜生·아귀餓鬼·지옥地獄이 있죠. 천도·인도·수라는 선도에 해당하고 축생·아귀·지옥은 악도에 해당합니다. 현생에 어떤 업을 지었느냐에 따라 다음 생에 태어날 모습이 정해진다는 것이죠. 육도윤회를 벗어나 해탈을 얻는 것이 불교 수행의 목적이고, 이런 사람을 부처라고 말합니다.

육도에 대해 기본적인 설명은 이렇습니다.
① 천도는 모든 욕망이 충족되고 모든 즐거움이 온전히 갖추어진 세계이지만, 아직 열반의 세계에는 이르지 못하는 세계.
② 인도는 탐욕·분노·어리석음이 잠재되어 있어 불법을 수행하는 데 가장 적합한 곳. 인도에는 고통도 있지만, 이곳에서만 수도를 할 수 있고 열반을 성취할 수 있음.
③ 수라는 지혜는 있지만 싸우기를 좋아하는 세계.
④ 축생은 고통이 많고 낙이 적은 곳으로, 어리석은 짓을 많이 한 사람이 태어나는 동물의 세계.
⑤ 아귀는 굶주림과 목마름으로 상징되는 세계로, 생전에 욕심을 부리고 보시를 하지 않은 사람이 태어나는 곳.
⑥ 지옥은 육도 중 가장 고통이 심한 곳으로, 분노를 일으켜 남에게 해를 입힌 사람이 태어나는 곳.

어디에 태어나고 싶나
천도와 인도 중 선택해 보세요. 인도는 불법을 수행하는 데 가장 적합한 곳이라고 합니다. 인간 세상은 고통도 있지만, 이곳에서만 수도를 할 수 있고 열반을 성취할 수 있습니다. 천도는 모든 욕망이 충족되고 모든 즐거움이 온전히 갖추어진 세계이지만, 아직 열반의 세계에는 이르지 못한 세계입니다.

다음은 현실 생활 속의 육도 세계가 있습니다.
① 천도: 재색 명리에 대한 욕심을 벗어나 청정하고 순결한 신앙 생활. 무소유의 정신으로 헌신 봉공·무아봉공 하는 생활.
② 인도: 희로애락·시비이해·원근친소·선악죄복에 끌려서 살아가는 생활.
③ 수라: 목적의식·사명 의식이 없는 방황·갈등의 생활. 정서불안과 방탕한 사치와 퇴폐적 향락의 생활.
④ 축생: 무지몽매한 생활. 빚지고 얽매인 생활. 금전의 노예나 남의 앞잡이로 전락한 생활.
⑤ 아귀: 대립과 투쟁, 약육강식, 불평불만, 욕구불만의 생활.
⑥ 지옥: 하루하루가 고통스럽고 희망이 없는 자포자기의 생활.

정산 종사님은 『정산종사법어』〈경의편〉 52장에서 육도에 대해 말씀하셨습니다.
학인의 육도 사생에 관한 질문에 답하시기를 "육도 사생으로 건설되는 이 세계는 우리 마음의 차별심으로부터 생겨서 나열된 세계니라. 천도란 모든 경계와 고락을 초월하여 그에 끌리지 아니하며 고 가운데서도 낙을 발견하여 수용하는 세계요, 인도란 능히 선도 할만하고 악도 할만하여 고도 있고 낙도 있으며, 향상과 타락의 기로에 있어 잘하면 얼마든지 좋게 되고 자칫 잘못하면 악도에 떨어지게 되는 세계요, 축생계란 예의염치를 잃어버린 세계요, 수라란 일생 살다 죽어버리면 그만이라고 하여 아무것도 하지 않고 허망하게 살기 때문에 무기공에 떨어진 세계요, 아귀란 복은 짓지 아니하고 복을 바라며, 명예나 재물이나 무엇이나 저만 소유하고자 허덕이는 세계요, 지옥이란 항상 진심을 내어 속이 끓어올라 그 마음이 어두우며 제 주견만 고집하여 의논 상대가 없는 세계니라. 이와 같이 육도 세계가 우리의 마음으로 건설되는 이치를 알아서 능히 천도를 수용하며 더 나아가서는 천도도 초월하여야 육도 세계를 자유자재 하나니라."

이상과 같은 육도 세계는 누구나 다 갖고 있습니다. 하루를 두고도 순간순간 육도 세계를 끊임없이 윤회합니다. 심상육도心想六道·현실육도現實六道·내생육도來生六道의 관계를 살펴보면, 심상육도가 현실육도를 결정하고, 현실육도가 내생육도를 결정하죠. 이런 점에서 보면 내생육도보다 현실육도가 더 중요하고, 현실육도보다 심상육도가 더 중요하다고 볼 수 있습니다.

다음은 사생에 대해 알아보겠습니다.
① 태생(胎生, jarāyuja): 인간·야수 등과 같이 모태에서 태어난 것.
② 난생(卵生, aṇḍaja): 새와 같이 알에서 태어난 것.

③ 습생(濕生, saṃsvedaja): 벌레·곤충과 같이 습한 곳에서 생긴 것.
④ 화생(化生, upapāduja): 변태를 통해 태어나는 것.

이러한 사생은 언제나 육도에 차례대로 윤회하는 것으로 되어 있습니다. 원불교에서는 이 사생을 인간의 마음 상태에 비유해서 설명하기도 하는데요. 태생은 인간의 오랜 습성, 난생은 어리석은 성품, 습생은 사견邪見에 끌려가는 마음, 화생은 육도윤회에 떨어지는 것으로도 해석합니다.

사생과 관련하여 '사생일신四生一身'이라는 표현이 있는데요. 한문으로는 사생이 나와 한 몸이라는 뜻으로, 시방세계 일체중생을 모두 내 몸같이 아끼고 사랑하는 마음, 곧 불보살의 대자대비심을 의미합니다.

나는 어떤 몸으로 어떻게 살아가는가

이제 법문의 의미를 좀 더 자세하게 살펴보겠습니다. "사람으로서 육도와 사생의 세계를 널리 알지 못하면 이는 한편 세상만 아는 사람이요"라고 했는데요. 자기가 본 만큼, 경험한 만큼 세상을 알게 됩니다. 천도·인도·수라·아귀·축생·지옥의 육도 중 대부분 사람은 인도에 국한하여 알고 있죠. 사실은 인도에 대해서도 잘 모르고 살아갑니다. 육도 중 잘해야 축생 정도까지 인정합니다. 한편만 아는 거죠. 태·란·습·화 사생 중 인간의 몸으로 태어난 태의 세계만 알고 있습니다. 안다는 것은 아는 것 중심으로 생각하고 살아간다는 뜻입니다.

육도 중 인도가 중요하고, 사생 중 태생이 중요합니다. 사람 몸 받기 어렵고 불법 듣기 어렵다고 했는데요. 부처님 말씀에 인간으로 죽어서 인간으로 태어나는 중생은 적고, 인간으로 태어나 지옥에 태어나고, 동물로 태어나고, 아귀의 세계에 태어나는 중생들은 많다고 했습니다. 인간의 몸으로 태어나는 것이 손 위에 있는 티끌이라면, 다른 형태로 태어나는 것은 대지의 흙과 같다고 하셨습니다.

　사람 몸 받기 어렵다는 비유를 망망대해에서 눈먼 거북이가 나무 구멍 만나는 것과 같다고 하셨는데요. 백 년에 한 번 바다 위로 올라오는 눈먼 거북이가 있습니다. 바다 위에는 때마침 구멍 뚫린 나무 판자 하나가 파도에 흔들리며 떠다니고 있습니다. 거북이가 바다 위로 올라오는 순간 우연의 일치로 거북이의 머리가 나무 구멍에 쏙 들어갑니다. 이를 한자로 '맹구우목盲龜遇木'이라고 합니다. 눈먼 거북이가 바다 한가운데에서 나무를 만나는 것만큼, 사람 몸 받기가 어렵다는 것이죠. 사람 몸 받은 것이 다행이고, 불법 만난 것이 축복입니다.

　'한편 세상만 아는 사람'의 의미는 무엇일까요? 더 넓은 세상이 있고, 더 많은 생령이 있는데 이를 모른다는 것이죠. 또, 현생만 알고, 전생과 내생이 있다는 것을 모른다는 뜻입니다.

　영화 '신과 함께'는 죽음 이후 육도의 세계를 묘사하고 있습니다. 이것은 죄짓지 말고 선업을 쌓으라는 인과법의 상징적 묘사로 볼 수 있는데요. 실제로 그런 세계가 있는지는 잘 모르겠습니다. 그러나 현실의 세계, 마음의 세계에서는 확실한 육도의 세계가 전개되고 있음을 부인할 수 없습니다. 원불교 교법은 인도, 현생 중심입니다. 죽어서 천도 가는 것이 중요한 것이 아니라, 지금 어떤 업을 행하느냐가 중요합니다.

우리는 인간 위주로 살아갑니다. 인간을 제외한 태·란·습·화의 모든 생령은 우리에게 꼭 필요한 존재들이죠. 인간의 이용물이 아니라, 지구라는 생명의 별을 항존시키는 생명체들입니다. 다른 생명에 대해서도 경외심을 가질 필요가 있습니다. 사생일신은 일체 생령에 대한 자비 정신이라 말할 수 있습니다.

또 한 가지 생각해 볼 것은 보이지 않는 생명에 관한 것입니다. 교도님들! 코로나 바이러스가 생명입니까, 아닙니까? 미생물(microorganism) 이죠. 미세해서 보이지 않습니다. 바이러스는 태·란·습·화 중 어디에 속할까요? 그런데 이런 바이러스가 위력이 없습니까? 전 세계를 공포로 몰아넣고 수백만 명의 사람들을 사망하게 했습니다. 사생일신은 모든 생명이 다 밀접하게 연관되어 있다는 뜻이기도 합니다.

더 넓은 세계가 있고, 인간 외에 더 많은 생령이 있다는 것을 아는 것이 중요합니다. 보이지 않는다고, 내가 경험해 보지 않았다고 부정할 수는 없습니다. 임사 체험자들에 의하면, 기독교에서 말하는 천당과 지옥이 있다고 합니다. 과학적으로 맞느냐를 따질 것이 아니라, 부처님이나 대종사님도 육도 사생의 세계를 말씀하셨으니 믿음으로 받아들이는 것이 중요합니다. 최소한 천도와 지옥이라는 세계가 있다고 생각하면 이생에서 죄를 짓지 않고 착한 일을 많이 하며 살 수 있게 됩니다.

"육도와 사생의 승강되는 이치를 두루 알지 못하면 이는 또한 눈앞의 일밖에 모르는 사람이니라." 육도와 사생의 승강 되는 이치는 무엇을 말하는 걸까요? 사람을 중심으로 생각해 보면, 인간이 천도로 진급할 수도 있고, 축생계로 강급할 수도 있죠. 승강은 변화입니다. 눈앞의 일밖에 모른다는 것은 변화하는 모습을 모른다는 뜻입니다.

육도의 세계는 윤회의 세계입니다. 윤회의 세계는 변화를 말하고, 변화는 인과의 이치에 따른 변화입니다. 소태산 대종사님이 〈일원상 서원문〉에서 말씀하시죠. "심신 작용을 따라 육도로 변화를 시켜 혹은 진급으로 혹은 강급으로 …… 무량세계를 전개하였나니 ……." 이는 무상無常의 세계이고 변화의 세계, 인과의 세계입니다.

육도와 사생의 승강 되는 이치를 두루 알지 못한다는 것은 불생불멸의 이치와 인과보응의 이치를 모른다는 뜻입니다. 소태산 대종사님은 『대종경』〈서품〉 1장에서 "생멸 없는 도와 인과보응 되는 이치가 서로 바탕하여 한 두렷한 기틀", 즉 일원상의 진리를 말씀하셨습니다. 생멸 없는 도가 있기 때문에 윤회하고, 인과의 이치가 있어 승강 되며 변화합니다.

그렇다면 무엇 때문에 승강 되는가

지금 나는 어떤 심신 작용을 하고 있는지가 중요합니다. 심신 작용에 따라 육도 세계로 진강급이 되기 때문입니다. 마음, 현실, 내세의 육도도 결국 지금 내가 행하는 심신 작용에서 비롯되는 거죠.

다행히 사람 몸을 받아 인도에 태어났다 하더라도, 우리의 삶에서는 육도 세계가 펼쳐집니다. 천도에서 살 수도, 지옥 같은 삶을 살 수도 있습니다. 지금, 이 순간 나의 마음과 몸은 어떻게 움직이고 있는가? 선과 악, 죄와 복, 자신이 짓는 업인에 따라 육도 세계가 결정되며, 육도 세계는 고정된 것이 아니라 변화합니다.

요즘 반려견, 반려묘를 키우는 가정들이 많은데요. 개나 고양이가 그야말로 상팔자입니다. 동물이 아니라 가족으로 여깁니다. '아이고, 내 새끼.'라고 합니다. 육도윤회의 관점에서 보면 강아지와 고양이가 강아지가 아니고 고양이가 아닙니다. 승강의 이치에서 보면, 전생에 나와 함께했던 가족일 수 있고, 다음 생에 나와 함께 할 가족일 수 있습니다. 동물이 해당하는 축생계뿐만 아니라 모든 생명, 존재가 그렇습니다.

명확한 것은 육도 사생의 세계가 분명히 있다는 것이고, 그것이 먼 이야기, 다른 사람의 이야기가 아니라 지금 나의 일이라는 것입니다. 내가 어떤 몸으로 어떻게 살아가느냐, 이것이 육도 사생에 대한 근원적인 물음입니다.

설교를 마무리하겠습니다. 육도의 세계는 내생뿐만 아니라 현실 육도와 마음 육도가 있습니다. 우리는 현생만 생각하고, 인도만 알고 살아갑니다. 삼세가 있고, 육도 사생이 있으며, 이 또한 그대로 있지 않고 승강 됩니다. 육도 사생이 끊임없이 변화합니다. 그 원인은 심신 작용에 있습니다. 진급하는 삶을 사느냐, 강급하는 삶을 사느냐는 심신 작용에 달려 있습니다.

　소태산 대종사님은 진급이 되고 은혜는 입을지언정 강급이 되고 해독은 입지 않아야 한다고 말씀하셨습니다. 불생불멸의 진리와 인과보응의 이치를 믿고 깨달은 이가 육도와 사생의 세계, 육도와 사생의 승강 되는 이치를 잘 아는 사람입니다.

　한편만 보지 말고, 눈앞의 것만 보지 말고 육도와 사생의 윤회 승강으로부터 해탈하는 불보살의 삶 되길 염원합니다.

원기 106.11.08.

시방 삼계를 소유하는 사람

> "그 마음에 한 생각의 사私가 없는 사람은 곧 시방 삼계를 소유하는 사람이니라."
>
> 〈요훈품〉 45장

시방 삼계를 소유한 사람은 누구일까요? 불보살이죠. 불보살이 되려면 한 생각의 사가 없어야 한다는 말씀입니다. 사가 없다는 것은 무아를 말하고, 시방 삼계를 소유한다는 것은 봉공을 뜻합니다.

사私와 공公

그 마음에 한 생각의 사私가 없는 사람이라고 했는데요. 먼저 '사私'에 대해 생각해 보겠습니다. 사私는 자기 또는 개인을 말합니다. 의미로 보면, ① 자기 한 몸이나 집안에 관한 사사私私로운 것. ② (일을 처리할 적에) 정실情實에 흘러 공정치 못한 일을 뜻합니다.

사에 반대되는 한자는 무엇일까요? 공변될 공公입니다. 공변될 공은 전체를 뜻하고, 숨김없이 드러낸 것을 말합니다. 의미적으로는 여러 사람을 위하거나, 여러 사람에게 관계되는 국가나 사회의 일을 뜻합니다.

그 마음에 한 생각의 사가 없다는 것은 자기 자신, 개인을 생각하는 마음이 없다는 뜻입니다. 그런데 그 마음에 한 생각의 사가 없게 하는 것이 가능할까요? 가능성이 없지는 않지만 참 힘든 일인 것은 분명합니다.

인간은 욕망의 동물입니다. 먹어야 하고, 입어야 합니다. 내 것을 취하며 살아갑니다. 인류문명이 발달한 가장 근본적인 이유는 인간의 욕망 때문입니다. 달리 말하면 개인의 사사로운 이익 추구 때문입니다. 사회주의, 공산주의가 멸망한 이유는 사적 이익을 추구하는 개인의 욕망을 간과했기 때문입니다.

시방 삼계를 소유하는 방법

시방이란 종적으로는 상하, 횡적으로는 사방팔방을 뜻합니다. 무한히 공간이 펼쳐진 세상이 시방입니다. 삼계란 욕계·색계·무색계를 말하는데요. 욕계는 오욕이 치성한 세계, 색계는 오욕을 벗어났지만, 아직도 물질적 형체가 남아 있는 세계, 무색계는 욕계나 색계를 벗어난 순수 정신세계이지만 아직도 존재에 대한 욕망은 있는 세계를 말합니다.

삼계는 중생들이 생사 윤회하는 미망의 세계를 말하는데요. 온

우주에 펼쳐진 모든 존재가 사는 세상을 말합니다.

이제 소유에 대해 알아보겠습니다. 소유한다는 것은 가지고 있음, 내 것 삼는다는 뜻입니다. 〈일원상의 법어〉 장을 보면 "이 원상의 진리를 각하면 시방 삼계가 다 오가의 소유인 줄을 알며"라고 했습니다. 작은 소유는 내 것이 있는 반면에, 큰 소유는 소유하지 않으므로 소유합니다. 무소유의 소유가 되는 거죠.

물리적 세계는 소유하는 순간 한정됩니다. 그러나 정신의 세계는 한정이 없습니다. 또한 그 한정으로 생기는 규제와 제한이 없습니다. 그래서 무한정의 소유가 가능하죠. 내 마음에 담은 만큼 내 것이 됩니다. 내 마음이 시방 삼계를 소유할 수 있을 정도로 크기 때문에 시방 삼계를 소유할 수 있습니다.

욕심을 줄이는 삶을 살자

법문에서는 "그 마음에 한 생각의 사가 없는 사람은 시방 삼계를 소유한 사람"이라고 했습니다. 시방 삼계를 소유하는 방법은 첫째, 개인의 욕심을 줄이는 것입니다. "한 생각의 사가 없는 사람"이라고 했는데요. 사는 크게 물질적 사와 정신적 사로 나눌 수 있습니다. 물질적 사는 개인의 소유물을 말합니다. 땅, 집, 물건, 돈 등이죠. 정신적 사는 개인에 한정된 생각을 말합니다. 대표적으로는 이기심이 있고, 원근 친소에 끌리는 마음도 정신적 사에 해당합니다. 정신에 사가 있으면 결국 물질적 사를 취하게 됩니다.

욕심을 줄이려면 우선 인간이 가지고 있는 기본적인 욕구, 욕망을 인정해야 합니다. 그러나 지나친 욕심과 욕망은 결국 해를 가져오고 불행을 가져옵니다. 사가 너무 지나치면 공을 훼손하게 됩니다. 사에 치중하게 되면 간사할 사邪가 됩니다. 바를 정正의 반대가 간사할 사邪인데요. 그름, 잘못됨이라는 뜻입니다. 이것이 죄를 짓게 하고, 그로 인해 벌을 받게 됩니다.

맹자는 정신수양의 방법으로 과욕寡慾을 말했는데요. 이때의 과욕은 지나친 욕심이 아니라 적을 과, 즉 욕심을 적게 하라, 욕심을 줄이라는 뜻입니다. 인간에게 욕심이란 어쩔 수 없는 본능과도 같다고 본 것입니다. 그래서 맹자는 욕심을 없앨 것이 아니라 적게 하고, 줄이는 것을 강조합니다.

소태산 대종사님도 무욕無慾보다 욕심을 줄이라고 하셨죠. 대표적으로 『대종경』〈인도품〉 29장에서 이렇게 말씀하셨습니다.

"세상만사가 다 뜻대로 만족하기를 구하는 사람은 모래 위에 집을 짓고 천만년의 영화를 누리려는 사람같이 어리석나니, 지혜 있는 사람은 세상을 살아가는 데 십 분의 육만 뜻에 맞으면 그에 만족하고 감사를 느끼며 또한 십 분이 다 뜻에 맞을지라도 그 만족한 일을 혼자 차지하지 아니하고 세상과 같이 나누어 즐기므로, 그로 인하여 재앙을 당하지 않을뿐더러 복이 항상 무궁하나니라."

10에 10을 채우려고 하면 욕심쟁이죠. 10을 채운다는 것은 사가 꽉 찬 상태입니다. 그래서 대종사님은 이렇게 말씀하십니다.

"십 분이 다 뜻에 맞을지라도 그 만족한 일을 혼자 차지하지 아니하고 세상과 같이 나누어 즐겨라. 그렇게 되면 재앙을 당하지 않고 복이 항상 무궁하다."

법정 스님은 무소유의 실천에 관해 "무소유는 아무것도 갖지 않는 것이 아니라, 불필요한 것들을 갖지 않는 것이다."라고 말씀하셨죠. 이사 갈 때 보면 버려야 할 것들이 얼마나 많은지 알 수 있습니다. 그것들을 쌓아놓고 있었다는 거죠. 물건만 그럴까요? 내 마음의 집에서도 쓰지 않고 쌓아두고 있는 것들이 얼마나 많은가요?

법정 스님은 『버리고 떠나기』라는 책에서 이렇게 말씀하십니다. "삶은 소유물이 아니라 순간순간 있음이다. 영원한 것이 어디 있는가. 모두가 한 때일 뿐. 그러나 그 한 때를 최선을 다해 최대한으로 살 수 있어야 한다."

공을 위하는 삶을 살자

둘째, 봉공하는 삶입니다. 사의 반대는 공입니다. 사가 개인이라면 공은 전체이죠. 내가 아닌 다른 사람들입니다. 내 마음에 한 생각의 사가 없다는 것은 오직 공을 위해서 살라는 뜻입니다. 남에게 베푸는 삶입니다.

생각에 사가 없다는 것이 사 없이 살자는 게 아닙니다. 우리는 청빈 수도자가 아닙니다. 원불교의 가르침에서는 영육쌍전靈肉雙全이 이상적인 삶입니다. 수도를 잘하면 생활도 윤택해야 하는 거죠. 가난이 무소유가 아니라는 것입니다.

물질적으로 있든 없든, 생각에 사가 없는 사람은 봉공하는 삶을 삽니다. 소태산 대종사님은 〈사대강령〉 중 마지막인 '무아봉공無我

奉公'에 이렇게 말씀하십니다.

"무아봉공은 개인이나 자기 가족만을 위하려는 사상과 자유 방종한 행동을 버리고, 오직 이타적 대승행으로써 일체중생을 제도하는 데 성심성의를 다 하자는 것이니라."

이렇게 무아봉공 하는 사람이 불보살입니다. 여기서 분명한 것은 개인이나 자기 가족을 위하는 것을 나쁘다고 하지 않으셨다는 것입니다. 개인만, 가족만을 위하려는 사상이나 행동을 버리라고 하셨습니다. 다시 말해 사에만 치중하는 생활을 버리고, 공을 위하는 봉공의 삶을 살라고 하셨습니다.

우연히 유튜브를 통해 KBS '다큐 공감'이라는 프로그램을 시청하게 되었는데요. 아프리카에서 가장 가난한 나라 중 하나인 '말라위'의 양궁 국가대표 박영숙 감독의 이야기입니다.

박 감독은 1983년 아시아선수권 6관왕, 1979년·1983년 세계 양궁선수권 여자 단체전 우승 등으로 이름을 날렸고, 은퇴 이후에는 양궁 국제심판과 이탈리아, 싱가포르 국가대표 감독을 맡았는데요. 말라위라는 나라가 얼마나 열악하냐면, 달걀판과 폐지로 과녁을 만들어 양궁 연습을 할 정도입니다.

그런데 사연을 보니까 박영숙 감독이 대장암 수술을 하고 말라위로 가요. 그리고 말라위 선수들과 세계 양궁대회에 출전하기 위해 돌아가신 어머니의 장례에 참석하지 못해요. 이렇게 빈민 국가 청소년들에게 꿈과 희망을 심어주기 위해 해외 봉사를 하는데요. 그 얼굴을 보니 너무 밝아요. 항상 웃는 얼굴을 하고 있는데 천사 같더라고요. 매우 감동적이었습니다.

물질이 있으면 베풀고, 재능이 있으면 나눌 줄 아는 사람이 한 생각에 사가 없는 사람입니다. 많은 사람은 가진 것이 있어야 나눌 수 있다고 생각합니다. 물론 그렇지만, 우리가 나눌 수 있는 것은 물질과 재능만이 아닙니다. 정신, 육신, 물질로 나눌 수 있죠.

그런데 이렇게 봉공하는 삶을 산다고 내 것이 없어지는 게 아닙니다. 자리이타의 삶, 나도 이롭고 상대방도 이로운 상생의 삶이 바로 봉공의 삶입니다. 이렇게 봉공의 삶을 살기 위해서는 사가 없어야 합니다. 없애기 어렵다면 사를 줄이고 공을 넓히면 됩니다.

대산 종사 법문에도 있는데요. '위공반자성爲公反自成', 공을 위하는 것이 오히려 나 자신을 이룬다는 뜻입니다. 절대 손해 보는 장사가 아니라는 거죠. 그런데 봉공하는 사람이 조심해야 할 것이 있습니다. 내가 성공하기 위해서 봉공하면 그것이 오히려 위선이고 더 큰 이기주의이기 때문에 해가 된다는 사실입니다.

저는 봉공하는 삶을 더하기, 곱하기, 빼기 중 빼기라고 생각합니다. 내가 가진 만큼 빼는 거죠. 빼서 나누는 겁니다. 그래야 내가 가벼워지죠. 그래야 내가 비워집니다. 그런데 진리는 또 묘하게 채워주는 이치가 있습니다. 물질적으로, 정신적으로 말이죠. 특히 봉공하는 삶은 정신적으로 무한한 기쁨과 행복을 가져다줍니다.

텅 빈 마음을 기르자

셋째, 텅 빈 마음을 길러야 합니다. 『대산종사법어』〈소요편〉 22

장에 '무아무불아 無我無不我' 법문이 있습니다. 법문 전체를 소개하면, "무아무불아無我無不我 무가무불가無家無不家 시즉진가향是卽眞家鄕 성성불불거聖聖佛佛居. 즉 나 없음에 나 아님이 없고 내 집 없음에 천하가 내 집이로다. 이것이 나의 참 집이요 참 고향이니 삼세의 모든 성자와 부처님이 늘 주거하고 사시는 곳이로다." 이 법문은 『원불교 성가』 138장으로도 불립니다.

사가 없다는 것은 내가 없다는 것이고, 내 집이 없으므로 시방 삼계가 다 내 집이 되는 거죠. 모든 성자와 부처님이 사시는 곳이 바로 시방 삼계입니다.

사가 없는 무아가 될 수 있는 가장 좋은 방법은 텅 빈 마음을 갖는 것입니다. 텅 빈 마음에 나라고는 전혀 없습니다. 텅 빈 마음을 한자로 표현하면 빌 공 자, 공심空心인데요. 전산 종법사님이 세 가지 공에 대해 법문해 주신 것이 기억납니다. 첫 번째는 빌 공空, 두 번째는 공변될 공公, 세 번째는 공들일 공功인데요. 법문을 그대로 소개해 보겠습니다.

"우리가 공부할 때 '빌 공'은 공부의 체가 되고 기본이 됩니다. 불가에서 공 도리를 강조하는 것도 그 뜻이 매우 깊습니다. 그러나 대종사님께서는 빌 공에 그치지 않고 '공변될 공'이 돼야 한다고 특징 잡아서 밝혀 주셨습니다. 진공묘유의 수행문은 '빌 공'을 표준한다면 인과보응의 신앙문은 '공변될 공'이 그 중심이 됩니다. 이 두 가지 공부길이 있기에 우리가 복혜福慧를 겸전할 수 있는 것입니다."

우리는 텅 빈 마음을 기르기 위해 좌선과 염불을 합니다. 정신수양 공부를 통해 텅 빈 마음을 기를 수 있고, 그 마음에 바탕을 두어 공변된 인과행을 실천할 수 있습니다. 그것을 끊임없이 하는 것이 공들이는 것, 공덕을 쌓는 일입니다.

원래 나라는 존재는 없습니다. 그래서 내 것이라고 할 수 있는 것도 없습니다. 나를 놓았을 때 시방 삼계가 나의 것이 됩니다. 시방 삼계를 소유하는 사람이 되려면 욕심을 줄여야 하고, 공을 위해 일해야 하고, 텅 빈 마음을 길러야 합니다. 내 것이라 고집하지 말고, 내 일에 한계 짓지 않아서, 시방 삼계 부처님 세상에서 즐기시기를 염원합니다.

원기106.12.12.

대종경
요훈품
설교집

마음
작용하는
공부

초판 1쇄 인쇄	2025년 11월 21일
초판 1쇄 발행	2025년 12월 1일

지은이	박덕희
책임편집	천지은
디자인	김지혜
교정·교열	탁대환·박정범
펴낸곳	도서출판 동남풍
펴낸이	주영삼
출판등록	제1991-000001호(1991년 5월 18일)
주소	54536 전북특별자치도 익산시 익산대로 501
전화	063)854-0784
팩스	063)852-0784
홈페이지	www.wonbook.co.kr
인쇄	문덕인쇄

ISBN 978-89-6288-063-2(03200)
값 25,000원

ⓒ 이 책은 저작권법에 의해 보호를 받는 저작물이므로 무단 전재와 복제를 금합니다.
잘못 만들어진 책은 구입처나 본사에서 바꿔 드립니다.